FREUD E O PATRIARCADO

copyright Hedra
edição brasileira© Hedra 2020
organização© Alessandra Affortunati Martins e Léa Silveira
primeira edição Primeira edição
edição Jorge Sallum
coedição Felipe Musetti
assistência editorial Paulo Henrique Pompermaier e Luca Jinkings
capa Lucas Kröeff
ISBN 978-85-7715-611-5
corpo editorial Adriano Scatolin,
Antonio Valverde,
Caio Gagliardi,
Jorge Sallum,
Oliver Tolle,
Renato Ambrosio,
Ricardo Musse,
Ricardo Valle,
Silvio Rosa Filho,
Tales Ab'Saber,
Tâmis Parron

Grafia atualizada segundo o Acordo Ortográfico da Língua Portuguesa de 1990, em vigor no Brasil desde 2009.

Direitos reservados em língua portuguesa somente para o Brasil

EDITORA HEDRA LTDA.
R. Fradique Coutinho, 1139 (subsolo)
05416-011, São Paulo-SP, Brasil
Telefone/Fax +55 11 3097 8304

editora@hedra.com.br
www.hedra.com.br

Foi feito o depósito legal.

FREUD E O PATRIARCADO

Alessandra Affortunati Martins e Léa Silveira (*organização*)

1ª edição

FAPESP hedra

São Paulo   2020

Alessandra Affortunati Martins é psicanalista, fundadora e coordenadora do Projeto *Causdequê?* Doutora em Psicologia Social e do Trabalho pela USP com estágio-sanduíche pelo ZFL-Berlin (bolsa CAPES), Mestre em Psicologia Clínica pela PUC-SP, formada em Psicologia pela PUC-SP e em Filosofia pela USP. Em 2018 realizou seu Pós-doutorado pelo Departamento de Filosofia da USP, com estágio na Birkbeck, University of London (bolsa FAPESP/FAPESP-BEPE). É autora de *Sublimação e Unheimliche* (Pearson, 2017) e de artigos que estabelecem interfaces entre Psicanálise, Filosofia e Artes Visuais. Atende e oferece supervisões clínicas em consultório particular. Foi professora de Filosofia durante oito anos no Ensino Médio em diferentes escolas de São Paulo e por sete anos em cursos de Psicologia do Ensino Superior. É membro do Laboratório de Teoria Social, Filosofia e Psicanálise (Latesfip-USP) e do GT de Filosofia e Psicanálise da ANPOF.

Léa Silveira é professora de Filosofia da Universidade Federal de Lavras, instituição na qual participou da criação do curso de licenciatura em Filosofia, do Departamento de Ciências Humanas e do mestrado em Filosofia. Fez a pós-graduação em Filosofia na Universidade Federal de São Carlos e formou-se em Psicologia pela Universidade Federal do Ceará. Suas publicações são voltadas para a área de Filosofia da Psicanálise. É membro do comitê executivo da International Society of Psychoanalysis and Philosophy (SIPP-ISPP) e do núcleo de sustentação do GT de Filosofia e Psicanálise da ANPOF. É membro do conselho editorial das revistas de Filosofia *Ipseitas*, *Eleutheria* e *Em curso* e da revista de psicanálise *Analytica*. Atua como assessora para a Fapesp.

Freud e o patriarcado parte da constatação de que o campo da teoria psicanalítica põe em jogo uma forma de conceber o psíquico — ou a subjetividade — como algo que se constrói a partir de um modelo que assume, em seu centro, uma equivalência generalizada entre cultura, civilização e masculinidade. Ao assumir esse tipo de encaminhamento, a psicanálise coloca, no centro de seus modelos teóricos, algo que deveria ser explicado, em vez de ser tomado como dado. Sobre essa trilha as autoras e os autores desse livro tecem suas considerações, seja para explorar a legitimidade e a preservação dos modelos descritivos psicanalíticos ancorados nas inspirações originárias de Freud e em seus desdobramentos, buscando sua potência própria; seja para apontar, nos próprios textos de Freud, elementos que permitiriam vislumbrar modelos distintos; ou ainda para problematizar algumas de suas teses, apostando mais diretamente na necessidade de repensá-las.

Sumário

Apresentação 9

REVISITANDO OS PILARES DE FREUD 21

Aquém do pai? Sexuação, socialização e fraternidade em Freud,
por Pedro Ambra 23

Desamparo e horda primitiva, *por Janaína Namba* 43

INTERSTÍCIOS DO TEXTO FREUDIANO:
ACERTO DE CONTAS 57

Dentro do sonho, *por Stephen Frosh* 59

A origem do destino criado para as mulheres pela psicanálise: por uma leitura reparadora através das atas da Sociedade das Quartas-feiras,
por Aline de Souza Martins e Lívia Santiago Moreira 83

Bêtes noirs: as mulheres *queer* da psicanálise, *por Marita Vyrgioti* 113

Fricção entre corpo e palavra: crítica ao *Moisés* de Freud e Lacan,
por Alessandra Affortunati Martins 137

EXTRATERRITORIALIDADES:
O OLHAR LANÇADO DE FORA NA ANÁLISE DE FREUD .. 163

Oswald contra o patriarcado: antropofagia, matriarcado e complexo de Édipo, *por Filipe Ceppas* 165

Escrever: mulheres, ficção e psicanálise, *por Julia F. Vasconcelos, Manuela B. Crissiuma, Mariana F. Angelini e Renata de Lima Conde* 187

Freud e o conhecimento-do-corpo: viajando pelos limites da linguagem através da angústia, *por Ana Carolina Minozzo* 201

CONTRA O MESTRE: FREUD EM ATRITO COM AS IDEIAS DE SEUS CONTEMPORÂNEOS 221

O patriarcado entre Sigmund Freud e Otto Gross,
por Marcelo Amorim Checchia 223
Apontamentos ferenczianos para a atualidade da psicanálise,
por Paula Peron. 247

DE FREUD AOS DEBATES ATUAIS: PSICANÁLISE E FEMINISMO. 263

Introdução II a *Feminine sexuality*, *por Jacqueline Rose* 265
Imposições sexuais e diferenças entre os sexos: bruxas, *femmes seules*, solteironas e Sigmund Freud, *por Beatriz Santos* 303
Simbolicismo e circularidade fálica: em torno da crítica de Nancy Fraser ao «lacanismo», *por Léa Silveira* 317
Sobre o declínio da autoridade paterna: uma discussão entre teoria crítica e psicanalistas feministas, *por Virginia Helena Ferreira da Costa*. . . 341
Sequelas patriarcalistas em Freud segundo Luce Irigaray: sexualidade feminina e diferença sexual, *por Rafael Kalaf Cossi* 363

Apresentação

De acordo com C. Delphy,[1] a palavra "patriarcado" significa literalmente "autoridade do pai", derivando dos termos gregos "*pater*"[2] (pai) e "*arkhe*" (origem, comando).[3] "*Pater*", no entanto — que comparecia como termo em sânscrito, em grego e em latim —, não correspondia ao sentido contemporâneo de "pai", para o qual se empregava a palavra "genitor". O termo não carregava referências à filiação biológica e reportava-se ao homem que, ao exercer autoridade sobre uma família ou sobre um domínio, não dependia de nenhum outro homem. É no final do século XIX, no contexto de teorias preocupadas em discutir a (suposta) evolução das sociedades humanas, que a palavra "patriarcado" adquire um novo significado: "São Morgan e Bachofen", escreve Delphy, "que lhe dão seu segundo sentido histórico (...). Eles postulam a existência de um direito materno que teria sido substituído pelo direito paterno, explicitamente chamado por Bachofen de patriarcado. Ele é seguido por Engels e depois por Bebel" (p. 174). Esse significado ainda não é, porém, aquele adotado pelo pensamento feminista, que só vem a se gestar na década de 1970. Segundo Delphy, a circunscrição do terceiro sentido do termo "patriarcado" é atribuída a Kate Millet. Com sua obra *Sexual politics* é que teria sido aberto o uso da palavra

---

1. DELPHY, Christine. "Patriarcado (teorias do)" (Trad. N. Pinheiro). Em: HIRATA, Helena et al. *Dicionário crítico do feminismo*. São Paulo: Unesp, 2009.
2. O verbete "πατήρ" do dicionário Bailly indica sua ocorrência no sentido de "pai" [*père*] em Homero, Ésquilo e Sófocles e, na sequência, discrimina os usos do termo como expressando o sentido de pais [*parents*], ancestrais ou fundadores e ainda o emprego por analogia no sentido de título de respeito dirigido aos idosos e o emprego por extensão no sentido de fonte [*source*] (BAILLY, Anatole. (1894) *Le grand Bailly – Dictionnaire grec/français*. Paris: Hachette, 2000, p. 1498).
3. Vale mencionar que os sentidos de origem e comando convergem também para a acepção de "princípio" carregada por ἀρχή (Cf. BAILLY, *op. cit.*, p. 281).

para designar sistemas que oprimem as mulheres, isto é, sistemas de dominação masculina, mesmo que isso ultrapasse a questão do poder do pai.

O uso do termo "patriarcado" no título deste livro não significa que esteja aqui assumido o pressuposto de uma plena univocidade de sentido em torno dele — supor tal unidade seria negligenciar a multiplicidade de formas históricas assumidas pelo exercício masculino do poder; seria, portanto, de algum modo, já sucumbir ao alvo que se pretende para a crítica. No que diz respeito ao campo da teoria psicanalítica, no entanto, é fato facilmente constatável que ela põe em jogo uma forma de conceber o psíquico — ou a subjetividade — como algo que se constrói a partir de um modelo que assume, em seu centro, uma equivalência generalizada entre cultura e masculinidade. Seja atravessando a argumentação de *Totem e tabu* e, com ela, o conceito de complexo de Édipo, seja mobilizando noções como "Nome-do-pai" ou "gozo Outro", o lugar das mulheres (e do feminino?) é reiteradamente remetido, de maneiras que não deixam de ser complexas e profundamente ambíguas, aos limites da cultura e da civilização, visivelmente consideradas em termos patriarcais.

Daí que a inspiração de partida para este livro não se pretenda neutra. Temos assistido a significativos retrocessos políticos, culturais e sociais ao redor do mundo. Todos eles ligam-se aos ideais conservadores patriarcais, alinhados a um capitalismo feroz. Por outro lado, as mulheres estão em estado de alerta. Levantes feministas e diferentes versões do debate proliferam ao redor do mundo num grande movimento para que os avanços em relação à igualdade de gênero e à liberdade não retrocedam e sigam seu curso de maneira cada vez mais intensa e profunda. É nesse curso de avanços e resistências aos retrocessos que esse livro pretende inscrever-se. E aí não cabe mais fazer vistas grossas aos compromissos patriarcais de Freud e de outros psicanalistas pós-freudianos. Formulações psicanalíticas que porventura compactuem ou alimentem visões obtusas precisam, mais do que nunca, de respostas contundentes. Isso não significa anular o pensamento de Freud ou a psicanálise, nem muito menos colocá-la em risco, declarando sua invalidade. Ao contrário: revisitar certas elaborações

APRESENTAÇÃO

metapsicológicas ou orientações clínicas que pareçam obsoletas para repensá-las hoje é justamente o caminho que permite manter viva a força da psicanálise. Sem essa circulação encarnada no presente, ela morre por asfixia. Aliás, a psicanálise preserva sua potência justamente por sua capacidade de invariavelmente se reinventar.

Partimos do entendimento de que precisamos enfrentar, seja em que direção for, a suspeita, assim expressa por Butler, de que a teoria recorra "à própria autoridade que descreve para reforçar a autoridade das suas próprias reivindicações descritivas".[4] De modo geral, podemos dizer que a psicanálise descreve a constituição do sujeito a partir do acontecimento psíquico de inscrição da lei ao mesmo tempo em que entende que essa lei é algo vinculado ao pai ou à função paterna. Ora, ao assumir esse tipo de encaminhamento, a psicanálise não coloca, no centro da construção de seus modelos teóricos, algo que deveria ser explicado, em vez de ser tomado como dado? Parte da legitimidade descritiva pretendida pela psicanálise não se alicerça nesse território impensado em que à cultura, à vida pública e às realizações teóricas se atribui uma caracterização, de saída, masculina?

Foi na direção de pensar sobre essa trilha que convidamos as autoras e os autores desse livro a tecerem suas considerações. Algumas irão explorar a legitimidade e a preservação dos modelos descritivos psicanalíticos ancorados nas inspirações originárias de Freud e em seus desdobramentos, buscando atribuir-lhes uma potência própria, que ultrapassaria mesmo um diagnóstico de presença de premissas patriarcais, ou ainda encontrando, nos próprios textos de Freud, elementos que permitiriam vislumbrar modelos distintos; outras irão problematizá-las, apostando mais diretamente na necessidade de repensá-las.

Como toda subdivisão, a que foi feita para compor este livro carrega certa arbitrariedade. Isto é, fica claro como os textos se conectam, se sobrepõem, se articulam ou criam tensões entre si. Apartá-los por

---

4. BUTLER, Judith. *Undoing gender*. Nova York e Londres: Routledge, 2004, p. 47.

um subtítulo pode dar a ilusão de uma intencionalidade prévia e de uma restrição do conteúdo a determinados temas específicos, o que certamente não corresponde à verdade. De todo modo, convém sempre traçar eixos de leitura que nos ajudem a compreender o material e a integrá-lo a uma linha mais ampla de raciocínio. Foi assim que, com os textos em mãos, traçamos aqui cinco eixos centrais para pensar os diferentes prismas a partir dos quais Freud foi relido: I. Revisitando os pilares de Freud; II. Interstícios do texto freudiano: acerto de contas; III. Extraterritorialidades: o olhar lançado de fora na análise de Freud; IV. Contra o mestre: Freud em atrito com as ideias de seus contemporâneos; V. De Freud aos debates atuais: psicanálise e feminismo.

Em "Aquém do pai? Sexuação, socialização e fraternidade em Freud", Pedro Ambra parte do pilar que sustenta a fundamentação clássica da teoria freudiana — o lugar do pai e a universalidade do complexo Édipo — como "fio de Ariadne" na orientação de elaborações teórico-clínicas para traçar um pequeno, mas decisivo, deslocamento em direção ao complexo fraterno, explorando, nas fraturas dos textos freudianos e de outros autores, como Juliett Michell e Jacques Lacan, algo capaz de sustentar um complexo fraterno, desenhado horizontalmente. O eixo do comentário sobre Freud é o texto *Alguns mecanismos neuróticos no ciúme, na paranoia e na homossexualidade*, de 1922. Nesse quadro, o complexo fraterno é anterior ao Édipo, conduzindo ao problema em torno do semelhante nas identificações subjetivas. Trata-se, mais especificamente, de reconhecer um laço estabelecido em um período de expulsão dos irmãos e no qual se desenvolvem, de acordo com Freud (1914), *sentimentos e atividades homossexuais*. No exílio [*Vertreibung*] — e aqui Pedro Ambra mostra o jogo dos radicais *Vertreibung* e *Trieb* para abordar a pulsão em contraste com uma ex*pulsão* — consolidam-se as possibilidades afetivas para o retorno dos irmãos, o assassinato do pai e a instauração do tabu do incesto. Resgatando um tempo zero da tragédia de Édipo com a paixão de Laios por Crísipo, Pedro Ambra estabelece um paralelo com *Totem e tabu*, dando destaque ao laço homossexual no contexto de uma ex-*pulsão*. Assim delineia toda uma sorte de laços horizontais capazes de regular outra

APRESENTAÇÃO

modalidade de *socius* anterior ao modelo identificatório familiar com a primazia do pai — ainda que eles sempre se deem em situação de exílio.

Embora parta da mesma materialidade de Pedro Ambra ao retomar os meandros de *Totem e tabu*, em "Desamparo e horda primitiva" Janaína Namba observa o que dali teria conduzido Freud na elaboração da constituição da sexualidade feminina, tal como descrita em *Sobre a sexualidade feminina*, de 1931. Tratando da castração como algo que ressoa de forma análoga à expulsão dos irmãos pelo pai, o texto de Janaína conversa intimamente com o de Pedro, mas trazendo as mulheres ao debate. Em sua perspectiva, elas não teriam vivido essa espécie de trauma do exílio, já que teriam sido, ao contrário, amadas pelo pai. Entretanto, isso lhes confere um lugar submisso a ele e não aquele que dará início à cultura pelo seu assassinato. Dessa perspectiva, as mulheres sempre sentiriam uma espécie de nostalgia da horda, onde eram amadas e cuidadas pelo pai, ao mesmo tempo em que manteriam entre si uma certa rivalidade pelo seu amor. O saldo, porém, é, para a autora, interessante. Menos aterrorizadas com a castração, as mulheres são mais aptas a suportarem vulnerabilidades e o próprio desamparo — papel que as retiraria, então, de sua sempre enfatizada passividade.

Já saindo desses pilares mais estruturais para mergulhar nos poros deixados pelos textos freudianos, temos o belo texto "Dentro do sonho" de Stephen Frosh. Nessa imersão naquilo que não virou efetivamente letra freudiana, mas que não deixa de estar nos interstícios, o húmus que alimenta as teorizações do pai da psicanálise ganha um caráter híbrido e pouco afeito a categorias precisas e identitariamente circunscritas. A tônica masculina das identificações de Freud com personagens bíblicos não exclui traços de identificações femininas. Com base na *Interpretação dos sonhos*, obra fundante da psicanálise, especialmente numa delicada análise do sonho da injeção de Irma, Frosh vai diluindo os contornos exatos de identidades de gênero, pontuando questionamentos sobre a polaridade masculino/feminino, ainda que recorra e empregue esses termos como importantes por serem determinados cultural e socialmente.

Com tom provocativo, Aline Martins e Lívia Moreira destacam em "A origem do destino criado para as mulheres pela psicanálise: por uma leitura reparadora através das atas da Sociedade das Quartas-feiras" o ranço claramente patriarcal das discussões ali conduzidas, seja no que diz respeito à construção do conceito de complexo de Édipo, seja, mais especificamente, naquilo que concerne à sexualidade feminina. As autoras promovem uma "leitura reparadora" das atas, expressão cujo sentido buscam em Eve Sedgwick. Partindo dessa referência, mobilizam uma crítica fina da presença do patriarcado na teorização psicanalítica, que se respalda nas obras de importantes teóricas, como Carole Pateman, Juliet Mitchell e Jessica Benjamin. Elas assumem a potência da psicanálise para a elaboração daquilo que transcende a consciência e, exatamente por isso, defendem a necessidade de situar o complexo de Édipo como modulação psíquica do social: ele seria capaz de nos mostrar como "o social toma forma na psique".

O corajoso "*Bêtes noirs*: as mulheres *queer* da psicanálise" de Marita Vyrgioti busca compreender como o reconhecimento da estrutura patriarcal do complexo de Édipo reverbera na compreensão da homossexualidade feminina. A autora elege *A psicogênese de um caso de homossexualidade feminina* (Freud, 1920) para enfrentar o problema por ela formulado e consegue identificar a interdependência da questão patriarcal e da questão racial como eixos que atravessam a leitura freudiana do caso. Resulta de sua análise uma interessante e surpreendente interseção entre o afastamento da referência fálica por parte da homossexualidade feminina e o afastamento da hegemonia da branquitude. Compreender esse ponto específico nos permitiria, então, questionar a interpretação fornecida por Freud ao caso, na medida em que ela excluiria a possibilidade de figurar positivamente o desejo homossexual feminino. O que, afinal, teria impedido Freud de tomar o olhar furioso do pai de Margarethe Csonka como sendo um olhar carregado de inveja? Não seria essa uma interpretação legítima?, pergunta-se Marita Vyrgioti.

Talvez num tom que Donna Haraway reconheceria como blasfemo, "Fricção entre corpo e palavra: crítica ao *Moisés* de Freud e Lacan" busca as raízes afetivas, de teor defensivo, que tornaram possíveis tanto a criação da interpretação do termo *falo* pela psicanálise, como a atribuição de sua mais extrema relevância para a teoria psicanalí-

APRESENTAÇÃO

tica, que, segundo Alessandra Affortunati Martins, ainda se mantém presente em Lacan. Rastreando a tensão entre corpo e palavra no *Moisés* de Freud e Lacan, a autora procura extinguir qualquer tipo de hierarquização entre esses campos, mostrando como é recorrente o recurso de enaltecer um dos termos em detrimento do outro. Recusando o aforismo lacaniano de que "a relação sexual não existe" e também observando uma forma distante da ilusória complementariedade amorosa, a autora conclui suas análises com a assertiva de que "a anatomia não é destino, mas a supressão do gozo sexual também não!". Com ela, pretende colocar em pé de igualdade corpo e palavra, sem deixar de reconhecer um campo de tensão entre eles.

Já num território estrangeiro que, exatamente por isso, alcança pontos cegos e naturalizados para aqueles olhos impregnados pelo hábito, Filipe Ceppas traz em "Oswald contra o Patriarcado: antropofagia, matriarcado e complexo de Édipo" a inventiva crítica de Oswald de Andrade a Freud. O ruído brasileiro antropofágico apresenta o matriarcado como alternativa ao patriarcado, no qual reconhece a psicanálise freudiana, modulada pelo conceito de complexo de Édipo. Ao cacoete burguês, Oswald oferece a transversalidade antropofágica. Ceppas transita por extensa bibliografia antropológica e filosófica, trabalhando especialmente com o caráter problemático da tese do matriarcado e a influência de Simone de Beauvoir sobre Oswald. Aponta, ademais, para os problemas inerentes à pretendida universalidade do complexo de Édipo à luz dos sistemas de parentesco, trazendo aproximações e distanciamentos entre Freud e Claude Lévi-Strauss.

Em "Escrever: mulheres, ficção e psicanálise", as integrantes do Grupo de Estudos e Trabalho em Psicanálise e Feminismo, Julia Fatio Vasconcelos, Manuela Borghi Crissiuma, Mariana Facanali Angelini e Renata de Lima Conde, acompanham Virginia Woolf em *Um teto todo seu*, visando destacar a ambiguidade da questão da realidade na condição feminina e então explorar, não sem antes atravessarem alguns pontos levantados por Beauvoir, o modo pelo qual tal ambiguidade se expressa no pensamento psicanalítico. O grande problema que as mobiliza como autoras aqui é tentar pensar, ou colocar em jogo, esses dois aspectos: a psicanálise encontra o fulcro do sintoma no conflito entre sexualidade e moral, mas em que medida não reproduziria elementos dessa mesma moral a cujo diagnóstico procede? Ponderações de Juliet Mitchell, Gayle Rubin, Emilce Dio Blecihmar, Maria Rita Kehl e Collete Soller são convocadas para lidar com o tema e promover avanços na discussão.

Inspirada pelos escritos de Deleuze e Guattari e lançando seu olhar a partir desse horizonte, Ana Carolina Minozzo apresenta uma releitura do lugar da angústia na obra freudiana em "Freud e o conhecimento-do-corpo: viajando pelos limites da linguagem através da angústia". Com ela, resgata os primórdios das elaborações do pai da psicanálise em consonância com a perspectiva deleuzeguattariana que acaba por oferecer um viés feminista a Freud. É na natureza excedente da angústia, tal como caracterizada na metapsicologia — excesso tanto com relação ao sentido quanto com relação à libido — que a angústia, desprovida de sentido, seria capaz de convocar a materialidade do corpo para a energia libidinal e, consequentemente, colocar em marcha um tipo de singularidade que pode ser vinculado à criação de modos de subjetivação distintos daqueles que são hegemonicamente veiculados pelo patriarcado.

Já na tensão de Freud com seus contemporâneos, Marcelo Amorim Checchia traz um momento delicado da história da psicanálise em "O patriarcado entre Sigmund Freud e Otto Gross", ainda conseguindo remexer, por meio dessa operação de regaste, com os nossos próprios tempos. Expondo o lugar espinhoso ocupado por Gross na relação entre Freud e Jung, Checchia apresenta partes sombrias daquilo que figura hoje como discurso oficial da psicanálise, isto é, como discurso dos vencedores da história — num sentido benjaminiano. Tomando como ponto de partida a noção de patriarcado tal como ela aparece em Freud, passando pela relação de Gross com seu próprio pai e alcançando uma problematização a respeito da segregação sofrida por Gross, Checchia indica como os trabalhos desse psicanalista esquecido atravessaram centralmente a oposição patriarcado/matriarcado e colocaram de modo singular problemas que tentamos rearticular nos dias atuais.

APRESENTAÇÃO

Outra abordagem de tal viés em atrito é a de Paula Peron que em "Apontamentos ferenczianos para a atualidade da psicanálise" explora os escritos pré-psicanalíticos de Sándor Ferenczi, mostrando uma faceta pouco convencional do psicanalista contemporâneo de Freud. Em muitos tópicos e à luz do presente, Ferenczi emerge como um autor muito mais progressista do que o pai da psicanálise. Paula Peron deixa claro um espírito independente e anti-patriarcal do psicanalista húngaro ao destacar elementos por ele abordados ainda no começo do século xx. Tais elementos reverberam nos dias atuais, tanto quando se pensa na luta feminista como quando se analisa a luta da classe oprimida de modo mais amplo. Em sua vasta apresentação do autor, Paula Peron traz vários aspectos que tensionam com as perspectivas freudianas ou que, ao menos, dão visibilidade a temas que não eram publicamente assumidos por Freud: ocultismo, resistências à abstração do pensamento, crítica ao intelectualismo, inseparabilidade entre psiquismo e corpo, modelos políticos horizontais. Tudo isso leva Ferenczi ainda mais longe, numa luta concreta contra a homofobia e declaradamente favorável às causas das prostitutas. Não só isso: ele se engaja profundamente na defesa de melhores condições de trabalho para os jovens médicos. Trata-se, em suma, de um rico panorama de tópicos abordados pelo psicanalista húngaro que são extremamente ousados.

Os debates feministas sacudiram a psicanálise de forma decisiva e ela definitivamente não pode passar incólume ao crivo dessa onda potente de mulheres insurgentes e questionadoras. Marco fundamental nesse horizonte é, sem dúvida, a "Introdução II a *Feminine sexuality*", escrita em 1982 por Jacqueline Rose e agora traduzida para o português. À época em que foi publicado pela primeira vez, o texto integrava uma coletânea dedicada à sexualidade feminina no pensamento de Lacan e na *École Freudienne*. O volume fora editado pela Macmillam Press com o intuito de trazer alguns trabalhos centrais para os tensos diálogos entre psicanálise e feminismo. Alguns foram traduzidos para o inglês por Jacqueline Rose que, então, tratou de pensar aquilo que lia em Lacan de seu lugar de feminista e intelectual. Seguindo os passos do psicanalista francês, Jacqueline Rose observa a necessidade de um afastamento da biologia e da ideia de uma impostura envolvida na reivindicação de sua posse. Sua análise nos permite apreender, e acompanhar em seus desenvolvimentos conceituais, as diretrizes mobilizadas no aforismo "A mulher não existe". A autora mostra que elas põem em jogo as formas masculina e feminina de posicionamento como lugares de discurso diante de uma impossibilidade inscrita tanto na sexualidade quanto na linguagem, impossibilidade que remete simultaneamente à castração e à diferença sexual e que situa em seu eixo próprio a fantasia da complementariedade. Defende, assim, que esses pontos tornam possível situar como equivocada a ideia de que a psicanálise lacaniana assumiria o privilégio do masculino de modo não problematizado.

Beatriz Santos, por sua vez, põe em jogo em "Imposições sexuais e diferenças entre os sexos: bruxas, *femmes seules*, solteironas e Sigmund Freud" o questionamento a respeito do caráter compulsório da heterossexualidade em mulheres e da concepção, atrelada a isso, da vigência de um certo inatismo em tal determinação. Vale-se do trabalho de Adrienne Rich para dirigir, aos textos freudianos sobre anatomia e diferença sexual, a pergunta sobre a vinculação possível entre o patriarcado e o pressuposto da heterossexualidade, e então insistir na necessidade de a psicanálise pensar não apenas o lesbianismo como algo independente de uma referência à experiência dos homens, como também a homofobia. É preciso reconhecer que a imposição da heterossexualidade como instituição envolve a mesma necessidade de diagnóstico que, por exemplo, o capitalismo e o racismo. Há, em qualquer dos casos, a mobilização de normatividades que são contingentes. À luz desse argumento, Beatriz Santos avança em análises promovidas por Sabine Prokhoris, com quem ela pode estabelecer a seguinte indicação: a noção freudiana de diferença sexual talvez nos permita, ela mesma, ultrapassar o registro insistente de algo que se supõe simplesmente constatável como binário (e então operante a partir daí) na direção da ideia de "negociação com a experiência".

Em "Simbolicismo e circularidade fálica: em torno da crítica de Nancy Fraser ao 'lacanismo'", Léa Silveira toma como ponto de partida certas declarações de Camille Paglia e de Julia Kristeva para, reconhecendo pontos compartilhados por ambas, discutir o texto de Nancy

APRESENTAÇÃO

Fraser, *Contra o "simbolicismo": usos e abusos do "lacanismo" para políticas feministas* e então acompanhar a filósofa em seu diagnóstico de que o lacanismo estaria marcado por uma circularidade entre a atribuição de um caráter falocêntrico à cultura e a atribuição de um caráter falocêntrico à própria constituição do sujeito. Pontua, no entanto, que o reconhecimento dessa circularidade — que, afinal, esteia a tese do repúdio do feminino pela cultura e do caráter masculino desta — não tem como consequência necessária o desinvestimento de interesse na psicanálise por parte de um debate preocupado com as pautas feministas. Pelo contrário, uma teoria psicanalítica que preservasse o anti-psicologismo e o anti-biologicismo avançados por Lacan e que, ao mesmo tempo, renovasse sua compreensão da diferença sexual de modo tal a não apagá-la parece à autora algo fundamental para o encaminhamento da reflexão sobre a agência política.

Virginia Costa parte de Max Horkheimer e Theodor Adorno em "Sobre o declínio da autoridade paterna: uma discussão entre teoria crítica e psicanalistas feministas" e observa a correlação entre tal declínio e a exacerbação do autoritarismo na sociedade. Donde parece ser decisivo enfrentar a tese de Horkheimer relacionada à duplicidade do papel do pai e de sua autoridade — nela haveria tanto aspectos progressistas, voltados para a promoção da autonomia, quanto aspectos regressivos, referentes a atitudes de adaptação e subserviência. Problematizando essa discussão, Virginia Costa apresenta os termos de um debate entre, de um lado, Christopher Lasch, e, de outro, Jessica Benjamin e Nancy Chodorow. Lasch lamenta o declínio da autoridade paterna na família, inscrevendo-o no cerne de um diagnóstico que se direciona para a ideia de que a ausência do pai na família é um dos fatores pelos quais uma sociedade tem o privilégio masculino absorvido pelo sistema capitalista. A emancipação da mulher na família corresponderia, assim, a uma maior opressão social. Em contraposição, Benjamin e Chodorow dirigem críticas ao enaltecimento da autoridade paterna, representada na perspectiva de Lasch, questionando sobretudo a vinculação entre mulher e maternagem. O que Virginia Costa se pergunta, porém, é: até que ponto os posicionamentos dessas psicanalistas feministas não implicariam a subordinação da especificidade da pulsão a determinações socio-históricas?

Por fim, em "Sequelas patriarcalistas em Freud segundo Luce Irigaray: sexualidade feminina e diferença sexual", Rafael Cossi contextualiza historicamente a crítica de Irigaray a Freud, indicando os principais elementos dessa crítica em torno do falogocentrismo da abordagem freudiana do complexo de Édipo. Seu texto nos permite compreender como a rejeição, por parte de Irigaray, da centralização do falo e das teses a respeito da inferioridade feminina desembocam em três resultados interdependentes: a sustentação da *mimesis* e da paródia como práticas, a necessidade de simbolizar os lábios genitais e o interesse em promover uma prática de escrita que se volte para o corpo da mulher e para o caráter indefinido de seu gozo.

São esses alguns dos diversos prismas que a obra freudiana ainda nos permite entrever. Seja, de algum modo, contra o mestre da psicanálise, seja seguindo seus passos ou cruzando seus percursos, não parece ser possível escapar de sua influência quando se trata de pensar os limites do patriarcado — a partir de e contra sua obra. Esperamos que o livro ofereça uma parcela desse entusiasmado campo da reflexão crítica e que tal entusiasmo possa contagiar práticas de intensa liberdade e igualdade entre todas.

Revisitando os pilares de Freud

Aquém do pai? Sexuação, socialização e fraternidade em Freud[*]

PEDRO AMBRA[†]

Não seria exagerado dizer que a interpretação clássica da teoria freudiana tenha como um de seus pilares fundamentais a noção de pai. O pai, bem entendido, tomado não como aquele que, concretamente, gera e cuida dos filhos, mas, sobretudo, um representante psíquico em certa medida primordial e incontornável à estruturação do sujeito enquanto tal. Em outras palavras, pareceria haver para Freud uma sorte de necessidade em centralizar o pai em sua teoria, seja ao sublinhar a universalidade do complexo de Édipo, ao refletir sobre a sociedade ou nas direções clássicas de tratamento por ele defendida em seus casos clínicos.

Tendo a achar que o pai se tornou — talvez mais a partir dos pós-freudianos do que a partir da própria letra de Freud, aliás — uma espécie de fio de Ariadne que permitiria reencontrar o caminho verdadeiro da teorização e da clínica psicanalíticas. E, de fato, não é impossí-

---

[*]. Os desenvolvimentos que seguem são parte de uma pesquisa de doutorado financiada pela CAPES e desenvolvida entre a Universidade de São Paulo e a Université Paris Diderot. AMBRA, P. (2017) *Das fórmulas ao nome: bases para uma teoria da sexuação em Lacan*. Tese de Doutorado. Disponível em <*https://bit.ly/2kS2THF*>.

[†]. Doutor em Psicologia Social pelo Instituto de Psicologia da USP e em *Psychanalyse et Psychopathologie* pela *Université Paris Diderot*. Professor da PUC-SP, do Mestrado em Psicossomática da Universidade Ibirapuera, membro da *Société Internationale Psychanalyse et Philosophie* e pesquisador do Laboratório de Teoria Social, Filosofia e Psicanálise da USP. Autor de livros e artigos sobre psicanálise, gênero e sociedade.

vel reencontrá-lo em textos aparentemente tão distintos quanto *Totem e tabu, O homem dos ratos, O homem Moisés e a religião monoteísta* e *A feminilidade*.

No entanto — e aqui se evidencia uma semelhança metodológica entre a postura do analista em sua práxis e em sua reflexão teórica — me parece sempre frutífero desconfiar das universalidades hegemônicas que parecem explicar a totalidade de um sistema de pensamento. Se é verdade que a teoria freudiana seria patriarcal no sentido de ter na figura do pai um importante ordenador clínico, teórico e, no limite, epistemológico, isso não nos impede de buscar frestas, rachaduras ou perspectivas aparentemente contraditórias ao cânone.

O presente texto, assim, é uma tentativa de negritar um aspecto pouco comentado da teoria freudiana referente à importância não da verticalidade paterna, mas da horizontalidade do semelhante na estruturação subjetiva, notadamente do que tange à sexuação — compreendida aqui como as séries processuais de identificações que articulam sexo e gênero na constituição psíquica. Partindo do texto *Alguns mecanismos neuróticos no ciúme, na paranoia e na homossexualidade*, de 1922, buscaremos alguns outros indícios que demonstram haver uma espécie de polaridade no que tradicionalmente compreendemos como patriarcado em Freud: talvez haja uma importância não negligenciável das suposições, fantasias e laços presentes entre semelhantes que não chega a eclipsar, mas, no mínimo, se articula às concepções clássicas do Édipo e do pai em Freud.

O COMPLEXO FRATERNO

No já citado texto freudiano de 1922, diferentemente dos três tipos de identificação classicamente retomados do Capítulo 7 de *Psicologia das massas e análise do eu*, temos aqui a identificação como um mecanismo definidor da *homossexualidade*. Ainda que chegue a reconhecer causas orgânicas da homossexualidade, Freud foca seus esforços em refletir sobre os processos psíquicos que estariam em sua origem, chegando mesmo a descrever o chamado "processo típico", no qual o jovem rapaz, intensamente fixado à sua mãe — e notamos aqui a silenciosa assunção do masculino como modelo —, encontrará uma "mudança" alguns anos após a adolescência.

O reconhecimento do fator orgânico da homossexualidade não nos dispensa da obrigação de estudar os processos psíquicos envolvidos na sua gênese. O processo típico, já verificado em inúmeros casos, consiste em que, alguns anos após o fim da puberdade, o adolescente, que até então se fixava fortemente à sua mãe, realiza uma mudança: identifica-se com a mãe e busca objetos amorosos em que possa reencontrar a si mesmo, que gostaria de amar como a mãe o amou. Característica desse processo é que normalmente, por muitos anos, uma condição necessária do amor será que os objetos masculinos têm que ter a idade em que nele ocorreu a transformação (FREUD, 2011, p. 221).[1]

Freud afirmará que a fixação à mãe evitaria a passagem a um outro objeto feminino e que a identificação com a mãe — aqui sinônimo de "fixação" — é o que, no fundo, permitiria que o indivíduo continue fiel a esse primeiro objeto — tendendo, em seguida, a uma escolha narcísica de objeto. Mais à frente, afirmará que "a pouca estima pela mulher, a aversão e até mesmo horror a ela, procedem geralmente pela descoberta, feita bastante cedo, de que a mulher não possui pênis". Tal ideia da homossexualidade masculina como se constituindo a partir de um desgosto ou horror do feminino perdurará durante muitas décadas no pensamento psicanalítico — inclusive nas mais diferentes filiações teóricas.[2]

---

1. Sublinhemos que Jacques Lacan fará, em 1932, uma tradução (bastante questionável, aliás) deste texto de Freud. O que César traduziu, por exemplo, por "mudança" [Wendung] e "transformação" [Umwandlung] Lacan, traduzirá por *crise* e *bouleversement* [perturbação]. De toda forma, a questão discutida no texto será central em boa parte do ensino de Lacan a partir do estatuto do semelhante junto ao imaginário, cujo modelo é, precisamente, o *irmão/irmã*, e gozará de relativa permanência conceitual por, no mínimo, duas décadas, antes da consolidação estruturalista em seu ensino.

2. É curioso notar que a homossexualidade feminina dificilmente é descrita a partir de uma "repulsa do masculino". No caso de Csillag, a jovem atendida por Freud cuja queixa dos pais seria seu relacionamento com outra mulher, o psicanalista busca (inclusive já no título) uma psicogênese de sua homossexualidade. No entanto, logo vai deixando claro no texto que qualquer explicação universal seria psicanaliticamente imprecisa.

Supor que uma certa modalidade pretensamente estável de escolha objetal tem como correlato o desprezo de outra nos levaria à questão inversa, que se demonstra falsa: um homem heterossexual não irá desprezar o sexo masculino. Ao contrário, o desprezo pelas mulheres é inclusive uma das características mais marcantes do machismo, ou até mesmo da própria masculinidade. E aqui a passagem rápida feita por Freud entre identificação com a mãe — sinônimo automático de mulher heterossexual — e desprezo pela mulher não é explicada, senão pela dificuldade em psicanálise de separar identificação e escolha objetal.

Vejamos como o problema é abordado por Butler, em *Le transgenre et les "attitudes de révolte"* [*O transgênero e "as atitudes de revolta"*], visando utilizar a homossexualidade como um paradigma para se pensar a questão *trans*. Reproduzo aqui a passagem, que, apesar de longa, apresenta bem uma crítica aplicável ao núcleo da argumentação de Freud nesse primeiro tempo de seu texto sobre a homossexualidade masculina:

Por exemplo, alguns psicanalistas, incluindo as feministas, poderiam argumentar que os intensos vínculos homossexuais entre meninos indicam que esses meninos repudiaram sua mãe. Isso é então entendido como uma ruptura na capacidade relacional em si. A pressuposição é a de que a relação com a mãe é primária e que qualquer violação dessa relação é uma violação em qualquer capacidade relacional. O psicanalista Ken Corbett refutou esse ponto de vista, sugerindo que quando os meninos curtem seu prazer fálico juntos, são tomados por um modo de relação distinto daquele que podem ter com meninas ou mesmo com o materno. Não há nenhuma razão para inferir imediatamente que o deslocamento em direção à homossexualidade masculina é um repúdio da mãe. Não é porque tais jogos fálicos, particularmente entre os meninos, geralmente não envolvem meninas ou mulheres — embora seja possível — que eles têm por princípio um repúdio às meninas ou às mulheres. Na verdade, uma coisa é que o desejo seja dirigido a um gênero, e não a outro, e uma outra é fundar seu prazer sobre a exclusão motivada pela agressividade ou mesmo pelo ódio em relação a esse gênero. Ao considerar a relação com a mãe como sendo a relação primária, arrisca-se, estranhamente, acabar por explicar tais jogos entre meninos fazendo referência ao materno, que é uma forma de se afastar de seu modo de relação próprio. Na verdade, corre-se o risco de acabarmos tendo uma teoria da sexualidade masculina, concebida para proteger o narcisismo da mãe presumidamente heterossexual (BUTLER, 2009, p. 15).

A argumentação de Butler segue no sentido de usar esses mesmos questionamentos para se pensar uma constituição da identidade transexual para além do repúdio ao sexo. Notemos que há em Butler uma crítica que se articula de duas formas distintas. Em primeiro lugar *coloca-se em causa a primazia da mãe como matriz das relações sexuais*, e mesmo sociais, posto que qualquer outro vínculo deve remeter-se a esse primeiro, nem que seja de maneira agressiva — tal é a hipótese de alguns psicanalistas evocados, ao que poderíamos incluir alguns desenvolvimentos de Freud e Lacan. Assim Butler abre a possibilidade de se pensar um vínculo para além, ou para aquém, do Édipo; ou, no mínimo, como não tão radicalmente comprometido com uma alteridade tão normalizadora como o que virá a ser o grande Outro. Uma outra, que se articula com essa primeira, é a *valorização desse vínculo entre semelhantes*, fora de um regime de simples desdobramento edípico — no caso, aqui, entre jovens rapazes. Notemos, no entanto, que Butler realiza tal movimento visando colocar de lado tendências agressivas dirigidas em relação à mãe. Mas teria tal reflexão algum tipo de embasamento no arsenal conceitual freudiano?

Voltemos ao texto "Sobre alguns mecanismos". Logo no início, dirá Freud sobre o ciúme "normal":

[...] é profundamente enraizado no inconsciente, dá continuidade aos primeiros impulsos da afetividade infantil e vem do complexo de Édipo ou do complexo fraterno [*Geschwisterkomplex*] do primeiro período sexual. No entanto, é digno de nota que algumas pessoas o experimentam de forma bissexual, ou seja, pode haver no homem, além da dor pela mulher amada e do ódio pelo rival, luto por causa do homem inconscientemente amado e ódio pela mulher como rival, num ciúme reforçado (2011, p. 210, trad. modificada).[3]

---

3. Ainda que não comente este texto, Butler empregará um argumento bastante semelhante a partir de *O eu e o isso* para discutir sua proposta de uma *melancolia de gênero*, no já clássico *Problemas de gênero* (2014).

É a primeira e única ocorrência do termo *Geschwisterkomplex* [complexo fraterno, complexo de irmãos] em Freud; e não seria digna de nota não fosse o tipo de argumento em jogo nesse artigo. A passagem acima chama a nossa atenção não apenas pela presença desse estranho complexo, mas igualmente pelo seu estatuto de anterioridade em relação ao Édipo, sendo considerado como referente ao *primeiro período sexual*. Na sequência, uma outra pontuação sobre o ciúme sublinha seu caráter bissexual: enraizado profundamente no inconsciente, o sentimento de ciúmes em alguma medida ignora seja a identidade sexual do parceiro, seja a fixação de escolha objetal (hetero ou homossexual). De toda forma, essa observação nos leva à questão do estatuto do semelhante junto às vicissitudes identificatórias e objetais da constituição psíquica.

OS IRMÃOS

Juliet Mitchell, conhecida por seu clássico *Psicanálise e feminismo*, foi talvez quem mais sistemática e verticalmente discutiu a importância dos irmãos na clínica, em especial na análise da histeria. Um trabalho posterior da psicanalista, *Loucos e medusas* (2006), organiza-se ao redor de uma articulação cuidadosa entre três eixos. Um refere-se à dispersão epistemológica e diagnóstica da categoria de "histeria" ao longo do século XX (MITCHELL, 2006, p. 143). Reconstrói-se aí a ideia de que essa categoria flertava, desde seu nascimento, com a iminência de seu próprio desaparecimento, mas que uma análise cuidadosa da natureza mimética de suas manifestações demonstra que "não há como a histeria não existir: ela é uma resposta particular a aspectos particulares da condição humana de vida e morte. Através das culturas e da História, suas modalidades são várias, mas serão todas variações sobre o tema de uma forma particular de sobreviver" (MITCHELL, 2006, p. 383). Um segundo eixo refere-se à consideração da centralidade da pulsão de morte na compreensão da histeria — fato pouco explorado diretamente pelos pós-freudianos, talvez porque a pulsão de morte toma força na obra do psicanalista num momento em que a teorização da histeria já fora consolidada. "Quando não se permite que a histeria desapareça, há outra teoria de psicanálise a ser escrita — uma que assuma a total importância das pulsões conflituosas de morte e vida construídas no contexto da condição de prematuridade do nascimento humano" (MITCHELL, 2006, p. 383).

Mas é um terceiro eixo de discussões que nos interessa mais aqui, articulado intimamente com a consideração das pulsões destrutivas. Trata-se do resgate da importância dos laços horizontais tanto na histeria quanto na constituição do psiquismo. Na esteira da conceituação freudiana que discutíamos acima, Mitchell sublinha o fato de que diversos traços da constituição do eu advêm não de identificações edipianas, mas de soluções ao lugar dado às pulsões dirigidas aos semelhantes. Isso não quer dizer que Mitchell ignore ou secundarize o Édipo, mas que o revisita a partir do lugar de destaque do semelhante na histeria — a análise dessa questão no caso Dora e na própria autoanálise de Freud são preciosos nesse sentido.

Estaria em jogo, para a autora, uma espécie de regressão edípica na histeria, ocasionada pelo questionamento do lugar do pequeno outro na constelação do sujeito. Em outras palavras, é precisamente na entrada em cena de um irmão — tomado como rival — que o drama edípico se armaria da maneira classicamente apresentada. A pulsão de morte tem aí um papel primordial, na medida em que a angústia em jogo refere-se a esse horizonte de destrutividade total aportado pela presença do outro lateral. Ao considerarmos a noção de complexo enquanto um quadro de relações simbólicas a partir do qual a relação do sujeito com a realidade é estruturada (LACAN, 2003), temos que tal complexo fraterno nos forneceria uma outra gramática de relações sociais e, portanto, de constituição subjetiva, não mais exclusivamente pautada na estruturação edípica, mas tecida junto a ela.

O relacionamento entre irmãos é importante porque, diferentemente da relação parental, é nosso primeiro relacionamento *social*. O modo do tratamento psicanalítico obscurece este fato e a teoria o ignora. Com o surgimento de um irmão mais novo ou com a percepção da diferença de um irmão mais velho (ou substituto de irmão) o sujeito é desalojado, deposto, e fica sem o lugar que era seu: ela ou ele devem mudar totalmente em relação tanto ao resto da família quanto ao mundo externo. Se a criança é uma menina mais velha, insistem para que se torne uma "mãezinha", se é um menino, para que se torne o "irmãozinho" (a assimetria é notável aqui). Para ambos, entretanto, o assassinato está no ar. O desejo de matar o pai (parte do complexo de Édipo) que possui a mãe e que, com ela, é responsável pelo usurpador, é secundário frente à necessidade de eliminar aquele/aquela que tomou o seu lugar e o exilou de si mesmo (MITCHEL, 2006, p. 38).

Mitchell critica em Freud a ignorância do caráter retroativo da interpretação do Édipo, já que é "a percepção inicial da presença dos irmãos que produz uma situação psicossocial catastrófica de desalojamento. E isso deflagra uma regressão aos relacionamentos parentais anteriores que, até esse momento, estavam sem suas implicações psíquicas" (MITCHEL, 2006, p. 40).

Com essa inversão em mente, diversos detalhes da teoria psicanalítica começam a se mostrar mais relevantes. Por exemplo, o desejo radical de *Antígona* é aquele de enterrar o *irmão*, Polinice — que fora morto, por sua vez, por seu outro *irmão*, Etéocles. Em realidade, o marco zero da trilogia tebana se dá por meio de um impasse entre semelhantes, Laios e Crísipo, como veremos à frente.

Da mesma maneira, a tragédia de *Hamlet* — tão importante para Lacan em seu seminário *O desejo e sua interpretação* — tem como início da trama um fratricídio. "Na histeria vemos a assombração que surge quando a encenação não se transforma em poesia nem é ritualizada (como, pelo aparecimento do Fantasma, o assassinato de um irmão atormenta a peça de Hamlet)" (MITCHELL, 2006, p. 49).

Mitchell resgata, inclusive, diversos trechos da biografia freudiana contemporâneos à redação dos *Estudos sobre a histeria*, nos quais há, na descrição que Freud faz sobre si mesmo a Fliess, uma passagem de uma *pequena histeria* a um estado mais "normal". De acordo com a autora, esse processo que se entretece com o luto pelo pai refere-se, em realidade, a uma elaboração sobre um irmão morto. Em meio a uma racionalidade edipocêntrica,

ignora-se o fato de que mãe e pai são tão importantes e problemáticos porque outros, além da própria pessoa, reivindicam-nos. Esses outros — no caso de Freud, Wilhelm Fliess como reencarnação emocional de seu irmão morto —

são o efeito que fica quando algo capacita o histérico a resolver sua histeria por meio da resolução do complexo de Édipo. Só para continuar com Freud como caso exemplar de um problema generalizado, embora ele tenha se recuperado, nunca foi capaz de tolerar relacionamentos laterais com homens como colegas (MITCHELL, 2006, p. 71).

Menos especulativa, mas igualmente precisa, é sua leitura sobre o caso Dora. Apesar de Freud afirmar que havia em Dora uma histeria desde a infância, sendo a manifestação sintomática — analisada junto à constelação formada por ela, seus pais e o casal K. — uma atualização de questões anteriores, o psicanalista não discute propriamente a etiologia ou questões estruturais desse caráter mais estruturalmente histérico do caso. "O que não se vê é que a histeria de Dora *precede* o fato de ser um objeto de troca entre homens que são mais velhos o bastante para serem seus pais" (MITCHELL, 2006, p. 137). A autora condensa, então, sua interpretação: "embora posteriormente haja algumas indicações de que Dora fez uma identificação paterna, a histeria emana na infância a partir do momento da interrupção de sua identificação com o *irmão*" (MITCHELL, 2006, p. 137).

Assim, o relacionamento social que deflagrara os desejos edipianos de Dora e o fracasso de sua solução era entre irmãos. Ela quisera posicionar-se na família quando criança de forma igual ao irmão, só para descobrir que não era igual a ele no sexo e que (provavelmente) ele, sendo homem e primogênito, tinha o amor da mãe (MITCHELL, 2006, p. 137).

A questão da importância dos irmãos, no entanto, talvez não fosse assim tão desconhecida por Freud, como atesta o texto "Sobre alguns mecanismos neuróticos no ciúme, na paranoia e na homossexualidade", bem como "A etiologia da histeria", no qual — ainda sob a égide da teoria da sedução traumática — Freud sublinha que o abuso (ou a fantasia sobre o abuso) era cometido por pessoas que poderiam ser divididas em três grupos: (I) desconhecidos; (II) conhecidos próximos, como babás, governantas, tutores; e (III) "o terceiro grupo, finalmente", que "contém relações infantis propriamente ditas — relações sexuais entre duas crianças de sexo diferente, em geral um irmão e uma irmã, que se prolongam com frequência além da puberdade e têm as mais extensas consequências para o par". Ou seja, nesse momento de sua teorização, o trauma ocasionado pelos irmãos teria, inclusive, consequências mais graves do que aquele referente a adultos.

Um outro aspecto ligado a essa questão — sumariamente ignorado por Lacan na sua discussão sobre as psicoses, por exemplo — é que Schreber tinha um irmão que se suicidara com um tiro aos 38 anos, antes de sua primeira internação. O que poderia ser um dado biográfico lateral torna-se mais relevante por dois aspectos. O primeiro é que, após a morte do pai, em 1861, Schreber — ao contrário de sua predileção, na adolescência, por Ciências Naturais — resolve estudar Direito, "seguindo as pegadas do irmão mais velho" (CARONE, 1984, p. 9). Se lembrarmos que a interpretação clássica liga o desencadeamento do surto de Schreber à sua *nomeação* a Juiz Presidente da Corte de Apelação, chama a atenção o fato de o suicídio do irmão ter se seguido, precisamente, à sua *nomeação* ao cargo de Conselheiro do Tribunal. Um segundo aspecto tornaria essa possível identificação ao irmão ainda mais digna de nota, na medida em que seu prenome era o mesmo de Schreber, *Daniel*. Prenome esse que era também o do pai e o do avô, além de remetido a um suposto antepassado do Dr. Flechsig, Daniel Fürchtegott Flechsig (SCHREBER, 1984, p. 85).

Um último comentário referente à importância dos laços laterais vai nos aproximar novamente das questões de sexuação. John Money — além de ter cunhado a expressão "papel de gênero", a partir da qual Stoller desenvolveu o conceito de "identidade de gênero" — foi o psiquiatra responsável pela decisão de reassignação de gênero naquele que ficou conhecido como o caso David Reimer, nos anos de 1960. Após complicações em uma circuncisão aos sete meses de vida, os pais do jovem David procuraram Money depois de ouvirem o "especialista em gênero" em um programa de rádio. Baseado em seus estudos, que defendiam uma neutralidade de gênero primeva, Money assegurou aos pais que seu filho — dada a mutilação sofrida — seria mais feliz se criado como uma menina, sugerindo uma cirurgia de construção vaginal. Lembremos que tal proposta foi amparada pela ideia de que, tal como uma língua, o gênero se aprende a partir de um social relativamente estável, conhecido e controlável. Trata-se, portanto, de um papel, que pode ser exercido independentemente do dado biológico constitutivo. Aos 14 anos, David opta por assumir um papel de gênero (novamente?) masculino, por meio de intervenções hormonais e cirúrgicas; casa-se com uma mulher, assumindo a paternidade de três filhos. Após anos de severa depressão, suicida-se aos 38 anos (AMBRA, 2018).

O caso Reimer é frequentemente citado por radicais de direita, em geral religiosos, para atestar os perigos daquilo que denominam "ideologia de gênero", nomeando o caso como uma das experiências mais monstruosas do século XX, comparável a Auschwitz. Contudo, um detalhe que é pouco discutido nesse caso refere-se ao fato de que o gêmeo de David, Brian, tem um surto esquizofrênico justamente após a publicação da biografia de David e comete suicídio aos 36 anos. David é devastado pelo suicídio do irmão, fica responsável pela limpeza e cuidados de sua sepultura e suicida-se apenas dois anos após o acontecido.

O PATRIARCADO E A EXPULSÃO

Mas voltando à Freud, haveria, de fato, espaço para discussões dessa natureza? Ou a questão da horizontalidade dos laços, em última instância, sempre faria referência ao Édipo?

Uma discussão que Lacan localizará em Freud (mas que diga respeito mais a seus desenvolvimentos) refere-se à *anterioridade da identificação ao pai em relação à mãe na estruturação do sujeito*. Assim, uma argumentação a partir dessa ideia sublinharia o fato de que tal laço entre semelhantes só é possível porque houvera uma identificação primitiva ao pai, o que possibilitou esse tipo de ligação aparentemente horizontal. Como em uma espécie de retomada ontogenética do movimento mitológico de *Totem e tabu*, uma economia de afetos entre semelhantes só é possível dada a anterioridade de um laço com um pai primevo. Bem entendido, a retomada que Butler faz de Corbett citada acima sublinha o fato de que tal laço é diretamente sexual, posição oposta à de Freud em *Totem e tabu*, para quem

A necessidade sexual não une os homens, ela os divide. Os irmãos haviam se aliado para vencer o pai, mas eram rivais uns dos outros no tocante às mulheres. Cada um desejaria, como o pai, tê-las todas para si, e na luta de todos contra todos a nova organização sucumbiria. Nenhum era tão mais forte que os outros, de modo a poder assumir o papel do pai.

No entanto, uma passagem logo à frente no mesmo texto permite-nos complexificar o quadro um pouco mais:

Assim, os irmãos não tiveram alternativa, querendo viver juntos, senão — talvez após superarem graves incidentes — instituir a proibição do incesto, com que renunciavam simultaneamente às mulheres que desejavam, pelas quais haviam, antes de tudo, eliminado o pai. Assim salvaram a organização, que os havia fortalecido e que pode ter se *baseado nos sentimentos e atividades homossexuais que teriam surgido entre eles no tempo da expulsão* (FREUD, 2012, p. 220, grifo nosso).

Retomemos esse detalhe pouco explorado de *Totem e tabu*. A ferocidade do pai primitivo e sua gestão de corpos — poderíamos dizer, até mesmo, sua *política sexual* — não produziu diretamente uma revolta que levou a seu assassinato. Houve, antes, um importante *período de exílio*. Nele os irmãos encontraram-se fora da horda, longe tanto da ameaça do pai quanto das mulheres — que, nesse momento, encontravam-se indistintas entre "aquelas da família" e as "de fora", já que tal divisão só terá espaço com a instauração do tabu do incesto, que depende do assassinato do pai. Antes do Édipo, há, portanto, *o exílio dos semelhantes*. E é precisamente esse exílio — no qual a identificação entre os semelhantes mistura-se à prática sexual, no que tange ao laço social — que funcionará como *base* da *organização que os fortaleceu*.

Ou seja, ao contrário de uma leitura clássica que coloca o assassinato do pai como central e exclusivo, a leitura dessa passagem permite apresentar um paradoxo, na medida em que a base da organização dos irmãos se dá num período de exílio no qual não imperava uma lógica de "partilha das mulheres", tampouco de ódio ou culpa pelo assassinato do pai. A instauração do incesto tem, assim, duas faces: uma ligada a uma lei comum de aliança; outra referente ao desejo de estabelecer laços horizontais — na medida em que o incesto se mostra, na passagem, como a única alternativa possível para os irmãos viverem juntos.

É nesse contexto de "superação de difíceis incidentes", portanto, que aparece uma menção a ligações não heterossexuais. Com efeito, seu lugar parece ser bastante revelador. Há, inicialmente, uma ideia de que tais sentimentos e práticas precisam de um espaço específico, externo e não regulado para quem possam ocorrer. No entanto, não estamos aqui em um domínio de "um limbo feliz de uma não identidade", como pontuará Foucault a respeito de Herculine Barbin; tampouco em um ambiente com menor repressão pulsional, como insistirá Freud sobre a Antiguidade clássica; e nem mesmo no campo de uma paixão entre iguais, como conta a história da escola de Safo, em Lesbos.

Trata-se, propriamente de um exílio [*eine Vertreibung*] — e lembremos que há em *Vertreibung* o mesmo radical de *Trieb*, pulsão. *Vertreibung* é, literalmente, uma ex*pulsão*. Curioso notar como esse exemplo liga a homossexualidade não necessariamente a um desvio da pulsão — cujo objeto é necessariamente contingente —, mas à ideia de que há um centro pulsional, que é heterossexual e familiarista, no qual aparentemente toda a organização será provisória e fará referência à horda. Não há aqui possibilidade de se constituir um funcionamento alternativo, mas antes o que parece ter se passado no exílio da horda foi a constituição das possibilidades do retorno, do assassinato do pai e da instauração do tabu do incesto.

No entanto, ao seguirmos a letra freudiana, percebemos que é propriamente nos laços homossexuais que repousa qualquer possibilidade de organização que levará à instauração da vida em civilização. Se seguirmos a intuição de Freud de um estatuto análogo entre filogênese e ontogênese, haveria, portanto, um *tempo de compreender* horizontal entre semelhantes, que se colocaria entre um *instante de ver* violento, no qual gozo e relações familiares não seriam geridos por uma sexualidade pensada a partir do recalque, e um *momento de concluir*, no qual a instauração da lei se faz a partir do par assassinato/pacto entre os irmãos. E, como sabemos, é tal pacto que será o cerne do drama edípico.

Mas notemos que a horizontalidade não é um simples desdobramento da relação concreta estabelecida entre irmãos, mas, sobretudo, uma modalidade de reflexão sobre o laço que não necessariamente se pauta pela verticalidade edípica. Um exemplo de tal ideia pode ser encontrada no início de *Psicologia das massas e análise do eu*, na qual Freud — logo após afirmar que haveria uma indistinção entre psicologia social e individual — dirá que as relações de um indivíduo com "seus pais e irmãos, com seu objeto de seu amor, com seu professor e seu médico, isto é, *todas as relações que até agora foram objeto privilegiado da pesquisa psicanalítica, podem* reivindicar ser apreciadas como fenômenos sociais [...]" (FREUD, 2011, p. 14, grifo nosso).

Ou seja, Freud afirma que a pesquisa psicanalítica se debruça não sobre a relação edípica, mas sobre as relações dos sujeitos com seus pequenos outros próximos ou, nas palavras de Laplanche (2015, p. 167), ao comentar a aquisição de gênero, seus *socii*: "quem insere [na designação de gênero] não é o social em geral, é o pequeno grupo dos *socii* próximos. Em outras palavras, o pai, a mãe, um amigo, um irmão, um primo etc." (LAPLANCHE, 2015, p. 167).

Até agora estabelecemos a polaridade Édipo/vertical vs Semelhantes/horizontal, mas mesmo ela pode ser subvertida a partir de um exame mais detalhado da tragédia grega que origina a teoria freudiana. A maldição narrada pelo oráculo de Delfos sobre o destino do filho de Laios (matar o pai e esposar a mãe) tem um antecedente digno de nota:

Laios (o torto, em grego), de acordo com a mitologia grega, é o pai de Óidipous ou Édipo, e filho de Lábdacos, rei de Tebas. Seu pai foi morto por bacantes vingativas pela repressão ao culto a Dionísio. Como Laios ainda era criança, a regência de Tebas foi entregue a Lico. Quando os tiranos Anfião e Zeto mataram o regente e tomaram o poder na cidade, o príncipe de Tebas foi exilado, ainda bebê, na Frígia, na corte do rei Pélops.

Lá foi educado e cresceu. Mais tarde, Pélops teve um filho, Crísipo, príncipe-herdeiro do trono frígio. Quando este se tornou adolescente, Pélops pediu a Laios que fosse seu preceptor, e este se apaixonou pelo menino.

Esse amor homossexual — tolerado pelos costumes gregos enquanto relação pedagógica/pedofílica — deveria ser interrompido quando Crísipo se tornasse adulto. Mas não foi o caso.

Para continuar a viver seu amor, Laios armou um plano: ofereceu-se para escoltar o rapaz até os jogos de Neméia, onde ele iria participar como atleta.

AQUÉM DO PAI?

Após as competições, em vez de retornar à Frígia, Laios raptou Crísipo e fugiu para Tebas, onde pretendia recuperar o trono de seu pai, Lábdacos.

Furioso, Pélops perseguiu-os. Por ter perdido o herdeiro, Pélops culpou Laios e lançou sobre ele uma maldição: *"Se tiveres um filho ele te matará e toda tua descendência desgraçada será!"*.

Curiosa aproximação desse tempo zero da tragédia com *Totem e tabu*: um laço homossexual, entrelaçado no contexto de uma ex*pulsão* — dado que se trata de uma paixão impossível na cidade — cujo desfecho é o paradigma da sexualidade freudiana (a constituição do tabu do incesto edípico). É surpreendente o fato de nem Freud, nem Lacan — nem mesmo a própria Butler, em *O clamor de Antígona* — fazerem menção a esse fato que não nos parece anódino, posto que, para muitos autores gregos, o rapto de Crísipo por Laios teria sido a relação que inaugurou os amores homossexuais na Grécia. Parece haver, portanto, antes das séries de identificações familiares, uma sorte de laço — e, presumidamente, de identificação — sexual que independe da verticalidade edípica, ainda que pareça haver sempre esse um ao qual a horizontalidade se refere em seu exílio (seja o pai primevo, em Freud; seja Pélops, na tragédia).

Essa "coincidência" entre a anterioridade homossexual em *Totem e tabu* e na tragédia edípica nos remete à discussão butleriana da anterioridade do tabu contra a homossexualidade em relação ao tabu do incesto. Butler entende que o próprio movimento de proibição do amor pelo genitor de um dos sexos, em Freud, é aquele responsável por uma identificação melancólica com esse (BUTLER, 2002, p. 98). Essa proposta encaminha bem, a nosso ver, a discussão referente ao destino da bissexualidade primária, tão cara à Freud, para além das formações sintomáticas na neurose, já que o amor "homossexual" — no caso de crianças futuramente "heterosexuais" — é preservado em forma de uma identificação. Tanto a culpa dos irmãos quanto a maldição tebana são as marcas desse abandono melancólico e da constituição de uma identidade, ainda que marcada por uma estrutura de relações de poder inscritas historicamente.

Mas tanto em *Totem e tabu* quanto no romance de Laios e Crísipo, é importante dizer que tal possibilidade de instauração de lei diz respeito apenas aos *homens*. Por mais que Freud (1913) afirme que a morte do pai significou que as mulheres teriam sido libertadas, deve-se compreender essa frase a partir da perspectiva desses homens — ou seja, as mulheres foram libertadas como objetos, mas não como sujeitos. Mesmo que ao longo do texto haja alguns poucos exemplos de agência em mulheres, ao descrever o mito fundador, Freud reservará às mulheres exclusivamente o lugar de objeto — o que, mais à frente em sua obra, terá como polo complementar a aproximação da mulher à figura da *mãe*.

Retomemos, por fim, o "Sobre alguns mecanismos". Freud inicia sua apresentação do problema com a retomada da seguinte explicação, à época considerada clássica, da homossexualidade: uma identificação, tomada aqui como sinônimo de fixação, à figura materna, associada a uma aversão pelas mulheres. Não obstante, em determinado momento do texto, dirá: "nós nunca acreditamos, porém, que essa análise da gênese da homossexualidade fosse completa". E aqui o texto começa a apresentar algumas considerações interessantes, nomeadas pelo próprio Freud como um "novo mecanismo" na escolha homossexual de objeto: "a observação me fez atentar para alguns casos em que haviam surgido, na primeira infância, impulsos de ciúmes particularmente fortes oriundos do complexo materno, dirigidos contra rivais, geralmente irmãos mais velhos."

Trata-se, assim, de um achado, fruto de uma observação clínica na qual, evidentemente, a homossexualidade ainda não se encontrava desvinculada de um quadro patológico, no sentido clássico do termo. Não obstante, ao pensar a questão da patologia em psicanálise, uma certa inversão precisa ser feita: nosso *universal* é o patológico, na medida em que nossa teoria do sujeito nele se baseia não como exceção, mas como regra. A normalidade só pode por nós ser compreendida a partir do *singular*, na medida em que cada sujeito encontrará uma montagem relativamente estável e normal, dadas as contingências de sua constituição subjetiva. Freud tomará nesse texto a homossexualidade como um paradigma dos laços sociais.

AQUÉM DO PAI?

O argumento central seria que tais tendências agressivas contra os irmãos, que podem até mesmo chegar ao desejo de assassinato, não resistirão à ação do desenvolvimento e serão — a partir da educação, mas igualmente da impotência de seus desejos — *recalcadas*. O resultado imediato de tal processo é que serão esses mesmos antigos rivais, do mesmo sexo, os primeiros objetos de amor: eis seu novo achado clínico sobre a gênese da homossexualidade. Freud vai além e pontua que esse tipo de resultado do apego à mãe seria o mesmo da *paranoia persecutoria* — em que primeiros objetos de amor tornam-se perseguidores e pessoas odiadas tornam-se amadas. Donde se compreende o motivo pelo qual é discutido nesse texto justamente o que haveria em comum nos mecanismos do ciúme, da paranoia e da homossexualidade; ou seja, há um traço comum entre todas essas manifestações, a saber: a base de toda possibilidade de comportamento social, já que "os sentimentos de identificação afetuosos e sociais aparecem como formações reativas contra os impulsos agressivos reprimidos" (FREUD, 2011, p. 223, trad. modificada).

Teríamos aqui, portanto, uma sorte de correspondente subjetivo de aspectos mais gerais presentes em *Totem e tabu*, como a agressividade na base dos laços sociais, a partir de uma transformação de moções hostis em amor. Há, igualmente, a ideia de que a base para a instauração dos laços sociais passa pela homossexualidade como modalidade primeira de relação, que sofre então a ação do recalque. Temos aí, num mesmo movimento, uma teoria tanto psicológica quanto social, na medida em que o recalque estruturaria tanto o desejo quanto a regulação do *socius*. Pode-se dizer que haveria, a partir desse texto, uma teoria de sexuação em Freud segundo a qual uma dada identidade sexuada advém, portanto, da superação de tendências agressivas em relação ao semelhante.

Mais ainda, parece haver aí uma concepção subjacente de sociedade que não necessariamente se descreve apenas pelo pilar da lei do Pai, me se funda no atravessamento da agressividade contra o semelhante. Essa espécie de horizontalização da relação do sujeito frente ao outro, que articula o sexual e o social, talvez permitisse contrabalancear o pendor exclusivamente patriarcal não só da teoria, mas da própria epistemologia psicanalítica.

BIBLIOGRAFIA

AMBRA, Pedro. "A psicanálise no nascimento da identidade de gênero e a recepção de Robert Stoller na teorização de Jacques Lacan". Em: PORCHAT, P. & MOUAMMAR, C. C. E. *Psicanálise e interfaces*. 1ª Ed. Curitiba: CRV, 2018.

BUTLER, Judith. (1990) *Problemas de gênero*. Trad. R. Aguiar. Rio de Janeiro: Civilização Brasileira, 2014.

_____. "Le transgenre et les 'attitudes de révolte'". Em: DAVID-MÉNARD, M. *Séxualités, genres et mélancolie: s'entretenir avec Judith Butler*. Paris: CampagnePrémière, 2009, p. 223.

CARONE, Marilene. "Da loucura de prestígio ao prestígio da loucura". Em: SCHREBER, D. P. *Memórias de um doente dos nervos*. Trad. M. Carone. Rio de Janeiro: Graal, 1984.

FOUCAULT, Michel. (1978) "O verdadeiro sexo". Em: BARBIN, H. *O diário de um hermafrodita*. Trad. I. Franco. Rio de Janeiro: F. Alves, 1982, p. 182.

FREUD, Sigmund. (1896) "A etiologia da histeria". Em: FREUD, S. *Edição standard brasileira das obras completas de Sigmund Freud, volume III*. Rio de Janeiro: Imago, 1980.

_____. (1905) *Obras completas, volume 6: Três ensaios sobre a teoria da sexualidade, Análise fragmentária de uma histeria ("O caso Dora") e outros textos (1901–1905)*. Trad. P. C. Souza. São Paulo: Companhia das Letras, 2016.

_____. (1913) *Obras completas, volume 11: Totem e tabu, Contribuição à história do movimento psicanalítico e outros textos (1912–1914)*. Trad. P. C. Souza. São Paulo: Companhia das Letras, 2012.

_____. (1921) *Obras completas, volume 15: psicologia das massas e análise do eu e outros textos (1920–1923)*. Trad. P. C. Souza. São Paulo, 2011.

_____. (1920) "Sobre a psicogênese de um caso de homossexualidade feminina". Em: FREUD, S. *Obras completas, volume 15: psicologia das massas e análise do eu e outros textos (1920–1923)*. Trad. P. C. Souza. São Paulo: Companhia das Letras, 2011, p. 114–149.

_____. (1922) "Sobre alguns mecanismos neuróticos no ciúme, na paranoia e na homossexualidade". Em: FREUD, S. *Obras completas, volume 15: psicologia das massas e análise do eu e outros textos (1920–1923)*. Trad. P. C. Souza. São Paulo, 2011, p. 209–224.

AQUÉM DO PAI?

GAYLA. *Brian Henry Reimer*, 2006. Acesso em 28/02/2019, disponível em *Find a grave*: <https://bit.ly/2mknTah>.

LACAN, Jacques. (1938) "Os complexos familiares na formação do indivíduo". Em: LACAN, J. *Outros escritos*. Trad. V. Ribeiro. Rio de Janeiro: Jorge Zahar Editor, 2003, p. 29-90.

_____. (1960-1) *O seminário, livro 8: A transferência*. Trad. D. D. Estrada. Rio de Janeiro: Jorge Zahar Editor, 1992.

LAPLANCHE, Jean. (2003) *Sexual: a sexualidade ampliada no sentido freudiano 2000-2006*. (1ª ed.). Trad. V. Dresch. Porto Alegre: Dublinense, 2015.

MITCHELL, Juliet. (2000) *Loucos e medusas: o resgate da histeria e do efeito das relações entre irmãos sobre a condição humana*. Trad. M. B. Medina. Rio de Janeiro: Civilização Brasileira, 2006.

QUINET, Antonio. *A maldição dos Labdácidas*, 2009. Disponível em *Óidipous, filho de Laios*: <https://bit.ly/2kIJDwo>. Acesso em 28/02/2019.

SÓFOCLES. (441 a.C.) *Antígona* (15ª ed.). Trad. M. D. Kury. Rio de Janeiro: Jorge Zahar Editor, 1990.

VORSATZ, Ingrid. *Antígona e a ética trágica da psicanálise*. Rio de Janeiro: Jorge Zahar Editor, 2013.

SCHREBER, Daniel Paul. (1905) *Memórias de um doente dos nervos*. Trad. M. Carone. Rio de Janeiro: Graal, 1984.

Desamparo e horda primitiva

JANAÍNA NAMBA[*]

Em *Totem e tabu* (1913), Freud descreve uma horda primordial hipotética (pressuposta por Darwin, que buscava nos macacos um esboço do comportamento social primitivo humano), que contava com um pai violento e ciumento e reservava todas as mulheres da horda para si e expulsava os filhos varões assim que cresciam. Como diz Freud, "um dia os irmãos expulsos se uniram, se aliaram, mataram e devoraram o pai. Unidos ousaram fazer e levaram a cabo o que individualmente teria sido impossível" (FREUD, 2013, p. 207).

Após a morte do pai da horda primitiva, decorrente da conjuração dos irmãos, fica instituída a proibição do incesto, para que nenhum deles tenha novamente o privilégio que um dia tivera o pai. Com isso, aquele que ousasse obter novamente o lugar do pai, se arriscaria a ser assassinado como ele fora. Como diz Freud,

A necessidade sexual não une os homens, e sim os divide. Por mais que os irmãos tivessem se aliado para subjugar o pai, cada um era rival do outro quanto às mulheres. Cada um teria desejado todas para si, como o pai. E na luta de todos contra todos, a nova organização teria sucumbido (FREUD, 2013, p. 210).

---

[*]. Professora Doutora do Departamento de Filosofia da Universidade Federal de São Carlos (DFIL-UFSCAR); área de pesquisa centrada em Filosofia da Psicanálise, Filosofia da Biologia e Antropologia. É autora de *Expressão e linguagem: aspectos da teoria freudiana* (ed. Blucher, 2019). Organizadora e tradutora de *Filosofia Zoológica*, de J.-B.-P.-A. Lamarck (no prelo).

A nova organização envolve, portanto, uma convivência de aliança entre os irmãos, que renunciariam ao poder garantindo a vida de cada um do grupo e das mulheres de seu próprio grupo. O parricídio e a proibição do incesto tornavam necessária a busca de mulheres fora do clã primitivo.

Podemos dizer que a instituição da proibição do incesto é o fato mais importante para a constituição da cultura. É considerada a primeira lei negativa da exogamia. Uma proibição como essa implica uma busca necessária das mulheres fora do clã, mas não de maneira aleatória, nem individual, como na condição do estado de natureza. Segundo Dumont, Lévi-Strauss considera a interdição do incesto como uma "expressão negativa" e parcial de uma lei de troca universal, do princípio universal de reciprocidade. Ela viria instaurar uma relação de alianças entre famílias, ou seja, inaugurar as relações de alianças sociais (DUMONT, 1997, p. 117). Nas palavras de Lévi-Strauss,

O fato de a proibição do incesto ser vista de maneira inteiramente independente das regras de suas modalidades, a constitui como uma regra, por excelência. Pois a natureza abandona a aliança ao acaso e à arbitrariedade, de tal modo que se torna impossível à cultura introduzir uma ordem, seja qual for sua natureza. O papel primordial da cultura é garantir a existência do grupo como grupo, e, portanto, substituir nesse domínio, como em todos os outros, a organização ao acaso. A proibição do incesto constitui determinada forma — ou ainda, formas muito diversas — de intervenção. Mas antes de qualquer coisa ela é a Intervenção (1967, p. 38).

Ou ainda, segundo Keck, em *Lévi-Strauss, uma introdução*, "não é porque há uma interdição que a proibição do incesto é uma regra, mas ela é a regra mínima na qual é instaurada a interdição e da qual se torna possível, por sua vez, todas as regras positivas" (2011, p. 90). De modo que a característica universal da proibição do incesto não encerra um valor em si mesmo, ao contrário, a universalidade seria justamente uma forma vazia que permite a constituição de valores diversos. Freud nos diz que embora

Esse estado primordial da sociedade não se tornou objeto de observação em parte alguma. As organizações mais primitivas que encontramos, e, que ainda hoje vigoram em certas tribos, são associações de homens, constituídas por membros com os mesmos direitos e submetidas às restrições do sistema totêmico (2013, p. 207).

Em vista disso, é forçoso reconhecer que Lévi-Strauss tem razão: a psicanálise de fato teria se voltado para as teorias sociológicas, de um Robertson Smith, por exemplo, ao resgatar o chefe primitivo enquanto "pai simbólico", representado pelo totem. Segundo Freud,

A psicanálise nos revelou que o animal totêmico é realmente um substituto do pai, e se harmonizava com isso a contradição de que normalmente é proibido matá-lo e que sua morte se transforme em festividade — que o animal seja morto e, no entanto, pranteado. A atitude emocional ambivalente que ainda hoje caracteriza o complexo paterno em nossas crianças, e que muitas vezes prossegue na vida dos adultos, também se estenderia ao animal totêmico substituto do pai (2013, p. 206).

Ainda que a antropologia estrutural e a psicanálise apresentem poucos pontos convergentes, essas disciplinas concordam com o fato de que a proibição do incesto seja o marco inaugural da cultura. De acordo com a psicanálise essa proibição só ocorre porque houve o assassinato do pai da horda primitiva, como anteriormente mencionado. A despeito do sarcasmo levistraussiano com relação ao totemismo, noção que estaria contaminada pelos preconceitos teóricos relativos à velha sociologia e às voltas com um *a priori* desmentido pela observação de campo munida de conceitos pertinentes à etnografia, a psicanálise freudiana está longe de ser uma fantasia, também ela apresenta um construto teórico calcado e amparado numa clínica própria.

Antes de nos adentrarmos na psicanálise, podemos refletir um pouco sobre a afirmação de Lévi-Strauss a respeito do resgate da velha antropologia preconceituosa do século XIX, mais precisamente na ideia do totem como substituto do pai. Independentemente das críticas feitas pelo etnólogo, que foi um leitor cuidadoso da obra freudiana, perseguindo-a ao longo dos anos como se fosse um obstáculo a ser ultrapassado pela antropologia estrutural, de fato temos que Freud utilizar-se-á de uma ideia patriarcal de Totem, baseando-se particularmente na principal obra de Frazer, *Totemismo e exogamia*, de 1910, que irá permear *Totem e tabu* do início ao fim, e em Robertson Smith no que diz respeito aos ritos sacrificiais, à organização social em torno do totem e principalmente, por mostrar em *A religião dos Semitas*, que "homicídio e incesto, ou ofensas desse tipo contra as sagradas leis do sangue, são na sociedade primitiva os únicos crimes de que a comunidade como um todo toma conhecimento" (SMITH apud FREUD, 1913, p. 150). Ora, esses crimes seriam justamente os crimes de Édipo que comporiam, por sua vez, o núcleo das psiconeuroses.

Renato Mezan em *O tronco e os ramos* sugere que as principais figuras tabu, no ensaio "Tabu e ambivalência dos sentimentos", referem-se todas às figuras paternas, a saber, os governantes, os assassinos e os mortos, de modo que "os tabus seriam então uma medida protetora contra o ódio velado dirigido a essas figuras" (2014, p. 147). Ora, para Freud, o assassinato do pai da horda fora um fato irremediável e sem retorno, só restava aos irmãos e aos seus descendentes prantéa-lo e reatualizá-lo na forma de ritos, no entanto, formava-se uma nova organização que para continuar existindo, como discorreremos mais adiante, deveria impor uma lei de proibição ao incesto que impedisse a relação sexual com as mulheres do mesmo clã.

Freud infere que essa nova organização assenta-se sobre laços fraternos e teria uma base afetiva de cunho homossexual masculino, contendo ela mesma os germes das instituições de direito materno, posteriormente substituídas por uma ordenação patriarcal da sociedade.

A união dos irmãos expressaria, portanto, uma solidariedade e o vínculo libidinal depositados no ódio comum contra o pai, que segundo Monzani,

eis o golpe de gênio de Freud: se é o ódio que transforma os seres submetidos em irmãos, é seu assassinato que constitui o chefe da horda em pai. Em outros termos, o pai não existe senão como ser mítico. O pai é sempre um pai de morte (2011, p. 245).

Se por um lado temos esse aspecto genial da teoria freudiana que remonta a origem da sociedade em termos míticos, calcada no assassinato do pai que viria justamente ser responsável pela vulnerabilidade estrutural a qual vive o humano. Por outro, essa união exclusivamente masculina dos irmãos em torno do assassinato do pai (homem) leva a um protagonismo masculino e a uma identidade da psicanálise da cultura como sendo de cunho predominantemente patriarcal. Podemos nos perguntar se seria essa identidade apenas uma coincidência com os valores, a história e a sociedade daquele tempo e do nosso, ou se esse viés já seria ele mesmo uma escolha teórica?

Voltemos então à psicanálise às voltas com a narrativa totêmica.

Após a morte do pai primordial, os irmãos o devoraram e choraram a sua morte. Ainda que os filhos tenham tido uma atitude hostil pelo fato de odiarem o pai, também sentiam por ele admiração pelo seu poder e por sua força. Apesar de ter seu lugar desejado, ninguém mais ousava ocupar o lugar do pai. A atitude ambivalente surgiria então pelo ódio e pelo desejo de ser como o pai.

É então a partir da ideia da refeição totêmica e do animal sacrificial de Robertson Smith que Freud associou-os ao complexo paterno: "A forma mais antiga de sacrifício era [...] o sacrifício animal, cuja carne e cujo sangue, o deus e seus adoradores consumiam em comum" (2013, p. 198). Ou seja, o sacrifício animal exigia que todos comessem e bebessem juntos, numa refeição em que se comemorava a solidariedade mútua com a divindade. A refeição sacrificial, que se tornou simbólica, baseava-se em antigas ideias de comer e beber junto com outra pessoa, unindo-as numa comunhão social em que possuíam obrigações recíprocas (FREUD, 2013, p. 199).

O animal sacrificado na refeição comunitária era o animal que dava origem ao totem ou ao clã. O animal totêmico era um deus primitivo, intocável, inviolável e só podia ser consumido num ritual coletivo entre os membros do clã, pois nesse ritual celebrava-se a renovação e a semelhança entre os membros do clã e seu deus (FREUD, 2013, p. 201). Um ritual como esse envolve o lamento e luto perante a morte do animal sagrado, mas esse é justamente o momento permitido para uma comemoração festiva, em que ocorre a ingestão da substância do totem, havendo consequentemente uma identificação com ele: "nele há o desencadeamento de todos os impulsos e a permissão para todas as satisfações" (FREUD, 2013, p. 206). É nesse sentido, portanto, que Freud aproxima o animal totêmico de um substituto do pai:

O violento pai primordial era certamente o modelo invejado e temido de cada membro do grupo de irmãos. Agora no ato de devorá-lo, consuma-se a identificação com ele; cada um se apropria de uma parte de sua força. A refeição totêmica, talvez a primeira festa da humanidade, seria a repetição e a comemoração desse ato memorável e criminoso com o qual tantas coisas tiveram seu início, tais como as organizações sociais, as restrições morais e a religião (2013, p. 207-208).

Se por um lado temos que somente com a união entre os irmãos é que a morte do pai pôde ser consumada, fato fundamental para que a cultura se constitua, sabemos também que, em 1930, Freud aponta para esse ato violento como um ato grávido de consequências para a cultura humana. Esse seria o principal responsável pelo mal-estar em que subjaz a vida em sociedade, uma vez que se desenrola em torno do ódio ao pai. Nas palavras de Freud, já em 1913,

A sociedade se apoiava a partir de então na cumplicidade em torno da culpa do crime cometido em comum; a religião, na consciência dessa culpa e no arrependimento relativos a ele; a moralidade, em parte nas necessidades dessa sociedade, e em outra parte nas expiações exigidas pela consciência de culpa (2013, p. 213).

Entretanto, podemos dizer também que tanto a união quanto o ato decorrente da união trazem consigo uma nova condição para os irmãos. Esse laço entre os irmãos é inteiramente novo, uma ligação que passou a existir, justamente para que o assassinato do pai pudesse ocorrer. Com isso o lugar do pai, tal como estava ocupado, lançava-os para uma condição impossível de querer ser e estar como o pai:

A família foi uma restauração da antiga horda primordial, e também restituiu aos pais uma grande parte de seus antigos direitos. Agora havia novamente pais, mas as conquistas sociais do clã dos irmãos não haviam sido abandonadas, e, a distância factual dos novos pais de família em relação ao ilimitado pai primordial da horda era grande o suficiente para assegurar a continuação da necessidade religiosa, a conservação da insaciada saudade do pai (FREUD, 2013, p. 217).

Essa nova família, ainda que composta também pelo lugar pai, que viria a ser ocupado por algum dos irmãos e não o mais forte, contava com uma condição diferente, de modo que era então necessário buscar um novo estatuto para o pai fora da horda e dentro da cultura que se instaurava. Com isso esse lugar do pai contém também a inveja, a culpa e, sobretudo, o vazio que representa esse lugar e essa nova condição. Um vazio que, podemos pensar, contorna a cultura e se inscreve no indivíduo.

Assim, a morte do pai primevo pela união dos irmãos teria deixado "traços indeléveis na história da humanidade", os quais se expressam em "formações substitutivas" (FREUD, 2013, p. 224). E essas formações não seriam outra coisa que processos psíquicos incorporados e transformados ao longo do tempo, que na atualidade compõem nossas disposições psíquicas. Como ressalta o próprio Freud, a *consciência de culpa* onipresente, imemorial, seja no âmbito da neurose, seja no âmbito cultural, seria uma consequência desses crimes primordiais. Ou seja, podemos reconhecer os traços deixados pela humanidade não apenas nas incorporações das disposições psíquicas do indivíduo, mas também na própria sociedade. Desse modo Freud anuncia que

no complexo de Édipo coincidem os inícios da religião, da moralidade, da sociedade e da arte, em completa concordância com a constatação da psicanálise de que esse complexo constitui o núcleo de todas as neuroses, tanto quanto até agora elas cederam à nossa compreensão. Parece-me uma grande surpresa que também esses problemas da vida psíquica dos povos admitam uma solução a partir de um único ponto concreto como é a relação com o pai (2013, p. 226).

Numa carta de julho de 1915 a Ferenczi, Freud diz que na época da glaciação, a vida amorosa teria se tornado agressiva e egoísta e a *neurose obsessiva* seria uma defesa contra esse tipo de vida que havia se configurado. Também como decorrência da renúncia às mulheres do clã, se desenvolveria a demência precoce (esquizofrenias). A paranoia, por sua vez, se defende da organização homossexual da horda primitiva e a mania-melancolia emergiria da identificação com o pai e do triunfo de tê-lo vencido.

Constata-se assim, através dessas hipóteses freudianas, que, seja pelas condições exteriores, seja pelos próprios atos humanos, ao longo da filogênese emergiram alguns tipos de defesa contra a vulnerabilidade, ou esse vazio outrora vivido.

Essa situação é repetida, ontogeneticamente, pela própria condição humana, pela imaturidade e dependência do bebê que vive "o desamparo inicial como uma das fontes de todos os motivos morais" (FREUD, 2003, p. 363). Dessa maneira, as defesas individuais também seriam atualizações das defesas da espécie, ou seja, ainda que não haja uma ameaça exterior ou uma situação de tamanha vulnerabilidade como aquela que existira no período da glaciação, o indivíduo vive internamente essa vulnerabilidade.

Ainda que o homem contemporâneo não esteja mais à mercê da natureza como um dia estivera, carrega consigo a memória inconsciente dessa vulnerabilidade ancestral. Reage como se seu desamparo fosse completo, como se vivesse em meio à natureza hostil.

Compreendemos as primeiras prescrições e restrições morais da sociedade primitiva como reação a um ato que deu a seus autores o conceito de crime. Eles se arrependeram desse ato e decidiram que ele não deveria mais ser repetido e que sua execução não poderia ter trazido ganho algum. Essa criadora consciência de culpa não se apagou entre nós. Podemos encontrá-la atuando de maneira associal nos neuróticos com a finalidade de produzir novas prescrições morais e limitações contínuas sob a forma de expiação pelas más ações que ainda serão cometidas. Mas quando investigamos esses neuróticos em busca dos atos que despertaram tais reações, ficamos decepcionados (FREUD, 2013, p. 228–229).

Mesmo sem saber do ato criminoso primordial, o desamparo e a vulnerabilidade são vividos pelo neurótico contemporâneo sem que haja a existência de uma realidade exterior e factual. As condições em que a família reatualiza as relações um dia estabelecidas recuperam de maneira inconsciente tanto o lugar do pai um dia almejado quanto o lugar dos filhos que cometeram o crime primordial. Ou seja, a aliança e a culpa são recompostas e não podem ser esquecidas. O desamparo é reiterado no seio de cada família e com isso reproduz-se nessas relações familiares a própria ambivalência, isto é, esse amor e esse ódio destinados ao pai. Ambivalência, a culpa e o próprio desamparo são transmitidos a cada geração, isso porque, nas palavras de Freud,

Em primeiro lugar, não poderá ter escapado a ninguém que sempre nos baseamos na hipótese de uma psique de massa na qual os processos psíquicos transcorrem como na vida psíquica do indivíduo. Supomos, sobretudo, que a consciência de culpa referente a um ato pode sobreviver por muitos milênios e permanecer eficaz em gerações que nada podiam saber desse ato [...] e se os processos psíquicos de uma geração não continuam na seguinte, se cada geração tivesse de adquirir novamente sua atitude diante da vida, não haveria qualquer progresso nesse campo e praticamente nenhuma evolução. Surgem, então, duas novas questões: o quanto se pode atribuir à continuidade psíquica nas séries de gerações, e de que meios e caminhos uma geração se serve para transferir seus estados psíquicos (2013, p. 227).

A partir desses questionamentos, temos que existe uma transmissão seja de esquemas psíquicos, seja de conteúdos psíquicos inconscientes, sendo esses últimos não necessariamente reprimidos. Nesse texto, Freud menciona apenas que existem predisposições. Entretanto sabemos que são os esquemas dados pelas fantasias das séries complementares apresentadas na 23ª conferência de 1916. Essas predisposições da espécie, ou seja, a própria estruturação do aparelho psíquico. também dependem daquilo que é contingente, ou ainda, individual. O que o leva em *Totem e tabu* a retomar as palavras de Goethe: "o que herdaste de teus pais, conquista-o, para que o possuas" (GOETHE apud FREUD, 2013, p. 228).

Dessa maneira, temos que os processos psíquicos que anteriormente aconteceram desde fora e posteriormente foram incorporados e transmitidos por atos, cerimônias, relações que viriam disfarçar esse inconsciente que se propaga, segundo Freud, foram concebidos como citamos acima, "as primeiras prescrições e restrições morais da sociedade primitiva" (2013, p. 228). Isso fez com que a consciência de culpa perdurasse no inconsciente ao longo de toda a filogênese, repetindo-se ontogeneticamente. Segundo Monzani temos que

Por mais que rodeemos, há sempre um ponto cardeal de toda a civilização: o complexo de Édipo. E, também, de cada indivíduo particular. Toda a estrutura da sociedade depende desse fator (2011, p. 245).

Ou seja, ao considerarmos a cultura e a sociedade do ponto de vista da psicanálise freudiana devemos também considerar as relações a partir do complexo de Édipo, uma vez que desde o estabelecimento da exogamia a partir da proibição do incesto, temos "os elementos fundadores da família e, portanto, das estruturas do próprio indivíduo" (MONZANI, 2011, p. 246). Há, portanto, um problema da civilização que é uma questão edípica e que deve ser tratada tanto no âmbito da psicologia individual quanto no âmbito da psicologia social.

Dito isto temos que para Freud o complexo de Édipo se comporta de maneira diferenciada para o menino e para a menina, mesmo que para ambos haja uma combinatória entre as identificações e as escolhas de objeto de amor, o predomínio da identificação com o progenitor do mesmo sexo e a escolha de objeto pelo progenitor do sexo oposto é chamado Édipo normal positivo e o contrário, Édipo normal negativo. Ou seja, a rivalidade irá acompanhar esse mesmo esquema das identificações.

No texto de 1931, *Sobre a sexualidade feminina*, Freud diz que a sexualidade da mulher se decompõe em duas fases, sendo a primeira exclusivamente masculina e a segunda exclusivamente feminina e, "portanto, no desenvolvimento feminino existe um processo de transporte de uma fase a outra, sem análogo no menino" (2004, p. 230). Esse processo de transporte diz respeito à mudança que ocorre durante fase genital/fálica do clitóris, na infância, para a vagina na puberdade, no segundo tempo da fase genital. Essas mudanças teriam correspondência no processo de escolha de objeto.

Será reiterado por Freud, nesse mesmo texto que trazemos conosco, constitucionalmente, uma bissexualidade, que pode ser observada de modo mais evidente na menina, por consequência da existência de um clitóris (representante masculino do pênis na mulher) e uma vagina (representante feminino por excelência). Com isso as etapas do desenvolvimento psíquico envolveriam a mãe como objeto de amor originário, e um objeto de amor escolhido durante o complexo de Édipo, tanto para a menina quanto para o menino. Particularmente na menina esse objeto secundário é o resultado de uma escolha, passa por um processo de transformação e é deslocado para o pai-homem, ou seja, há uma modificação na via sexual da mulher que corresponde a uma mudança do sexo de seu objeto de amor.

Freud acaba por colocar na forma de perguntas os possíveis caminhos e as possibilidades de completude do desenvolvimento psíquico-sexual da mulher, em outras palavras, sugere que para o desenvolvimento ser completo há uma escolha objetal do sexo oposto ao dela, isto é, a escolha do pai como objeto de amor:

Somente um terceiro desenvolvimento implica, sem dúvida, rodeios que se encerram na configuração feminina que toma o pai como objeto e assim, a forma feminina do complexo de Édipo. Portanto, o complexo de Édipo na mulher, tem como resultado final um desenrolar mais prolongado; não é destruído pelo influxo da castração, mas criado por ele; escapa às intensas influências hostis que no menino produzem um efeito destrutivo (FREUD, 2004, p. 232).

Se já havíamos constatado os resultados freudianos quanto à configuração do complexo de Édipo na menina, ainda não havia sido enunciado nesse texto o processo de castração seja no menino, seja na menina. Freud se refere então a esse processo de castração no menino como tendo um efeito destrutivo, responsável pelo término do complexo de Édipo. Já a menina testemunha uma coincidência entre o início do complexo de Édipo e a castração.

Não é nosso propósito aqui adentrarmos na própria sexualidade feminina individual, mas verificar, nos termos de *Totem e tabu*, o que poderia ter sido o impulso para a constituição da sexualidade feminina tal qual descrita por Freud nesse texto de 1931. Isto é, tendo como principais características esses dois tempos tanto corporais (passagem do clitóris para a vagina) quanto psíquicos (mudança de escolha de objeto da mãe para o pai).

Ao compararmos os processos individuais com os processos ocorridos desde a horda, é possível estabelecer um paralelo, no menino, quanto à castração, ou melhor dizendo quanto ao horror à castração. A castração seria a própria expulsão dos filhos, que não foram escolhidos, da horda primeva. Esses filhos passavam a viver sozinhos, caminhantes a esmo lutando contra a natureza e contra outros homens. A identificação amorosa com o pai da horda e o ódio por terem sido expulsos fez com que esses filhos se unissem criando assim uma ligação fraterna inexistente e retornassem para assassinar o pai opressor. Ora a castração viria marcar o fim de um processo de desenvolvimento do menino dentro da horda, e, o que significaria, muito provavelmente, o fim da vida do menino. Daí o tamanho horror à castração. Se esse processo da união dos irmãos e o assassinato do pai fazem a passagem da natureza para a cultura, nos termos individuais encontramos uma dissolução do complexo edípico em que haveria uma consolidação da masculinidade no menino, que por sua vez viria indicar a força para não deixar sucumbir a nova organização que os deixou desamparados.

Se do ponto de vista masculino individual há uma consolidação da masculinidade com a dissolução edípica, de maneira análoga haveria o "reforço ou o estabelecimento" de uma identificação com a mãe que viria fixar o caráter feminino na criança (FREUD, 2003, p. 35). No que diz respeito às mulheres da horda, há uma aliança prévia entre elas e a castração que não é vista com horror, uma vez que não são expulsas, ao contrário, têm a garantia do amor permanente que em contrapartida devolvem na forma de obediência a esse pai. O complexo de Édipo inicia-se com a castração do outro. A passagem do objeto primordial (a mãe) para outro objeto de amor (pai) é dada dentro horda, daí podemos extrair o que diz Freud a respeito de um prolongamento da fase pré-edípica na menina. No entanto, o que vemos não é apenas uma dissolução do complexo feminino, mas uma verdadeira dissolução da horda. Disso decorreria que as mulheres se ateriam de maneira mais prolongada a essa saudade do período de horda, onde suas garantias já estavam dadas. Dessa aliança inicial podemos extrair algumas características: ainda que seja uma aliança homossexual composta exclusivamente por mulheres, ela depende do amor do pai, e resulta em uma rivalidade entre elas, o que também implicaria numa ambivalência nas relações entre as mulheres.

Se por um lado temos que a consciência de culpa propagou-se e ainda podemos encontrá-la enquanto conteúdo psíquico do neurótico obsessivo como se houvesse realmente cometido um crime, por outro temos a propagação de uma nova aliança entre os irmãos enquanto fundamento psíquico, isto é, essa nova aliança que foi incorporada seria o solo psíquico relacional em que pôde surgir a própria consciência de culpa. A união dos irmãos é que veio proporcionar uma nova *Realidade* no sentido de conceito metapsicológico tal como a definem Abraham e Török. Essa realidade que assim como o desejo, nasce do interdito, "é comparável a um delito, até mesmo a um crime" (1987, p. 237–238). Isso porque ela mesma veio limitar futuros atos criminosos após o crime primordial, ela já nasce "com a exigência de permanecer escondida" uma vez que veio por fim a ao desejo de ser o pai primevo. Com isso ela também exige outro estatuto para esse pai e consequentemente acaba por velar e desfigurar o desamparo e a vulnerabilidade que os irmãos e novos pais carregam consigo. Essa vulnerabilidade é propagada na forma de um segredo, podemos dizer, na forma de outra "realidade metapsicológica" que aquela outrora vivida.

Por outro a escolha freudiana em relegar às mulheres uma posição passiva dentro da cultura ou associar tudo o que é feminino à passividade, ao nosso ver, decorre do próprio papel que essa exerce dentro da horda e que carregara consigo para fora dela. Dessa maneira, ao formular o mito da horda primitiva, a teoria freudiana parece ter legado aos homens a determinação de conviverem com o constante horror à castração, unidos em torno do ódio e, portanto, vulneráveis à própria sorte. Já para as mulheres, ainda que rivais entre si e também vulneráveis tanto quanto os homens, parece tê-las poupado de tamanho horror à castração.

BIBLIOGRAFIA

ABRAHAM, Nicolas & TÖRÖK, Maria. *A casca e o Núcleo*. Trad. Maria José Coracini. São Paulo: Escuta, 1987.

DUMONT, Louis. "Lévi-Strauss: les structures élémentaires". Em: *Groupe de filiation et alliance de mariage*. Paris: Gallimard, 1997.

FREUD, Sigmund. "Proyecto de psicología (1950 [1895])". Em: *Publicaciones prepsicoanalíticas y manuscritos inéditos en vida de Freud*. Trad. José Etcheverry. Buenos Aires: Amorrortu Editores, 2003.

_____. (1913) "Tótem y tabú". Em: *Tótem y tabú y otras obras: 1913-1914*. Trad. José Etcheverry. Buenos Aires: Amorrortu Editores, 2003.

KECK, Frédéric. *Claude Lévi-Strauss, une introduction*. Paris: Pocket/Agora, 2011.

LÉVI-STRAUSS, Claude. *Les structures élémentaires de la parenté*. Paris: Mouton&Co, 1967.

MEZAN, Renato. *O tronco e os ramos: estudos de história da psicanálise*. São Paulo: Companhia das Letras, 2014.

MONZANI, Luiz Roberto. Revista de Filosofia *Aurora*, Curitiba, v. 23, n. 33, p. 243-255, jul/dez 2011.

Interstícios do texto freudiano:
Acerto de contas

Dentro do sonho[*]

STEPHEN FROSH[†]

AS ORIGENS DA PSICANÁLISE

Não importa o que se diga sobre diferenças sexuais, a maneira de o dizer se torna uma expressão de como essa diferença está sendo sentida; ao falar, a pessoa também se posiciona, homem ou mulher, com todas associações derivadas de domínio ou resistência, conhecer ou ser, visão ou tato. Isso não significa que a diferença sexual "é" algo absolutamente fixo; na verdade, a organização do mundo social em torno da diferença produz pessoas que se relacionam com o gênero, de forma que o que são, em princípio, categorias "vazias" (masculino, feminino), torna-se repletas de expectativas, estereótipos e projeções. Isso, porém, não torna os seus efeitos menos reais: apesar das distinções de gênero serem construídas e (em importantes sentidos) "arbitrárias", elas possuem um poder sobre nós e são difíceis, talvez impossíveis, de transcender. Ao se explorar a maneira com que a diferença sexual é construída, analisando isso como um processo social, a centralidade do gênero para a subjetividade — por exemplo, para o eixo central do

---

[*]. Este capítulo é uma adaptação do Capítulo 3 da obra de Stephen Frosh, *Diferença Sexual: Masculinidade e psicanálise*. Londres: Routledge, 1994. Tradução de Alexandre Cleaver e revisão de Alessandra Affortunati Martins.

[†]. Professor da Birkbeck, University of London desde 1979. Iniciou a docência na Psicologia e, desde 2008, está no Departamento de Estudos Psicossociais, do qual foi membro fundador e primeiro Chefe de Departamento. De 1982 a 2000, conjugou seu trabalho na Birkbeck com o de psicanalista. Ao longo dos anos 90, foi psicólogo clínico supervisor e vice-reitor do Departamento de Infância e Família da Clínica Tavistock, em Londres. Seus interesses acadêmicos estão nas articulações da psicanálise com questões sociais — gênero, cultura e 'raça' — e estudos psicossociais de forma mais ampla.

senso de identidade das pessoas — vem à tona. Consequentemente, escrever sobre diferença sexual nunca resulta em uma atividade neutra: sempre nos coloca frente a frente com nossas próprias convicções e desejos.

A psicanálise também participa desse processo. Um de seus mais poderosos ensinamentos é que cada discurso tem seu subtexto, seu reverso ou antagonismo, posicionado dentro dele; esse subtexto fala através das fendas, através das escorregadelas e dos momentos de incerteza da linguagem, sempre colocando o todo em dúvida. Assim como isso é verdade em relação ao discurso do analisante, é também verdadeiro em relação ao discurso da própria psicanálise. A qualquer momento, o que está "realmente" sendo dito pode não ser o que está aparentemente sendo o alvo da conversa, mas algo diferente, algo que requer interpretação para retirá-lo de seu esconderijo. Além disso, aquele que fala pode não ser o "eu" sereno e autoral que parece estar ali, possivelmente apresentando uma faceta racional e equânime, porém algo inconsciente, envolto em complicadas convicções, incluindo aquelas em torno da diferença sexual. Assim, a superfície da linguagem psicanalítica, igual à linguagem de qualquer paciente, mascara algo significativo; e esse algo é, ele próprio, momentâneo e escorregadio, e fala a partir de uma posição de incerteza, de constante mudança e conflito.

A tradicional associação da masculinidade com racionalidade e da feminilidade com irracionalidade começa a se encaixar aqui. Há um sentido em que as origens da psicanálise podem ser descritas como provenientes dessa tensão entre razão masculina e expressividade feminina, sentida particularmente como histeria: em psicanálise, aquela diz desta, mas precisa da última para poder ter algum conteúdo específico. A psicanálise é construída sobre essa situação de tensão: ela brinca com as fronteiras da razão, recusando-se a abrir mão de sua busca por significado, mas mostrando igualmente como o irracional é um elemento intrínseco à condição humana e nunca irá desaparecer. Não surpreende, portanto, que mesmo quando a psicanálise se apresenta em sua forma mais dominante e de aparência claramente científica, ela também pode ser obscura e desconfortável consigo mesma, sugerindo um estado interno de inquietação. Essa situação torna-se particularmente pungente quando o paralelo implícito entre feminilidade e inconsciente vem à tona. Traduzido em termos de gênero, a atividade aparentemente "masculina" de saber e organizar os fenômenos está sempre relacionada com a atividade supostamente "feminina" de personificação e disrupção. Quando fala de diferença sexual, com suas muitas vozes contraditórias, a psicanálise delineia conceitos que ajudam no desafio de encontrar significado e obter sentido a partir da maneira como o gênero se insinua na vida psíquica das pessoas. Porém, a fala da psicanálise também *expressa* essa presença do gênero. Nos textos de psicanálise, assim como nos discursos dos pacientes, é possível encontrar as vozes da diferença sexual, canalizando, influenciando e minando as narrativas que se desdobram. De fato, por causa de sua preocupação com sexualidade e subjetividade, a linguagem da psicanálise é uma linguagem particularmente sexuada, marcada pela instabilidade de suas posições identificatórias e por sua jocosidade quando defrontada com questões de referência. Sempre que fala com uma voz aparentemente "masculina", ela igualmente sugere o tema da feminilidade: ao levar adiante a palavra do mestre, a subversão dessa palavra também surge em segundo plano.

Neste capítulo, eu exploro essa ambiguidade da própria psicanálise na sua posição sobre gênero por meio da análise da questão da diferença sexual em um dos mais importantes textos de fundação da psicanálise, *A interpretação dos sonhos* (1900), de Freud. Argumentarei que esse texto trabalha com categorias convencionais de masculinidade e feminilidade, de forma tal que ambos os lados da tensão antes mencionada estão visíveis — tanto o modo pelo qual a diferença sexual funciona como princípio organizador central à identidade pessoal, como também a maneira pela qual seu caráter construído torna possível a transgressão da categorização tradicional de gênero. Em relação à psicanálise, os conteúdos do texto não possuem somente importância histórica. Durante toda sua história, a psicanálise esteve enredada na personalidade, assim como nas ideias de Freud. Embora os desenvolvimentos na teoria e na prática tenham sido significativos desde a sua época, o trabalho de Freud continua definindo os princípios básicos da teoria e da prática analíticas, e sua figura continua a ser objeto de identificação, o superego corporativo de todos os outros que surgiram desde então. Além do mais, a psicanálise é uma ciência incomum, no sentido de que seu conjunto de conhecimentos iniciais foi construído, em grande parte, baseado na personalidade e auto-escrutínio de Freud. Sua famosa "autoanálise", perpetrada nos últimos anos do século XIX, é comumente representada (particularmente por Jones [1955] na primeira biografia "oficial") como o heroico ato de fundação da psicanálise; dado que se volta explicitamente aos impulsos subjetivos e conflitos internos de Freud, significa que seus próprios desejos, conscientes e inconscientes, estão colocados como as linhas de partida de onde todas as análises se posicionam. Posteriormente, a autoanálise de Freud tornou-se o protótipo para a análise didática realizada como parte do processo de se tornar um psicanalista, produzindo uma sequência dinástica que se inicia com o ato de autocriação. Aqui, já podemos encontrar algumas ambiguidades estruturais que andam em paralelo com aquelas encontradas na diferença sexual. Assim como no mito bíblico do Gênesis, o criador original reúne em seu próprio ser tudo que é necessário para gerar a vida, elementos tanto masculinos como femininos, poderíamos dizer; mais tarde, ocorre a divisão, inicia-se a diferenciação e ninguém dá conta da missão analítica criativa por conta própria.

A interpretação dos sonhos é a obra que está mais intrinsecamente ligada a essa autoanálise e a que, consequentemente, expressa mais vigorosamente as ambiguidades e tensões envolvidas no processo criativo do qual a psicanálise nasceu. Nesse livro, publicado no início do século XX, encontramos um texto que é, ao mesmo tempo, científico e confessional, incorporando teoria formal lado a lado com revelação pessoal consciente (ele é construído, principalmente, em torno de interpretações dos próprios sonhos de Freud, assim como os de alguns dos seus pacientes) e ansiedade e desejo inconscientes. E, bem no cerne desse texto, conforme este capítulo pretende revelar, reside uma incerteza relacionada ao gênero: uma masculinidade que brinca, reprime e exprime sua própria fragmentação e identificações femininas ambivalentes. *A interpretação dos sonhos* é apresentada por Freud como uma triunfal elucidação dos recônditos obscuros do irracional — o desconhecido terreno da noite; mas a obra continuamente levanta a questão da identidade sexual do sonhador e do intérprete, bem como a do sonho e de sua análise.

Todos os sonhos descritos por Freud na primeira edição desse grande e abrangente livro foram sonhados no final do século XIX, em uma época de conflito para Freud, na qual nasce algo novo, algo terrível e, ainda assim, excitante. Portanto, esses sonhos e suas interpretações podem ser vistos como um tipo de comentário, não apenas da situação em que Freud entendia estar, mas também das forças e experiências sociais que deram origem aos grandes movimentos modernistas do início do século XX — forças essas que são mais facilmente caracterizadas como "revolucionárias", como uma quebra com as correntes do passado que leva a um conjunto de circunstâncias em que mudanças ocorrem em um ritmo nunca antes visto, muitas vezes por meio da inversão radical de crença e organização social. Anzieu assim comenta o estado de mente de Freud no momento em que ele sonhava (em 1895) o seu mais famoso sonho, seu sonho "espécime", da injeção de Irma, no qual aqui focaremos:

Freud, fragmentado em peças díspares, estava buscando sua verdadeira unidade. O sistema de identificações que havia lhe governado até então ruiu. Por ora, sua vida havia sido dominada pelos desejos de outros. Durante aquela noite de 23-24 de julho de 1895, seu sonho o questionou sobre seus próprios desejos (1975, p. 132).[1]

Essa imagem do indivíduo em fragmentos, incerto sobre a verdade do saber e sobre o "sistema de identificações" por meio do qual havia vivido anteriormente, buscando desesperadamente por um significado alternativo e unificador que tornará possível a fabricação de uma vida novamente integrada — essa é uma imagem modernista caracterís-

---

[1]. Foi curioso notar que na versão brasileira de *A auto-análise de Freud* a passagem citada por Stephen Frosh simplesmente foi suprimida. Ela deveria estar localizada na p. 38 do livro editado pelas Artes Médicas, 1989, mas simplesmente não está lá. Em razão disso, a paginação acima segue a edição inglesa originalmente citada por Frosh com trad. nossa. [N. T.]

tica do indivíduo em conflito com a fragmentação da modernidade e tentando, por meio de sua criatividade, atravessá-la vitoriosamente. Ela também é predominantemente apresentada como uma imagem *masculina* da autoconstrução heroica, em que o indivíduo tem poder suficiente para forçar algo novo para dentro do mundo, para "livrar-se de suas amarras", como diz Anzieu (1975, p. 146), e descobrir um novo caminho para si. No entanto, mesmo nisso existe ambiguidade sexual. A tarefa de Freud, nesse momento, era a de abrir mão das tradições de objetividade científica e repressão social e começar a se estudar, encontrando uma voz segura que pudesse articular sua própria experiência — uma missão de autoexpressão e "política de identidade" que se associa de perto com o feminismo contemporâneo. Mais especificamente, Anzieu define a consequência para Freud do processo de questionamento que se inicia a partir do sonho de Irma como um futuro "segundo nascimento" — que "não pode deixar de evocar nele seu primeiro nascimento" (1975, p. 146) —, simbolizado pelo deslocado exame ginecológico presente no próprio sonho (olhando o fundo da garganta de Irma para encontrar "algumas notáveis estruturas encaracoladas que eram evidentemente modeladas a partir dos ossos turbinados do nariz" [FREUD, 1900, p. 107]; Freud mais tarde relata como seu amigo Wilhelm Fliess associa "os ossos turbinados e os órgãos reprodutivos femininos" [1900, p. 117]). A imagem é de Freud dando um novo parto a si mesmo, libertando uma energia que produz a psicanálise como consequência. A sexualidade aqui é combinada, pois há tanto o gênio obstinado como o maternal ato de dar à luz; mais ainda, há um aspecto hermafrodita do novo Freud deslizando para fora da pele do antigo.

O próprio Freud é menos delicado e está mais em sintonia com os sentimentos revolucionários daqueles tempos. Ele admite a vontade de abrir o capítulo sobre terapia que há no livro com o título "Flavit et dissipati sunt" — "Ele soprou e eles se espalharam". Ainda que isso refira-se aos problemas inerentes ao seu trabalho clínico e teórico, aos seus oponentes, ou a toda a ordem estabelecida das coisas, a imagem aqui é a de uma revolução.

IDENTIFICAÇÕES MASCULINAS: DE JOSÉ A MOISÉS

É com *A interpretação dos sonhos* que a psicanálise obtém sua própria voz, a voz do inconsciente e a voz da personalidade de Freud. Freud carimba sua autoridade em seu material; ele mostra como tudo se encaixa, ele resolve o segredo dos sonhos, ele sabe o que apenas profetas sabem. A partir disso, surge um movimento de crentes, um corpo de conhecedores, aqueles que, por causa de Freud, conseguem ver, interpretar e entender.

A imagética religiosa dessa descrição deriva diretamente de uma estratégia consciente de identificação adotada pelo próprio Freud. Essa estratégia produz uma posição autoral que é conscientemente masculina, inquestionada como tal durante o texto, e que também permite a Freud estabelecer uma conexão com sua herança cultural judaica, de forma que ele se torne o novo profeta — secular, talvez, mas seguindo firmemente os passos dos heróis do Antigo Testamento. Parece claro que ambos os impulsos são de grande importância para Freud. A questão da masculinidade é uma que, conforme será descrito mais detalhadamente adiante, surge para Freud dentro do contexto de sua tentativa de solucionar seu relacionamento com seu pai. Dessa forma, uma possível trajetória de *A interpretação dos sonhos* seria a tentativa de Freud de penetrar sua masculinidade — de resolver as questões que lhe impediam de completar a transição da posição de filho (de seu pai de fato e dos tutores masculinos idealizados de seu passado) para a de pai (de seu próprio legado intelectual, o movimento psicanalítico). Para fazê-la, Freud adota identificações que brincam com a dinâmica filho/pai, particularmente em relação às figuras bíblicas José e Moisés. Uma das ironias que aqui emerge, contudo, é que a construção autoconsciente e um tanto estereotipada dessa persona "masculina" está constantemente em tensão com um conjunto de identificações "femininas" implícitas, novamente expressando a instabilidade daquela naturalizada polaridade.

O segundo dos impulsos acima mencionados, aquele de inserir-se na herança cultural de seu povo, foi algo que acompanhou Freud durante toda a sua obra. Ele pode ser observado de diferentes formas como, por exemplo, em relação ao impacto de suas próprias experiências com o antissemitismo (atestadas diretamente em *A interpretação dos sonhos*), à congenialidade de seus laços com outros médicos e leigos judeus (como em sua associação à organização B'nai B'rith), em suas ansiedades decorrentes da concentração de judeus entre os primeiros psicanalistas ou em sua resposta ao nazismo (FROSH, 2005). Forma e conteúdo do que é encontrado em *A Interpretação dos Sonhos* alinham-se a isso, como se Freud estivesse usando os elementos de sua herança judaica para criar seu próprio livro das origens. Mais ainda: como o padrão de identificações do material é masculino, o livro torna-se, em parte, um compromisso com o patriarcado.

Vale a pena explorar em detalhes como o texto trabalha. A consciência de Freud em relação à sua posição histórica transicional — entre o velho e o novo, entre Egito e Israel — leva-o a identificações com duas figuras bíblicas centrais, José, o profeta, e Moisés, o libertador. Em relação ao primeiro, Freud escreve:

Já terá percebido que o nome Josef tem papel importante nos meus sonhos [...]. Meu Eu pode se esconder facilmente por trás das pessoas que assim se chamam nos sonhos, pois Josef é também o nome do interpretador dos sonhos que conhecemos da Bíblia (2019, p. 812, n. 2).[2]

O dom de José vem de Deus e depende da sua fé em Deus; seu exercício leva-o ao exílio e em seguida à redenção, um processo que é posteriormente recapitulado (mas ao reverso) por todo seu povo. Moisés chega ao final dessa sequência; Moisés também aparece em vários momentos da vida de Freud, de modo mais pungente no fim, em sua meditação confusa e evocativa sobre o nazismo, em *Moisés e o monoteísmo* (1939). Em *A interpretação dos sonhos*, Moisés aparece explicitamente pela primeira vez como uma figura de identificação, em um dos sonhos de "Roma" (1900, p. 194):

Em outro sonho, alguém me levava para o alto de uma colina e me mostrava a cidade de Roma meio velada pela neblina e ainda tão distante que a nitidez

---

2. Para as citações, adota-se a versão da Companhia das Letras, trad. Paulo César de Souza.

da vista me espantava. O conteúdo do sonho era mais rico do que devo expor aqui. O tema "ver a terra prometida à distância" pode facilmente ser reconhecido (FREUD, 2019, p. 267-8).

Moisés liberta seu povo da escravidão no Egito — a opressão física, a perda de identidade, os deuses falsos — e os conduz ao deserto. Porém, sua própria rebeldia agressiva o impede de ser aquele que leva os israelitas à terra prometida; ele apenas a vislumbra de longe. Não obstante, no caminho, ele deu ao seu povo a Lei; agora, para atingir sua soberania e seu verdadeiro *status*, eles [os membros do povo] devem segui-la. Que isso se prove, a longo prazo, uma missão impossível, nada mais é do que parte das condições de existência humana.

Há uma boa dose de reflexividade na maneira como José e Moisés aparecem em *A interpretação dos sonhos*; isto é, como figuras significativas em um território onírico, eles dizem muito sobre o texto em si e, claro, sobre Freud. A visão pessoal de José é uma em que os futuros problemas de um povo tornam-se entrelaçados; é como se eles fossem arrastados para dentro do turbilhão de seus próprios sonhos e ambições. Filho predileto que, assim como Freud, era o primogênito da segunda esposa de seu pai, José sonha sonhos imensos de grandeza e ambição. Por ser o escolhido de seu pai, ele sofre abusos e é escravizado, suscita inveja e desejo, é preso e acorrentado. Então, no ponto mais baixo de sua fortuna, ele descobre seu grande dom, uma habilidade mágica de enxergar através do mistério dos sonhos. Por meio da própria percepção de seu conflito interno, José aprende a perceber os outros; ao interpretar os sonhos de outros, tornando claro suas estruturas e significados, ele compreende seus próprios sonhos e torna-se o mestre de seus irmãos. A inveja deles transforma-se em medo e gratidão, os murmúrios se silenciam; as conquistas de José são evidência de que, afinal, sua grandeza não era uma fantasia.

Isso em si já possui a estrutura de um sonho, a realização de um desejo em que o vilipendiado triunfa sobre seus opressores. E ressoa através de *A interpretação dos sonhos* como uma resposta à memória produzida ao sonho do "Conde Thun". Quando tinha "sete ou oito" anos, Freud urinou no quarto de seus pais; enfurecido, seu pai descarta todos os sinais anteriores de grandeza com a seguinte profecia: "esse garoto não será nada na vida" (1900, p. 296). Freud comenta:

Deve ter sido uma humilhação terrível para a minha ambição, pois meus sonhos fazem alusões frequentes a essa cena e regularmente vêm acompanhados de uma enumeração dos meus trabalhos e sucessos, como se eu quisesse dizer: "Está vendo? Consegui ser algo na vida" (2019, p. 294-5).

A estrutura da história de José e as constantes interposições entre os conflitos de Freud em torno de seu próprio pai e sua ambivalência em relação ao seu patrono provisório e colaborador Josef Breuer permitem a Freud fazer tal afirmação — "Eu dei em algo" — e legitimar sua grandiosidade e reivindicação à fama.

Há, porém, um lado negro em José, com o qual Freud também parece haver feito uma conexão pessoal. José suscita inveja e recriminação por causa de sua falta de humildade. Vivendo em um mundo de sonhos, ele força a realidade a se dobrar às suas vontades para realizar os desejos triunfantes do início de sua vida. Ao fazê-lo, ele salva sua família e seu povo da fome, apenas para conduzi-los a um longo pesadelo de escravidão e desespero. A ambiguidade dessa história — a maneira como triunfo pessoal se transforma posteriormente em tragédia comunal — é algo profundamente enraizado na consciência judaica de Freud (ver DILLER, 1991). Em relação à obra *A interpretação dos sonhos* e à fundação da psicanálise, também trata-se de uma pungente expressão de questionamento: seria tudo isso apenas o sonho de Freud, e a que pesadelo ele levará aqueles que ficarem enredados nele? É difícil, de maneira retrospectiva, não enxergar aqui a influência de uma consciência interna sobre as forças que mais tarde levaram ao surgimento do nazismo, uma certa expressão inconsciente do reconhecimento explícito de Freud e de seu desconforto com o elo entre psicanálise e judaísmo, e um medo em relação a onde isso poderia levar. No mínimo, isso sugere que o duplo desafio que Freud lança ao mundo — primeiro esboçando uma teoria ultrajante (sonhos são realizações de desejos sexuais) e, em seguida, explicitamente ligando-a ao seu judaísmo — era, em certa medida, uma reação ao seu senso de rejeição por parte das comunidades científicas e não judaicas.

Moisés faz a viagem reversa àquela de José, do Egito às fronteiras de Canaã, da escravidão à liberdade inerente à Lei. Ele leva consigo os ossos de José, para que possa enterrá-los em seu devido lugar ao fim da longa noite de exílio. Aqui, a relação entre tempo e espaço é bem complexa, intimamente ligada à relação do sonho com a realidade. Ao deixar o Egito, Moisés leva seu povo ao deserto; tendo falhado em manter uma fé perfeita, a geração de pessoas que trabalhou como escrava precisa se extinguir antes que uma nova geração, que nada sabe de seu *status* anterior no Egito, possa ser confiada com a missão de tomar posse da terra prometida. O deserto, o espaço entre Egito e Israel, é empregado para permitir que o tempo inflija seus efeitos; por quarenta anos os israelitas são obrigados a vaguear, até que não reste nenhum ex-escravo. Geralmente, o tempo conquista o espaço; qualquer distância pode ser vencida, com tempo suficiente. Mas Moisés conduz o seu povo em círculos, esperando. O tempo torna-se vassalo do espaço; o espaço relativamente pequeno se expande indefinidamente, até que o tempo disponível aos indivíduos se esgota.

O próprio Moisés é punido por sua presunção e impaciência, não lhe sendo permitida a experiência da realização do sonho do qual ele foi parte. Esse não é o seu sonho: ele é uma peça relutante de algo muito maior do que ele mesmo. De alguma maneira, ainda é o sonho de José, que não está terminado até Josué enterrar os seus ossos em Israel; Moisés é simplesmente o instrumento principal por meio do qual a redenção do pesadelo se concretiza. De modo mais amplo, é o sonho de Deus, o sonho do inconsciente, do Outro. Moisés é recalcitrante, ele discute com Deus quando ele é escolhido, no local da sarça ardente, para liberar os hebreus, mas ele deve colaborar; algo viaja através dele, ele é uma figura por meio da qual um desejo é expresso e alcançado. Ao identificar-se com ele, Freud vê sua irascibilidade, seu poder e sua legislatura; mas ele também evoca seu *pathos*, o modo como seus próprios desejos e temores têm que sofrer certa renuncia para que sua missão possa ser atingida.

As identificações de Freud com José e Moisés envolvem um conjunto complexo de ambiguidades relacionadas a tempo e a espaço, sujeito e objeto, sonhador e sonho. Essas ambiguidades se conectam de perto com a questão da autoridade, que permeia tanto esse texto como o contexto maior da psicanálise. É também por meio disso que surge a voz falante do inconsciente e da diferença sexual. As identificações explícitas de Freud são com autoridades masculinas, figuras heroicas de tempos bíblicos. Sustentando-as, entretanto, está uma estrutura de incerteza, em que o herói é um desastre, ou um objeto do plano de outro. Não mais senhor do sonho, não mais capaz de falar e comandar, essa representação da masculinidade torna-se problemática, na forma de algo instável e incerto. O sonho em si toma conta, com todas as suas ambiguidades e fluidez de posicionamentos. Se a diferença sexual é um eixo primário em torno do qual se forja a identidade, as complexidades de identificações presentes em *A interpretação dos sonhos* revelam a precariedade da identidade e da própria diferença sexual.

O SONHO DA INJEÇÃO DE IRMA

É no sonho "espécime" de Freud, o sonho da "injeção de Irma", que essa incerteza recorrente sobre identidade de gênero e diferença sexual aparece de modo mais claro. Freud apresenta esse sonho e sua análise como uma oportunidade de demonstrar seu "método de interpretação" (1900, p. 105); porém, fica claro por meio dos detalhes e da energia da análise que ele está engajado em trabalhá-lo por motivos que ultrapassam a intenção pedagógica. De fato, é em comemoração à ocorrência desse sonho em particular que Freud sugere a Fliess a colocação de uma placa de mármore na casa em que ele o sonhou — uma placa com os dizeres "Nesta casa, em 24 de julho de 1895, o segredo dos sonhos foi revelado ao Dr. Sigm. Freud" (1900, p. 121, n. 1). Uma nota relatando esse intuito é colocada pelos editores de *A interpretação dos sonhos* imediatamente após estas últimas palavras do capítulo sobre Irma: "Após completar o trabalho de interpretação, percebemos que o sonho é a realização de um desejo" (1900, p. 179). Todavia, como Lacan (1955-6) observou, a enorme significância atribuída a esse sonho, e a natureza revolucionária da conclusão que dele se obtém, pouco parecem se relacionar ao conteúdo manifesto da interpretação do sonho em si, do qual foi removido todo reconhecimento explícito de sua subversão e perturbação da sexualidade. Lacan questiona:

[...] como é que Freud, ele que vai mais adiante desenvolver a função do desejo inconsciente, contenta-se aqui, para o primeiro passo de sua demonstração, em apresentar um sonho inteiramente explicado pela satisfação de um desejo que não se pode chamar de outro modo a não ser de pré-consciente, e até mesmo de inteiramente consciente? (1985, p. 193).

A resposta de Lacan a essa pergunta concerne ao significado das revelações sobre análises de sonhos em relação às estruturas de ego e identidade; retornaremos a ela mais adiante. Porém, em uma análise mais simples, Freud parece estar usando o sonho como uma demonstração de sua própria autoridade — novamente, como uma expressão de sua identificação com José, mas também, dado o conteúdo do sonho em si, como uma fantasia de conquista sexual.

Anzieu comenta que a análise do sonho de Irma parece "desarrumada", mas, na verdade, "é notavelmente bem-estruturada, e se desenrola como uma peça, com os personagens sendo introduzidos nos primeiros atos e o desenlace ocorrendo no último" (1976, p. 137-8). A peça em questão é um tipo de drama de tribunal:

O primeiro ato cessa por uma oração de defesa de Freud [...] ele termina em seu medo. No segundo ato, Freud é acusado com provas terríveis. No terceiro ato, as testemunhas, os advogados, destroem estas provas. A questão que é núcleo da inquirição é então apresentada claramente: quem é responsável? (ANZIEU, 1989, p. 47-8).

Uma possível resposta, de acordo com a leitura de Anzieu, é que a responsável é a "injeção de trimetilamina"; isso é, "a causa dos males de Irma é sua vida sexual insatisfatória. Freud tem razão contra seus detratores, pois sustenta a etiologia sexual das neuroses" (1989, p. 48). Nessa parte de sua análise, Anzieu está enxergando o sonho de Irma como parte da tendência de auto-justificativa presente em *A intepretação dos sonhos*: Freud derrubando a maldição de seu pai para descobrir o segredo da vida mental. Irma permite que ele demonstre essa descoberta com autoridade: todas aquelas mulheres teimosas e homens ignorantes que, juntos, causaram uma bagunça, e mesmo assim acusam Freud, são despachados e o feito de Freud é mais uma vez asseverado. É a sórdida injeção que deve ser responsabilizada, a suja seringa; qualquer freudiano notaria isso a partir do material em questão.

O próprio Freud fornece uma analogia famosa a sua postura defensiva no sonho, com uma referência específica à maneira com que o sonho está estruturado, como uma contestação formal contra as acusações de responsabilidade pela doença de Irma.

Toda essa alegação — esse sonho não é outra coisa — lembra vivamente a defesa do homem que era acusado pelo vizinho de ter devolvido uma chaleira em estado defeituoso. Em primeiro lugar, ele diz que a devolvera em perfeito estado; em segundo lugar, que a chaleira já estava furada quando ele a tomou emprestada; em terceiro lugar, que jamais tomou emprestada a chaleira do vizinho (FREUD, 2019, p. 178).

O Freud como intérprete de seu sonho consegue olhar com ironia para o Freud que o sonha, revelando as fragilidades em meio aos seus desejos. Mas os dois Freuds não estão tão completamente divididos, e o Freud analítico não tem o controle absoluto de seus procedimentos, como gostaria que acreditássemos. Anzieu comenta que "Freud advertirá, mais tarde, que os pensamentos que sobrevêm após o sonho são ainda pensamentos do sonho" (1989, p. 49). A análise da contestação múltipla que está presente no próprio sonho (a própria Irma é responsável por suas dores, suas dores são orgânicas, elas têm relação com sua viuvez, com a injeção equivocada, com a seringa suja) produz a generalização de que sonhos são realizações de desejo; porém isso também é a realização de desejo, o desejo de Freud de decifrar o mistério dos sonhos. A estrutura de gênero do próprio sonho amplia isso. O objeto central do sonho é feminino: Irma, com sua boca e torso abertos para inspeção pelo sujeito masculino do sonho (o sonhador) e seus apoiadores e competidores. Similarmente, o próprio sonho está prostrado para inspeção e análise pelo autor e psicanalista (o sonhador, novamente), sonhando com sua fama com base no corpo desse sonho. Assim, o sonho está associado ao objeto feminino, como dois espelhos que se refletem; a análise do sonho é a análise do corpo, examinando os tubos genitais de Irma através de sua boca. Conquistando o mistério dos sonhos e conquistando a mulher; a autoridade não é tão mundana, não é apenas uma contestação ao desdém professional.

Freud nos fornece esse sonho como uma ilustração de sua arte e, por meio de uma cuidadosa ordenação do material, edita o que acontece, permitindo que a força do sonho comunique mais pela centralidade que lhe é outorgada — e pelo caráter evocativo da própria figurabilidade do sonho — do que pela abrangência da análise. A descrição superficial que demos até agora, porém, já revela até que ponto o domínio sexual e sua incerteza permeiam o que está expresso no texto. Freud é explícito quanto à supressão de material sexual que é pessoalmente revelador, mas ele também permite que a sexualidade das imagens do sonho fale claramente em sua interpretação, assim preservando a energia e a perturbação do sonho. Freud recorda "outras lembranças de exames médicos e de pequenos segredos revelados em seu decorrer — para o desagrado de todos" (2019, p. 165); ele pensa em uma "amiga íntima" de Irma e relembra "também de ter cogitado várias vezes a possibilidade de essa mulher recorrer aos meus serviços para livrá-las de seus sintomas", mas "ela é de natureza muito reservada" (p. 165); a amiga de Irma "seria mais inteligente" do que ela, "ou seja, cederia mais rapidamente. *A boca se abre facilmente,* ela revelaria mais do que Irma" (p. 167). Explorando o elemento do sonho em que uma área infectada do ombro de Irma é notada "apesar do vestido", Freud comenta: "Francamente, não sinto inclinação a me aprofundar nesse ponto"[3] (p. 113). E, finalmente, há a referência de Freud à teoria de Fliess sobre "algumas associações muito marcantes entre os ossos turbinados e os órgãos reprodutivos femininos" (p. 170). Independentemente de quaisquer outros elementos presentes na análise do texto, Freud permite que ele se comunique em linguagem suavemente codificada da sexualidade e da dominação, em grande parte a partir de

---

3. No original, lemos: "[...] ich habe, offen gesagt, keine Neigung, mich hier tiefer einzulassen" (FREUD, 1900. Versão digital com variação de paginação conforme alterações no tamanho da letra e do visor). O que indica que o termo "aqui", ao invés de "nesse ponto", é mais indicado para sugerir a ambiguidade entre além do vestido ou do sintoma manifesto.

uma posição abertamente sexuada, como a autoridade "penetradora", mas com ansiedade suficiente para dar algum espaço à sua própria identificação feminina.

É com a questão da identificação que lida mais claramente a notável leitura de Lacan (1955-6) do sonho de Irma e sua interpretação, e é isso que o permite mostrar o quão radical o capítulo "espécime" é, quando comparado com o que ele seria se restrito apenas à (não obstante, radical) constatação da ubiquidade do desejo sexual. Nesse contexto, vale a pena recordar o comentário de Anzieu que diz que o sonho da injeção de Irma encapsulou a maneira como "o sistema de identificações que havia governado [Freud] até aquele momento ruiu" (1975, p. 132).[4] Para Lacan, igualmente, o sonho revela esse desmoronamento, mas não de forma a permitir que Freud renasça livre das identificações anteriores e capaz de seguir seu próprio rumo. Na verdade, o sonho revela a *necessária* desconstrução das identificações que constituem o ego. Sem dúvidas, ele lida com o desprendimento de identidades, com fragmentação e ambiguidade discursiva; mas ele lida com essas coisas para poder demonstrar sua centralidade à condição humana.

Lacan analisa o sonho em suas duas partes, a primeira sendo o exame que Freud faz em Irma e a segunda a discussão com seus colegas da área médica — seu "congresso". A visão de Lacan sobre o ego está exposta sucintamente neste *Seminário*:

O eu é a soma das identificações do sujeito, com tudo o que possa comportar de radical mente contingente. Se me permitirem pô-lo em imagens, o eu é como a superposição dos diferentes mantos tomados emprestado àquilo que chamarei de bricabraque de sua loja de acessórios (1985, p. 198).

Essa é a familiar noção lacaniana da especiosidade do ego como entidade unificada: o que aceitamos na vida cotidiana como o com-

---

4. Foi curioso notar que na versão brasileira de *A auto-análise de Freud* a passagem citada por Stephen Frosh simplesmente foi suprimida. Ela deveria estar localizada na p. 38 do livro editado pelas Artes Médicas, 1989, mas simplesmente não está lá. Em razão disso, a paginação acima segue a edição inglesa originalmente citada por Frosh com trad. nossa. [N. T.]

ponente central do eu se revela, sob análise, um bricabraque, partes e pedaços posicionados juntos, ou um sobre o outro, mais ou menos por acaso, cobrindo o vazio que há por baixo. Na leitura de Lacan, a primeira parte do sonho de Irma, em que Freud encara as profundezas da boca de Irma, traz o sonhador e o analista cara a cara com o horror que existe por trás dessa superfície egóica.

Lacan afirma que "o objeto está sempre mais ou menos estruturado como a imagem do corpo do sujeito" (1985, p. 212), sugerindo que quando Freud olha para as entranhas de Irma ele acaba vendo sua própria psique lá dentro, ou, nas palavras de Lacan, "o que podemos chamar de revelação do real naquilo que tem de menos penetrável" (1985, p. 209). Lacan se expressa de maneira excepcionalmente lírica nessa parte, com uma linguagem repleta de imagens de horror e dissolução. Ele localiza o tema da morte no sonho por meio da referência às "três mulheres da primeira parte: Irma, a paciente ideal, e a esposa de Freud. A própria análise de Freud sobre o tema das três mulheres em seu ensaio sobre os "três escrínios" (FREUD, 1913) é, conforme Lacan observa, ao mesmo tempo claro e místico: "o último termo é pura e simplesmente a morte" (1985, p. 200). Refletindo sobre isso em diversas partes de seu *Seminário*, Lacan produz o seguinte confronto com o que ele nomeia "a fundação das coisas, o outro lado da cabeça" (p. 154) — um confronto majoritariamente reunido em uma enorme sentença. A primeira parte do sonho:

A primeira vai dar no surgimento da imagem aterradora, angustiante, nesta verdadeira cabeça de Medusa, na revelação deste algo de inominável propriamente falando, o fundo desta garganta, cuja forma complexa, insituável, faz dela tanto o objeto primitivo por excelência, o abismo do órgão feminino, de onde sai toda vida, quanto o vórtice da boca, onde tudo é tragado, como ainda a imagem da morte onde tudo vem-se acabar, já que em relação com a doença de sua filha, que poderia ter sido mortal, a morte da doente que ele perdeu numa época contígua a da doença de sua filha, ele a considerou como sendo não sei que retaliação do destino por sua negligência profissional — *uma Mathilde por outra*, escreve ele (LACAN, 1985, p. 208).

A energia extraordinária e o tumultuoso empilhamento de orações existentes nessa passagem, seu modo de rodear temas como a perda e a morte *("essa Matilde por aquela Matilde")*, sua imagética de horror, que permeia O seminário — essa é uma leitura que ecoa do tradicional, mas de modo algum trivial, elo culturalmente estabelecido entre sexualidade feminina e morte. A morte vem de mãos dadas com o sexo; porém, junto a isso, há o tema paralelo do retorno ao nada, simbolizado pelo desejo do útero, ambos elementos que estão presentes na analogia dos três escrínios e, de modo mais formal, na (posterior) conceptualização de Freud da pulsão de morte (FREUD, 1920). Ao ler a interpretação de Lacan para o sonho de Freud, sentimos que o sonhador se encontra cara a cara com seu próprio desejo, ao descartar seu egóico si-mesmo. Ao olhar dentro da boca do outro, para o abismo da subjetividade, o que se revela é a impossibilidade da posição do sujeito consciente e integrado. As identificações que mantêm esse ego no lugar não se sustentam quando confrontadas com a erupção do real. "Este sonho nos ensina, portanto, o seguinte — o que está em jogo na função do sonho se acha para além do *ego*, aquilo que no sujeito é do sujeito e não é do sujeito, isto é, o inconsciente" (LACAN, 1985, p. 203).

No momento desse encontro com o real, um segundo elenco de personagens entra no sonho, agora um trio de homens (Dr. M, Otto, Leopoldo). Lacan interpreta esse acontecimento da seguinte forma (p. 164):

As relações do sujeito mudam completamente. Ele passa a ser algo totalmente diferente, não há mais Freud, não há mais ninguém que possa dizer [*eu*]. É o momento que denominei entrada do bufão, já que é mais ou menos este o papel que desempenham os sujeitos para os quais Freud apela (1985, p. 209).

Mas esses sujeitos não são externos a Freud: estando em seu sonho, eles são aspectos dele mesmo, eles são identificações a partir das quais seu ego é constituído. E essas identificações estão de fato desmoronando, decompondo-se; o sonho revela o real estado das ocorrências psíquicas — o estado normal, não o patológico. Com a ansiedade que o sonho produz pela revelação da fragilidade do eu, nós "assistimos a esta decomposição imaginária, que é apenas a revelação dos componentes normais da percepção" (LACAN, 1985, p. 212) — isso é, assim os diferentes e desconexos elementos do supostamente integrado ego são dramatizados. Freud está presente em todos esses elementos, em cada um dos membros desse elenco de tolos que procura uma maneira de escapar da responsabilidade pelo horror das entranhas de Irma; afinal, é seu sonho. Para Lacan, não é o conteúdo do discurso assim produzido que importa, mas a presença desses elementos imaginários do ego e o modo como eles desaparecem para revelar atrás deles algo mais poderosos e insidioso, um nome que, apesar de completamente inescrutável, coloca todo o padrão simbólico no lugar.

A descrição de Freud de seu sonho culmina com sua visão da fórmula da trimetilamina (N-CH3/CH3/CH3) e um comentário sobre a seringa não estar limpa. Lacan toma essa fórmula abordando-a como inscrição de uma "outra voz", algo que aparece escrito apenas no ar, sem um agente responsável — ao que ele se refere, novamente com alusões Bíblicas (dessa vez ao livro de Daniel), como seu "*Mene, Mene, Tekel, Upharsin*" (1985, p. 201). Essa fórmula, de nenhuma significância naquilo que diz, é da maior significância por seu ato de falar; é assim que ela revela ao sonhador o que está no cerne do sonho. Esta é a exposição completa de Lacan em relação a esse aspecto (p. 170):

No sonho da injeção de Irma, é quando o mundo do sonhador está mergulhado no maior caos imaginário que o discurso entra em jogo, o discurso como tal, independentemente de seu sentido, já que é um discurso insensato. Parece, então, que o sujeito se descompõe e desaparece. Há neste sonho o reconhecimento do caráter fundamentalmente acéfalo do sujeito, passado um certo limite. Este ponto está designado pelo *Az* da fórmula da trimetilamina. É aí que, neste momento, se acha o [*eu*] do sujeito. E não e sem humorismo nem sem hesitação, já que isto é quase um *Witz*, que eu lhes propus ver aí a derradeira palavra do sonho. No ponto em que a hidra perdeu as cabeças, uma voz que não é senão *a voz de ninguém* faz surgir a fórmula da trimetilamina, como a derradeira palavra daquilo de que se trata, a palavra de tudo. E esta palavra não quer dizer nada, senão que é uma palavra (1985, p. 215–6).

Se essa versão sobre o sonho de Irma foi produzida para estar alinhada com a teoria já existente de Lacan, ou se a teoria se segue à análise, é uma questão interessante, mas uma que não é essencial agora. Certamente, a leitura de Lacan é diferente da de Freud, e não apenas porque Freud suprimiu conteúdo que revelava demasiado sobre sua pessoa. Não obstante, a reflexão de Lacan sobre a reflexão de Freud do sonho de Irma que Freud teve expressa um sonho em si próprio, uma visão do que significa ser um sonhador e um criador. "Não sou mais nada", é o que Lacan entende que Freud está dizendo: "É o meu inconsciente, é esta fala que fala em mim, para além de mim" (1985, p. 217). Com a dissolução do ego, há uma relação simétrica entre as três mulheres da primeira parte do sonho e os três homens da segunda parte. Freud, o sonhador, está fora de todos eles, mas pela própria natureza das coisas os incorpora — são aspectos de sua própria imaginação, criaturas de seu sonho. Tipicamente, olha dentro da garganta da mulher para encontrar horror e dissolução; ele se volta para as baboseiras dos homens para receber consolação e conivência pela renúncia da responsabilidade pela destruição que ocasionou. Contudo, conforme o ego se dissolve e as identificações a partir das quais ele é construído são reveladas como nada mais do que lealdades superficiais, uma fórmula mais verdadeira se revela, algo que é sexual mas não é em si sexuado. O sonho de Freud abarca morte e alteridade, tornando-as disponíveis à consciência do sonhador e analista. Elas também estão disponíveis aos sonhadores e analistas que se seguem e que podem ver o inconsciente de Freud trabalhando. Assim, o sonho demonstra a arte de Freud e um pouco da verdade de sua teoria, porém não por meio de seu domínio, mas através das quebras que há nele, causadas pela atividade de seu inconsciente.

Nessa leitura, a diferença sexual se torna menos fixa do que nunca. À primeira vista, o sonho da injeção de Irma é um relato paradigmaticamente masculino de penetração e dominação. Repelido pela intransigência da mulher, o homem se força sobre ela, causando nada além de sofrimento e, ao mesmo tempo, fantasiando sobre a mulher perfeita que está um pouco além do alcance. Então, um elenco de portentosos tolos, outros homens, é convocado para participar de um jogo de evasão da culpa, perdoando o sonhador pela responsabilidade de causar a aflição da mulher. Está tudo bem; já estava quebrado antes; é culpa de outra pessoa. O que poderia ser mais sexuado do que isso?

Todavia, ao ler esse sonho e sua interpretação mais a fundo, encontramos uma série de identificações operando que, convencionalmente, seriam associadas tanto à feminilidade quanto à masculinidade. Freud pode assumir ambas as posições de sujeito, ele é o ponto nodal (o "N"), com escrínios femininos e masculinos se ramificando a partir dele; entretanto, ele não é expresso completamente por nenhum deles. A bissexualidade disso também é bastante convencional, apesar de ser um avanço em relação à estereotipagem do relato anterior. Agora, Freud, apesar de ser o homem sonhador, revela a capacidade de possuir atributos tanto masculinos quanto femininos; ele consegue olhar e enxergar pelo prisma dos outros até entender o que cada um tem a dizer.

A leitura de Lacan, contudo, vai além dessa "bissexualidade". Ainda há uma dinâmica representativa em torno da diferença sexual: o inconsciente fala de horror e morte através da imersão na mulher, o outro lado da pele. Essa perda do eu e da identidade, essa castração, é um elemento comum à imagética lacaniana (e também a alguns trabalhos posteriores a ele, particularmente os de Kristeva, 1980) e está sempre expressa por meio da "alteridade" feminina, aquilo que está excluído do discurso do simbólico. Porém, na análise do sonho da injeção de Irma, Lacan mostra o quanto um rico entendimento sobre desejo e perda pode ser construído a partir dessa aparente e quem sabe estéril — ou até misógina — tradicional diferenciação sexual, e como isso pode romper qualquer posição fixa sobre a própria diferença. Com a dissolução das identificações que constituem o ego, o sujeito termina por referir-se a algo diferente do que ele experimenta como sendo ele mesmo, algo que escreve a fórmula para ele. Esse algo não é em si sexuado; ele é muito impessoal para tal. Falando pelo sujeito, ele desorganiza as posições do sujeito, misturando o que é um com o que é outro, sujeito e objeto. Isso não dispensa a diferença sexual, mas a interroga de maneira impessoal, sem uma lealdade formal. Há esse "masculino" e esse "feminino", porém o sujeito é outro que não essas categorias; inserido nelas, é claro, mas, mesmo assim, fora do que elas têm a dizer. As categorias sociais de gênero são pertinentes às identificações do ego; porém, atrás do ego há outra coisa, visível quando se consegue fitá-la sem piscar ou desviar o olhar. Nessa leitura, a autoanálise de Freud é genuinamente heroica: a mirada analítica que desafia todos nós a vermos mais do que costumamos enxergar.

RUPTURA E SONHO

A interpretação dos sonhos é um texto marcado pela presença de Freud em diversos níveis e em diferentes posições: como autor e sujeito, como analista e sujeito, como sonhador e sujeito, e como autor, analista, sonhador e objeto. É um texto dedicado ao domínio, por meio do qual Freud demonstra um controle virtuoso dos princípios de interpretação de sonhos, banindo, assim, os segredos da noite, bem como as dúvidas de seus adversários. Freud, como autoridade, está competindo com outros: o corpo de conhecimento está disponível para ser desvelado, é um aspecto da natureza, algo que evadiu os predecessores de Freud por causa de sua estranheza e obscuridade — seu relacionamento com o "continente negro" — mas algo que é, não obstante, uma entidade material, disponível às atividades da razão e da análise. De fato, como a psicanálise está, em geral, preocupada com a colonização do irracional e sua subjugação pelas forças da razão e da ciência, nesse quesito específico ela também está dedicada a reduzir a área de recalcitrância na natureza, tornando o mundo mais previsível e seguro.

A tradicional diferenciação sexual dessa descrição é bem visível. O obscuro é o feminino — a natureza, a noite, o continente negro, o sonho. A masculinidade é identificada com a racionalidade, com o domínio sobre essa obscuridade, com a luz na escuridão, com o triunfo da ciência sobre a natureza. Ela é caracterizada pela exaltação própria, uma economia da competição: Freud explicitamente constrói seu livro-sonho sobre a rivalidade com outros, que, por sua vez, é derivada de sua necessidade de superar o menosprezo de seu pai. A natureza, portanto, está sendo atacada para que se atinja uma posição privilegiada no mundo dos homens. Porém, a natureza também está sendo atacada por si só, como objeto ambivalente de desejo. O "impulso epistemológico" do menino é convencionalmente atribuído pelos psicanalistas à curiosidade em relação ao corpo da mãe: um desejo por conhecê-lo e entender seus segredos, mas também de agir sobre ele, de obter vingança nele pela terrível dependência característica da primeira infância, assim como pelo abandono experimentado conforme a mãe o afasta. As sutilezas e a imprevisibilidade do corpo materno, a reminiscência de seu cheiro e toque, oferecem uma base para o desejo de conhecer e conquistar a natureza, ligando-se a todas as dicotomias mente/corpo, razão/natureza, sanidade/insanidade que são tão familiares a todas as partes do mundo social.

Nesse esquema de coisas, o sonho é o objeto da investigação psicanalítica, portanto, feminino em sua forma. Misterioso e obscuro, uma criatura da noite, o sonho está estirado sobre a mesa, dissecado e inspecionado, penetrado com o zelo racional do investigador freudiano. Compreender sonhos fornece poder no mundo dos homens (José); contudo, também torna a noite menos assustadora — é um modo de articular e lidar com o horror interior, repudiado mas profundamente sentido. Interpretar sonhos é, então, de fato um ato de domínio, mas ele confessa sua própria incerteza dinâmica. A articulação que Freud faz da análise de sonhos em *A interpretação dos sonhos* está atravessada de ambivalência e da voz do desejo inconsciente. Essa voz fala em seu lugar, mostrando como suas identificações pessoais deslizam por entre aquelas que podem ser caracterizadas como masculinas e aquelas que podem ser femininas, sempre procurando. O ato de descrever os sonhos e apresentar as respectivas análises ao mundo, um ato triunfante de domínio, é também um em que é concedida a palavra ao irracional, e a personalidade do próprio Freud, permeada de conflitos, é oferecida para análise. Sujeito e objeto alteram-se novamente: Freud na mesa, sendo examinado, o objeto feminino do desejo masculino.

Tudo isso também se aplica à psicanálise em geral. Ela comumente fala através de uma voz repleta de autoridade e certeza; todavia, ao fim e ao cabo, ela nunca está certa de sua posição. Trabalhando com os mistérios da noite, ela irá sempre patinar; dando voz à irracionalidade, ela nunca será completamente racional. Se a psicanálise é um discurso expressivo, o que ela expressa irá sempre incluir o inconsciente — tanto sujeito quanto objeto da empreitada psicanalítica, tanto "masculino" quanto "feminino" da divisão sexual. Longe da diferença sexual ser algo fixo e absoluto, a fundação diante da qual a análise cessa em espanto, ela termina por parecer-se mais com uma névoa — e, talvez, possamos simplesmente atravessá-la.

BIBLIOGRAFIA

ANZIEU, Didier. (1975) *Freud's Self-Analysis*. London: Hogarth Press, 1986.

_____. (1975) *A auto-análise de Freud*. Porto Alegre: Artes Médicas, 1989.

DILLER, Jerry. *Freud's Jewish Identity: A Case Study in the Impact of Ethnicity*. London: Associated University Presses, 1991.

FREUD, Sigmund. "The Interpretation of Dreams". *The Standard Edition of the Complete Psychological Works of Sigmund Freud, Volume IV (1900): The Interpretation of Dreams (First Part)*. London: Hogarth Press, 1900, p. ix-627.

_____. (1900) *A interpretação dos sonhos*. São Paulo: Companhia das Letras, 2019.

_____. "The Theme of the Three Caskets". *The Standard Edition of the Complete Psychological Works of Sigmund Freud, Volume XII (1911–1913): The Case of Schreber, Papers on Technique and Other Works*. London: Hogarth Press, 1913, p. 289-302.

_____. "Beyond the Pleasure Principle". *The Standard Edition of the Complete Psychological Works of Sigmund Freud, Volume XVIII (1920–1922): Beyond the Pleasure Principle, Group Psychology and Other Works*. London: Hogarth Press, 1920, p. 1-64.

_____. "Moses and Monotheism". *The Standard Edition of the Complete Psychological Works of Sigmund Freud, Volume XXIII (1937–1939): Moses and Monotheism, An Outline of Psycho-Analysis and Other Works*. London: Hogarth Press, 1939, p. 1-138.

FROSH, Stephen. *Hate and the Jewish Science: Antisemitism, Nazism and Psychoanalysis*. London: Palgrave, 2005.

JONES, Ernest. *Sigmund Freud: Life and Work*. London: Hogarth Press, 1955.

KRISTEVA, Julia. *Powers of Horror*. New York: Columbia University Press, 1980.

LACAN, Jacques. *The Seminars of Jacques Lacan, Book 2*. Cambridge: Cambridge University Press, 1955-6.

_____. (1955-6) *O seminário, livro 2*. Rio de Janeiro: Zahar, 1985.

A origem do destino criado para as mulheres pela psicanálise: por uma leitura reparadora através das atas da Sociedade das Quartas-feiras

ALINE DE SOUZA MARTINS[*]
LÍVIA SANTIAGO MOREIRA[†]

> Tudo o que os homens escreveram sobre as mulheres deve ser suspeito, pois eles são, a um tempo, juiz e parte.
> SIMONE DE BEAUVOIR citando Poulain de la Barre

> Tudo nesse mundo é sobre sexo exceto sexo. Sexo é sobre poder.
> OSCAR WILDE

Em seu nascimento, a psicanálise foi criada para compreender e tratar as patologias cujas origens eram localizadas em questões psíquicas, e não na fisiologia corporal. Mas quais seriam os limites de Freud para

---

[*]. Doutoranda em Psicologia Clínica (2016–2019) USP. Mestre em Psicologia Clinica USP (2014). Professora de Psicologia Mackenzie SP. Psicanalista membro do PSIPOL, Laboratório de pesquisa e extensão em Psicanálise, Sociedade e Política e da Redippol.

[†]. Doutoranda em História e Teoria Literária (UNICAMP). Mestre em Psicologia Clínica pelo Instituto de Psicologia da Universidade de São Paulo (USP). Formada em Psicologia pela Universidade Federal de Minas Gerais(UFMG). Especialista em Teoria Psicanalítica pela Universidade Federal de Minas Gerais(UFMG). Professora do Departamento Formação em Psicanálise do Instituto Sedes Sapientiae.

pensar a relação entre o corpo, o social e o psíquico? Nos registros das reuniões de Freud e seus convidados na Sociedade das Quartas-feiras (1906-1910), é possível recolher os indícios do ambiente discursivo patriarcal que rodeava os primórdios da psicanálise. Partindo da premissa de que não há como separar o psíquico do social, este ensaio surgiu do interesse em entender melhor o ambiente no qual Freud discutia a psicanálise de maneira menos formalizada. Como na lógica do *a posteriori* que ressignifica as cenas e os sentidos do que foi anteriormente vivido sem conflito, buscaremos problematizar o que figurava como questão nas discussões desse grupo. A seguir, veremos como o complexo de Édipo pode ser visto como a consequência da ideologia patriarcal na psicanálise, tanto naquilo que fundamenta a construção de sua teoria quanto na introjeção desta dinâmica de poder e hierarquia representados pela família patriarcal na psique do sujeito.

A teoria de Eve K. Sedgwick (2003) mostra-se útil para pensarmos a releitura do patriarcado na psicanálise ao levar em conta a dimensão performativa do conhecimento. Isto é, como as categorias criadas, a maneira de expor e organizar o conhecimento têm efeitos materiais sobre o que tenta descrever, assim, precisamos criar uma abertura para deslocar a questão que gira em torno de sua veracidade para questões que investigam o que faz o conhecimento e sua exposição, pensando nos efeitos de receber, novamente, aquilo que já se sabe. A busca da Verdade pode ser vista como um recalque de outras formas de saber, escamoteando seu próprio ponto de partida localizado. O que nos leva a perguntar: quais disputas de poder estão implicadas na construção dessa forma de conhecimento e como lidar com a política inerente à produção de qualquer saber sobre os corpos?

As arqueologias do presente, que buscam desmistificar e subverter através da detecção dos padrões escondidos de violência e da sua exposição, têm-se tornado praticamente a norma dos estudos sobre a cultura. O problema é que essa espécie de "hermenêutica paranoide" acaba por converter-se em uma forma consensual da maneira correta de historicizar. A ausência de questionamento sobre o que constitui uma adequada forma narrativa e de explicação empobrece as perspectivas críticas, diminuindo a nossa capacidade e habilidade de resposta às mudanças políticas e ambientais.

Ainda segundo Sedgwick (2003), teorias diferentes e concorrentes constituem a ecologia mental da maioria das pessoas. Ela nos alerta sobre a forma de leitura "paranoica", que pode tomar lugar na crítica feminista e *queer*, promovendo um scanneamento vigilante a partir do pressuposto de que, *a priori*, nenhuma área do pensamento psicanalítico poderia ser declarado imune à influência da reificação do gênero. A perspectiva de leitura paranoica acredita que é mais perigoso que essas reificações sejam inesperadas do que muitas vezes não contestadas. A autora nos diz que a fé na exposição desmistificadora da paranoia é uma presunção cruel de que

a única coisa que falta para a revolução global — como a explosão dos papéis sociais — é que as (outras) pessoas tenham os efeitos dolorosos de sua opressão, pobreza e ilusão exacerbados suficientemente de modo a tornar a dor consciente e intolerável, como se as situações intoleráveis não pudessem ser conhecidas de outra forma, ou pudessem gerar excelentes soluções (SEDGWICK, 2003, p. 144, tradução nossa).

Assim, a crítica não deveria expor somente o que tem sido escondido, mas a luta entre diferentes formas de visibilidade. Ela oferece uma leitura que problematiza o que parece ser uma teoria "forte", nessa lógica paranoide em que a verdade do conhecimento esclarecido repousa em seu pessimismo preditivo e na capacidade de antecipar os ataques. Mas, quando nossa cultura dá notícias de desastres e catástrofes naturais e humanas a todo tempo, a conclusão a que chegamos é de que não se pode ser nunca suficientemente paranoico. Dizer que as coisas estão ruins e irão piorar é uma afirmação imune à refutação. A consequência dessa posição, diz Sedgwick, é que as tentativas de se fazer uma outra estratégia de resistência e oposição têm sido consideradas nulas, já que motivos reparativos são inadmissíveis na teoria paranoide por serem considerados meramente reformistas e estéticos.

Não é novidade que o patriarcado é inerente à estrutura de pensamento daqueles que forjaram a psicanálise. É preciso lembrar que muitas das denúncias, testemunhos e desmistificações têm uma força efetiva de transformação, contudo, se muitas delas são igualmente verdadeiras e convincentes mas não produzem efeito, temos que admitir que "a eficácia e a direcionalidade de tais atos (de denúncia ou revelação que conseguem ter uma força efetiva) residem em outro lugar que aquele de sua relação com o conhecimento *per se*" (SEDGWICK, 2003, p. 141). Para evitar que os deslocamentos experimentados não acabem gerando apenas a interpretação de um eterno retorno, a crítica precisa levar em conta quais são os afetos mobilizados pelo tipo de conhecimento que é trazido e a forma com que chegam até nós.

Sedgwick propõe que talvez seja possível levar a sério a noção de que as teorias criadas no cotidiano afetam qualitativamente as formas de experienciar e conhecer, e que há muito a se pensar sobre essas práticas. A ideia é que essas outras teorias não universalistas e baseadas em afetos não negativos, em sua variedade dinâmica e suas diferentes formas de interagir com as contingências históricas, produzam nas suas interações uma nova ecologia dos saberes. Seria necessário abrir mão do prestígio paranoico que se acredita mais astuto e inteligente que os demais, em uma onipotência de pensamento que tenta controlar tudo, inclusive a fragilidade do próprio pensamento, extirpando a oportunidade do erro em sua lógica. Essa proteção leva consigo a possibilidade também de boas surpresas, não só o terror.

Optamos, então, por uma leitura reparadora das atas, que não é menos realista, menos fantasmática, delirante ou menos ligada ao projeto de sobrevivência que a leitura paranoica. Trata-se, para Sedgwick, de uma leitura que busca outros tipos de afetos, riscos e ambições, "que nos mostra como tantas pessoas e comunidades conseguiram extrair sustentação dos objetos da cultura, mesmo de uma cultura cujo desejo autorizado tem sido muitas vezes de não sustentá-los" (SEDGWICK, 2003, p. 150). De acordo com a autora, apesar da ansiedade e do medo estarem sempre presentes, a leitura de uma posição reparadora precisa levar em conta a necessidade da surpresa, nenhum horror deveria ser visto ou lido sem espanto, por mais que se tente de todas as formas antecipá-lo na tentativa de preveni-lo. Essa leitura requer um espaço no qual o futuro possa ser pensado como diferente do presente, e é preciso tornar possível "entreter a possibilidade profundamente dolorosa, aliviadora e eticamente crucial de que o passado poderia ter acontecido de forma diferente" (SEDGWICK, 2003, p. 145).

Depois de apresentarmos a "Sociedade das quartas-feiras" e partes das discussões do grupo sobre as mulheres, sua sexualidade e patologias, iremos trazer para o debate os argumentos de Carole Pateman, Juliet Mitchell e Jessica Benjamin, que se dedicaram ao estudo do patriarcado para comentarem a teoria freudiana, especialmente através do conceito de complexo de Édipo. Como teórica da política, Carole Pateman (1988) denuncia o silenciamento sobre o patriarcado na atualidade como mecanismo próprio da repressão inerente ao mesmo, e aponta que o contrato sexual também teria sido recalcado sob a teoria do contrato social, encontrando ressonâncias com a teoria freudiana da origem da sociedade na horda primeva. Voltando para Freud, Juliet Mitchell (1974) foi uma das primeiras psicanalistas a evidenciarem o papel desta estrutura de poder na teoria da diferenciação sexual freudiana, tornando visível como a clínica psicanalítica trataria também as consequências do patriarcado na constituição dos sujeitos. Para incorporar esse debate à psicanálise, Jessica Benjamin (1980, 1988) inclui o desejo da mulher/mãe como parte dos elementos a serem analisados no complexo de Édipo e aposta no reconhecimento mútuo como ética para lidar com o outro como sujeito, e não como objeto.

Trazer mulheres para discutirem o saber que os homens construíram sobre elas é apostar no debate de ideias, sem apontar verdades ou queimar bruxas. Retomar as discussões do grupo de Freud não tem o objetivo único de desvelar o patriarcado, que já sabemos fazer parte da socialização dos homens e mulheres através dos séculos, mas também trazê-lo para o debate como mais um dos componentes políticos que fazem parte da constituição dos sujeitos, no qual as diferentes formas de visibilidade possam ser respeitadas como uma luta constante, dinâmica e sem fim.

ATAS DA SOCIEDADE PSICANALÍTICA DE VIENA: MULHERES FAZENDO OS BISCOITOS ENQUANTO OS HOMENS DISCUTEM COISAS SÉRIAS

A Sociedade Psicanalítica de Viena, conhecida como Sociedade das Quartas-feiras, foi a primeira organização criada para fomentar os estudos em psicanálise. Segundo Roudinesco, neste momento Freud desejava inscrever seu ensino na herança das grandes escolas filosóficas da Grécia antiga, tornando-se o Sócrates dos tempos modernos. Para dar cabo do seu projeto a psicanálise não poderia ficar restrita ao ensino universitário, ele "precisava fundar um movimento político" (2016, p. 135). Assim, esse pequeno grupo iniciava com a participação de Wilhelm Stekel, Max Kahane, Rudolf Reitler, Alfred Adler e depois outros psiquiatras e amigos foram incluídos com consentimento de todos. O processo de institucionalização contou com a contratação de Otto Rank como escrivão oficial e deu origem a 250 registros de reuniões, compiladas em quatro volumes chamados "Atas da Sociedade Psicanalítica de Viena" entre 1906–1918. Cada encontro consistia em um ritual: colocavam em uma urna o nome dos futuros oradores e escutavam a comunicação dos escolhidos, que poderia ser uma apresentação de pesquisas pessoais, casos ou pesquisas importantes da comunidade científica, sendo que muitos casos eram relatos de seus próprios traumas, experiências e sonhos, ou de suas esposas, amantes e irmãs. Depois de uma breve pausa para tomar café preto e comer biscoitos amanteigados, se colocavam imediatamente em fervorosas discussões enquanto fumavam charutos. O grupo era finalizado com um breve resumo e apontamentos de Freud, que tinha sempre a última palavra.

Com o crescimento do grupo e as discussões sobre propriedade intelectual, Freud resolveu dissolver o círculo em 1907 e recriá-lo com o nome de Sociedade Psicanalítica de Viena, na qual a inclusão de novos membros dependia de voto secreto, a regra que todos eram obrigados a tomar a palavra foi abolida e instaurou-se uma regulamentação que se fundava em uma hierarquia. O primeiro presidente desta nova instituição foi Alfred Adler e seus membros mais proeminentes foram: Sigmund Freud, Max Eitingon, Wilhelm Reich, Otto Rank, Karl Abraham, Carl Jung, Sándor Ferenczi, Ernest Jones, Isidor Isaak Sadger, Hanns Sachs e o pastor Oskar Pfister (ROUDINESCO, 2016). Assim se constituiu entre 1907 e 1910 o primeiro núcleo de discípulos de Freud, homens que contribuíram para a internacionalização do movimento para a América e Europa. Eles praticavam a psicanálise em seus consultórios com conhecidos e familiares — após terem feito análise com Freud, Ferenczi ou Federn. Segundo Roudinesco (2016), constituíram uma família expandida cujas contribuições foram imprescindíveis para o desenvolvimento do pensamento de Freud e a criação da psicanálise.

A partir de 1910 algumas mulheres entraram nesse seleto grupo, as pioneiras foram Hermine von Hug-Hellmuth, Tatiana Rosenthal, Eugénie Sokolnicka, Margarethe Hilferding, Lou Andreas Salomé e, mais tarde, Sabina Spielrein, que foi a primeira mulher do movimento psicanalítico a seguir de fato uma carreira. Várias das mulheres que seguiram a psicanálise começaram como pacientes e se tornaram discípulas de Freud, uma prática recorrente também entre os homens, que costumavam analisar os sonhos e sintomas uns dos outros em um excesso de interpretações selvagens.

Embora sejam apenas registros não aprofundados característicos do gênero ata, essas citações dão mostra das discussões que estavam em vigor no grupo, as preconcepções típicas do momento histórico e a moralidade na qual se assentavam as primeiras hipóteses do movimento psicanalítico.

Em 17 de outubro de 1906, Otto Rank apresenta a segunda parte da sua conferência, "A relação incestuosa entre irmãos". Nela aparece o debate sobre o poder na relação pai e filho. Enquanto Paul Federn, que se identificava como o discípulo e oficial subalterno do movimento psicanalítico, defendia que o motivo da disputa seria o poder, Rank defende que "o motivo da luta pelo poder apenas encoberta o motivo sexual mais profundo" (FEDERN & NUREMBERG, 1906/2015, p. 63). Adler apresenta um receio sobre a preservação da família contra as "tendências incestuosas" através da pedagogia, e supõe que o homem político teria sempre motivações pessoais, "os políticos que defendem em seu programa social a dissolução da família têm uma vaga intuição da existência de tendências incestuosas" (1906/2015, p. 65). Poderíamos ler um certo paralelismo na reunião seguinte, de 7 de Novembro de 1906, quando Freud emite algumas palavras sobre o conflito entre superiores e subalternos, sempre tendendo para explicações ligadas à sexualidade.[1]

Em 30 de Janeiro de 1907 é feita a discussão das questões sobre etiologia e terapia das neuroses por Max Eitingon, sionista convicto, segundo filho de uma família de judeus ortodoxos que realizou seu estágio de psiquiatria em Zurique, onde entrou em contato com a psicanálise. Nesse encontro, Eitingon questiona "quais outros fatores devem estar presentes, além dos mecanismos conhecidos por nós, para que se constitua uma neurose? (em que consiste a predisposição à histeria?) Deve-se ter em conta fatores sociais?" (2007/2015, p. 164). Reitler afirma que "acontecimentos banais da vida social nunca podem desencadear um sintoma se não estiverem intimamente associados a aspectos sexuais" (1907/2015, p. 167). Eitingon parece se irritar e "declara que sua questão acerca dos fatores sociais fica enfraquecida se tudo é atribuído à sexualidade" (1907/2015, p. 168). Já Stekel diz que "o mais importante parecem ser as dificuldades impostas pelo meio (e não aquelas de natureza orgânica). O fator orgânico não estaria relacionado com a neurose. Os momentos sociais têm um papel importante, como demonstra a nervosidade dos judeus russos" (1907/2015, p. 171).

No dia 10 de Abril de 1907, o conferencista Wittels se põe a falar sobre Tatjana Leontiev (revolucionária russa) e são abordados temas como gênero e ideologia. Fritz Wittels é sobrinho de Sadger, neurologista responsável pela cunhagem dos termos "narcisismo" e "sadomasoquismo". Wittels acreditava que a análise teria o objetivo e a capacidade de alterar a imagem interna dos objetos sexuais dos homossexuais, mudando, assim, sua orientação sexual desviante — segundo Roudinesco (2016), ambos eram misóginos e muito freudianos. Nesta ata, como o que já aconteceu em outros momentos, existe um claro preconceito de gênero e a psicanálise é usada para justificar a patologização das histéricas e do "desejo revolucionário das mulheres que as

---

1. Cf. FEDERN & NUREMBERG, 2015, p. 149.

impulsiona a matarem homens em prol das causas revolucionárias" (1907/2015, p. 265). Wittels, no final da sua apresentação sobre o caráter histérico da revolucionária russa, "manifesta, por fim, sua antipatia pessoal por Leonitiev e por todas as histéricas" (1907/2015, p. 256). Adler critica a conferência e relata que "também não se pode concordar com a tese de Wittels de que a ideologia possa ser totalmente dissociada, num acontecimento concreto, daquilo que chamamos vida emocional ou ambiente. A ideologia não pode explicar nada, mas podemos explicar a ideologia" (1907/2015, p. 257). Freud afirma que

é o erotismo reprimido que põe a arma na mão dessas mulheres. Toda a ação que envolve o ódio tem sua origem em tendências eróticas. É sobretudo o amor desdenhado que torna possível esta transformação. Ele se apodera da componente sádica (Adler). Na maioria das vezes gira em torno do pai, e a afirmação de Bach de que as mulheres em questão normalmente são filhas de generais confirma isso (1907/2015, p. 258-259).

O que aparece aqui e nos dá indícios do que permanece na lógica da psicanálise é como a reivindicação política das mulheres pode ser deslegitimada e desautorizada pelas explicações que tentam demonstrar a sexualidade como origem do conflito. Se num primeiro momento a teoria da sexualidade infantil é revolucionária em seus pressupostos, num segundo momento, ela pode ser o elemento que recalca o político do sexual.

Em 15 de Maio de 1907 o conferencista Wittels apresenta um texto sobre "As mulheres médicas". Federn faz um contraponto afirmando que

ele (conferencista) comete um grande erro ao afirmar que a sexualidade é a única pulsão do ser humano. A questão do trabalho e da busca de satisfação na vida também merecem atenção quando analisamos o estudo realizado por mulheres. A necessidade de trabalhar não se funda somente na condição social, mas é um dos instintos que apareceram tardiamente no desenvolvimento do homem. Como contraponto à visão unilateral de Wittels, Federn menciona a perversidade lasciva de muitos homens e a exploração sexual a que muitas mulheres são submetidas por médicos homens (1907/2015, p. 300).

Na ata de 05 e 12 de Fevereiro de 1908, Eduard Hitschmann, médico da família de Freud e mais tarde diretor do Ambulatorium (a clínica psicanalítica criada em 1922), discute a anestesia sexual e a relação da mulher com o trabalho. Na discussão Adler defende que "as mulheres estão ainda começando a ter uma vida independente, longe da família, e a desenvolver seu caráter; essas aspirações se opõem em certa medida a que se entreguem ao coito. Isso talvez explique a frequência particular da anestesia em nossos tempos" (1908/2015, p. 445). Ao que Freud surpreende com uma posição bastante interessante:

a anestesia da mulher deve ser considerada essencialmente um produto da cultura (caso contrário, ela aparece apenas isoladamente), uma consequência da educação: ela se deve ao homem (objetos sexuais inadequados) ou diretamente aos efeitos da educação. Um grande número de mulheres frígidas foram meninas demasiadas bem-educadas. O recalque sexual não apenas atingiu seus fins, como também foi muito além de suas intenções. (...) Mulheres que têm muitos amantes são na verdade mulheres acometidas de anestesia em busca de um homem que as satisfaça. Não se deve subestimar as influências acidentais; por exemplo, não conhecemos nenhum caso de anestesia sexual em mulheres que exercem o poder (1908/2015, p. 449–450).

Nesta ata a discussão continua problematizando se "a terapia deve ser em primeiro lugar social" e

destaca especialmente a importância da etiologia social, mencionada brevemente por Adler, a anestesia é uma doença da burguesia, dos círculos em que a escolha do cônjuge não é determinada em primeiro lugar pela seleção natural, mas por fatores sociais e econômicos, em que as meninas são educadas diretamente para o recalque e em que a virgindade e a monogamia são, ao menos em teoria, exigências estritas (1908/2015, p. 451).

Aqui vemos os riscos da interpretação que entende a insatisfação feminina somente como de ordem sexual, e não social. A tradução da anestesia sexual como resultado do pudor que acompanha a "boa educação" e a seguinte relação criada por Freud entre sexo e poder demonstra como o que se apresenta como sintoma histérico é um índice da reivindicação feminina de poder ocupar um lugar de sujeito e não somente aquele de objeto de desejo do outro — única via que aparece como disponível para o reconhecimento da mulher.

Wittels, em 11 de março de 1908, fala da "posição natural da mulher". Nesta discussão Adler afirma que "enquanto todos supõem que a repartição atual dos papéis dos homens e das mulheres é imutável, os socialistas propõem que o quadro da família já se encontra hoje abalado e se abalará cada vez mais. As mulheres não tolerarão que a maternidade as impeçam de exercer uma profissão" (2008/2015, p. 506). E continua, "os estudos de Marx descrevem como, sobre o domínio da propriedade, tudo se converte em domínio. A mulher se torna uma propriedade e esta é a origem de seu destino. Por essa razão, deve-se começar por abolir a mulher como propriedade" (2008/2015, p. 506). Por mais inconcebível que possa nos parecer hoje, essa posição gerou muita discordância no grupo, principalmente por parte de Wittels.

A discussão do dia 23 de fevereiro de 1910 tem por tema o hermafroditismo psíquico — que será retomado na ata do dia 23 de novembro de 1910 —, ali a preocupação está em separar o que há na neurose de feminino e de masculino. Por mais que a tradição psicanalítica tenha tentado deslocar para o campo simbólico essa divisão que diria respeito ao que é da ordem da passividade e da atividade que se encontram misturadas em cada sujeito, esse binarismo que reaparece descolado do corpo repete a estrutura valorativa que condiciona o que entendemos como um: homem-masculino-ativo e o outro: mulher-feminino-passivo. Essa separação é uma derivação direta da ideia de inferioridade orgânica. Nos registros lemos: "Parece que o que ele (Adler) entende por 'feminino' é quase unicamente o que é mau, e certamente, tudo o que é inferior, e que se tente, assim, defender-se de tudo isto que é patológico" (1910/1967, p. 415). O orador da ocasião fala sobre como a disposição à neurose é criada pelo sentimento de inferioridade, referindo-se ao momento da infância onde a criança tem medo de ser tratada como alguém negligenciável, problema que será mais tarde expresso na frase: "não sou totalmente um homem". Em sua teoria sobre a inferioridade orgânica, "as realizações que são reconhecidas como sendo inferiores são ressentidas como não viris, então, como femininas. O esforço que um indivíduo faz para eliminar esses traços 'femininos' é sentido como masculino" (1910/1967, p. 415). E ainda:

O infante feminino vê também seu ideal no homem, com uma restrição, contudo: ele deve tornar-se um homem pelos meios femininos. Não dissemos provavelmente nada novo sublinhando que a tarefa da análise consiste em trazer à luz, expor a mulher no homem neurótico e a mostrar que todos os seus traços patológicos são atravessados pela corrente dessas tendências femininas (1910/1967, p. 415).

Nada poderia ser mais explícito para expor a tese de Simone de Beauvoir de que a mulher é o segundo sexo, o outro. Através de uma amostragem mínima das atas é possível perceber não só como o conteúdo expressa uma insistente crença na superioridade masculina de origem anatômica, mas o quanto também sua forma é problemática, uma vez que o ponto de vista é representado por um grupo de homens discorrendo sobre a sexualidade, inferioridade, frigidez, motivação revolucionária e trabalho femininos. Ali temos os registros do ambiente patriarcal no qual a psicanálise estava inserido, e, embora o termo patriarcado não seja citado, este é um conceito operador importante para descrever a forma de organização social que está baseada na superioridade masculina — que justificaria a autoridade paterna e a subordinação das mulheres e dos filhos na sucessão patrilinear. A seguir, propomos tensionar as relações que foram construídas por aquele grupo e reativar esse conceito através das críticas e contribuições trazidas pelo conhecimento que foi produzido por intelectuais leitoras de Freud..

DESTINOS DO ÉDIPO

O processo histórico no qual a psicanálise se insere poderia ser apresentado através de uma linha que parte da guerra entre os homens e os deuses que decidiam o seu destino, desloca-se para a guerra entre os homens que decidem os rumos da política e chega na guerra entre os sexos, onde o destino seria dado pela anatomia: Freud parafraseia Napoleão dizendo que a "anatomia é o destino" (2011, p. 211), substituindo justamente o significante do que o ex-imperador francês considerava essencial, a política, na frase célebre "*Le destin, c'est la politique*". Quando Freud afirma que o destino é a anatomia, podemos ler na própria teoria o conflito que ela busca solucionar, por exemplo, através da elaboração do conceito fundamental de pulsão que diz respeito ao que está entre o somático e o psíquico. Tal interpretação parece ser herdeira do desejo de neutralidade cientificista que "desconhece" os elementos inconscientes presentes na valoração que é feita daquilo que é observável na "natureza". Como veremos, essa espécie de recalque do político que está na forma como o conhecimento é produzido pode ser considerado um sintoma do patriarcado na teoria psicanalítica freudiana.

Simone de Beauvoir no indispensável *Segundo sexo*, escrito em 1949, dedicou-se a desmontar o apelo biologizante dos argumentos que tentavam explicar a diferença entre um sexo e o "outro" ao longo de toda a primeira sessão intitulada "Destino":

Quando um indivíduo ou um grupo de indivíduos é mantido numa situação de inferioridade, ele é de fato inferior; mas é sobre o alcance da palavra ser que precisamos entender-nos; a má fé consiste em dar-lhe um valor substancial quando tem o sentido dinâmico hegeliano: ser é ter-se tornado, é ter sido feito tal qual se manifesta. Sim, as mulheres, em seu conjunto, são hoje inferiores aos homens, isto é, sua situação oferece-lhes possibilidades menores (BEAUVOIR, 1980, p. 18).

Como vimos nas atas, a tendência apresentada pelo grupo de interpretar a sexualidade feminina a partir do ideal de corpo masculino gera consequências para toda a teoria freudiana desenvolvida posteriormente, o que Adler evidencia quando diz que o "infante feminino vê também seu ideal no homem, com uma restrição, contudo: ele deve tornar-se um homem pelos meios femininos".

Ao escrever sobre a dissolução do complexo de Édipo, Freud (1924) faz uma distinção entre o processo de escolha objetal no menino e na menina. Mesmo deixando claro que o conhecimento sobre a sexualidade feminina é ainda obscuro e insuficiente, defende que a percepção da menina é que ela "saiu perdendo" (2011, p. 211) — o que na tradução alternativa de Paulo César de Souza também poderia significar "saiu curto de mais" (p. 211). Essa sensação seria vivida como "desvantagem e razão para a inferioridade" (p. 211), o que faz com que a menina aceite sua castração mais facilmente através de uma tentativa de compensação: o pênis perdido pode vir a ser substituído pela promessa de no futuro receber do pai um filho — o que para Freud explicaria a identificação e a rivalidade das meninas com suas mães, num espelhamento da lógica do Édipo masculino.

Ao recolhermos o efeito dessa lógica encontramos um grave problema, que explicitamente aparece no Caso Dora (FREUD, 1905): a solução dos conflitos histéricos perpassaria pela aceitação da própria castração e inferioridade e não pelo questionamento dos critérios de julgamento que a tornaram um ser inferior. Podemos dizer que há um deslocamento conservador em Freud, o trauma dos abusos que aparecem na sua *Teoria da Sedução* acaba tendo recalcada a sua dimensão de violência quando a interpretação freudiana localiza o conflito e o sofrimento como oriundos do pudor da consciência de entrar em contato com um desejo proibido, e não pelo elemento da agressividade e invasão sofridos pelo outro.

Deste modo, interessa perseguir os efeitos produzidos pela retomada daquilo que permanece disponível nos registros e dão testemunho de como a teoria psicanalítica era construída e ao mesmo tempo se tornava uma ferramenta para justificar os pressupostos dos lugares de poder de onde falavam os médicos que compunham as primeiras reuniões.

«AINDA ESSA DISCUSSÃO SOBRE PATRIARCADO?»: QUAL É A REGRA DO JOGO E QUEM É O DONO DA BOLA

No artigo sobre as mulheres médicas apresentado por Wittels em 15 de março de 1907, lemos que a verdadeira vocação da mulher é atrair os homens e o interesse das mulheres em estudar medicina viria da necessidade de sobrepujar outras mulheres:

Quanto mais histérica for, tanto melhor será seu desempenho como estudante, pois a histérica é capaz de desviar sua pulsão sexual do alvo sexual. Ela pode ser tão imoral quanto quiser sem ter de se envergonhar. Os homens que afirmam ser feministas, mas que na verdade não são senão masoquistas, aprovam que as mulheres estudem medicina: mas o estudante comum e relativamente normal considera sua colega uma prostituta. Enquanto ainda é estudante de medicina, a mulher prejudica apenas a si mesma; quando começa a exercer a profissão, torna-se um perigo para os outros. As pacientes mulheres não confiam nela, as enfermeiras não gostam dela, e um homem doente jamais se submeteria a um exame realizado por uma mulher sem alimentar pensamentos de cunho sexual (1907/2015, p. 298).

Na discussão que segue, Graf percebe, no afeto impróprio de Wittels, uma espécie de ressentimento de que as mulheres estudem ao invés de praticar coito. Para Graf, "a mulher nunca poderá realizar algo importante como o homem, pois carece de grande influência pessoal, do poder sugestivo que, além do conhecimento, é indispensável à boa formação do médico. (...) As médicas, que não dispõem desta autoridade (paterna), são mais qualificadas para atuarem como substitutas da mãe, isto é, para serem enfermeiras" (1907/2015, p. 301). Já Reitler entende que "a maioria das mulheres que estuda medicina voluntariamente renunciou aos homens (por conhecerem seus próprios defeitos físicos)" (1907/2015, p. 301).

Hitschmann diz que a formação rica dessas mulheres é uma profilaxia contra a histeria, e que seria necessário admitir que "a maioria das estudantes é feia e que as verdadeiras amazonas não têm seios" (1907/2015, p. 302). Para Hitschmann:

O perigo de ser capturado por um tal "monstro", que segundo Wittels, ameaça os estudantes do sexo masculino, não é tão grande assim, e o destino deste jovem estudante é preferível ao de tantos outros que dissipam sua juventude com prostitutas. O comportamento em certo sentido livre das estudantes (segundo ele, elas são prostitutas) é ainda preferível à hipocrisia mentirosa de algumas *virgo tacta* (1907/2015, p. 302).

Freud entende que Wittels representa um ponto de vista juvenil e censura sua extrema falta de delicadeza, interpretando que a censura e o desprezo pelas mulheres aparece sempre que ele "descobre o segredo" de que elas não têm aversão ao sexo, sendo sua misoginia decorrente do desprezo inconsciente que é feito contra a própria mãe.

A mulher, a quem a civilização impôs o fardo mais pesado (sobretudo o da procriação), deve ser julgada com tolerância e generosidade nos aspectos em que ficou atrasada em relação ao homem. Além disso, falta ao artigo o senso de justiça: ele demonstra ceticismo em face do novo, mas não contesta o que é antigo. Ainda que seja repreensível. Os desarranjos da profissão médica não foram introduzidos pela mulher, mas existem há muito tempo (1907/2015, p. 303).

Freud prossegue, então, dizendo que: "É correto que as mulheres não ganharão nada com os estudos e que seu destino também não mudará para melhor com ele. As mulheres também não se comparam ao homem no tocante à sublimação da sexualidade" (1907/2015, p. 304). Na sequência lemos nos registros dos comentários de Freud sobre a necessidade de que, uma vez revelada a origem sexual da energia que mobiliza as maiores conquistas da cultura, aprendamos a usar de forma consciente a repressão em benefício e acordo com ela:

O ideal de cortesã é inútil para nossa cultura. Esforçamo-nos para revelar a sexualidade; mas uma vez que isso se estabeleceu, exigimos que todo esse recalque sexual se torne consciente e que se aprenda a subordiná-lo às necessidades da cultura. Nós substituímos o recalque pela repressão normal. A questão sexual não deve ser dissociada do social, e quando se prefere a abstinência às condições miseráveis em que o sexo é vivenciado, não o faz sem protesto. A consciência do pecado que impede a sexualidade é muito disseminada, e mesmo aqueles que são livres sexualmente se sentem grandes pecadores. Uma mulher que não é confiável em matéria de sexo, como a cortesã, não vale nada, ela é uma miserável (1907/2015, p. 304-305).

Se há uma tolerância de Freud com as "mulheres bem instruídas" que sacrificam sua satisfação sexual para progredir de alguma forma na cultura, a satisfação sexual das mulheres parece ainda ter a conotação de algo deplorável, já que o fator que torna as cortesãs miseráveis parece ser a incapacidade de sublimação e não o contexto econômico e social. As demais mulheres continuam relegadas à função de mães, esposas e objeto do desejo dos homens, o que será ainda utilizado na construção do seu mito de criação da sociedade, o *Totem e tabu* (1913).

A ORIGEM DO DESTINO...

As discussões sobre a origem social e política do patriarcado retomam diferentes histórias hipotéticas, ligando-o geralmente a características universais da sociedade humana. "A gênese da família (patriarcal) é frequentemente entendida como sinônimo da origem da vida social propriamente dita, e tanto a origem do patriarcado quanto a da sociedade são tratadas como sendo o mesmo processo" (PATEMAN, 1993, p. 43). De acordo com a autora, esta confusão entre a origem das histórias hipotéticas do surgimento do patriarcado com as histórias de origem da sociedade humana ou civilização é compartilhada tanto por teóricos clássicos do contrato social, quanto por psicanalistas como Freud. Não é difícil perceber a aproximação entre a afirmação de Pateman e a descrição da ligação entre o complexo de Édipo e criação das leis sociais de interdição do incesto e parricídio.

Para Carole Pateman, o patriarcado moderno e a dominação dos homens sobre as mulheres é estabelecido pelo contrato sexual, que foi sistematicamente recalcado no contrato político original (referência aqui a Locke). A suposta liberdade individual seria, na verdade, uma ficção política da origem dos direitos que, no fim, garantem a perpetuação de relações de dominação e subordinação.

A dominação dos homens sobre as mulheres e o direito de acesso sexual regular a elas estão em questão na formulação do pacto original. O contrato social é uma história de liberdade, o contrato sexual é uma história de sujeição. O contrato original cria ambas, a liberdade e a dominação. A liberdade do homem e a sujeição da mulher derivam do contrato original e o sentido de liberdade civil não pode ser compreendido sem a metade perdida da história, que revela como o direito patriarcal dos homens sobre as mulheres é criado pelo contrato (PATEMAN, 1993, p. 16–17).

Mesmo não entrando no mérito de defender ou não o contratualismo, é interessante trazer Pateman para o debate pois a teoria freudiana sobre a origem da sociedade parece partir dos mesmos pressupostos do contrato originário, como veremos mais adiante. Para justificar o uso deste conceito criticado por muitos autores, Pateman afirma que o "patriarcado refere-se a uma forma de poder político mas, apesar de os teóricos políticos terem gastado muito tempo discutindo a respeito da legitimidade e dos fundamentos de formas de poder político, o modelo patriarcal foi quase que totalmente ignorado no século XX" (1993, p. 38). Segundo a autora, o conceito foi praticamente suprimido pelas teorias do contrato social que utilizam o próprio patriarcado como mecanismo de análise devido à não separação entre as interpretações patriarcais e seu significado. Dentro do próprio movimento feminista algumas criticam o uso do conceito por o considerarem a-histórico e universalista, incapaz de abarcar as diversas especificidades da experiência de ser mulher. Segundo Butler

Enunciar a lei do patriarcado como uma estrutura repressiva e reguladora também exige uma reconsideração a partir dessa perspectiva crítica. O recurso feminista a um passado imaginário tem que ser cauteloso, pois, ao desmascarar as afirmações autorreificadoras do poder masculinista, deve evitar promover uma retificação politicamente problemática da experiência das mulheres (2018, p. 72).

Entretanto, diversas autoras concordam com Pateman que a manutenção da noção de patriarcado é importante, pois representa o "único conceito que se refere especificamente à sujeição da mulher, e que singulariza a forma de direito político que todos os homens exercem pelo fato de serem homens. Se o problema não for nomeado, o patriarcado poderá muito bem ser habilmente jogado na obscuridade, por debaixo das categorias convencionais de análise política" (PATEMAN, 1993, p. 39).

Para a feminista e ativista negra estadunidense bell hooks — responsável pelo importante debate sobre a interseccionalidade dos diferentes sistemas de opressão, discriminação e dominação envolvidos na construção das identidades sociais —, o patriarcado tem sido silenciado e considerado como passado na nossa cultura. Em suas palestras, ela percebe que quando descreve o sistema político como "patriarcado capitalista imperialista de supremacia branca" a audiência geralmente ri, e esta risada a lembra de que ela corre o risco de não ser levada a sério se desafiar o patriarcado abertamente. Piadas, risos, interrupções, acusar as mulheres de loucas, dar menos crédito ao que dizem e produzem, justificar suas conquistas por sua aparência ou sexualidade, olhá-las apenas como objetos de admiração física e hiper-sexualizar seus corpos são todas formas de silenciamento ou descrédito usadas como estratégias que mantêm a estrutura de poder e a produção de saber sobre as mulheres sem revisão. Mesmo que não seja possível perceber através do conteúdo, a forma do mesmo modelo ainda se mantém certamente presente, hooks define: "o patriarcado é um sistema político-social que insiste que os homens são inerentemente dominantes, superiores a tudo e a todos considerados fracos, especialmente mulheres, e dotados do direito de dominar e governar os fracos e manter esse domínio através de várias formas de terrorismo psicológico e violência" (BELL HOOKS, 2010, p. 1). Levantar a relação entre o patriarcado e o surgimento da teoria freudiana através da análise da atas e dos textos pode não só possibilitar que a psicanálise repense suas bases teóricas como também fazer com que a política recalcada atrás das bases biologicistas e universalistas da teoria possa tomar forma de discurso, e não só de sintoma.

MAS «O INCONSCIENTE NÃO TEM SEXO...»: APROXIMAÇÕES DO PATRIARCADO COM A PSICANÁLISE

O complexo de Édipo é um processo do desenvolvimento sexual infantil descrito por Freud primordialmente marcado pela emergência de desejos amorosos e hostis da criança em relação a seus progenitores. Este conceito descreve um processo psíquico que tem uma função importante na socialização humana e na estrutura política da cultura. Em *Totem e tabu*, Freud defende uma clara ligação entre a origem da vida em sociedade e a causalidade psíquica da neurose. A ideia de civilização é calcada na diferenciação dos sexos, que irá determinar as formas de organização dos papéis e funções exercidas no núcleo familiar e entre os outros grupos. O que apresenta aproximações com a estrutura descrita a seguir por Pateman (1993) do contrato original. Segundo Freud, a neurose diz respeito à necessidade de refreamento dos impulsos de satisfação sexual, e o mal-estar seria o preço a ser pago para a entrada na cultura e suas leis. A ambivalência dos irmãos em relação ao pai da horda primeva toma corpo no ódio ao pai por ser ele um obstáculo ao anseio de poder e desejos sexuais, mas também fonte de amor e admiração por ser aquele que dispõe de todas as mulheres. O filhos unem-se para matar pai e após o banquete canibal realizado para a incorporação da força e poder do pai, surge o sentimento de culpa e remorso que faz com que seja restaurado seu lugar simbólico, tornando-se mais forte internamente do que fora vivo, já que não pode ser morto. Os irmãos instauram assim a fraternidade, proibindo o assassinato e que alguém ocupe o lugar paterno, limitando o poder e o gozo sobre as mulheres. "Assim criaram, a partir da consciência de culpa do filho, os dois tabus fundamentais do totemismo, que justamente por isso tinham de concordar com os dois desejos reprimidos do complexo de Édipo" (FREUD, 2012, p. 219). Neste paralelo que Freud faz entre a internalização da lei na economia psíquica da criança — que será explicado através do complexo de castração —, com a internalização da lei social no *Totem e tabu* (1913), o complexo de Édipo é a forma de transmissão da internalização da lei social patriarcal na criança. Nesse modelo, o amor pelo objeto primário, a mãe, e o ódio ao pai-rival fariam parte da "natureza humana", já que nossa condição antropológica universal é o desamparo. A conquista civilizatória de renúncia dessas tendências viria através da identificação com o pai que só é tornada possível, na leitura freudiana, pela ideia de uma inferioridade do corpo feminino, aquele que teria sofrido a punição que toda criança gostaria de escapar a todo custo: ser mulher.

A criação da teoria sobre a origem política não pode ser separada do seu ponto de partida, e nesse sentido a referência à "civilização" já se refere à "sociedade civil" em uma forma histórica e culturalmente específica de vida social. Alguns teóricos entendem a família patriarcal como a forma social originária e natural de onde surgiria o patriarcado tradicional. Supor que o funcionamento político da comunidade teria como único fundamento o parentesco sanguíneo é um pressuposto falso, segundo Pateman (1993). O que sustentava a família patriarcal seria o que ela chamou de "ficção legal", na qual as famílias, que também absorviam estranhos e agregados, eram mantidas unidas pela obediência ao chefe patriarcal, direito sustentado por uma ficção e não pela natureza.

Mais tarde, nas "sociedades progressistas" sobre as quais os contratualistas — Locke, Hobbes e Rousseau — escrevem, o patriarcado passa a ser considerado um direito paterno sustentado pelo contrato do casamento, no qual mulheres e filhos trocam obediência por proteção. Esse modelo se amplia para a política, do mesmo modo que um pai, responsável pela sua família, controla o comportamento de um filho e da mulher para protegê-los, também o Estado protege os cidadãos, ambos justificando o uso da violência para obter obediência. Segundo a teoria do contrato, no modelo patriarcal da ordem política, o dominante-pai "é assassinado por seus filhos, que transformam (a dimensão paterna do) o direito patriarcal paterno no governo civil. Os filhos transferem essa dimensão do poder político para os representantes, O Estado" (PATEMAN, 1993, p. 56) — o que nos leva a reconhecer na descrição que Freud faz em seu mito do pai da horda o mesmo processo que os contratualistas chamam de "modelo patriarcal da ordem política".

O sujeito entra na cultura por meio do complexo de Édipo, pois é a primeira vez que as figuras externas são internalizadas no sujeito, tanto representantes da cultura como da política, que ordena o funcionamento dos corpos, como nos diz Stephen Frosh (1987). Quando o menino se apaixona pela mãe contra a autoridade do pai ele se percebe em risco, e o medo da punição o faz abrir mão de seus desejos, provocando sua "castração psíquica". Assim, o menino obedece a essa ameaça e reprime seu desejo. Este não é apenas um modelo individual para o desenvolvimento psíquico, é também o encontro entre sujeito e sociedade. O super-eu como "herdeiro do complexo de Édipo" é, ao mesmo tempo, uma instância que cria o sujeito e aquela que irá julgá-lo. Em *O Eu e o Id* (1923) Freud explica que a agressividade e tirania são decorrentes do enraizamento dessa instância no Id, o que lhe confere acesso direto às ambivalências dos impulsos desejosos que são censurados pelas exigências de ordem social que são internalizadas.

A ideia chave aqui é que a internalização da autoridade como uma resposta ao efeito do complexo de Édipo resulta em haver uma espécie de "estado" dentro da mente, com o super-eu atuando como uma espécie de representante para as atividades repressivas do mundo externo social. Assim como a sexualidade infantil excessiva é canalizada através dos processos de desenvolvimento para a genitalidade, a agressão é dominada pela incorporação ao super-eu punitivo; a civilização avança em detrimento da felicidade individual (FROSH, 2010, p. 61, tradução nossa).

Consequentemente, é possível entender o super-eu como a incorporação do poder familiar, que é a estrutura que garante a manutenção do poder social dentro de um governo específico. O problema aqui é que o super-eu julga a partir de leis que ele mesmo criou, pois tanto a criação do conceito do complexo de Édipo quanto o processo de desenvolvimento que ele descreve estariam implicados na internalização do patriarcado na criança, feito através da autoridade conferida ao pai pela estrutura familiar patriarcal.

Relembramos Sedgwick (2003) nesse momento: a dimensão política está ligada diretamente à questão da performatividade do conhecimento que é transmitido e de como as formas de produzi-lo têm efeitos sobre aquilo que produz. Portanto, é fundamental pensar como a teoria psicanalítica tem dimensionado uma possível normatização, uma vez que seus conceitos tratam e reproduzem a estrutura patriarcal.

MULHERES QUESTIONANDO A PSICANÁLISE

Juliet Mitchell foi uma das pioneiras a apontar que a psicanálise estaria marcada pela cultura patriarcal. Seu trabalho problematiza o papel da ideologia nos processos inconscientes, principalmente a transmissão da diferença sexual. Ela mostra como, para além dos fatores constitucionais biofísicos, químicos e anatômicos, as mulheres aprendem os comportamentos que evidenciam a diferença sexual e são socializadas para assumirem a posição do segundo sexo. Podemos pensar que essa tendência é expressa quando se analisa a sexualidade feminina sempre a partir do corpo e dos desejos masculinos. Como se não houvesse saída, qualquer comportamento ou diferença tendia a ser interpretado pelo grupo das quartas-feiras como desvantagens, falta, atraso ou debilidade moral, o que fica claro na ata do dia 19 de outubro de 1910 (1967), quando Adler apresenta um caso de uma menina de vinte anos com sintomas de enurese. Ela relata gostar de mentir para os homens e sonha estar fazendo sexo por cima. O sonho é interpretado por Adler como "protesto masculino", pois tanto a masturbação quanto urinar são considerados como marcas do homem. Stekel argumentar que pode ser também um protesto feminino e uma discussão é instaurada. Na reunião anterior, de 12 de outubro, o grupo havia discutido a educação feminina, e Freud argumentou que a coeducação na América falhou, retomando a opinião de Hall de que "as meninas se desenvolvem mais rapidamente que os meninos, sentem superiores a eles em tudo, e perdem o respeito pelo sexo masculino. A isso deve ser acrescentado o fato de que na América o pai ideal aparenta estar soterrado, então a garota americana não pode manter a ilusão que é necessária para o casamento" (Ata de 12 outubro de 1910/1967, p. 14, tradução nossa). Como apareceu na ata das jovens médicas, fica claro que para o grupo a mulher tem a função restrita a ser esposa e mãe, e sua educação e sexualidade deveriam guiá-la para essas funções.

Se seguirmos Mitchell podemos pensar que a psicanálise não só descreveu processos inconscientes neutros e sem sexo, mas criou um inconsciente desde sempre marcado pelo patriarcado e cujas interpretações sofreram da sua influência, gerando uma clínica que recolhe e trata os efeitos desta forma de poder no sujeito.

Foi na análise do "patriarcado" — a lei do pai (mais específica que o sexismo dos homens) — que a psicanálise foi transformada em uma possível fonte de compreensão. A questão da ideologia e a transmissão de ideias inconscientes e os efeitos da diferença sexual ligaram-se à noção de patriarcado (MITCHELL, 1974, p. xxvi).

Ou seja, como uma teoria patriarcal, não há como separar o que a psicanálise diz do sujeito e seu inconsciente do que diz respeito ao próprio patriarcado e suas consequências. Léa Carneiro Silveira argumenta que as fantasias também podem remeter à história e à contingência dos traços de memória daquilo que aconteceu com nossos antepassados, "como essa herança é constitutiva da cultura, não há como, pois, sustentar — nem que seja por essa razão — que a teoria da cultura seja algo externo à psicanálise" (no prelo).

A psicanalista estadunidense da relação de objetos, Jessica Benjamin, defende que a acentuada ênfase na diferenciação dentro da psicanálise reflete a experiência masculina. Em *Bonds of Love* (1980), Benjamin escreve que nossa cultura somente conhece uma forma de individualidade, a saber: a posição masculina de superdiferenciação (ou uma falsa diferenciação), esta depende de uma negação de todas as tendências que indicam a semelhança, a fusão e a capacidade de resposta recíproca. Tal maneira dualística de estabelecer e proteger a individualidade encaixa-se na lógica da racionalidade ocidental, isto é, tornar-se um sujeito só seria possível através da transformação do outro em objeto. Mas essa separação que busca uma identidade reconhecida como diferente e individual faz com que o sujeito isolado procure resolver sua dependência ao outro — considerada um traço feminino — através da dominação. Os meninos conquistam sua identidade distinta através do repúdio da mãe que pode ser mais ou menos violento, já que todas as crianças se identificam e querem imitar suas mães, então no complexo de Édipo, eles "descobrem" que eles só podem tê-la, não ser como ela. Se a criança passa a ver a mãe como um objeto para conquistar uma subjetividade que tem capacidade de agência, a criança entende que precisa diferenciar-se dela, e não reconhecê-la, numa lógica do dar ou tomar, e não da reciprocidade.

Benjamin mostra como essa perspectiva edípica tradicional na psicanálise ignora que a descoberta de si e a descoberta do outro andam juntas, que tais processos são interdependentes. Ela afirma que há uma negação em nossa cultura da *nurturance* (alimentação, nutrição, estimulação, cultivo) e acompanhado ao desejo do reconhecimento daquele que nos cuida há também a negação do reconhecimento mútuo. É justamente a negação da interdependência — que de certa maneira tenta ser traduzida através da noção de ambivalência — e o desejo de onipotência e de controle do outro que acabam formatando a maneira como pensamos os fenômenos dentro da nossa cultura. Os limites e a "separabilidade" são constantemente reforçados e a aspiração de reciprocidade e reconhecimento mútuo são insistentemente minados pelo medo de se perder os próprios contornos e a onipotência mental: "O medo da intrusão, o desejo de ser auto-suficiente, de ser inamovível, são formas familiares de evitar um confronto cru com a realidade de que o outro existe separado de mim, e de quem eu posso vir a precisar" (BENJAMIN, 1980, p. 163, tradução nossa). A ideia de Benjamin é de que toda violência é uma falha na diferenciação e o limite do outro é buscado como uma forma de proteção aos próprios impulsos sádicos e masoquistas. Para ela, "o fim intolerável para o masoquista é o abandono, e pro sádico, é a morte do outro que ele destrói. Quando o outro é drenado de sua resistência, ela só pode ser eliminada com a morte" (1980, p. 166).

Benjamin nos diz que o problema é que quando ser mãe é a principal tarefa social conferida à mulher, ela também passa a tornar-se mais dependente da criança para conferir sentido, significado e formas de gratificação. A mulher fica vulnerável a um modelo onde o reconhecimento passa a ser uma forma de aprovação de seu desempenho — que é julgado pelo comportamento da criança que reflete seu sucesso e seu fracasso —, o que torna mais difícil encorajar e tolerar o processo de diferenciação do filho que poderia ser incentivado através da assertiva da mãe sobre suas próprias necessidades.

Benjamin (1980) revê os conceitos contemporâneos de independência e autonomia e compreende que eles acabam por gerar tentativas de dominação, estratégia criada para lidar com o horror da dependência. Essa crítica cria um novo paradoxo de forças contraditórias entre desejo de reconhecimento e independência, o que a leva a pensar nas formas de sustentação do reconhecimento entre sujeitos iguais. Essa nova lógica propõe o mútuo reconhecimento não como algo estanque e que nunca irá faltar, mas como uma ética de relação com o outro, um horizonte a ser perseguido.

A desnaturalização do papel da mãe que passa a ser intrinsecamente relacionado ao papel social da mulher, demonstra como as premissas sociais, evidentes na leitura das atas, foram usadas por Freud para a construção do complexo de Édipo, que representa como a psique responde e se organiza em uma sociedade patriarcal. Tomando como modelo o que acontece nos consultórios, a autora sugere que assim como na análise existe uma dinâmica entre colapso e recriação (BENJAMIN, 2004), também o reconhecimento poderia ser um processo dinâmico de troca de lugares de poder, tanto nas relações pessoais quanto na busca por transformação social.

CONCLUSÃO: MANUTENÇÃO DA FORMA ATRAVÉS DA EXPLORAÇÃO DO CONTEÚDO

Não se pode remover do histórico da psicanálise o que Freud disse em 1907: "É correto que as mulheres não ganharão nada com os estudos e que seu destino também não mudará para melhor com ele. As mulheres também não se comparam ao homem no tocante à sublimação da sexualidade" (2015, p. 304). Mas é possível pensar que essa origem poderia ter sido diferente, que fez parte de um momento histórico, e trabalhar para mudar as consequências desse pensamento na psicanálise que estudamos e praticamos hoje. Repensar a Sociedade das Quartas-feiras através da leitura crítica realizada por psicanalistas mulheres é colocar o patriarcado em diálogo com o feminismo, assumindo que o destino não é dado pela anatomia, como dizia Freud, mas pela história, criadora de políticas normatizadoras internalizadas pelos processos psíquicos. Ao voltarmos à sala de Freud não pretendíamos somente desvelar o patriarcado da psicanálise feita por homens do século passado, o que seria o retorno ao já sabido, mas poder falar de um dos componentes do jogo de poder da produção teórica que se mantém silenciado pela desautorização. Apesar de o patriarcado ser essa crença na superioridade masculina, ele é transmitido não só por homens mas por todos — objetos e ao mesmo tempo agentes do processo.

Pode-se dizer que desde a sociedade das Quartas-feiras (1967,2015), tanto o lugar privilegiado de saber quanto a quem irá produzir ou organizar a teoria sobre o patriarcado e temas correlacionados, continua a ser reiteradamente dado a homens por homens. De uma forma travestida, o conteúdo produzido por feministas, teóricas de gênero ou das masculinidades é objeto de exploração do patriarcado, que mais uma vez o usa para se colocar dentro da discussão contemporânea, mantendo ao mesmo tempo o lugar de produtor do saber sobre o corpo e psique da mulher e das outras subjetividades não hegemônicas.

A história parece nos mostrar como aquilo que em algum momento acreditou-se ter sido superado subsiste: o Estado, afinal, nunca conseguiu ser laico, a teoria de Darwin tem perdido espaço para o criacionismo, a Terra para muitos voltou a ser plana e o corpo feminino nunca deixou de ser considerado menos que humano. Da mesma forma, dentro da história do pensamento psicanalítico, aquilo que já foi alcançado e discutido pelos desdobramentos da teoria psicanalítica pós-freudiana e suas críticas também não garante que antigos pressupostos sejam retomados como verdadeiros, ou que eles tenham sequer desaparecido em algum momento. Tendo isso em mente, nosso pensamento hegemônico que cultiva a fé no ideal de linearidade do progresso precisa ser revisto à luz (e à sombra) dos retrocessos que lhe são inerentes, entendendo não só como as ideias são capazes de conferir efeitos de visibilidade e invisibilidade, mas também como tais ideias não morrem no inconsciente da cultura e podem ser reativadas a qualquer momento. Partimos do princípio de que a psicanálise e sua estratégia arqueológica de investigação são recursos potentes para o entendimento e revelação dessa dinâmica que subverte os critérios da racionalidade consciente. Mas, até que ponto ela é capaz de elaborar a própria lógica inconsciente que sustenta a teoria que busca descrevê-lo? E, em que medida sabemos quando as premissas contaminadas por moralismos de época acabaram reinfiltrando-se na maneira como interpretamos e damos inteligibilidade aos acontecimentos do presente? A retomada dos primórdios da psicanálise revela-se frutífera quando o complexo de Édipo passa a ser lido como uma crítica das formas como se dão a organização, as regulações sociais e os modelos de normatização. Assim, ele é um conceito que nos permite recolher os efeitos de como a fantasia e as teorias incidem no corpo, como o social toma forma na psique, tornando impossível a separação desta de sua esfera política, social e cultural (BUTLER, 2010).

Mantendo a complexidade entre patriarcado e psicanálise, podemos entender a causalidade psíquica com a analogia do espectro produzido pela luz branca que incide em um prisma. Por mais que não seja possível ver a olho nú, ela é composta por diferentes tipos de ondas, que seriam como linhas de poder. Não é possível ter luz sem que as diferentes cores estejam presentes, mas saber que as usamos para ver, nos permite perceber quando a luz está mais para azul ou para amarelo. Nesse sentido, a análise teria também a função de prisma, promovendo a difração das linhas de força que compõem a própria psicanálise, das quais somos ao mesmo tempo agentes e determinados. Há que se sustentar a aposta de que o destino não está fadado a repetir as narrativas violentas das histórias de origem que nos formam e tampouco a anatomia.

BIBLIOGRAFIA

BEAUVOIR, Simone. *O Segundo sexo – fatos e mitos*. Trad. Sérgio Milliet. 4 ed. São Paulo: Difusão Européia do Livro, 1980.

BENJAMIN, Jessica. "Beyond Doer and Done to". *The Psychoanalytic Quarterly*. 73 (1), p. 5-46, 2004.

_____. "The Bonds of Love: Rational Violence and Erotic Domination". *Feminist Studies*, 6 (1), p. 144-174, 1980.

_____. *The bonds of love: psychoanalysis, feminism, and the problem of domination*. New York: Pantheon books, 1988.

_____. *Shadow of the other: intersubjectivity and gender in psychoanalysis*. New York: Routledge, 1998.

BUTLER, Judith. (1990) *Problemas de gênero: feminismo e subversão da identidade*. Trad. Renato Aguiar. Rio de Janeiro: Civilização Brasileira, 2018.

_____. "Conversando sobre psicanálise: entrevista com Judith Butler". Em: KNUDSEN, Patrícia Porchat Pereira da Silva. Rev. *Estudos Feministas*, Florianópolis, v. 18, n. 1, p. 161-170, 04/2010. Disponível em: <https://bit.ly/1CIowqr>. Acesso em: 05/03/2019.

HOOKS, bell. (2010) *Understanding patriarchy*. Disponível em: <https://bit.ly/2m2cOuE>. Acesso em: 05/03/2019.

FEDERN, Ernst & NUREMBERG, Herman (orgs.); CHECCHIA, Marcelo; TORRES, Ronaldo; HOFFMANN, Waldo (orgs. da ed. brasileira). *Os primeiros psicanalistas: atas da Sociedade Psicanalítica de Viena 1906-1908*, v. 1. Trad. Marcella Marino Medeiros. São Paulo: Scriptorium, 2015.

FEDERN, Ernst and NUREMBERG, Herman (orgs.). *Minutes of the Vienna Psychoanalytic Society (1908-1910)*. v. 2. New York: International University Press, 1967.

FREUD, Sigmund. (1913) "Totem e tabu". Em: *Obras Completas Volume 11: Totem e tabu, Contribuição à história do movimento psicanalítico e outros textos (1912-1914)*. Trad. Paulo César de Souza. São Paulo: Companhia das Letras, 2012.

_____. (1923) "O Eu e o Id". Em: *Obras Completas Volume 16: O eu e o id, "autobiografia" e outros textos (1923–1925)*. Trad. Paulo César de Souza. São Paulo: Companhia das Letras, 2011.

_____. (1924) "Dissolução do complexo de Édipo". Em: *Obras Completas Volume 16: O eu e o id, "autobiografia" e outros textos (1923–1925)*. Trad. Paulo César de Souza. São Paulo: Companhia das Letras, 2011.

FROSH, Stephen. *The politics of psychoanalysis: an introduction to Freudian and Post-Freudian Theory*. London: Macmillan, 1987.

_____. *Psychoanalysis outside the clinic: interventions in psychosocial Studies*. London: Palgrave macmillan, 2010.

MITCHELL, Juliet. (1974) *Psychoanalysis and feminism: radical reassessment of freudian psychoanalysis*. England: Penguin, 1990.

_____. (1999) "Introduction". In: *Psychoanalysis and feminism: radical reassessment of freudian psychoanalysis*. England: Basic Books, 2000.

PATEMAN, Carole. (1988) *O contrato sexual*. Trad. Marta Avancini. Rio de Janeiro: Paz e Terra, 1993.

ROUDINESCO, Elisabeth. *Freud em sua época e no nosso tempo*. Trad. André Telles. Rio de Janeiro: Zahar, 2016.

SEDGWICK, Eve Kosofsky. "Paranoid Reading and Reparative Reading, or, You're So Paranoid, You Probably Think This Essay Is About You". In: *Touching Feeling: Affect, Pedagogy, Performativity*. Durham: Duke University Press, 2003.

SILVEIRA, Léa Carneiro. "Sexualidade feminina e herança filogenética: Sobre como Juliet Mitchell elude premissas que Freud precisa assumir para a tese da inferioridade da mulher". Em: *Misogenia na psicanálise*. No prelo.

Bêtes noirs: as mulheres *queer* da psicanálise[*]

MARITA VYRGIOTI[†]

> Shall I never again, hand in hand with you.
> Walk over green and flowery meadows
> In the sunshine?
> Shall I never again, hand in hand with you,
> Endure life's burdens willingly
> Because we are together?
> One more time, hand in hand with you,
> On your shoulder let me lament to you
> How bitterly alone I am.
>
> MELANIE KLEIN, poema escrito em torno de 1920

FANTASMAS «QUEER»

O convite para contribuir com um volume sobre *Freud e o patriarcado* corresponde a uma oportunidade para voltar à questão da homossexualidade feminina e perguntar o que o desejo lésbico tem a dizer sobre a psicanálise. Autoras feministas têm mostrado que, nos escritos psicanalíticos, a homossexualidade em mulheres é um desejo que não pode ser teoricamente representado a não ser como um repúdio à diferença

---

[*]. Taduzido do inglês por Léa Silveira.
[†]. Professora associada de estudos psicossociais na Universidade de East London. É doutora pela Birkbeck College, University of London. Seu interesse de pesquisa está voltado para a teoria, a história e a epistemologia da psicanálise em relação à colonialidade. Atualmente pesquisa esses temas para a escrita de "Uma criança está sendo comida: legados coloniais e origens psicanalíticas". É psicoterapeuta psicodinâmica estagiária no Tavistock e Portman NHS Foundation Trust, em Londres.

sexual e ao sujeito masculino (o'connor e ryan, 1993), como uma regressão (fuss, 1999), como uma identificação masculina (worthington, 2011) ou como perversão (de lauretis, 1994). Essas críticas feministas localizam a homossexualidade de mulheres como um ponto cego na psicanálise de modo intimamente ligado à problemática teorização da sexualidade feminina. Nessa medida, sua principal intenção é procurar formas de simbolizar a homossexualidade em mulheres para além do âmbito da patologia e caracterizar a psicanálise como um território paradoxal: se, no consultório, desejos marginais, perversos, assassinos, homossexuais e impopulares podem ser livremente expressos, na articulação teórica, em contrapartida, eles encontram pouco espaço.[1] Neste capítulo, procuro formular uma pergunta ligeiramente diferente; uma que aborda a dificuldade de falar do desejo homossexual feminino como uma questão sócio-política entrelaçada com a epistemologia da psicanálise. Meu objetivo é situar esse violento silenciamento nos efeitos de uma constelação mais vasta de poder patriarcal e colonial, bem como de uma sexualidade policialesca, repressiva e racialista, emblemática da Europa imperial. Ao escrever a partir da perspectiva do desejo lésbico e suas interseções com outras formas de silenciamento e apagamento, questiono o que a subjetividade lésbica pode nos ajudar a ver sobre a psicanálise freudiana e seus enredamentos com o patriarcado. Dada a patologização sistemática dos desejos homossexuais femininos na representação psicanalítica, essa questão torna-se uma questão a respeito de como os "fantasmas lésbicos" manifestam a sua presença na tradição da psicanálise freudiana e de como explorar sua capacidade de assombrar.

Falar de "fantasmas" na psicanálise é falar do inconsciente da própria disciplina. Como Stephen Frosh (2017) observa, a psicanálise está enraizada na personalidade de Freud, nas suas crenças, nas suas amizades e colaborações pessoais e apaixonadas, nos seus sonhos e desejos inconscientes. Essa estreita ligação da disciplina com a "personalidade" do seu fundador é o seu "calcanhar de Aquiles" no sentido de

---

1. Os exemplos mais conhecidos são Teresa de Lauretis, Parveen Adams e Joyce McDougall.

que, em primeiro lugar, as reavaliações teóricas contemporâneas da cumplicidade da psicanálise com as constelações coloniais patriarcais remontam necessariamente a Freud e à sua teorização idiossincrática. Mas, em segundo lugar, e talvez mais crucialmente, no sentido de que os desejos inconscientes, os conflitos e as dificuldades das figuras-chave da psicanálise "são susceptíveis de emergir em seu trabalho" (FROSH, 2017). Significa isso, então, que a questão dos "fantasmas lésbicos" da psicanálise também diz respeito aos desejos homossexuais silenciosos, não reconhecidos, escondidos e inconscientes dos seus principais teóricos? Haveria algo nos trabalhos psicanalíticos em torno da homossexualidade feminina que ainda não foi explorado — juntamente com outras formas de "ambivalência inescapável" em sua complexa história psicossocial — e que produz "algo fantasmagórico e melancólico" em suas revisões contemporâneas? (FROSH, 2013, p. 5). Ao proceder às leituras para a escrita deste capítulo, fiquei impressionada com uma das obras mais conhecidas no campo do lesbianismo e da psicanálise, escrita em 1993 por Noreen O'Connor e Joanna Ryan, intitulada *Wild desires and mistaken identities: Lesbianism and Psychoanalysis*. O que me intrigou foi a referência à "selvageria" do desejo lésbico. Certamente, pode-se argumentar, os títulos estão sujeitos a pressões editoriais; mas, existiria a possibilidade de estar em jogo aqui uma ênfase colonial inexplorada, que toma os desejos lésbicos como indomáveis e não domesticados? Alternativamente, será que o título indica que o desejo lésbico é "erroneamente" visto como uma "identidade selvagem" e, se assim for, por que o livro deixa inexploradas as implicações coloniais de tal associação? Por último, mas não menos importante, na mesma medida em que O'Connor e Ryan forneceram uma das mais sistemáticas críticas às ausências e deturpações de mulheres homossexuais por parte de figuras-chave dentro da tradição psicanalítica mais ampla (incluindo Carl Jung e Jacques Lacan), uma ausência conspícua no livro é a contestada e alegada homossexualidade da filha do fundador, Anna Freud. Vou argumentar que tanto a questão da interseccionalidade, nomeadamente as formas como as deturpações da homossexualidade em mulheres estão enredadas nas economias coloniais alicerçadas na ideia de raça, quanto a ambiguidade e o secretismo em torno dos desejos (femininos) homossexuais das pioneiras psicanalíticas, estão no centro dos "fantasmas lésbicos" da disciplina e marcam a sua relação ambivalente com o patriarcado (branco).

Este capítulo é, portanto, um retorno a esses primeiros fantasmas psicanalíticos. Em particular, procuro voltar ao único "caso" de Sigmund Freud que se refere a uma mulher homossexual como um caso "fantasmagórico". Antes de fazer isso, vou primeiro indicar como a historiografia da psicanálise excluiu a possibilidade de desejos homossexuais femininos, condenando-os ao estatuto de histórias marginais, indignas de exploração, como "rumores" e "fofocas". Na sequência, mostrarei que, na conjuntura colonial, a sexualidade só pode ser compreendida a partir de uma perspectiva interseccional. Isso significa não só que a forma como a homossexualidade é vista depende das imagens sociais da racialização, mas também que as relações homossexuais (femininas) que podem ser socialmente simbolizadas e pensadas dependem da substituição da falta de diferença sexual por uma diferença racial imaginária. Portanto, voltando ao único caso freudiano de paciente homossexual mulher, pretendo mostrar que a ambivalência da psicanálise em relação aos desejos lésbicos depende fortemente do fato dela forcluir questões em torno do social, nomeadamente questões de diferenças raciais e de classe. Em outras palavras, o que esses primeiros fantasmas lésbicos enterrados nas primeiras histórias da psicanálise expõem é que é preciso proceder a uma compreensão interseccional deles para que certos pontos cegos da teoria possam ser postos de lado.

TABU DA PSICANÁLISE

Na historiografia da psicanálise, a homossexualidade feminina aparece como uma história de secretismo, desconforto e ambiguidade. Tomemos o exemplo da obscuridade em torno da relação de Anna Freud com Dorothy Burlingham. Na biografia de Anna Freud escrita por Elisabeth Young-Bruehl (2008), a relação entre as duas mulheres aparece como algo que satisfaz o desejo de maternidade de Anna, mas ao mesmo tempo preserva seu status de herdeira assexuada do legado psicanalítico. Apesar do relato detalhado da intimidade pessoal e da colaboração profissional entre as duas mulheres, Young-Bruehl rejeita categoricamente os rumores de sua parceria lésbica com base na dedicação amorosa de Anna ao trabalho de seu pai: "[Anna] tinha uma vida familiar rica e plena, embora não tivesse, na década de 20 ou mais tarde, uma relação sexual com Dorothy Burlingham ou com qualquer outra pessoa." Young-Bruehl continua: "ela permaneceu uma 'vestal' " — uma palavra que sinaliza "a virgindade de Anna Freud e seu papel como a *principal guardiã* da pessoa de seu pai e de sua ciência, a psicanálise" (137, grifo meu). O argumento subjacente a essa passagem coloca o desejo de Anna por (uma forma estranha de) maternidade, e a herança do trabalho psicanalítico do seu pai como em oposição a, ou incompatível com isso. O desconforto de Young-Bruehl com o misterioso relacionamento de Anna Freud com Burlingham é ilustrado mais claramente numa passagem posterior, em que ela observa que Anna Freud "podia supervisionar e apoiar altruisticamente o interesse de Dorothy por homens, desde que este permanecesse platônico e não ameaçasse a amizade entre elas" (137). Há um sentido em que Young-Bruehl reconhece a atração de Anna por Dorothy (afinal ela "altruisticamente" apoia seu interesse por homens) mas, ao mesmo tempo, a historiógrafa garante ao leitor que a abstinência e pureza de Anna, seu auto-sacrifício altruísta, lhe valeram a posição de principal guardiã da psicanálise.

É impossível não nos perguntarmos: o que Young-Bruehl está tentando proteger? E de quem? Parafraseando O'Connor e Ryan, acaso seriam os "desejos selvagens" de Anna Freud, cuja realização poria em perigo a sua herança? Ou será que Young-Bruehl está tentando proteger Anna de uma "psicanálise selvagem" e das interpretações voyeurísticas e carregadas de bisbilhotices realizadas por historiadores e críticos, que poderão achar pouco convincente a sua co-habitação *platônica* com Dorothy Burlingham, os telefonemas recíprocos tarde da noite quando Dorothy residia no primeiro andar do apartamento de Berggasse 19? A quem pertence a vergonha pela homossexualidade de Anna Freud — se não a toda a tradição psicanalítica, freudiana, e à fantasia de qual seria a implicação para a disciplina se se descobrisse que a filha de Freud poderia ter sido uma lésbica (não assumida)? Afinal, foi Sigmund Freud quem se debateu durante anos com as raízes judaicas da psicanálise e sua desvalorização em uma conjuntura social vienense antissemita que descartou como escandalosa a centralidade da sexualidade, da bissexualidade e da sexualidade infantil (FROSH, 2009). Assim, defendo que parece haver um véu sutil e homofóbico que cobre as articulações ambíguas entre a vida pessoal de Anna e as firmes declarações a respeito de sua castidade. A representação historiográfica de sua sexualidade está entrelaçada com a vergonha e o sigilo que estão ligados a uma hegemonia europeia colonial e patriarcal que não permite que suas principais teóricas e colaboradoras falem de seus desejos homossexuais.

De modo parecido, em seu recente trabalho magistral sobre a vida de Sigmund Freud, Elizabeth Roudinesco passa ao largo do problema de representar a relação entre Anna e Dorothy, conduzindo-a ao status de mimetismo e "semelhança". Em suas mãos, a sexualidade da filha de Sigmund Freud mantém um componente homossexual, mas apenas na fantasia; a relação entre as duas mulheres é "como se" fosse homossexual e, como tal, a possibilidade de sua intimidade material e física é apagada. Roudinesco escreve que elas "desenvolveram relações íntimas *que se assemelham muito às das lésbicas*"[2] (ROUDINESCO, 2016, p. 249, grifo meu). No entanto, ao contrário de Young-Bruehl, Roudinesco associa o desconforto e a "hostilidade" de Anna para com a sua homossexualidade (ela a via como uma patologia que obstruía a sua prática clínica) a seu pai e à sua relação analítica. Nesta represen-

---

2. Na versão original da biografia escrita por Roudinesco, o trecho está redigido do seguinte modo: "(...) tout en nouant des relations d'intimité qui ressemblaient fort à celles de deux lesbiennes" (ROUDINESCO, E. *Sigmund Freud, en son temps et dans le nôtre*. Paris: Le Seuil, 2014, p. 313). Note-se a ausência da ideia de semelhança, fundamental para o argumento de M. Vyrgioti, na versão em português: "(...) suas relações de intimidade sugeriam as de duas lésbicas" (ROUDINESCO, E. *Freud na sua época e em nosso tempo*. Rio de Janeiro: Zahar, 2016, p. 288). Essa ausência comprometeria o argumento de M. Vyrgioti, razão pela qual optamos por não seguir a versão da editora Zahar. [N. T.]

tação biográfica, é a própria Anna que nega qualquer forma de relação sexual com Dorothy, fazendo assim uma afirmação mais firme do que a de Young-Bruehl, que atua como intérprete confirmando a amizade entre ambas. Roudinesco justifica o desejo de abstinência de Anna do seguinte modo: "Anna negou categoricamente a existência de uma relação sexual com sua nova amiga — uma maneira de permanecer fiel ao único homem que amou, o seu pai" (ROUDINESCO, 2016, p. 249, grifo meu). Ao ler essa passagem, entendo ser preciso perguntar de que forma uma relação sexual de Anna com Dorothy constituiria um ato de infidelidade ao seu pai. Por que a realização sexual de uma filha constituiria uma ameaça ou uma traição ao seu pai — se este ato de traição não estiver ligado à escolha de objeto homossexual? Por outras palavras, teria a sexualidade de Anna em geral ameaçado a sua relação com o seu pai, ou a sua homossexualidade em particular?

É importante notar que, antes desta passagem, Roudinesco assinala a incapacidade de Freud de se separar da sua amada filha — a quem ele chama Antígona — e parece perceber a sua homossexualidade como um ato de confirmação narcisista da sua autoridade patriarcal. Na co-parentalidade por parte de Anna com relação aos filhos de Dorothy, Freud "viu-se mais do que nunca como o feliz patriarca de uma família reconstituída submetida à erosão da antiga autoridade patriarcal, o próprio processo que deu origem à psicanálise" (ROUDINESCO, 2016, p. 250). De fato, Roudinesco cita uma carta escrita por Freud para seu amigo de longa data, Ludwing Binswanger, em janeiro de 1929, na qual ele sublinha seu contentamento por ter em sua família Dorothy e seus filhos. "Nossa simbiose com uma família americana (sem marido) cujos filhos a minha filha está criando com uma mão firme do ponto de vista psicanalítico, está cada vez mais estabelecida, motivo pelo qual nossos planos para o verão são compartilhados" (Carta de Freud a Binswanger, citada em ROUDINESCO, 2016, p. 250). Como veremos mais adiante, o que leva Freud a fazer esse esclarecimento de parentesco nos oferece um ponto de entrada a partir do qual revisitar seu trabalho analítico com Margarethe Csonka, paciente até recentemente anônima, em seu artigo de 1920, *A psicogênese de um caso de homossexualidade em uma mulher*, ao qual voltarei na seção final deste capítulo. Isto porque o que caracteriza esta família é não apenas a ausência de uma figura patriarcal, masculina. São dois os parâmetros que Freud estabelece para seu contentamento: ele ainda é o único patriarca (família sem marido), e a companhia de sua filha distingue-se por sua respeitabilidade social: trata-se de uma família "americana".[3] Portanto, o narcisismo de Sigmund Freud permanece ileso à homossexualidade de Anna por motivos de "raça" e classe, bem como por motivos de dominação patriarcal.

Essa perspectiva é apresentada por Suzanne Stewart-Steinberg na exploração que faz do caso freudiano de uma paciente homossexual feminina, de 1920, caso que ela lê em relação à teoria da "rendição altruísta" de Anna Freud. Stewart-Steinberg mostra como, no universo freudiano, a homossexualidade (feminina) toma a forma de um pacto inconscientemente acordado entre pai e filha para proteger tanto o narcisismo do pai quanto o da filha. De acordo com Stewart-Steinberg, Anna Freud torna o conceito de "rendição altruísta", como retirada em favor de outra pessoa, a premissa fundamental de sua prática analítica: "a atribuição a si mesma da condição de soldada", o "afrouxamento dos limites do ego", a "rendição emocional" (STEWART-STEINBERG, 2011, p. 46). Teorizada em relação ao complexo de masculinidade, "à inveja do pênis e a fantasias masculinas de ambição" (STEWART-STEINBERG, 2011, p. 91), a rendição de Anna assinalava o abandono do poder político e social masculino, a emasculação inerente à construção social da feminilidade. Porém, enquanto de uma perspectiva sociológica "rendição" é sinônimo de retirar-se do poder, em termos psicanalíticos, impotência [*powerlessness*] não é simplesmente sinônimo de incapacidade. Como Jacqueline Rose disse, "a subserviente, paradoxalmente, não desobedece menos e não desfaz menos [à/a herança do pai] no momento mesmo de sua rendição" (ROSE, 1993, p. 193). Dito de outro modo, o poder de Anna corresponderia precisamente a seu ato de se retirar masoquisticamente do seu desejo (homossexual). É por isso que,

---

3. De acordo com Peter Gay, Freud não gostava muito da América desde sua viagem com Jung, em 1909 (GAY, 2006). No entanto, deve-se notar aqui que Dorothy Burlingham era uma nova-iorquina abastada e neta do fundador da Tiffany and Co. (ROUDINESCO, 2016, p. 249).

como observa Stewart-Steinberg, enquanto Anna teoriza a etiologia da homossexualidade em relação ao poder fálico e à masculinidade, seu pai teoriza a etiologia da homossexualidade (masculina) em relação à "raça": "o próprio Freud é levado numa longa nota de rodapé a ligar o processo de 'retirar-se em favor de outra pessoa' não só a uma causa explicativa da homossexualidade, mas também a seu *retorno regressivo à horda primordial*" (STEWART-STEINBERG, 2011, p. 91). Para Sigmund Freud, a homossexualidade de Anna repara seu narcisismo (no sentido de que ela não faz nenhuma reivindicação contra sua autoridade). Para Anna, o entendimento de Freud sobre a homossexualidade repara o dela; ela não faz nenhuma regressão à "horda primitiva", pois está numa relação ambígua, obscura, com uma senhora altamente estimada e respeitável. Não é isso o que se passa com a paciente de Freud — e, como vou argumentar, classe e "raça" marcam os limites da sua análise do caso.

Antes de concluir esta seção, gostaria de me referir a mais uma vinheta marginal da história da psicanálise que se encontra na biografia de uma pioneira para ilustrar a impossibilidade de deslocar a "raça" da impossibilidade inicial de falar sobre homossexualidade. Diferentemente do caso de Anna Freud, a outra teórica que eu gostaria de mencionar aqui não é tão conhecida pela sua abstinência de relações íntimas obscuras; em vez disso, ela é conhecida pela ousadia, constrangimento e intensidade de suas interações com outras mulheres, incluindo a própria Anna Freud. Na biografia de Melanie Klein escrita por Phyllis Grosskurth, a amizade íntima que Klein tinha com a irmã do marido de sua cunhada, Klára Vágó, fica sob escrutínio (GROSSKURTH, 1986, p. 84-85). De acordo com Grosskurth, as duas mulheres passaram férias de verão em Rosenberg, depois das quais Klein escreveu o poema que consta na epígrafe deste capítulo. A biógrafa de Kelin argumenta que ele teria sido destinado a Vágó, cujo retrato a psicanalista também guardava em seu consultório. Vágó era divorciada e é descrita como uma "mulher inteligente, educada e independente" (FLASKAY, 2012, p. 7). Para Grosskurth, foi a criação de Klein — ela dedica várias páginas à forma como sua mãe a controlava e policiava durante as férias em Rosenfeld — que constrangeu sua sexualidade.

Em outras palavras, foi a mãe e sua ambivalência dirigida à relação da filha com Vágó que, *inadvertidamente*, impediram Klein de prosseguir uma relação sexual com ela:

Melanie tinha sido *condicionada* a ser dependente, a cultuar os homens e o amor ideal. Sua *criação tinha-a ensinado a reprimir a sua própria energia sexual*. É possível que, através de Klára, ela tenha começado a questionar se suas fantasias de romance eram falsas, hostis à sua *verdadeira natureza* e desenvolvimento, e, portanto, se um casamento baseado em tais equívocos não seria uma farsa (GROSSKURTH, 1986, p. 85).

Grosskurth considera a homossexualidade de Klein em termos essencialistas como uma "verdadeira natureza" indiscutível, que é dramaticamente reprimida por uma mãe autoritária, ambivalente e controladora. Como ela escreve em uma carta para sua filha, Libussa achou inapropriado e muito "imprudente você dividir um quarto com ela em Abbazia. Acho que você pode dizer a ela que não seria bom para seus nervos, que você precisa de tranquilidade total, e que você não deve se submeter a nenhuma pressão no sentido de se comprometer com outra pessoa" (GROSSKURTH, 1986, p. 50). No entanto, Libussa também apoiou perversamente a intimidade de sua filha com Vágó, a quem ela igualmente viu como uma figura de apoio emocional que compensaria a fragilidade psicológica de sua filha:

É realmente óbvio que os seus nervos só precisam de paz e tranquilidade, e que nada os perturbe, para se tornarem mais fortes e gradualmente saudáveis. Estou imensamente feliz pois Frau Klára, com sua calma, suavidade, seu caráter amável e gentil, só pode exercer uma excelente influência sobre sua mente agitada [...] (GROSSKURTH, 1986, p. 84).

A observação mais importante que Grosskurth faz sobre a relação de Klein com Vágó remonta a questões de "raça" e homossexualidade. Em sua vasta biografia de Klein, a relação desta com Vágó ocupa apenas algumas páginas dedicadas à visão de Klein sobre judeus que, devido ao colapso do Império Austro-Húngaro e à violência do "terror branco" antissemita, converteram-se ao catolicismo romano. Uma dessas famílias era a de Vágó. Grosskurth sugere que Klein se opôs, de um modo que a incomodava, aos membros de sua família que abandonaram o judaísmo, enquanto que, por outro lado, seria ao seu carinho e amor por Vágó que ela deveria a presença de traços de ideias cristãs em sua teoria posterior sobre a culpa primária e a inveja constitucional — uma visão também compartilhada por outra biógrafa de Klein, Julia Kristeva (KRISTEVA, 2001, p. 22; GROSSKURTH, 1986, p. 84). Em muitos aspectos, Grosskurth pinta o retrato de Klein como uma homossexual não assumida e como uma judia não assumida: "Melanie nunca *divulgou* que em Budapeste a família Klein aderiu à Igreja Unitária e que todos os seus filhos foram batizados" (1986, p. 83). Talvez, então, Grosskurth sugira que consideremos a impossível homossexualidade de Klein em relação a seu impossível judaísmo. O argumento de Grosskurth sugere que foi a criação de Klein — a abordagem enlouquecedora de sua mãe, proibindo e ao mesmo tempo aprovando seu relacionamento com Vágó — que não permitiu que ela realizasse seu desejo por essa mulher, conduzindo-a, em vez disso, a expressá-lo em poemas e cartas românticas. Mais crucial ainda é o fato de que Grosskurth vincula a relação lésbica não satisfeita de Klein com a impossibilidade de seu judaísmo, também melancolicamente suprimido pelo terror antissemita, forçando-a a converter-se e a batizar seus filhos. Um segredo, algo que Klein não assume — que ela "*nunca divulgou*". Grosskurth, assim, lê Klein de uma maneira que implica que as formas antissemitas e homofóbicas de opressão a levaram a uma renúncia melancólica de seu desejo; como ela declara em seu poema escrito após o intervalo de férias com Vágó "deixe-me lamentar com você/o quão amargamente sozinha estou", um sentimento espelhado na exploração autobiográfica de seu judaísmo:

Sempre detestei que alguns judeus, independentemente dos seus princípios religiosos, tivessem vergonha da sua origem judaica e, sempre que a questão surgiu, fiquei contente por poder confirmar a minha própria origem judaica, embora eu não tenha *nenhuma crença religiosa* (KLEIN, 2013, p. 133, grifo meu).

HOMOSSEXUALIDADE E PELE

Até o momento, explorei modos pelos quais os desejos homossexuais femininos eram tabu para os psicanalistas; de certa maneira, eles informam o inconsciente da disciplina. Nesta seção, situo a homossexualidade feminina no contexto colonial para mostrar que sua supressão não poderia ser alcançada a não ser dentro de uma economia de desejos racializados. O objetivo desta seção, portanto, é duplo: em primeiro lugar, mostrar como as mulheres homossexuais eram vistas como estando numa posição estranha às estruturas patriarcais e coloniais e, em segundo lugar, ilustrar como a internalização da homofobia (tal como nos casos de Anna Freud e Melanie Klein) não é independente dos processos sociais racializadores.

No relato histórico bem documentado de Robert Aldrich sobre colonialismo e homossexualidade (*Colonialism and homosexuality*), a homossexualidade masculina surge como uma prática que, "para horror dos moralistas caseiros", encontra um lugar na colônia. Os viajantes europeus procuravam "aventuras coloniais" eróticas, promovidas pelas hierarquias entre colonizador e colonizado, bem como as fantasias que acompanhavam a alegada natureza selvagem do Oriente (ALDRICH, 2003). Apesar da perpetuação do poder colonial europeu que policiava, perseguia e prendia homossexuais masculinos, a colônia permitiu a emergência de subculturas homossexuais e relações privilegiadas de "companheirismo" (2003, p. 41) ou "camaradagem" (2003, p. 101) que "tinham algumas lacunas em comparação com [as práticas homossexuais masculinas na] Grã-Bretanha" (2003, p. 239). Dado o seu interesse na homossexualidade (masculina), Aldrich observa que ela "desempenhou um papel muito mais significativo e diverso no colonialismo do que muitos admitiriam" (2003, p. 6). No volume editado por Philippa Levine, *Gender and empire*, Barbara Bush também evoca a homossexualidade como uma prática exclusivamente masculina que subverte a "domesticidade branca heterossexual", que transgride "as fronteiras raciais das quais dependia a estabilidade do Império, enfraquecendo assim os fundamentos do colonialismo" (BUSH, 2007, p. 84). O que emerge desses relatos é que a colônia se torna tanto o lugar em que a masculinidade europeia branca transcende as fronteiras da respeitabilidade quanto aquele em que a masculinidade desviante precisa ser controlada (a homossexualidade masculina era ilegal na maioria das colônias britânicas). Ao mesmo tempo, conferir privilégio ao estudo da homossexualidade masculina como endêmica das colônias implica tanto a ausência quanto a insignificância das práticas homossexuais femininas na historiografia colonial. Aldrich justificou sua ênfase nos homens como um "alerta" necessário (ALDRICH, 2003, p. 8). Estendendo esse ponto, argumento que, em virtude de a homossexualidade feminina ter uma relação diferente com o imaginário patriarcal, ela parece estar ausente do imaginário imperial europeu.

Na economia colonial, os desejos homossexuais femininos não são percebidos nem compreendidos independentemente de outras categorias sociais de desvio sexual. Jill Suzanne Smith mostra como as mulheres que, através da sua ambiguidade sexual, atravessam perfeitamente as fronteiras da respeitabilidade, tanto no sentido moral quanto por referência a classes sociais, foram rotuladas como coquetes[4] ou "prostitutas burguesas" (SMITH, 2013, p. 62). Ao borrar as fronteiras da prostituição, as "coquetes de Berlim" buscaram saídas alternativas ao casamento que lhes concedessem benefícios financeiros ao mesmo tempo em que lhes permitissem visualizar "novas identidades sociais e sexuais para as mulheres, tais como a mulher solteira namoradeira, a mãe solteira, a divorciada, a viúva e a lésbica" (SMITH, 2013, p. 21). Enquanto a leitura de Smith não se envolve com a racialização implícita desses novos papéis sexuais femininos, as leituras interseccionais de raça e gênero nos contextos coloniais ilustram como a prostituta

---

4. A razão pela qual estou me voltando para o conceito de "coquete" aqui é porque, como veremos mais tarde, o termo "*cocotte*" (ou *kokotte* em alemão) é aquele que Freud usa para descrever a amante de sua paciente homossexual feminina. De acordo com o *Oxford dictionary*, "*cocotte*" realmente significa "prostituta", enquanto "*coquette*" implica uma mulher namoradeira, com moral sexual branda. Ambos os termos regulamentaram e policiaram a sexualidade feminina na virada do século e, como veremos, também carregam subtextos raciais. [Não parece ser possível encontrar paralelo em português para o primeiro desses termos (*cocotte*), já que — segundo o Houaiss — "cocota" tem o significado de "menina pré-adolescente e bonita".] [N. T.]

burguesa feminina se enquadra nos limites da branquitude. Sander Gilman (1986), por exemplo, mostra como na França a prostituição é representada na iconografia popular como "sexualidade lasciva", baseada em representações racistas de mulheres sul-africanas. Na mesma direção, Ann Stoler argumenta que, na Inglaterra, a mulher promíscua da classe trabalhadora foi interpretada como uma "relíquia primitiva de um período evolucionário anterior", uma "mulher selvagem" que contrastou com o "modelo moral de restrição sexual e civilidade da classe média" (STOLER, 2000, p. 128). Assim, a prostituta, a coquete, entre outras, tornam-se representações sociais e estereotipadas da promiscuidade, ilustrando o que Anne McClintock (1995) argumenta como sendo a rejeição da diferença sexual através do policiamento das sexualidades não matrimoniais e da sua associação com a diferença racial.

É nesses discursos sobre a sexualidade feminina transgressora que a homossexualidade feminina é encontrada. Assim, é impossível considerar a homossexualidade feminina na cultura imperial europeia fora das associações entre promiscuidade e excesso, bem como do seu subtexto racializado, que, como veremos, representa uma grande ameaça tanto para o patriarcado como para a família burguesa branca e a moral de classe — e contribui para os escritos obscuros sobre as próprias figuras lésbicas da psicanálise.

Antes de concluir, consideremos duas vinhetas que ilustram os efeitos materiais do silenciamento e da destituição do desejo homossexual feminino em relação às experiências concernentes à pele. Argumentei que as sexualidades femininas desviantes eram articuladas em termos racializados, e através de escritos pessoais de vida e desejo lésbicos também discernimos esta estranheza da "heterossexual aberrante" contra "o seu papel social como objeto do desejo masculino" expresso em termos raciais (MCCLINTOCK, 1995, p. 195). No romance de Radclyffe Hall *The well of loneliness* (1928) — proibido sob alegação de obscenidade no momento de sua publicação — acompanhamos Stephen, uma jovem aristocrata inglesa, autora e heroína de guerra, através de uma série de relações sexuais com mulheres, e lemos sobre a experiência alienante de ser tomada como outro:

Por toda a sua vida, ela tem que arrastar este seu corpo como um monstruoso grilhão imposto ao seu espírito. Este corpo estranhamente ardente, porém estéril, que deve adorar, mas nunca ser adorado em troca pela criatura de sua adoração. Ela ansiava por mutilá-lo, porque isso a fazia sentir-se cruel; era *tão branco*, tão forte e tão auto-suficiente; contudo, mesmo assim era uma coisa tão pobre e infeliz que seus olhos se enchiam de lágrimas e seu ódio se tornava piedade. Ela começou a se lamentar por isso, tocando seus seios com dedos deploráveis, acariciando seus ombros, deixando suas mãos escorregarem ao longo de suas coxas retas — Oh, pobre e tão desolado corpo! (HALL, 1981, p. 186–87, grifo meu).

O corpo de Stephen não é um corpo desejável, mas um "corpo imperfeito, faltoso, e defeituoso, despossuído, inadequado para carregar e significar desejo" (DE LAURETIS, 1994, p. 212). No entanto, é também um corpo racializado. Ao ser hiperbolicamente branco ("tão branco"), excede a marca racial apropriada da feminilidade; sua monstruosidade é sua brancura, sua força e auto-suficiência. É um corpo tornado indesejável, deplorável precisamente devido à sua excessiva participação no patriarcado burguês branco. Pelo contrário, e no contexto das subculturas lésbicas em Nova York em meados dos anos 50, a negritude e a homossexualidade não se articulam em termos de invisibilidade como transparência, mas em termos de invisibilidade como morte. Audre Lorde escreve:

A maioria das lésbicas negras não assumiu o lesbianismo, reconhecendo corretamente a falta de interesse da comunidade negra em nossa posição bem como as diversas ameaças mais imediatas à nossa sobrevivência como negras em uma sociedade racista. Já era difícil o suficiente ser negro; ser negro e mulher; ser negra, mulher e gay. Ser negra, mulher, gay e assumir a homossexualidade em um ambiente branco [...] foi considerado por muitas lésbicas negras *como algo simplesmente suicida* (LORDE, 1982, p. 151, grifo meu).

É a partir desta conjunção de invisibilidade, apagamento e morte inerente às estruturas coloniais e patriarcais que procuro rever o caso da análise de Margarethe Csonka, de Freud. Meu objetivo é investigar como os efeitos de uma supressão sistemática e violenta dos desejos homossexuais femininos são operados no contexto da análise de Margarethe. Em outras palavras, o que pode este caso de outro fantasma lésbico da psicanálise nos dizer sobre o funcionamento da teorização de Freud.

FREUD INTERSECCIONAL

No único caso analisado por Freud de uma mulher homossexual, publicado em 1920 e intitulado *A psicogênese de um caso de homossexualidade numa mulher*,[5] de alguma forma a jovem homossexual é esboçada como um sujeito paradoxal que odeia tanto homens quanto mulheres (DE LAURETIS, 1999, p. 43). "Furiosamente ressentida e amargurada" com seu pai porque ele não realiza seu desejo edipiano de que ele lhe desse um filho, ela se comporta como muitos homens que, após uma primeira experiência dolorosa, viram as costas para sempre ao sexo feminino infiel e se tornam misóginos" (FREUD, 1920, p. 157). A conclusão de Freud é muito surpreendente, dada a bissexualidade originária que ele discutiu nos *Três ensaios* e o impacto de seu reconhecimento da natureza polimorfamente perversa da sexualidade (FREUD, 1905, p. 191), que, como observou a crítica feminista Jacqueline Rose, está estruturada em torno das noções de impossibilidade e de fracasso da identidade sexual (ROSE, 2005). Esta forclusão de qualquer figuração positiva da mulher homossexual na psicanálise, no entanto, conduz a uma perda de resiliência teórica; conduz a uma rigidez intelectual que espelha o impacto das doutrinas coloniais e patriarcais que contaminam as abordagens psicanalíticas da subjetividade com formas de poder que silenciam ou suprimem a dimensão da ação.

---

5. O título registrado em inglês pela autora é *The psychogenesis of a case of homosexuality in a woman*, e o título original do texto de Freud, em alemão, consultado na *Studienausgabe*, é *Über die Pcyhogenese eines Falles von weiblicher Homosexualität*. Para a versão em português dos trechos citados desse texto, optamos pela versão da Editora Autêntica na qual o título é *Sobre a psicogênese de um caso de homossexualidade feminina*. [N. T.]

A psicogênese de um caso de homossexualidade em mulheres é um caso amplamente negligenciado na história psicanalítica.[6] Se alguma atenção lhe foi dedicada, isso deve-se à pesquisa gay, lésbica e *queer*, que se dirigiu aos pressupostos patriarcais e heteronormativos e à patologização da homossexualidade tanto em sujeitos masculinos quanto femininos. É também um caso inacabado e ambivalente. Embora não completamente elaborado (Freud terminou a análise da jovem sugerindo que ela procurasse uma analista mulher) e sem um nome fictício adequado como ocorria em seus trabalhos anteriores (DE LAURETIS, 1999, p. 39), este caso apresenta uma conclusão bastante rígida e incontestada. Por trás do desejo homosexual da jovem, Freud argumenta que existe uma atitude de desapontamento e ódio para com ambos os pais; uma inveja dos pais — o casal procriador heterossexual —, que é a razão pela qual ela teria se afastado tanto dos homens quanto da maternidade. Quando Margarethe compartilhou a explicação que Freud esboçou para ela sobre sua homossexualidade com sua amante, ela disse: "isso é revoltante" (ROUDINESCO, 2016, p. 246).

Para Freud e o pai da menina, a escolha homosexual é uma escolha que indica uma traição e uma rejeição da respeitabilidade patriarcal e burguesa. "O amor lésbico ameaça profundamente a ordem patriarcal", observa Pérez Foster (1999, p. 130). Mas talvez não seja apenas a ordem patriarcal. Nas fronteiras imperiais, Freud e o pai da menina estão tomando a homossexualidade feminina como uma "rejeição narcisista", já que a predisposição psíquica a uma sexualidade heterossexual está ligada ao conformismo obrigatório às injunções da classe média que estão essencialmente e obrigatoriamente alinhadas à branquitude. Isso torna-se mais evidente se nos concentrarmos na escolha de objeto — na pessoa amada escolhida pela moça e no modo pelo qual sua família e seu analista a percebiam. O que levou Margarethe ao divã de Freud, em primeiro lugar, foram as pressões de seu pai, já que fazia vários anos que ela buscava o afeto de "uma atriz de cinema", de uma

---

[6]. A recente e imponente biografia de Elisabeth Roudinesco, *Freud na sua época e em nosso tempo* (Zahar Editora), fornece, com base em depoimentos da própria paciente cujo nome era Margarethe Csonka, um panorama mais amplo a seu respeito (1900-1999) (ROUDINESCO, 2016, p. 475 da edição em inglês).

"coquete" e agora de uma "*cocotte*"[7] (FREUD, 1920, p. 161). Todas as três mulheres, argumenta Diana Fuss, "ocupam uma classe abaixo da menina, mas elas também representam coletivamente uma classe de mulheres que ganham a vida independentemente, fora do casamento e do contrato heterossexual" (FUSS, 1995, p. 69). Dito de outro modo, a moça apaixona-se no domínio do seu gênero (biológico), mas fora do domínio da sua classe social e da respeitabilidade racial. Como tal, a homossexualidade de Margarethe insta os dois pais (Freud como o pai da psicanálise e pai de Anna, assim como o pai de sua paciente) a renegociar a relação entre sua masculinidade e sua "raça", para se reposicionarem contra a "branquitude". É por isso que Freud observa que o pai nega o que ele, Freud, já sabe: que a psicanálise participa do mesmo grau de "menosprezo" que a homossexualidade feminina em Viena — ela alia-se aos desditosos — e, ainda assim, isso não o "deteve" e ele, então, voltou-se para a nova prática "em busca de auxílio" (FREUD, 1920, p. 160).

Ambos, no entanto, forcluem qualquer possibilidade de entendê-la. Uma das lacunas mais intrigantes neste caso é a falta de atenção a uma transferência mortal que Margarethe põe em cena, mas que nenhum dos dois "pais" aceita. O desejo de seu pai é ver o desejo lésbico da filha perecer, já que sua exibição desinibida de homoerotismo feminino em público constitui uma ameaça ao narcisismo masculino. O desejo de Freud não é curar sua homossexualidade — ele declara isso impossível —, mas negar que qualquer forma de sofrimento lhe pudesse ser vinculada. Essa dupla exclusão desses dois pais em relação à filha lésbica é melhor delineada através do incidente que eventualmente a conduziu à análise em primeiro lugar:

Certo dia acabou ocorrendo o que, de fato, nessas circunstâncias teria de acontecer, o pai encontrou pela rua sua filha em companhia daquela dama de quem já havia tomado conhecimento. Ele passou por elas com um olhar furioso *que não anunciava nada de bom*. Imediatamente a jovem correu e jogou-se por cima do muro em direção à linha de trem urbano que passava ali perto. Ela pagou por essa tentativa de suicídio indubitavelmente séria com

---

7. Optamos por manter o termo no original, sem tradução. Cf. nota 4, acima. [N. T.]

uma longa convalescença, mas, por sorte, sem lesões permanentes (FREUD, 1920, p. 158-9, grifo meu).

Apesar da "tentativa de suicídio" da garota (FREUD, 1920, p. 148), Freud diagnostica que a jovem não "(...) era doente — ela não sofria por razões internas, não reclamava sobre seu estado (...)" (FREUD, 1920, p. 162). Parece-me bastante surpreendente que a tentativa de suicídio não seja sequer uma indicação de que a menina não esteja bem do ponto de vista psíquico. Em vez disso, sua boa saúde psicológica é justificada por seu desejo homossexual desinibido e desprovido de remorso — em outras palavras, se há algo errado com essa jovem, é sua homossexualidade: "(...) a tarefa solicitada não era a de solucionar um conflito, mas a de converter uma variante da organização sexual para outra" (FREUD, 1920, p. 162). Diante da recusa de Freud, sentimo-nos compelidas a formular a seguinte pergunta: teria ele minimizado a tentativa de suicídio da menina precisamente porque (inconscientemente) entendeu que ela não era o resultado de algum conflito interno, mas de um olhar paternal assassino; um olhar que desejava sugar a própria vitalidade de sua vida amorosa? Afinal, Freud reconhece que "a homossexualidade de sua filha tinha algo que despertava a sua [do pai de Margarethe] completa amargura" (FREUD, 1920, p. 160).

Desde seu artigo de 1910 sobre o distúrbio psicogênico da visão, Freud estava bem ciente da força e do caráter punitivo do olhar invejoso. Diferentemente de Lady Godiva, que percorreu nua uma cidade vazia, cujos habitantes se esconderam atrás de venezianas fechadas, (FREUD, 1910) a paciente de Freud aparece "nas ruas mais frequentadas na companhia de sua indesejável amiga" (FREUD, 1920, p. 148) e é recebida não por um voyeurista, mas por um olhar capaz de ferir. Esse olhar, como diz Stephen Frosh, tem o efeito de "sugar a vida de uma pessoa, de fazer perder sangue, de torná-la morta-viva; de, sob a influência do desejo de outro, transformá-la em pedra, incapaz de fugir" (2013, p. 78). O próprio Freud estava bem ciente do poder desse tipo de olhar. Em 1912, durante um congresso de psicanálise em Munique e depois de uma discussão animada com Carl Jung, Freud experimentou um dos seus "desmaios" (FREUD, 1912, p. 523-25). Freud interpreta sua perda temporária de consciência como resposta a um desejo de morte inconscientemente transmitido por seu antigo e amado discípulo, sobre quem ele investiu — e desinvestiu — suas expectativas concernentes à continuação da psicanálise. Mas, na atitude "um pouco neurótica" de Freud, como ele a caracteriza mais tarde em carta a Jung, é o filho assassino que deseja a morte de seu pai (FREUD, 1912, p. 524). O que impede Freud de seguir uma linha de análise semelhante no caso da garota homossexual, sua paciente? Por que o fato de ela ter se jogado "por cima do muro" ao se deparar com o "olhar raivoso" de seu pai não é, afinal de contas, a resposta a um *desejo de morte* similar por parte de um patriarca heterossexual e dirigido à sua filha rebelde e desviante? Dito de outro modo, o que alimenta a cegueira que impede Freud de reconhecer a inveja no olhar patriarcal? E ainda mais, em uma reviravolta interessante, ele até inverte os efeitos do olhar paterno invejoso, como narra Roudinesco; no final do tratamento, Freud diz à garota: "você tem olhos tão astutos que eu não gostaria de encontrar você na rua se eu fosse seu inimigo" (ROUDINESCO, 2016, p. 246).

CONCLUSÃO

No início deste capítulo, argumentei que a posição irresoluta da homossexualidade feminina dentro da psicanálise é assombrada por histórias obscuras, silenciadas e não ditas de desejos lésbicos entre alguns dos membros fundadores da disciplina — especialmente, a da relação de Freud com sua filha Anna, e sua homossexualidade repudiada. Considerando a relação ambígua de Anna Freud com Dorothy Burlingham através da historiografia psicanalítica, dois grandes pontos emergem. Em primeiro lugar, que é impossível considerar os desejos lésbicos apenas em relação ao poder patriarcal. Em vez disso, precisamos considerar a supressão da homossexualidade feminina através de uma perspectiva interseccional. E, em segundo lugar, que o silenciamento e a indizibilidade dos desejos lésbicos na psicanálise nos ajudam a dar corpo ao modo como opera o narcisismo colonial e patriarcal. Revisitando assim o caso de 1920 de Freud, podemos indicar o que tem sido o trabalho dos fantasmas lésbicos reprimidos na psicanálise:

reservar, salvaguardar e naturalizar o lugar da masculinidade branca e ocultar a vulnerabilidade de seu surgimento. Nas melhores palavras possíveis: "Um indivíduo feminino que se sente masculino e amou de maneira masculina dificilmente se deixará forçar no papel feminino, se tiver de pagar pela transformação, nada vantajosa em todos os aspectos, com a renúncia à maternidade" (FREUD, 1920, p. 189).

BIBLIOGRAFIA

ALDRICH, Robert. *Colonialism and Homosexuality*. New York: Routledge, 2003.

BUSH, Barbara. "Gender and Empire: The Twentieth Century." In: *Gender and Empire*. Edited by Philippa Levine. Oxford: Oxford University Press, 2007, p. 77–111.

DE LAURETIS, Teresa. *The Practice of Love: Lesbian Sexuality and Perverse Desire*. Bloomington and Indianapolis: Indiana University Press, 1994.

_____. "Letter to an Unknown Woman". In: *That Obscure Subject of Desire: Freud's Female Homosexual Revisited*. Edited by Ronnie C. Lesser and Erica Schoenberg. New York/London: Routledge, 1999 p. 37–53.

FLASKAY, Gábor. "From Patient to Founder of a Psychoanalytic School: Ferenczi's Influence on the Works of Melanie Klein". In: *Ferenczi for Our Time: Theory and Practice*. Edited by Judit Szekacs-Weisz and Tom Keve. London: Karnac Books, 2012.

FREUD, Sigmund. "Three Essays on the Theory of Sexuality". In: *The Standard Edition of the Complete Psychological Works of Sigmund Freud, Volume VII (1901–1905): A Case of Hysteria, Three Essays on Sexuality and Other Works*. London: Hogarth Press, 1905, p. 123–246.

_____. "The Psycho-Analytic View of Psychogenic Disturbance of Vision". *The Standard Edition of the Complete Psychological Works of Sigmund Freud, Volume XI (1910): Five Lectures on Psycho-Analysis, Leonardo Da Vinci and Other Works*. London: Hogarth Press, 1910, p. 209–218.

_____. (1912) *The Freud/Jung Letters: The Correspondence Between Sigmund Freud and C. G. Jung*. Disponível em: <https://bit.ly/36IgLHs>. Acesso em: 15/03/2019.

_____. (1920) "Sobre a psicogênese de um caso de homossexualidade feminina". Trad. M. R. S. Moraes. Em: *Neurose, psicose, perversão*. Belo Horizonte: Autêntica, 2016, p. 157–192. [Versão em ingles, consultada pela autora: "The Psychogenesis of a Case of Homosexuality in a Woman". In: *The Standard Edition of the Complete Psychological Works of Sigmund Freud, Volume XVIII (1920–1922): Beyond the Pleasure Principle, Group Psychology and Other Works*. London: Hogarth Press, 1920, p. 145–172.]

FROSH, Stephen. *Hate and the Jewish Science: Anti-Semitism, Nazism and Psychoanalysis*. 2nd ed. New York: Palgrave Macmillan, 2009.

_____. *Hauntings: Psychoanalysis and Ghostly Transmissions*. Studies in the Psychosocial. UK: Palgrave Macmillan, 2013.

_____. "Primitivity and Violence: Traces of the Unconscious in Psychoanalysis". In: *Journal of Theoretical and Philosophical Psychology* 37 (1), 201, p. 37-47.

FUSS, Diana. *Identification Papers: Readings on Psychoanalysis, Sexuality, and Culture*. 1st ed. London/New York: Routledge, 1995.

_____. "Fallen Women: 'The Psychogenesis of a Case of Homosexuality in a Woman'". In: *That Obscure Subject of Desire: Freud's Female Homosexual Revisited*. Edited by Ronnie C. Lesser and Erica Schoenberg. New York/London: Routledge, 1999, p. 54-75.

GAY, Peter. *Freud: A Life for Our Time*. Revised. New York/London: Norton, 2006.

GILMAN, Sander. "Black Bodies, White Bodies". In: *Race, Writinf and Difference*. Edited by L. Henry and Jr Gates. Chicago: Chicago University Press, 1986.

GROSSKURTH, Phyllis. *Melanie Klein: Her World and Her Work*. Cambridge MA: Harvard University Press, 1986.

HALL, Radclyffe. *The Well of Loneliness*. New York: Avon Books, 1981.

KLEIN, Melanie. "The Autobiography of Melanie Klein". Edited by Janet Sayers and John Forrester. In: *Psychoanalysis and History*, 15, 2013, p. 127-163.

KRISTEVA, Julia. "Melanie Klein". Translated by Ross Guberman. In: *Female Genius: Life, Madness, Words – Hannah Arendt, Melanie Klein, Colette*, vol. 2. New York: Columbia University Press, 2001.

LORDE, Audre. *Zami: A New Spelling of My Name*. Toronto: Crossing Press, 1982.

MCCLINTOCK, Anne. *Imperial Leather: Race, Gender and Sexuality in the Colonial Contest*. New York/London: Routledge, 1995.

O'CONNOR, Noreen; RYAN, joanna. *Wild Desires and Mistaken Identities: Lesbianism and Psychoanalysis*. London: Virago Press, 1993.

FOSTER, RoseMarie Pérez. "Las Mujeres: Women Speak to the Word of the Father". In: *That Obscure Subject of Desire: Freud's Female Homosexual Revisited*. Edited by Ronnie C. Lesser and Erica Schoenberg. New York/London: Routledge, 1999, p. 130-140.

ROSE, Jacqueline. *Why War? Psychoanalysis, Politics, and the Return to Melanie Klein*. The Bucknell Lectures in Literary Theory. Oxford UK & Cambridge USA: Blackwell Publishers, 1993.

_____. *Sexuality in the Field of Vision*. London: Verso, 2005.

ROUDINESCO, Elisabeth. *Freud: In His Time and Ours*. Translated by Catherine Porter. Cambridge MA: Harvard University Press, 2016.

SMITH, Jill Suzanne. *Berlin Coquette: Prostitution and the New German Woman, 1890–1933*. Ithaca/London: Cornell University Press, 2013.

STEWART-STEINBERG, Suzanne. *Impious Fidelity: Anna Freud, Psychoanalysis, Politics*. Ithaca/London: Cornell University Press, 2011.

STOLER, Ann Laura. "Cultivating Bourgeois Bodies and Racial Selves". In: *Cultures of Empire: Colonizers in Britain and the Empire in the Nineteenth and Twentieth Centuries*. Edited by Catherine Hall. Manchester: Manchester University Press, 2000, p. 87–119.

WORTHINGTON, Anne E. *Female Homosexuality: Psychoanalysis and Queer Theory*. London: Middlesex University, 2011.

YOUN-BRUEHL, Elisabeth. *Anna Freud: A Biography*. 2nd ed. New Haven and London: Yale University Press, 2008.

Fricção entre corpo e palavra: crítica ao *Moisés* de Freud e Lacan

ALESSANDRA AFFORTUNATI MARTINS

> Em todo traje hei de sentir as penas,
> Da vida mísera o cortejo.
> Sou velho, pra brincar apenas,
> Jovem sou, pra ser sem desejo.
> Que pode, Fausto, o mundo dar-te?
> Deves privar-te, só privar-te!
> É o eterno canto, este, que assim
> A todo ouvido vibra e ecoa,
> Que a vida inteira, até o seu fim,
> Cada hora, rouca, nos entoa.
> Só com pavor desperto de manhã,
> Quase a gemer de amargo dó,
> Ao ver o dia, que, em fugida vã,
> Não me cumpre um desejo, nem um só;
> Que até o presságio de algum gozo
> Com fútil critiquice exclui,
> Que as criações de meu espírito audacioso
> Com farsas mil da vida obstrui.
> GOETHE, *Fausto*

Uma lupa na parte III de *O homem Moisés e a religião monoteísta* é capaz de iluminar tópicos centrais para o debate do patriarcado na psicanálise. Em grande medida, as relações entre feminismo e psicanálise desenham-se ali e nada têm de desprezíveis para os dias de hoje. Freud contrapõe ao matriarcado o patriarcado, ressaltando a superioridade deste sob vários aspectos. Olhando de modo mais fino, porém, a questão é complexa e exige acuidade na análise *nachträglich* que se pode empreender do embate entre os dois sistemas. Quando se observa mais detidamente, são três as estruturas sociais colocadas em seu *Moisés*:

1) A conhecida versão do Pai primevo que goza e governa sua horda pela violência e pela força;

2) O poder das mulheres numa ordem matriarcal que teria, em seu fundo, reminiscências nostálgicas do Pai protetor e forte;

3) A ordem dos irmãos com a religião totêmica, logo depois substituída por um Deus com feições humanas, ocupando o lugar simbólico do Pai. Essa versão é aquela que daria consistência à forma mais evoluída aos olhos de Freud: a abstrata regulação divina do monoteísmo judaico.

A proibição de representar imagens divinas e conceder nome pronunciável a YHWY delineiam os traços do povo judeu. Nele, a percepção sensória recebe lugar secundário e a abstração do pensamento torna-se valor a ser cultivado. Em suma: judeus seriam mais afeitos às qualidades intelectuais, superiores. O resultado seria, regozija-se Freud em seu *Moisés*, o "triunfo da intelectualidade sobre a sensualidade, ou, estritamente falando, uma renúncia instintual".

Num salto inesperado, Freud associa essa suposta superioridade da intelectualidade, ligada à religião mosaica, ao caráter patriarcal do monoteísmo:

Sob a influência de fatores externos que não precisamos acompanhar aqui, e que em parte também não são suficientemente conhecidos, aconteceu que a ordem social matriarcal foi substituída pela patriarcal, ao que naturalmente estava ligada uma reviravolta das relações jurídicas até então existentes. Acredita-se perceber o eco dessa revolução ainda na *Oréstia*, de Ésquilo. Mas essa mudança da mãe para o pai indica, além disso, uma vitória da espiritualidade sobre a sensualidade, ou seja, um *progresso cultural*, pois a maternidade é demonstrada pelo testemunho dos sentidos, enquanto a paternidade é uma suposição construída com base numa conclusão e numa premissa. A tomada de partido que eleva o processo de pensamento acima da percepção sensível dá provas de um passo com sérias consequências (FREUD, 2014, p. 157, grifo meu).

Ora, é forçoso admitir que o "progresso cultural" da passagem ao patriarcado cumpriu muito mal sua promessa. Para Freud, além de a abstração derivar do fato de que "a maternidade é demonstrada pelo testemunho dos sentidos", diferentemente da paternidade que é "uma suposição construída com base numa conclusão e numa premissa", ela adviria da ausência do nome e da imagem de Deus que impõe a negatividade no processo de simbolização. Ela também seria uma libertação dos judeus da "escravidão dos sentidos". Desmaterializado, Deus alimentaria o interesse espiritual, convertido na literatura sagrada compartilhada por esse povo disperso pelas terras do deserto. Os efeitos dessa tradição intelectual seriam o controle da brutalidade e da tendência à violência, ligadas à força muscular como ideal.

É interessante avançar nessas conexões freudianas. Se recorrermos a uma passagem reveladora na x *Conferência introdutória sobre psicanálise*, Freud interpreta a madeira como "símbolo feminino materno" (FREUD, 1996, p. 161) e indica a conexão etimológica das palavras *matéria* e *mãe*. *Matéria*, explica, deriva de *mater*, mãe. A matéria (*Stoff*), da qual algo sai vitorioso, é igualmente sua participação materna. Os rumos dessas analogias e cruzamentos avança nos seguintes termos:

E, por falar em madeira, é difícil compreender como esse material veio a representar o que é materno. No entanto, nisso a filologia comparada pode vir em nosso auxílio. Nossa palavra alemã *Holz* parece provir da mesma raiz da "υλη [hulé]" grega, significando material, matéria-prima. Esse parece ser um exemplo da ocorrência não rara de um nome genérico de um material vir a ser, afinal, reservado a algum material determinado. Ora, existe no Atlântico uma ilha chamada "Madeira". Este nome lhe foi dado pelos portugueses quando a descobriram, porque naquela época estava toda recoberta de florestas. Pois na língua portuguesa "madeira" está relacionada à "floresta". Os senhores observam, porém, que "madeira" é apenas uma forma ligeiramente modificada da palavra latina *materia*, que, mais uma vez, significa "material" em geral. Contudo, *materia* é derivada de *mater*, "mãe": o material do qual tudo é feito, por assim dizer, a mãe de tudo. Esse conceito antigo da coisa sobrevive, portanto, no uso simbólico de madeira como "mulher" ou "mãe" (FREUD, 1996, p. 161).

Entre *Moisés* e essas formulações da conferência, expostas acima, temos em Freud uma clara antítese: de um lado a abstração, ligada à lógica patrilinear, de outro a matéria, associada à estrutura matrilinear. No fundo, essas são raízes de formulações metapsicológicas sofisticadas em Freud e pós-freudianos: no complexo de Édipo, trata-se do terceiro elemento — abstrato — que se interpõe na relação tida como fusional mãe-bebê — carnal ou material. O Nome-do-Pai e objeto fálico — vazio — são apenas poucos exemplos daquilo que se arma a partir dessas articulações freudianas no arcabouço teórico psicanalítico e, consequentemente, no repertório que se configura na escuta clínica desde então.

Por mais que se contemporize o embate,[1] o maior problema concentra-se ainda no fato de que sistemas um tanto questionáveis estão fundados exatamente na antítese entre matéria e abstração e na estrutura social moldada na combinação desses ingredientes antagônicos. Nos dias atuais, elucubrações teóricas desse teor apontam para problemas urgentes, como: será mesmo que a abstração — e aqui entram a racionalidade instrumental, tal como desenhada por frankfurtianos, a virtualidade dos algoritmos, o poder fundado nas leis jurídicas, a exploração da natureza pela técnica, o desprezo pelas questões climáticas em nome do capital, a hierarquia mente e corpo e suas consequências opressivas etc. — deve prosseguir reivindicando superioridade frente à materialidade — o corpo, a coletividade auto-reguladora, a natureza? Por outro lado, seria o caso de simplesmente invertermos os termos, colocando imediatamente a materialidade como superior à abstração? Seria pertinente manter tal subdivisão? São essas as questões que orientarão minhas ponderações neste capítulo.

---

1. Essas questões são parte dos debates de feministas e de psicanalistas mulheres há bastante tempo. Cf., por exemplo, ARÁN, 2003; FRASER, 2017; FEDERICI, 2017; SILVEIRA, 2017.

DAS TRIPAS, CORAÇÃO

> A diferença sexual
> é uma heterodivisão
> do corpo na qual
> a simetria não é possível
> PAUL PRECIADO

Em *As formações do inconsciente, O seminário 5*, Lacan diz: "é claro que, nos dados iniciais da utilização do bezerro de ouro, a noção da *matéria* está implicada." Bezerro de ouro de um lado, inscrição pelo dedo de Deus — isto é, sem mediações corpóreas — dos mandamentos na tábua da Lei, de outro. Arão contra Moisés. Idolatria da imagem contra negatividade. "Recusa [...] [ao] que dá valor ao bezerro de ouro" em nome de um "para-além", lembra-se Lacan.

Indo agora direto ao ponto: na psicanálise, onde estaria o "para-além" da "matéria"? Lacan titubeia em seu *O seminário 7: A ética da psicanálise* — a sublimação, afinal, gira em torno da *Coisa* ou do *Vazio*? *Carne* ou *Nada*? Equivalentes? Complementares? Entrelaçados? Apartados? Depois de debates densos entre feministas da terceira onda e membros da comunidade LGBTQI+, "a identidade sexual não é a expressão instintiva da verdade pré-discursiva da carne, e sim um efeito de reinscrição das práticas de gênero no corpo" (PRECIADO, 2014, p. 29). Para Preciado, "o gênero é, antes de tudo, prostético, ou seja, não se dá senão na materialidade dos corpos". Em suma: "seria puramente construído e ao mesmo tempo inteiramente orgânico", escapando das "falsas dicotomias metafísicas entre o corpo e a alma, a forma e a matéria" (2014, p. 29).

De Freud a Lacan, o objeto fálico torna-se substrato da tensão entre carne e palavra. Resultado: nada do pênis, aquele entumecido e penetrante. Evidentemente não ignoramos, nesse contexto, outras considerações como as de Preciado, para quem: "os órgãos sexuais não existem em si. Os órgãos que reconhecemos como naturalmente sexuais já são o produto de uma tecnologia sofisticada que prescreve o contexto em que os órgãos adquirem sua significação (relações sexuais) e de que se utilizam com propriedade, de acordo com sua 'natureza' (relações heterossexuais)" (2014, p. 31).

Entretanto, resgatar o raciocínio ideológico que ronda inconscientemente uma época e reconstituí-lo como o fundo das articulações teóricas da psicanálise servirá justamente para reconhecer certos limites de elaborações psicanalíticas que podem e devem ser ultrapassados. Falo, objeto *a*, ideais do eu, Nome-do-Pai. Toda uma estrutura teórica que ainda persiste — apesar das ressalvas, apesar das evasivas — para subscrever uma lógica patriarcal.

De *Totem e tabu*, no qual a mulher não tem lugar político, às familiares construções metapsicológicas, que colocam na mãe as mais diferentes razões da loucura — a velha falta do Édipo —, é possível pensar algo inusitado: os alicerces mais arcaicos da psicanálise foram erguidos por alguns punhos quiromaníacos, que depositavam tintas no papel como rastros da retração, recuo à volúpia efetiva ante o corpo da mulher.

Para também incrementar nossa verdade, recorramos ao velho expediente freudiano, citando as palavras de Mefistófeles no *Fausto* de Goethe: "Gris, caro amigo, é toda teoria,/ E verde a áurea árvore da vida." (GOETHE, 2003, p. 195). Verso antológico que, como explica Mazzari, ressoa do *Gênesis* (2:9). Ali a "árvore da vida" foi obra divina no meio do jardim do Éden e só o fruto proibido, oferecido por Eva a Adão, conduziu ao conhecimento do bem e do mal — já sabemos, de cor e salteado, o roteiro dessa história: da indecorosa sedução de Eva à desventurosa entrega carnal da Margarida de *Fausto*, as mulheres e seus corpos conduzem a todo o mal das civilizações. Histórias de pauladas na carne, no corpo, nas curvas da sedução, na sensorialidade.

Lacan, sem ser o único, é bom frisar, leva adiante algumas das premissas colocadas na parte III do *Moisés* de Freud. "Antes de mais nada", diz ele, no velho estilo, "[o pai] interdita a mãe. Esse é o fundamento, o princípio do complexo de Édipo" (LACAN, 1999, p. 174). Interdita-a por qual razão? Ela é *perigo*, carne tentadora que convida ao incesto. Seduz de modo englobante o corpo do filho,[2] caso a interdição paterna, "base de nossa relação com a cultura" (LACAN, 1999, p. 180), não o salve de suas garras.

Sob a aura do *falo*, a carne da mulher jaz esquartejada nesta cultura de tons patriarcais ou, em casos menos piores, rendida aos sintomas histéricos. Daí que não seja tão absurda a seguinte imagem: sob o ar cinzento das baforadas de charutos, dadas entre entusiasmadas reflexões culturais do século passado, na Bergasse 19, depositavam-se apetitosas fibras de carne, que aguardavam ansiosas ao mais fogoso ardor nos quartos da Viena *fin-de-siècle* — pecado?

Dito de outro modo: talvez pairassem sobre corpos prostrados e gozos sintomáticos das histéricas de Freud, ruminações, nuvens de fumaça e pensamento que emanavam de corpos mofados de obsessivos, dispostos em torno do discurso teórico infindável sobre a sexualidade. Nas quartas-feiras, num longínquo Império, arquiteta-se, numa atmosfera densa e empesteada, uma das mais importantes filhas da cultura moderna: a psicanálise.

Cena que permite levantar uma pergunta singela e palpável: esvaziar o pênis corpóreo, sem dúvida desejado por muitas mulheres em sua mais absoluta concretude entumecida, e revesti-lo de *penetrante* poder pelo termo *falo*, que ainda remete ao órgão genital masculino, mas agora ocupando lugar eminente, não seria estratégia psíquica um tanto defensiva?

Explico: inseguranças de toda sorte sobre medidas, sobre potência, sobre fracasso, sobre tempo de ereção, sobre desempenho, sobre satisfazer mulheres sedentas, entregues aos gozos convertidos no corpo por falta de vida desejosa, não explicariam também um tantinho a escolha tão curiosa pelo termo *falo*?[3] Explico ainda melhor aos desentendidos, tim tim por tim tim: o intenso trabalho intelectual na elaboração de

---

2. A título de exemplo, vejamos o que Lacan diz em *O seminário, livro 17: O avesso da psicanálise*: "o papel da mãe é o desejo da mãe. É capital. O desejo da mãe não é algo que se possa suportar assim, que lhes seja indiferente. Carreia sempre estragos. Um grande crocodilo em cuja boca vocês estão — a mãe é isso. Não se sabe o que lhe pode dar na telha, de estalo fechar sua bocarra. O desejo da mãe é isso" (1992, p. 118).

3. A este respeito cf. SILVEIRA, 2017. Disponível em: <https://bit.ly/2lZiUf4>.

teorias sobre o *poder do falo* não seria o anverso sombrio de corpos languidos e histéricos, ávidos por sexo e à espera de um pênis robusto e vívido, que nunca chega?

É bom lembrar como a psicanálise observa as estruturas histérica e obsessiva. Emblema vivaz do desejo, o corpo enfático do sujeito histérico se oferece ao Outro, carregando o cerne de seus impasses. Do corpo retraído e mortificado do obsessivo, por outro lado, apaga-se qualquer tipo de rastro do corpo sexual. Como demanda de amor dirigida ao Outro, a histérica apela pelo reconhecimento de sua existência através de seu corpo, ao passo que o corpo do obsessivo é envolvido por uma couraça intransponível e purificada, que, contudo, imprevisivelmente o *trai*, o faz tropeçar naquilo que mais quer esconder.

Sendo breve: a hipótese que agora se desenha de modo mais preciso é a de que o uso do termo *falo* trai as melhores intenções daqueles senhores e estremece alguns dos mais fundamentais pilares da psicanálise. Um lastro de sujeira deixado atrás da eliminação do órgão. Corpo histérico que *falA*: "quero com você!" *FalO*,[4] o pênis abstraído das reflexões intelectualizadas, que responde: "Com você, tão apetitosa? Agora, não! Ai, que medo, sozinho é melhor...". Diante dessa pequena tese da traição, do tropeço do obsessivo, a tradução para o português da frase lacaniana "*Moi, la Verité, Je parle*" vem a calhar: "Eu, a verdade, *falo*". Que verdade do eu [*moi*] o eu [*Je*] fala[o]?

Negação do sexo, da fome, da carne. Por medo? Do que exatamente? A cavernosa e misteriosa escuridão? Os dentes que podem arrancar o membro? Nas atas das reuniões de quarta-feira, o exemplo — entre vários outros que poderiam ser citados — é de um caso atendido por Adler: "À noite, uma paciente acorda de um sonho e percebe que havia mordido o dedo até sangrar. De acordo com a interpretação, o dedo representa o pênis (como em Orestes), e o ato sintomático sugere uma defesa contra a perversão oral" (Ata da reunião de 10 de outubro de 2015).

---

4. Importante lembrar que esse tom jocoso só pode ser feito se consideramos os termos no idioma português.

A eterna insatisfação das histéricas não resultaria também de recuos obsessivos e amedrontados ante o buraco, a vulva — o *Vazio* — ou a *Coisa*, de onde corre sangue e gozo? A Coisa [*das Ding*] — kantiana ou lacaniana, pouco importa — pode ter mais carne e sangue do que volteios teóricos sobre o desejo ou sobre a verdade filosófica gostariam de admitir. Fugir dela implica constantemente trombá-la de frente. Domesticá-la pela palavra só faz abri-la mais sob forma de ferida. É certo que Lacan, diferentemente dos filósofos modernos, escuta a voz da carne, dá a ela lugar de existência, contanto que ela permaneça cativa enquanto resto, resíduo de códigos bem estabelecidos pela lógica estrutural e linguística.

De todo modo, o que se tem é um claro recuo das vias de fato, capaz de realizar parcialmente o desejo, para uma punhetagem com cores obsessivas do intelectual, que nunca chega ao ponto (G?). Como manifestação em ato de uma subjetividade, o discurso, tal como pensado por Lacan, a tudo envolve — nada lhe escapa.[5] Preciosismos linguísticos lustram o *falo* até que ele fique reluzente. Desde o Levítico (15:1), Deus diz a Moisés e a Arão para que exijam dos homens sua purificação. Impurezas que brotam do toque nas mulheres em seu período menstrual, de fluxos que exalam de seus corpos, do sêmen que eventualmente escapa de seu pênis. Ainda estamos às voltas com o gesto de expurgar os sinais de existência de um corpo que fala para além do discurso? Enaltecer o *falo* não seria justamente uma maneira de repetir tal gesto?

Sob novo ângulo a hipótese reformula-se ainda mais uma vez: os homens pensam, escrevem, burilam, escavam, retirando carne e sangue do pênis e afastam-se da cavidade vaginal, que pode conter todas as impurezas. Arquitetam em conjunto o *falo*, pênis livre de incômodas ou insuportáveis máculas. Elevado às alturas, os membros dos moços

---

5. Aqui seria necessário contrapor a teoria da linguagem de Lacan e de Walter Benjamin (2011), trabalho que terei que desenvolver em outra oportunidade. Vale adiantar que em Benjamin há uma linguagem das coisas e dos animais que é transfigurada em discurso pelos humanos, mas permanece como existente, apesar de não capturada pela linguagem humana — a linguagem em geral não está num para-além, mas nas coisas — inclusive nossos corpos — que também se expressam.

amedrontados mantêm a potência imaginária. Lógica compensatória, que não é minha. Também está registrada nas Atas de quarta-feira e sai da boca de Adler, mas recebe estímulos e reiterações de grande parte dos ouvintes, principalmente de Freud: "[...] tornar funcional o órgão inferior [...] acontece por meio da compensação: a inferioridade do órgão [alguma insuficiência ou deficiência nele] é compensada por maior atividade cerebral" (Ata da reunião de 07 de novembro de 2015).

Seria, pois, compensação a invenção da potência inveterada do resplandecente *falo*? Atividade cerebral que o aperfeiçoa até o mais almejado objeto, aquele que causa o desejo e em torno do qual todos giram? Um delírio de grandeza às avessas, como sugerem os colegas das quartas-feiras, em atas subsequentes à citada acima? Temores sobre a insuficiência do órgão não seriam proporcionais às articulações fantasmáticas capazes de torná-lo grandioso em seu caráter justamente *Vazio* — traindo sua protuberância pela memória inescapável do órgão oco da mulher, agora metamorfoseado? Não resultaria também daí um acúmulo de substância tóxica, oriunda dos desvios da meta sexual sublimatória? Aliás, é desse veneno que padece Fausto, o personagem que espelha o drama da modernidade europeia. A entrega de seu cultivadíssimo e sublimado espírito a Mefistófeles, em nome de um pouco de corpo, um pouco de sensorialidade, um pouco de sexo, um pouco de êxtase, embotados ao longo de anos de sábias pesquisas intelectuais, não denunciaria os limites da sublimação e os resquícios de investimentos exacerbados em objetos ideais, fálicos?

Sem esse viés aqui assumido, Piera Aulagnier, em seu discurso na lição XVIII de *O seminário, livro 9: A identificação*, descreve assim o obsessivo:

O sadismo está longe de ser sempre desconhecido, ou sempre controlado, no obsessivo. O que ele significa no obsessivo é, sim, a persistência daquilo que se chama de relação anal, ou seja, uma relação onde se trata de possuir ou de ser possuído, uma relação onde o amor que se experimenta, ou do qual se é o objeto, só pode ser significado, para o sujeito, em função dessa possessão que pode, justamente, ir até à destruição do objeto. O obsessivo, poderíamos dizer, é, de fato, aquele que castiga bem porque ama bem; é aquele para quem a surra do pai permaneceu como a marca privilegiada de seu amor, e que busca sempre alguém a quem dá-la ou de quem recebê-la. Mas, tendo-a recebido ou dado, tendo-se assegurado de que o amam, é num outro tipo de relação com o mesmo objeto que ele buscará o gozo [...] (AULAGNIER, 2003, p. 287-8).

Não ressoa na história do patriarcado algo de familiar desse sadismo do obsessivo, que persiste na relação anal? Não é novidade que na história do patriarcado o amor insiste em ser jogo de possessão até a destruição do objeto ilusoriamente conquistado, possuído. Do castigo pelo bem e em nome do amor assistimos até mesmo aos mais atrozes fenômenos sociais como inquisição, escravidão, colonialismo, supremacismo.

Voltando às teses apresentadas no *Moisés* de Freud: aquele Deus inominável e irrepresentável, que alimentaria a tradição intelectual e que controlaria a brutalidade e a tendência à violência, ligadas à força muscular como ideal, acaba por reverter-se em... mais violência, só que trasvestida, então, em leis jurídicas abstratas, em teorias elevadas, em objetos fálicos. Desvios e desvios da meta sexual, desvios e desvios do alvo, contornos e contornos do vazio — o vaso, a dama, *das Ding* — para subjugar o corpo à outra lógica. Bordejar, fazer curvas moebianas rumo ao infinito de voltas e o alvo nunca alcançado: um falo retumbante nos fantasmas e na ordem psíquica.

Salve-me gozo, livre-me desse mais-de-gozar!

YHWY E O NOME-DO-PAI

> [...] nós [psicanalistas] sempre nos distinguimos
> por manipular os corpos através das palavras.
> No entanto, no limite, agora já não haveria
> mais nenhuma razão para acreditar
> que não devamos fazer o contrário:
> manipular as palavras em função
> dos corpos ou através da imagem.
> TANIA COELHO DOS SANTOS

Recorrer ao gozo como expediente de acesso ao corpo não é saída sem consequências — lembremo-nos de que, na lógica psicanalítica, quem goza é apenas o Pai primevo em toda sua arbitrariedade. Goza, aliás, de todas as mulheres. Infelizmente não se resolvem décadas ou séculos de acúmulo tóxico sublimatório de maneira direta, isto é, restituindo ao corpo e à materialidade seu lugar central de importância. Mesmo porque, dentro da tradição filosófica, a psicanálise representa o esforço revolucionário de trazer, para dentro do pensamento europeu e universal, o caráter decisivo do desejo erótico, da sexualidade em suas mais amplas variações, das pulsões, dos objetos parciais. Não é o caso, então, de espezinhar, de maneira raivosa e com métodos hermenêuticos psicanalíticos, que, diga-se, existem graças a esses senhores um pouco acanhados, nas ocasionais fraquezas ou nos possíveis sintomas que eventualmente carregavam no outro século. É preciso ter em mente que eles ergueram, talvez justamente em virtude desses traços frágeis, um dos mais significativos edifícios da cultura, que, embora reitere alguns de seus preconceitos, é sobretudo capaz de resistir a diferentes modos de opressão nela existentes.

Entretanto, se temos em Jacques Lacan,[6] e em alguns de seus herdeiros, níveis acentuados de abstrações de questões, cujas raízes tentamos apontar, é ainda importante desemaranhar nós mal dados que se proliferam de maneira irrefletida nos dias de hoje.

> a contrassexualidade aponta para a substituição
> desse contrato social que denominamos
> Natureza por um contrato contrassexual.
> No âmbito do contrato contrassexual,
> os corpos se reconhecem
> a si mesmos não como homens ou mulheres,
> e sim como corpos falantes,
> e reconhecem os outros corpos como falantes.
>
> PAUL PRECIADO

---

6. Renunciamos desde já às distinções feitas pelos lacanianos entre as diferentes partes de seu ensino. Seguiremos sua letra de forma a perseguir os caminhos que aqui interessam — nenhuma lealdade ao seu próprio percurso será, por conseguinte, assumida e deixamos essa tarefa aos comentadores mais aptos à tarefa da fidelidade.

Ao menos nos primeiros anos de seu ensino, quando ainda não estava às voltas com o "corpo falante",[7] Lacan reiterava e acentuava certa supressão corpórea. Sabemos que, no fundo, tentava formular respostas à crítica que tecia em relação aos rumos tomados pelos pós-freudianos, que conduziam as análises de seus pacientes fomentando uma adesão irrefletida à imagem egóica do analista. Exatamente aí ganharam força suas formulações sobre o Nome-do-Pai e a articulação do desejo pelo *falo*.

Em seu *O seminário, livro 5: As formações do inconsciente*, Lacan (1999), articula a *lei* no nível do significante e o que a sustenta é o Nome-do-Pai, como estrutura simbólica. É dele que se forma o *falo*, como objeto imaginário. Em torno deste a mãe vai e vem — a imagem é o *fort-da* — e o sujeito projeta um para-além que o descola do objeto-mãe. Atrás da mãe e, portanto, fora dela, além dela, está toda a ordem simbólica e imaginária de que ela mesma depende e é refém, sem ser parte.

Ainda em 1957-8, a ligação inextricável entre *falo* e *pai*, nos campos imaginário e simbólico, joga-nos diretamente na dialética do complexo de Édipo. Ao *falo*, constituído no plano imaginário "como objeto privilegiado e preponderante", subordina-se o desejo da mãe, desenhado imaginariamente no Outro. Na negação da posição simbólica, o imaginário vela e fixa no eu [*moi*] um objeto específico e especular. No plano simbólico, por sua vez, Lacan coloca muito perfeitamente o que está em jogo, ao dizer: "o que se produz no nível das diferentes formas do Ideal do eu não é, como se supõe, efeito de uma *sublimação*, no sentido de esta ser a neutralização progressiva de funções enraizadas no interior. Muito pelo contrário, sua formação é sempre mais ou menos acompanhada por uma *erotização da relação simbólica*" (1999, p. 274-5), pelo objeto causa do desejo, o objeto fálico.

Formulação capaz de retomar nosso ponto e responder, ainda que de forma bastante insuficiente, à questão colocada pelo próprio Lacan: "por que Freud precisou de Moisés?" (1992, p. 144). Vimos que, do lado do Nome-do-Pai, enreda-se toda a ordem simbólica e imaginária fálica,

---

7. Cf. MILLER, 2016. Disponível em: <*https://bit.ly/2OUbhjW*>.

além do Ideal de eu, oriundos da lógica totêmica freudiana que insiste na morte do Pai e no advento de sua Lei. O Moisés de Freud ainda persiste, até certo ponto, por essa via. Lembra Lacan (1992, p. 122) que, no enredo mosaico, o lado das mulheres é o da prostituição, moeda de troca como em *Totem e tabu*. Numa sociedade na qual a transmissão da propriedade e do *status* era patrilinear, não era confortável assumir a paternidade de filhos de uma prostituta — daí toda a ênfase nas leis inscritas diretamente por Deus nas tábuas da Lei. Não à toa, a metáfora da apostasia é a prostituição, que rompe com a relação exclusiva com Deus, reinscritas pelas leis do casamento. Adultério e promiscuidade indicam traição a YHWH e se aproximam da idolatria.

Essas ideias arcaicas do enredo mosaico, de viés freudiano, casam-se bem com a crítica lacaniana ao pós-freudismo, que teria traído os princípios essenciais da psicanálise de um modelo transferencial livre da sugestão e, por conseguinte, descolado da imagem idolatrada do analista.

Num salto aparentemente estratosférico, vale mencionar aqui o belíssimo texto "Mutações materialistas da *Bilderverbot*", de Rebecca Comay. Partindo de uma passagem da *Dialética negativa* para reintroduzir de maneira totalmente original os embates sobre idolatria e negatividade em Theodor Adorno e Walter Benjamin, ela tece observações cruciais para o debate que estou propondo aqui. Eis o trecho central delas:

> [...] só sem imagens seria possível pensar o objeto plenamente. Uma tal ausência de imagens converge com a interdição teológica às imagens. O materialismo a seculariza na medida em que não permite que se pinte a utopia positivamente; esse é o teor de sua negatividade. Ele está de acordo com a teologia lá onde é maximamente materialista. Sua nostalgia seria a ressurreição na carne; para o idealismo, para o reino do espírito absoluto, essa nostalgia é totalmente estranha (ADORNO, 1966, p. 205 *apud* COMAY, 2005, p. 32. [Edição brasileira: ADORNO. Trad. Casanova, 2009, p. 176]).

Não cabe fugir ao nosso escopo para tratar de todos os prismas da disputa Benjamin-Adorno, já bem esmiuçada na literatura.[8] De

---

8. Cf., por exemplo, BRETAS, 2007.

todo modo, convém insistir no texto de Comay, já que há, para ela, um paralelo entre o atrito Benjamin-Adorno e a tensão Arão-Moisés, apresentada na ópera *Moses und Aron* de Arnold Shoenberg. Isto é, mais uma vez estamos às voltas com o monoteísmo judaico e a tensão entre imagem e negatividade, corporeidade material e abstração, instinto e espírito, ato/crime (*Tat*) e sublimação.

Do lado de Benjamin, como se sabe, há a imagem-dialética, tensão antitética na própria figurabilidade. Pelo prisma de Adorno, há uma negatividade irredutível, que amplia e exige tradução de afetos e vibrações do corpo. O que interessa destacar, na passagem da *Dialética negativa* citada por Comay, é um "'acordo' forjado precisamente onde a antítese parece mais intratável" (2005, p. 33). Isto é, o 'casamento profano' entre teologia e materialismo não desenharia, como ingênua e rapidamente costuma-se concluir, uma versão secular da teologia mosaica. Mais exatamente: não se trata, é o que insiste a autora, de tornar compatível naquele nó a teologia judaica e o marxismo. A proibição monoteísta, ou a aparente mortificação dos sentidos, não condiz com a "passagem sublime da cegueira física para a percepção espiritual (Édipo, Tirésias)" (COMAY, 2005, p. 33). O trecho de Adorno indicaria, diferentemente, que o impacto da recusa sensória seria uma espécie de "vindicação do próprio corpo no ponto exato de sua desfiguração mais irreparável" — lá onde está a lei negativa mosaica, houve a libertação do corpo escravizado.

Por isso, a visão adorniana considera que "o materialismo absorve ou reinscreve a teologia precisamente ao falar de uma restituição além de toda compensação idealizante". Contra o idealismo, Adorno recupera Moisés, defensor de YHWH, o inominável, o irrepresentável. Com ele, quer uma redenção pelo imperativo iconoclasta, o que exclui qualquer possibilidade de apelo a representações não dialéticas, qualquer apelo à corporeidade estática e imagética, que se pretende histórica. O recurso da iconografia mosaica é sua forma de resistir a uma mera troca de abstrações comensuráveis, a equivalências de valores que integram, não é novidade, a lógica marxista da mercadoria. Quase trocar seis por meia dúzia, ou pior. Não é o caso, em suma, de trocar facilmente o espírito intocável pelo corpo cambiável no mercado.

Esse desvio é importante na medida em que por ele cruzam-se o patriarcado mais subterrâneo — o monoteísmo judaico — e o materialismo-dialético, conjunção que se pretende resistente às formas da abstração próprias ao capitalismo. De outra perspectiva, porém, é impossível negar que os alicerces abstratos do modelo capitalista, desde suas origens — leis jurídicas abstratas, o mercado despersonalizado como regulador social, a mercadoria — estão fincados no mesmo pavimento da tradição monoteísta.

Contrariando seu famoso axioma "não há relação sexual", Lacan mostra como entre o povo eleito, descrito em Oséias, havia, sim, relação sexual. Contudo, ela é, para YHWH, prostituição a ser condenada, sendo a mulher, como sempre, o principal alvo. Se com a morte do Pai estrutura-se a renúncia ao gozo absoluto em nome da lei, só com ela também se torna possível o tempo trágico, no qual se reitera compulsivamente o Ideal de eu, que não deixa de estar marcado por traços identificatórios com um pai tirano que dispunha das mulheres, gozava sozinho e era autor de violências desmedidas. Que esse seja o contorno ou a borda de um vazio no qual se desenha o desejo não é sem consequências, especialmente para as mulheres que vivem sob o patriarcado impressos nessas linhas.

Nesse mesmo horizonte, Lacan rende-se:

Como sabem, por mais longe que esteja dos outros deuses, o Deus de Moisés diz simplesmente que não se deve ter relações com eles, mas não diz que não existam. Diz que não se deve correr para os ídolos mas, afinal, trata-se também de ídolos que o representam, a Ele, como era certamente o caso do bezerro de ouro. Esperavam um Deus, fizeram um bezerro de ouro — é muito natural. Vemos aí que há uma relação completamente diferente, uma relação com a verdade. Já disse que a verdade é a irmãzinha do gozo (1999, p. 123).

Em *O seminário, livro 17: O avesso da psicanálise*, voltamos ao gozo, agora como par da verdade. É pelo elemento trágico que ambos — verdade e gozo — se entrelaçam. "O grosseiro esquema *assassinato do pai — gozo da mãe*" (p. 123) não se refere, adverte então Lacan, ao fato de que, matando Laio, Édipo acessou livremente Jocasta. Esta só se une a Édipo depois que este triunfou numa prova de verdade, na qual confronta a monstruosa Esfinge.

Ou seja, se o assassinato do pai edifica a interdição do gozo em sua versão primária (LACAN, 1999, p. 126), por outro lado, é condição de gozo, associada então à função simbólica, transmitida pela castração. Édipo não sofre a castração pela interdição de seu pai; toda tragédia de Sófocles representa a própria castração — os olhos de Édipo caem-lhe de seu rosto na defrontação com a verdade. Ao traçar seu destino, o herói escolhe o trono, ainda que este lhe tenha sido recusado como herança natural. Casa-se com a mulher proibida, querendo saber da verdade sobre suas decisões. No seu crime, desenha-se a autoria trágica de seu caráter heroico, inarredável às linhas do desejo.

Do lado do gozo não castrado, sem a inscrição histórica própria à lógica trágica, há o Pai tirano, cuja imagem de acesso a todas as mulheres, transfigura-se em algo derrisório: "aquele que goza de todas as mulheres, imaginação inconcebível, posto que é normalmente bem perceptível que *já é muito dar conta de uma*" é o real como impossível — não há sujeito do gozo sexual (LACAN, 1999, p. 130) ou, no famoso axioma, "a relação sexual não existe". Trocando em miúdos: para Lacan, não há traço capaz de fundar a relação sexual, só havendo o falo como indicativo do gozo sexual impossível, fora do sistema, isto é, enquanto para-além absoluto. Sem significante sexual, o Outro emerge como lugar de fala e o inconsciente, que dele advém, estrutura-se como linguagem. Solução não tão distante daquela vislumbrada por Theodor Adorno[9] e sua insistência na noção de não-idêntico, resto que resiste e que se mantém além de toda a gramática cooptada pelo sistema moderno capitalista — uma solução cujas raízes seriam moisacas, isto é, o corpo livre do trabalho escravizado, como já dissemos.

---

9. Cf. SAFATLE, 2006.

DA FAXINA GERAL AO GOZO POSSÍVEL

> [...] o que faltaria ao ensino de Lacan
> foi não ter ido até lá,
> não ter dado um pequeno passo
> fora da cultura onde nós estamos,
> onde para nós a psicanálise é uma
> prática que tem uma significação cotidiana,
> significação essa na qual nos banhamos
> sem pensar nisso senão para estruturá-la,
> logificá-la, complexificá-la.
> Faltaria ao ensinamento de Lacan dar esse passo,
> efetivamente, esse passo fora da psicanálise.
>
> JACQUES-ALAIN MILLER

Na configuração fálica, o desejo aparece "limpo do gozo" (VILTARD, 1996, p. 222) — da sujeira corpórea, lembremo-nos mais uma vez, ligada tradicionalmente à mulher, sempre fora dos horizontes da linguagem, mesmo no último Lacan. A essa altura, vale introduzir novas camadas a serem também destrinchadas aqui. Seria possível encontrar modelos de resistência ao capitalismo como estrutura patriarcal (FEDERICI, 2017) na versão lacaniana da psicanálise, como retorno ao Freud de *Totem e tabu*[10] e de *Moisés e o monoteísmo*? A questão, agora colocada de forma mais precisa, aparece nos seguintes termos: onde hoje ainda persiste o problema da lógica fálica, destituída de matéria? Ou: qual é o submundo desses impasses, afinal?

Em outra ocasião,[11] tentei demonstrar como a ideologia hierárquica, que coloca em lugar elevado o espírito-homem e em posição rebaixada o corpo-mulher, reproduzida por Freud em sua parte III de *O homem Moisés e a religião monoteísta*, revela uma estrutura de poder já denunciada por Marx e Engels e na qual as mulheres aparecem oprimidas por condições absolutamente desfavoráveis do ponto de vista

---

10. O debate que se desdobra aqui remonta à discussão entre Hobbes (contrato social) e Rousseau (bom selvagem); nossa posição, porém, pretende não recair em nenhum desses dois polos, mas defender um campo de tensão entre corpo e palavra.

11. Cf. PARENTE, 2019.

social e político — delas resultam a acumulação primitiva e a acumulação por expropriação (David Harvey), que junta às mulheres os povos colonizados. Recapitulando o tópico anterior, podemos recolocar o problema nos seguintes termos: depositar o ponto de saída no resto,[12] como vimos pela articulação Lacan-Adorno, não acaba por subscrever ranços patriarcais e colonialistas, ainda que não-intencionalmente? Vejamos esse ponto.

Ainda na exposição da estrutura fálica e edípica em *O seminário, livro 5*, Lacan traz o humor dos chistes como *resto* que escapa à rede linguística e revela o mais-de-gozar. Esclarece Viltard (1996) que, no retorno de Lacan (1968-9/ 2008) ao Freud de "Os chistes e sua relação com o inconsciente", o objeto *a* emerge não apenas como objeto causa do desejo, mas também como "objeto perdido na relação do gozo com o saber". Essa dedução de Lacan vem a partir de sua leitura de *O capital* na seção III, capítulo V "O trabalho e sua valorização", na qual há, de acordo com ele, uma curiosa observação de Marx: na exposição de seus argumentos para demonstrar ao trabalhador que o mercado é honesto, o capitalista deixa escapar um sorriso de esguelha.[13] Em

---

12. Corpos considerados dejetos ou restos aparecem nas análises de Franz Fanon (*apud* RATELE, 2004), que enfatiza a construção histórica de uma fantasia sobre a superioridade sexual de homens e mulheres negros. Seus genitais seriam melhores, mais firmes, mais flexíveis, maiores ou mais selvagens. O tamanho do pênis ou a elasticidade das vaginas e a maneira de usar diferentes partes do corpo tornariam negros corporalmente superiores. Superioridade que remete à natureza, à biologia, à corporeidade. Conjunto que, de todo modo, é oposto à civilização e, por outro lado, está associado à animalidade e à selvageria não cultivada. O poder sexual da mulher e do homem negros centra-se no corpo. Entretanto, como a disputa se dá entre homens, não são os corpos das mulheres, mas as preocupações com o tamanho grande do pênis africano e a superioridade sexual dos africanos e outros povos colonizados que, em geral, alimentam fantasias dos brancos que se afirmam econômica e culturalmente. Subjaz à história colonial e racista um discurso supostamente científico, de meados do século XIX, que sustenta o lado selvagem de homens africanos e, por outro lado, sua incapacidade de exercer o poder soberano, ligado à inteligência. Nesse cenário, africanos aparecem como genitalmente bem-dotados por sua inferioridade e seu lado animalesco.

13. Na versão de Marx: "[O capitalista] já recobrou com um sorriso alegre sua fisionomia anterior. Ele troçou de nós com toda essa ladainha. Não daria um centavo

outras palavras: na velha história contada pelo capitalista de que seria justo o acordo entre ele, que fornece os meios de produção, e o trabalhador, que vende sua força de trabalho, sobrevém um *riso*, sinal de seu êxito em obter a "doação" da mão de obra em seu benefício.

O capitalista *sabe* que o trabalhador, além de lhe vender algo pelo qual será pago, também lhe concederá um a-mais, pelo qual ele nunca será recompensado: a mais-valia subtraída do trabalho como *resto* não pago e não precificado sob forma de salário. O júbilo, para Lacan, expressaria também esse secreto e decisivo *saber*, que daria sustentação ao seu discurso, articulador da engrenagem do mercado e alheio à verdade do gozo e do mais-de-gozar, como expressão sintomática da contínua frustração. Atrás do riso esconder-se-ia, em suma, o a-mais que lhe rende riquezas e o torna capaz de acumulá-las.[14]

Em Lacan,[15] a homologia entre o campo descrito por Marx e o por ele proposto está na estrutura, sustentada entre mais-valia e mais-de-gozar. Como vimos, tal estrutura remete ao gozo, o real enquanto impossível — a referência aqui, não esqueçamos, é o gozo do pai primevo de *Totem e tabu*. Sob forma de repetição compulsiva da frustração, o mais-de-gozar presentifica uma perpétua renúncia ao gozo, um tempo de promessa jamais cumprida. Ou seja: eternamente indisponível enquanto tal, o tempo de desfrutar ou gozar projeta-se

---

por ela. Ele deixa esses e semelhantes subterfúgios e petas vazias aos professores da Economia Política, expressamente pagos para isso. Ele mesmo é um homem prático que nem sempre pensa no que diz fora do negócio, mas sempre sabe o que faz dentro dele" (MARX, 1996, p. 152).

14. Deixemos isso de lado, para assinalar algo mais concreto — material — ainda na seção III do capítulo V de *O capital*, numa breve passagem para explicar que a mesma coisa, a depender da perspectiva de trabalho pela qual se olha, pode ser ora matéria-prima, ora outro meio de produção. Assim descreve, dentre outros exemplos, o seguinte: "o mesmo produto pode no mesmo processo de trabalho servir de meio de trabalho e de matéria-prima. Na engorda do gado, por exemplo, o gado, a matéria-prima trabalhada, é ao mesmo tempo meio de obtenção de estrume" (MARX, 1996, p. 152). Com essa passagem, o que se vê claramente é que nem mesmo o que é tido como resto da civilização escapa à lógica do capitalista.

15. Cf. OLIVEIRA, 2008.

num futuro nunca realizável — o gozo está barrado pela Lei, após a morte do pai.

Nessa disposição inacessível do gozo, o saber abstrato cumpre papel fundamental. Sustentada pelo capitalismo no campo do Outro, agora sob forma equiparável de valores e preços, a mais-valia retém os meios de gozar e interdita o gozo pela ordenação do saber numa linguagem em que se articula sempre uma falta-a-gozar. O gozo sexual que não existe coloca a linguagem no plano de um gozo fálico, destituído, portanto, de corporeidade. Como esclarece Viltard:

Como o gozo sexual é marcado pela impossibilidade de estabelecer, no enunciável, o *Um* da relação sexual,[16] uma vez que não há significante do gozo sexual, deduz-se que o gozo é fálico, isto é, não tem relação com o Outro como tal, sendo '*gozo da fala, fora do corpo*' (1996, p. 223).

Na lógica fálica, como tentamos desenvolver no início deste trabalho, estamos num registro que suprime a materialidade corpórea do desejo — estamos aqui de volta à cena das noites de quarta-feira entre baforadas de charuto e onanismo cerebral. A essa descoberta subterrânea soma-se a abstração inerente à maquinaria capitalista.[17] Não é necessário demasiado esforço para lembrar que a existência da mais-valia depende de uma base abstrata de valor do trabalho, que se dá com a extração de um valor médio para a produção de mercadorias. Na compra-e-venda do trabalho, própria ao sistema capitalista, toda atividade humana transfigura-se em valor de troca. Sem a 'absolutização do mercado' — a expressão é de Lacan — no campo do Outro, a mais-valia, sugada do trabalho não pago, nem poderia integrar o discurso capitalista. Opera-se, então, na passagem da força de trabalho em valor-de-troca e mercadoria, um processo ideológico de desmaterialização tanto da atividade humana, como dos lugares de poder.

O tempo de gozo, tragado pela maquinaria capitalista, é substância incalculável no plano da existência, mas passa a ser matematizado

---

16. Não convém desenvolver, nesse ponto, toda a fórmula da sexuação lacaniana com as referidas distinções entre o homem e a mulher — ou o universal em contraposição à inexistência da mulher.

17. Cf. BENJAMIN, 2011.

ideologicamente no interior da lógica do mercado. Como a abstração do valor médio de trabalho, o saber torna-se homogeneizado para se configurar num bem adquirido no mercado. O sintoma refere-se, então, à maneira pela qual cada sujeito sofre pela supressão do gozo e pela sua conversão irremediável à verdade social média, abstrata.

Nesse ponto será importante distinguir o gozo sexual como inteiramente inacessível no horizonte do desejo/lei e o gozo, tal como descrito por Piera Aulagnier em sua fala em *O seminário, livro 9: A identificação*:

O que diferencia, no plano do gozo, o ato masturbatório do coito, diferença evidente, mas impossível de explicar fisiologicamente, é que o coito, por mais que os dois parceiros tenham podido, em sua história, assumir sua castração, faz com que, no momento do orgasmo, o sujeito vá encontrar, não como alguns disseram uma espécie de fusão primitiva [...] mas, ao contrário, o momento privilegiado em que, por um instante, ele atinge essa identificação sempre buscada e sempre fugidia em que ele, sujeito, é reconhecido pelo outro como o objeto de seu desejo mais profundo, mas em que, ao mesmo tempo, graças ao gozo do outro, pode reconhecê-lo como aquele que o constitui enquanto significante fálico. Nesse instante único, demanda e desejo podem, por um instante fugaz, coincidir, e é isso que dá ao eu esse desabrochamento identificatório do qual o gozo tira sua fonte. O que não se deve esquecer é que, se nesse instante demanda e desejo coincidem, o gozo traz, todavia, em si a fonte da insatisfação mais profunda, pois, se o desejo é, antes de mais nada, desejo de continuidade, o gozo é, por definição, algo de instantâneo (AULAGNIER, 2003, p. 282).

Vedar os olhos e tapar os ouvidos para termos retrógrados, como *coito* e significante *fálico*, usados de maneira infeliz pela psicanalista, permite vislumbrar a força dessa passagem, que reúne, a um só tempo, dois aspectos decisivos: corpo e negatividade. Para a Sra. Aulagnier, como se refere a ela o sr. Lacan, há sexo, há orgasmo, há encontro. Não do tipo fusional, evidentemente. O que há é um breve *instante* no qual o desejo é reciprocamente entrevisto —, ainda que aí não haja nenhum tipo de equiparação mensurável e quantitativa de afetos entre os envolvidos na relação sexual, deve-se admitir que esta, nesse quadro, *ex-iste*.

FRICÇÃO ENTRE CORPO E PALAVRA

Vê-se aqui que não se trata de simplesmente restituir ao corpo lugar desconectado da linguagem, como pura natureza. Entretanto, contra um gozo impenetrável e inacessível — o real como impossível do velho pai daquela obsoleta horda ou a Lei dos irmãos-homens que dela advém —, trata-se, isso sim, de advogar em defesa de uma tensão permanente entre corpo e palavra. Nela, o corpo ganha estatura equânime à da palavra e ambos operam numa constante força de fricção. Recuperado repetidamente por Lacan, o "isto" hegeliano, figura abstrata recoberta de linguagem dialeticamente construída, é substituído por um instante no qual fragmentos do corpo são tocados — há algo que *ex-iste* pelo toque, pelo olhar, pelo som, pela respiração do Outro. Aparentemente diminuta, tal mudança gera impactos de grande magnitude. Daquilo que Aulagnier chamou orgasmo, e que entendo, de modo amplo, como encontro efetivo de corpos, proliferam-se, é o que quero sustentar, reverberações e abalos sucessivos que se fazem sentir como frêmitos no corpo e no pensamento. Diferentemente do "isto" hegeliano — o *nada* que remete a toda uma estrutura de linguagem implicada por esses velhos jogos de poder, demasiadamente desgastado semântica e sintaticamente —, o impacto gerado pela fricção de corpos-palavras leva a oscilações próximas da desordem revolucionária, única capaz de abalar os discursos patriarcais — até mesmo de alguns psicanalistas —, agora convertidos na abstração do discurso do capitalista.

Vale considerar, então, que, o aprisionamento ao mais-de-gozar só pode ocorrer porque em algum lugar sabemos que existe uma espécie de gozo que parece valer a pena. Tal gozo se dá num encontro desencontrado, mas efetivo, de corpos esburacados pela linguagem. Tal corporeidade fugaz, efêmera e entremeada em suas fissuras pela estrutura de linguagem, é o que se constrange com o advento do discurso abstrato do capitalista.

Seja como for, se Lacan é radicalmente crítico ao discurso do capitalista, ele aloca na verdade da frustração, eternizada no proletário, o elemento de resistência perdido — o mais-de-gozar. É neste *resto sofrível* que parece se concentrar um resquício de verdade sempre reservada num para-além, fora do corpo.

YHWH, o Nome-do-pai, o falo, o gozo impossível são figuras de uma renúncia inesgotável à materialidade corpórea. Até mesmo para Éric Laurent, que persegue junto com Jacques Alain-Miller o último Lacan, o *corpo falante* parte "da radicalização do que falha na experiência sexual, por exemplo: gozar do corpo do outro é impossível". Insiste na ideia de que só "há gozo do próprio corpo" ou, mais precisamente: "do próprio corpo atrelado também ao incorporal de seus fantasmas" (LAURENT, 2016, p. 41). Não se trata, é evidente, de gozar do corpo do outro — o que configuraria uma imagem de abuso —, mas também não se trata de gozar sozinho e com os próprios fantasmas no encontro com o Outro — a velha fórmula lacaniana de que "não há relação sexual". Contra práticas quiromaníacas de teor obsessivo, que fazem do corpo resíduo, a colisão de parcelas fragmentárias de corpos parece ser o que efetivamente rompe velhas fórmulas. São partes materiais esburacadas por palavras que se tornam acessíveis num encontro em que o desejo pode ser reciprocamente reconhecido. Ali, nesse encontro desencontrado, a materialidade corpórea, fragmentada e parcial, une-se à negatividade abstrata fantasmática do desejo. Atentar para a figura bíblica de Moisés, desviando da tradição judaica tal como ela se estabeleceu no Ocidente, leva também à possível junção tensa entre corpo e palavra, que ganharam forma nas fagulhas trocadas entre Moisés e Arão, representadas na ópera de Schoenberg.

Anatomia não é destino, mas supressão do gozo sexual também não!

BIBLIOGRAFIA

ADORNO, Theodor. *Dialética negativa*. Rio de Janeiro: Zahar, 2009.

ARÁN, Márcia. "Lacan e o feminine: algumas considerações críticas". Em: Revista *Natureza Humana*, São Paulo, 5(2), p. 293–327, jul/dez 2003.

AULAGNIER, Piera. (1961-2) "Exposição da Sra. Aulagnier: Angústia e identificação". Em: Lição XVIII de *O seminário, livro 9: A identificação*. Recife: Centro de estudos freudianos do Recife, 2003.

BENJAMIN, Walter. "O capitalismo como religião" Em: *O capitalismo como religião*. São Paulo: Boitempo, 2013.

_____. (1916) "Sobre a linguagem em geral e sobre a linguagem do homem". Em: *Escritos sobre mito e linguagem*. São Paulo: Editora 34/Duas Cidades, 2011.

BRETAS, Alexia. "Pensar ao mesmo tempo dialética e não-dialeticamente: Adorno, leitor de Benjamin". Em: Revista *Controvérsia*, v. 3, n. 1, p. 1–11, jan/jun 2007.

COMAY, Rebecca. "Materialist Mutations of the Bilderverbot". In: BENJAMIN, Andrew. *Walter Benjamin and Art*. London/New York: Continuum, 2005.

CHECCHIA, Marcelo; TORRES, Ronaldo; HOFFMANN, Waldo (orgs.). *Atas da Sociedade Psicanalítica de Viena 1906–1908*. Trad. Marcella Marino Medeiros. São Paulo: Scriptorium, 2015.

FEDERICI, Silvia. (2004) *O calibã e as bruxas*. São Paulo: Editora Elefante, 2017.

FRASER, Nancy. "Contra o 'simbolicismo': Usos e abusos do 'lacanismo' para políticas feministas". Em: *Lacuna: uma revista de psicanálise*, n. 4, São Paulo, p. 9, 2017.

FREUD, Sigmund. (1914) "Totem e tabu". Em: *Obras completas brasileiras*. Rio de Janeiro: Imago, 1996.

_____. (1916) "X Conferência introdutória sobre psicanálise". Em:*Obras completas brasileiras*. Rio de Janeiro: Imago, 1996.

_____. (1939) *O homem Moisés e a religião monoteísta*. Porto Alegre: L&PM, 2014.

GOETHE, Johann Wolfgang von. (1808) *Fausto I*. São Paulo: Editora 34, 2013.

HARVEY, David. "O 'novo imperialismo': ajustes espaço-temporais e acumulação por desapossamento". Disponível em: <https://bit.ly/2BkmUL3>. Acesso em 10/04/2019.

_____. "O 'novo imperialismo': acumulação por desapossamento (Parte II)". Disponível em: <https://bit.ly/2kISnma>. Acesso em 10/04/2019.

LACAN, Jacques. (1957–8) *O seminário, livro 5: As formações do inconsciente*. Rio de Janeiro: Zahar, 1999.

_____. (1959–60) *O seminário, livro 7: A ética da psicanálise*. Rio de Janeiro: Zahar,1995.

_____. (1968–9) *O seminário, livro 16: De um Outro ao outro*. Rio de Janeiro: Zahar, 2008.

_____. (1969–70) *O seminário, livro 17: O avesso da psicanálise*. Rio de Janeiro: Zahar, 1992.

LAURENT, Éric. "O corpo falante". Entrevista com Éric Laurent por Marcus André Vieira. Em: Revista CULT, 211, ano 19, 04/2016, p. 38–41.

MARX, Karl. (1897) *O Capital*, v. 1. Em: Coleção *Os Economistas*. São Paulo: Editora Nova Cultural Ltda, 1996.

MILLER, Jacques-Alain. *O inconsciente e o corpo falante*. Em: Apresentação do tema do X Congresso da AMP, no Rio de Janeiro, 2016. Disponível em: <https://bit.ly/2OUbhjW>. Acesso em 10/04/2019.

OLIVEIRA, Cláudio. "O chiste, a mais-valia e o mais-de-gozar – ou o Capitalismo como piada". Em: Revista *Estudos Lacanianos*, Belo Horizonte: UFMG/Scriptum Editora, ano I, no. 1, p. 57–68, jan/jun, 2008.

PARENTE, Alessandra. "Freud como grão-burguês e o patriarcado na psicanálise". Em: Revista *Peixe-elétrico* (no prelo).

PRECIADO, Paul. (2004) *Manifesto Contrassexual*. São Paulo: n-1 edições, 2014.

RATELE, Kopano. "Kinky Politics". In: ARNFRED, Signe. *Re-thinking Sexualities in Africa*. Sweden: Almqvist & Wiksell Tryckeri AB, 2004.

SAFATLE, Vladimir. *A paixão do negativo*. São Paulo: UNESP/FAPESP, 2006.

SILVEIRA, Léa. "Assim é a mulher por trás de seu véu? Questionamento sobre o lugar do significante falo na fala de mulheres leitoras dos *Escritos*". *Lacuna: Uma revista de psicanálise*, v. 3, p. 8, 2017.

VILTARD, Mayette. "Verbete: Gozo". Em: KAUFMANN, Pierre. *Dicionário enciclopédico de psicanálise*. Rio de Janeiro: Zahar, 1996.

Extraterritorialidades:
O olhar lançado de fora na análise de Freud

Oswald contra o patriarcado: antropofagia, matriarcado e complexo de Édipo[*]

FILIPE CEPPAS[†]

Freud
Diretor espiritual da burguesia
OSWALD DE ANDRADE, *Dicionário de bolso* (1932)

---

[*]. Este texto não teria sido possível sem o apoio das seguintes instituições: Programa de Pós-Graduação em Educação da Unicamp, que acolheu minha pesquisa de pós-doutorado em 2018 (com um agradecimento especial a Silvio Gallo, supervisor do projeto); CEDAE (*Centro de Documentação Alexandre Eulálio*) da Unicamp; Capes, que através do programa Capes-Cofecub financiou minha bolsa de pesquisa na França; IMEC (*Institut Mémoires de l'Édition Contemporaine*) e Universidade de Paris 8 (com agradecimento especial aos professores do *Laboratoire d'études et de recherches sur les logiques contemporaines de la philosophie*, Didier Moreau e Patrice Vermeren, assim como aos professores Hubert Vincent, da Universidade de Rouen, e Alain-Patrick Olivier, da Universidade de Nantes); e Faculdade de Educação da UFRJ, que me concedeu afastamento de um ano para a realização da pesquisa, da qual este texto apresenta pequena parte de alguns de seus resultados parciais.

[†]. Professor da Faculdade de Educação da Universidade Federal do Rio de Janeiro (UFRJ), onde participa da formação de professores, em especial de filosofia. É professor do Programa de Pós-Graduação em Filosofia da UFRJ (PPGF) e faz pesquisas sobre temas relacionados à filosofia francesa contemporânea, ensino de filosofia, educação e antropofagia. Foi coordenador do GT Filosofar e Ensinar a Filosofar da ANPOF de 2008 a 2012. Coordena atualmente o Laboratório de Ensino de Filosofia Gerd Bornheim (LEFGB-FE/UFRJ) e o Núcleo de Pesquisa em Filosofia Francesa Contemporânea (NUFFC-CNPQ/PPGF-UFRJ). Participou, de 2015 a 2018, como membro pesquisador do Projeto CAPES-COFECUB "Diferença, pluralismo e confiança na educação" e é membro do laboratório *Recherche sur la Philosophie Pratique et Appliquée* (L.R.Ph.P.A.) da University of the Aegean (Rhodes-Grécia).

APRESENTAÇÃO

Oswald de Andrade apresentou em sua obra algumas críticas a Freud a partir da associação entre antropofagia e matriarcado. No *Manifesto antropófago* de 1928, Oswald opôs a antropofagia, enquanto elemento-síntese da "revolução caraíba" ou da "idade de ouro da América", à dominação masculina, à culpa, aos "males catequistas", a "realidade social, vestida e opressora, cadastrada por Freud" (ANDRADE, 1970, p. 18-19). Se Freud foi o herói que "acabou com o enigma mulher e com outros sustos da psicologia impressa" (1970, p. 13), o "matriarcado de Pindorama" anuncia a recusa da "sublimação do instinto sexual" pela "escala termométrica do instinto antropofágico" (1970, p. 19). Em texto de 1950, *A Crise da Filosofia Messiânica*, seguindo Simone de Beauvoir em alguns pontos, divergindo em outros,[1] Oswald escreve:

Nenhum sentido (...) teria num regime matriarcal o que os freudistas chamam de "complexo de castração", pois nenhuma diminuição pessoal da mulher traria a constatação dela possuir um sexo diverso do homem. Somente a ideia de domínio do irmão — invenção patriarcalista — poderia, numa já complexa fase psíquica, trazer à criança qualquer ligação do fenômeno doméstico de preponderância com o fato fálico. (...)

Evidentemente o freudismo se ressente dos resíduos de sua formação paternalista. Falta a Freud e a seus gloriosos sequazes, a dimensão Bachofen. Eles não viram que suas pesquisas se limitavam e sua interpretação se deformava, na pauta histórica do patriarcado. (...)

Numa sociedade, onde a figura do pai se tenha substituído pela da sociedade, tudo tende a mudar. Desaparece a hostilidade contra o pai individual que traz em si a marca natural do arbítrio. No Matriarcado é o senso do Superego tribal que se instala na formação da adolescência.

Numa cultura matriarcal, o que se interioriza no adolescente não é mais a figura hostil do pai-indivíduo, e, sim, a imagem do grupo social.

---

[1]. BEAUVOIR, 1976, p. 84s. Não consta que Oswald tenha escrito sobre as críticas de Beauvoir a Bachofen e sua tese do matriarcado, desenvolvidas em *Le deuxième sexe* (idem, p. 123s), embora ele as tenha lido, conforme confirmam as anotações no exemplar existente em sua biblioteca, disponível no acervo do CEDAE (Unicamp). Nas citações do texto de Oswald, mantenho a pontuação adotada pela edição de 1970.

Nessa confusão que o patriarcado gerou, atribuindo ao padrasto — marido da mãe — o caráter de pai e senhor, é que se fixaram os complexos essenciais da castração e de Édipo.

Simone de Beauvoir, no *Deuxième Sexe*, esse evangelho feminista que se coloca no pórtico da nova era matriarcal, escreveu: "*Ce n'est pas la libido féminie qui divinise le père*." É na luta doméstica com a mãe e depois na luta com o ambiente, que cresce a divinização possível do pai como socorro, poder mediador e alento sentimental. Fenômeno do Patriarcado (ANDRADE, 1970, p. 125).

E, no texto *Variações sobre o Matriarcado*, lemos:

Esse passado onde o domínio materno se institui longamente, fazendo que o filho não fosse de um só homem individualizado, mas, sim, o filho da tribo, está hoje muito mais atenta e favoravelmente julgado pela Sociologia, do que no tempo das afrontosas progenituras que fizeram a desigualdade do mundo. Caminha-se por todos os atalhos e por todas as estradas reais para que a criança seja considerada o filho da sociedade e não como sucede tão continuamente, no regime da herança, com o filho de um irresponsável, de um tarado ou de um infeliz que não lhe pode dar educação e sustento. A tese matriarcal abre rumo (1970, p. 258).

Nestas passagens, Oswald conjuga Beauvoir e ideias sobre o matriarcado que ele retira dos autores mais importantes que escreveram sobre o tema, sobretudo Bachofen, Morgan e Engels. A tese geral do matriarcado, de natureza evolucionista, segundo a qual teria havido uma época em que as mulheres dominavam, em função do desconhecimento da paternidade, há muito caiu em descrédito científico.[2] Separando o bebê da água suja do banho, é importante dar crédito a Oswald por ter, em meados do século XX, percebido a importância de identificar na "cultura antropofágica" dos indígenas uma fonte de crítica ao patriarcado, aos complexos sociais que marcam a vida dos ocidentais urbanos, incluindo aí a crítica à psicanálise. Para além da defesa de um certo comunitarismo, onde o "Supergo tribal" prevaleceria sobre os indivíduos, vale notar que Oswald imprime ênfase no

---

2. Para uma boa exposição e análise panorâmica deste debate, cf. LYONS & LYONS, 2004, p. 73s. Para uma abordagem alternativa, cf. KNIGHT, 1991.

matriarcado como perspectiva futura. Esses aspectos da crítica oswaldiana nos instigam a revisitar alguns pontos do debate contemporâneo sobre o patriarcado e o complexo de Édipo, na interseção da filosofia com a antropologia e a psicanálise.

SÓ A ANTROPOFAGIA NOS UNE[*]

A antropofagia é um elemento importante das sociedades ameríndias e de outras sociedades autárquicas ao redor do mundo que nos ajuda a reconhecer, num só relance, diferenças radicais entre estas e as sociedades estatais hierárquicas. A antropofagia nas sociedades autárquicas é um ritual que explicita uma compreensão diferenciada de diversos aspectos da existência, incluindo ao menos dois princípios fundamentais: (1) uma ontologia em que o que chamamos de "alma" e "corpo" são indissociáveis e (2) o fato de que as relações entre os seres são sempre de aliança-inimizade. Os dois princípios podem ser exemplificados com o ritual da antropofagia funerária, ingestão de restos incinerados dos mortos misturados à comida, como um purê de banana, por exemplo. As cinzas são ingeridas, *grosso modo*, para que a alma do parente morto não ameace a comunidade.[3] O tema é politicamente delicado, pois a atribuição de "práticas canibais" aos indígenas tende, conforme o espectro ideológico e o grau de ignorância de cada um sobre o assunto, a reforçar o estereótipo de "selvageria" atribuído a estes povos. Inspirado na obra de Oswald de Andrade e sua visão antropófaga de mundo, entretanto, caminho na direção contrária: só a antropofagia nos une, nos distinguindo, em múltiplos aspectos.

Por um lado, tanto a antropofagia funerária como a guerreira (morte e devoração do cativo, ritual extinto já no século XVII, por obra da dominação europeia) explicitam aspectos fundamentais das cosmovisões ameríndias, entre eles uma concepção animista, disposicional e fabulatória do universo, onde predominam as relações complementa-

---

[*]. Primeiro aforisma do *Manifesto antropófago*.
[3]. MÉTRAUX, 2013, p. 385s; CLASTRES, 2014, p. 55s. Cf., ainda, VIVEIROS DE CASTRO, 2015, p. 155s.

res de aliança e predação entre os seres.[4] A antropofagia não é apenas uma metáfora cultural. Ela foi e é um processo de incorporação, praticada em rituais em torno dos quais o Ocidente construiu toda uma gama de fantasmagorias.[5] Pensar a antropofagia para além da metáfora, como um dado específico e importante das culturas ameríndias, implica um esforço de aproximação a concepções dos seres e da vida que nos são estranhas, a nós, seres urbanos dos trópicos que, entretanto, carregamos alguma herança dessas culturas (carregamos?!).

Por outro lado, também "a antropofagia nos une" por não ser exclusividade dos povos autóctones. As sociedades ocidentais (e também as africanas, asiáticas, orientais...)[6] estão fortemente marcadas por ela, seja no registro mitológico, sobretudo grego;[7] seja em dogmas religiosos fundadores, como a Eucaristia; seja na vasta produção literária e filosófica que, ao longo dos séculos, revisita regularmente histórias e imagens antropófagas;[8] seja em aspectos insuspeitos da nossa cultura contemporânea;[9] seja, em especial, na teoria freudiana da cultura,

---

4. A bibliografia sobre o tema é vasta. Destaco BENSUSAN, 2017; DESCOLA, 2005; VIVEIROS DE CASTRO, 2002, 2015; e CLASTRES, 1972. Em minha tentativa de resumir alguns aspectos das teorias e dos dados antropológicos sobre a antropofagia e, mais adiante, sobre as questões de gênero ou da proibição do incesto, assumo o risco de formulações muito imprecisas ou mesmo equivocadas. O que significa dizer que, para "os ameríndios", as relações de aliança e de predação são complementares? Questões como essa parecem não fazer sentido fora de uma vasta cadeia argumentativa onde se conjuga um conjunto extremamente complexo e especializado de dados, modelos, teorias e embates do campo antropológico. Assim, o melhor que o não-especialista pode esperar é que a distorção que imprime aos dados do campo alheio o obrigue a refazer, contínua, lenta e pacientemente, e de modo cada vez mais acurado, a sua pilhagem, evitando ao máximo torturar esses dados para fazê-los falar aquilo que ele quer ouvir.

5. Uma recente e significativa produção, acessível a um público não especializado, tem procurado descrever, analisar e desconstruir essa fantasmagoria, da qual destaco KILANI, 2018; MONTANARI, 2018; VILLENEUVE, 2016.

6. Cf. GUILLE-ESCURET, 2012; MALAMOUD, 1989; e HEUSCH, 1986.

7. DETIENNE & VERNANT, 1979; e DETIENNE, 1977.

8. Vale destacar a peça *Pentesiléia*, de Heinrich von Kleist, traduzida para o português por Jean Robert Weisshaupt e Roberto Machado, disponível em: <https://bit.ly/2mr6Gwd>.

9. Ver LÉVI-STRAUSS, 2103.

onde a "cena primitiva" do assassinato e devoração do pai é um dos alicerces fundamentais convocados pelo "pai da psicanálise" (ele próprio, ao mesmo tempo, Édipo decifrador da Esfinge) na defesa da tese da universalidade do complexo de Édipo.[10]

Como característica central das culturas ameríndias, a antropofagia foi reconhecida por Lévi-Strauss como diferencial inequívoco das ditas "sociedades selvagens" frente às "sociedades civilizadas". O antropólogo francês, que se esforçou, em toda a sua obra, por indicar equivalências estruturais entre ambas as sociedades, reconhece na antropofagia esse diferencial precisamente no que tange à relação com o inimigo: as sociedades ocidentais são "antropêmicas", isto é, vomitam seus elementos ameaçadores, afastando-os do convívio social, enclausurando-os em instituições como as prisões e os manicômios; enquanto as sociedades autoctones são antropófagas, isto é, devoram ou incorporam os elementos externos ou internos que as ameaçam. Esta definição permite expandir o uso do termo "antropofagia" para caracterizar outras relações socioculturais estabelecidas pelos ameríndios, que vão além dos rituais antropofágicos *stricto sensu* — e Lévi-Strauss toma como exemplo, em sua argumentação, a forma como, em uma sociedade indígena norte-americana, um infrator é reinserido no corpo social.[11] Com este sentido alargado, podemos compreender a antro-

---

10. Cf., além das referências da nota 4, acima, os textos da edição especial, intitulada "Destins du cannibalisme", da *Nouvelle Revue de Pyschanalyse*, nº 6, de 1972, de onde consta a primeira tradução para o francês do *Manifesto antropófago* de Oswald. Entre 1989 e 1991, Jacques Derrida ministrou dois seminários sobre diversos temas relacionados ao canibalismo, com ênfase na eucaristia e na psicanálise freudiana, incluindo os trabalhos de K. Abraham e M. Klein (*Manger l'autre* e *Réthoriques du cannibalisme*). Esses seminários permanecem inéditos e estão disponíveis para consulta no IMEC.

11. Cf. LÉVI-STRAUSS, 2008, p. 463s. Esta definição da antropofagia é discutível, uma vez não ser verdade que uma infração implique, sempre ou na maioria dos casos (ou pelo menos não na superfície mais aparente dos eventos), em *reincorporação* do infrator ao grupo social (cf., por exemplo, MELATTI, 1994, p. 165–166). Penso que essa definição serve, entretanto, para indicar de modo simples e didático a complexa centralidade da "transcorporação antropofágica" no imaginário ameríndio, tal como analisada por Viveiros de Castro em suas obras. Cf., em especial, VIVEIROS DE CASTRO 2002, p .163s. e 2015, p. 155s.

pofagia como característica geral das culturas ameríndias, para além de sua presença nos rituais e mitos de cada sociedade em particular, e podemos falar de culturas ou sociedades antropofágicas para nos referirmos globalmente às culturas ou sociedades ameríndias.[12]

Estabelecidas essas premissas, cabe perguntar em que medida as sociedades ameríndias antropófagas podem ser concebidas, tal como queria Oswald de Andrade, como sendo também "sociedades matriarcais"; ou quais seriam as relações entre antropogafia e matriarcado.

MATRIARCADO

No que se refere às sociedades ameríndias, o termo "matriarcado" parece totalmente inapropriado. Excetuando a lendária "tribo das mulheres guerreiras" (as icamiabas ou amazonas), as sociedades ameríndias não são sociedades em que as mulheres *dominam*. Não parece haver, entre os povos sul-americanos, sociedades em que se poderia reconhecer um predomínio das mulheres sobre os homens no que se refere às deliberações políticas ou, de modo geral, à responsabilidade quanto às questões espirituais.[13] Porém, se a literatura antropológica é unânime em afirmar que o poder político e, em grande medida, também o poder espiritual nas sociedades ameríndias são, via de regra, exclusividade dos homens, ela também nos leva a reconhecer que são complexas e indissociáveis as relações entre o político, o espiritual e outras dimensões da vida social, em muitas das quais predomina o poder da mulher. A questão fundamental é que essas sociedades tampouco podem ser chamadas, sem mais, de "patriarcais": nelas (com exceção, talvez, das antigas sociedades andinas e mesoamericanas) os homens também não dominam, pura e simplesmente. Segundo esta hipótese, denominar as sociedades antropofágicas de "matriarcais",

---

12. Em outro texto, procurei contrastar esta antropofagia ameríndia com aspectos antropofágicos da cultura ocidental. Nesta, a antropofagia tende a funcionar, diferentemente, como princípio desmedido de aniquilação do outro e consumo devastador e autodestrutivo. Cf. CEPPAS, 2019.

13. Há, contudo, um extenso debate sobre configurações de tipo matriarcal em outras sociedades indígenas, o qual espero poder abordar em outro texto. Cf., por exemplo, GOETTNER-ABENDROTH, 2012, 2009 e 2008; e VAUGHAN, 2007.

tal como Oswald insistia em fazer, é uma feliz impropriedade, uma fértil provocação, uma vez que a própria ideia de um "domínio de gênero", quando referida às sociedades indígenas, parece problemática e esconde uma grande variedade de questões complexas que impedem que as identifiquemos com uma versão qualquer do patriarcado.

Assim, o uso do termo "matriarcado", embora neste sentido lato e equívoco, tem uma vantagem inequívoca: com ele, somos desde o início forçados a descortinar aspectos de interseções entre gênero, sexualidade e relações sociais das sociedades autárquicas sul-americanas aparentemente incompatíveis com o patriarcado. Sociedades sem complexos ou neuroses, como queria Oswald. Tal como a antropofagia, o matriarcado pode, assim, ser visto como outro índice de diferenciação fundamental entre as sociedades autárquicas ameríndias e as sociedades hierárquicas e estatais. Vale dizer, a construção da sexualidade e das identidades de gênero nas sociedades ameríndias não passa pelo *domínio do Pater*, nem mesmo, *stricto sensu*, pelo "domínio dos homens", tal como, predominantemente, acontece nas sociedades ocidentais, hierárquicas e estatais. O matriarcado, em minha leitura dos textos de Oswald de Andrade (em parte *malgré lui*), não é uma afirmação filosófico-científica a qual corresponderia um estado de coisas ou um conjunto de fenômenos a serem explicados;[14] ele é antes um mito entre outros e, como tal, uma ferramenta de luta, de denúncia do patriarcado, de negação da universalidade da culpa, da castração e do complexo de Édipo como constitutivos e determinantes da psiquê humana; negação, ainda, de que o "domínio do homem" seria algo inerente a toda e qualquer cultura humana.[15]

---

14. Cf., entretanto, o *Post scriptum 1*, abaixo, onde apresento brevemente uma análise de Viveiros de Castro em que ele desenvolve uma forma positiva de se pensar uma certa centralidade do feminino nas culturas antropófagas.

15. Vale ressaltar que, na teoria freudiana do complexo de Édipo e da castração, sobretudo a partir dos trabalhos de Lacan, a "posição do pai" não se confunde necessariamente com o pai biológico ou com o papel do homem num grupo social. Mas, como dizem Deleuze e Guattari, "mesmo quando remontamos das imagens à estrutura, das figuras imaginárias às funções simbólicas, do pai à lei, da mãe ao grande Outro, estamos, na verdade, *apenas adiando a questão*" (2010, p. 115–

OSWALD CONTRA O PATRIARCADO

Os textos de Oswald acima citados partem, tal como o clássico livro de Beauvoir, da ausência de qualquer diferença biológica determinante entre os sexos: não há nada na anatomia sexual que leve, por si só, à diminuição pessoal da mulher ou à preponderância do falo. Mas não existiriam razões sociais, evolutivas, históricas, etc. que nos levariam a reconhecer, também nas sociedades autárquicas, tais diminuição e preponderância? Para responder esta questão, vale revisitar um texto de Gayle Rubin, "The traffic in women", que analisa alguns impensados essenciais no debate sobre a dominação masculina, no âmbito da antropologia e da psicanálise, nos ajudando assim a compreender o alcance das tiradas oswaldianas.[16] A respeito do princípio, fundamental na antropologia, da "troca de mulheres", Rubin afirma:

A "troca de mulheres" é (...) um conceito problemático. Quando Lévi-Strauss argumenta que o tabu do incesto e o resultado de sua aplicação constituem a origem da cultura, pode-se deduzir que a anulação (*defeat*) mundial da mulher ocorreu com a origem da cultura, e que ela é um pré-requisito da cultura. (...) Entretanto, seria no mínimo uma afirmação duvidosa argumentar que, se não há troca de mulheres, não haveria cultura, pela simples razão de que cultura é, por definição, algo inventivo. É inclusive discutível que "troca de mulheres" descreva adequadamente toda a evidência empírica disponível sobre os sistemas de parentesco (1975, p. 176).

---

116). Há, sem dúvida, muitas questões difíceis implicadas nessas afirmações e não pretendo enfrentar a maioria delas. Este texto pretende tão somente fornecer uma primeira formulação de alguns dos problemas centrais implicados na trilha aberta pela antropofagia oswaldiana.

16. Agradeço à Léa Silveira a sugestão da leitura desse texto de Rubin, sem a qual este texto sequer existiria.

Viveiros de Castro, seguindo Lévi-Strauss,[17] argumentou, em texto de 1990, que a "troca de mulheres por homens" não é essencial para as "estruturas de aliança":

A noção de troca matrimonial não exige que homens troquem mulheres (em contrapartida, as considerações sobre a frequência da patrilinearidade, matrilocalidade, etc. implicam asserções deste tipo), mas apenas que *cada sexo apreenda o outro imediatamente como relação*. A oposição estrutural que funda e organiza a aliança, e por ela a sociedade, não é aquela meramente zoológica entre os sexos, mas aquela sociológica entre *termo* e *relação*... (VIVEIROS DE CASTRO, 1990, p. 26; cf., ainda, 2015, p. 144s).

Contudo, para além dos limites da forma como Rubin constrói seu argumento (incluindo o apelo às evidências empíricas, questão que Lévi-Strauss já havia bem elucidado em *As estruturas elementares do parentesco* [1982, p. 47s.]), ela acaba chegando a uma conclusão semelhante:

Sistemas de parentesco não trocam simplesmente mulheres. Eles trocam acesso sexual, *status* genealógico, nomes e ancentrais de linhagem, direitos e *pessoas* — homens, mulheres e crianças — em sistemas concretos de relações sociais. Essas relações sempre incluem certos direitos para o homem, outros para a mulher (RUBIN, 1975, p. 177).

Necessário acrescentar que a própria noção de *troca* é equívoca, seja porque mulheres não são trocadas como objetos, seja porque, quando o são, segundo o próprio pensamento nativo, objetos não são simples objetos, mas veiculam aspectos importantes de *pessoas* e valores do clã. Como argumentou Strathern (2014), pensar na circulação da mulher como a troca de uma propriedade implica, via de regra, a projeção inadequada das categorias ocidentais de propriedade, sujeito

---

17. "...l'ensemble des règles de mariage observables dans les sociétés humaines ne doivent pas être classées — comme on le fait généralement — en catégories hétérogènes et diversement intitulées: prohibition de l'inceste, types de mariages préférentiels, etc. Elles représentent toutes autant de façons d'assurer la circulation des femmes au sein du groupe social, c'est-à-dire de remplacer un système de relations consaguines, d'origine biologique, par une système sociologique d'alliance" (LÉVI-STRAUSS, 1958, p. 68).

e objeto sobre a produção, reprodução e circulação das riquezas e das pessoas nas sociedades tradicionais.[18]

Na ideia de que são os homens que trocam mulheres, é também a noção de *escolha* que está em jogo. No casamento, se a escolha não é, via de regra, da mulher, tampouco pode-se dizer, sem mais, que seja do homem que irá casar-se com ela, por exemplo, do primo-filho-do-irmão-da-mãe. Por fim, a escolha é menos uma decisão dos homens do que decorrência das regras que constituem o sistema de parentesco, dentre outros fatores particulares e complexos de cada cultura.[19] Neste sentido, a seguinte passagem de Rubin é esclarecedora:

"Troca de mulheres" é uma abreviação para expressar que as relações sociais de um sistema de parentesco especificam que os homens têm certos direitos sobre as parentes mulheres, e que as mulheres não têm os mesmos direitos sobre elas mesmas ou sobre os seus parentes homens. Neste sentido, a troca das mulheres é uma profunda percepção de um sistema no qual as mulheres não têm total direito sobre si mesmas. [*Mas*] A troca de mulheres torna-se um ofuscamento se ela é vista como uma necessidade cultural, e quando é usada como única ferramenta com a qual uma análise de um sistema de parentesco particular é realizada (1975, p. 177).[20]

Nas sociedades autárquicas, tanto o lugar da mulher como o dos homens, no que diz respeito ao casamento, não obedecem a um princípio substantivo de "domínio dos homens", mas orbitam em torno do sistema de regulação das trocas matrimoniais, ainda que, na maioria dos casos, a decisão sobre quem casa com quem seja "realizada" (ou, antes, verbalizada?) por homens. Tudo isso pode soar como uma

---

18. Strathern analisa sobretudo sociedades da Papua-Nova Guiné, mas a noção de *pessoa* também é fundamental na literatura sobre os indígenas sul-americanos, adquirindo importância central nos estudos antropológicos a partir da segunda metade do século XX. Cf. SEEGER, DA MATTA & VIVEIROS DE CASTRO, 1979; e VIVEIROS DE CASTRO, 2002, p. 181s.

19. Como Lévi-Strauss afirma em *As estruturas elementares do parentesco*, "entre os sistemas que indicam o cônjuge e aqueles que o deixam indeterminado, há formas híbridas e equívocas" (1982, p. 20).

20. Seguindo a análise de Viveiros de Castro, no texto acima citado, "troca de mulheres" seria um "ofuscamento" quando se confude "a oposição termo/relação com uma dominância substantiva dos homens sobre as mulheres".

tentativa desesperada de suavizar a tese da dominação masculina nas sociedades autárquicas, mas a etnografia oferece inúmeras razões para levar a sério essas ideias, sobretudo se consideramos que, parafraseando Beauvoir *passim* Oswald, os processos de determinação de conjugues não parecem ser elementos suficientes para gerar a diminuição pessoal da mulher, muito menos uma "preponderância do falo".

A diminuição da mulher e a preponderância do falo são parte de uma história patriarcal. Rubin, mais uma vez, esclarece:

existem sistemas estratificados por gênero que não são adequadamente descritos como patriarcais. Muitas sociedades da Nova Guiné são cruelmente opressivas para as mulheres. Mas o poder dos machos nesses grupos não se baseia em seus papéis como pais ou patriarcas, mas em sua masculinidade coletiva adulta, incorporada em cultos secretos, casa dos homens, guerra, redes de troca, conhecimento ritual e vários procedimentos de iniciação. O patriarcado é uma forma específica de dominação masculina, e o uso do termo deve ser restrito ao tipo de nômades pastorais do Velho Testamento, de onde vem o termo, ou a grupos como eles. Abraão era um patriarca — um velho cujo poder absoluto sobre as esposas, filhos, rebanhos e dependentes era um aspecto da instituição da paternidade, conforme definido no grupo social em que ele vivia (1975, p. 168).

Ademais, muitas (a maioria?) das sociedades ameríndias, em seus *habitats originais*, parece estar longe de ser mais opressiva para as mulheres do que para os homens. Ao contrário, os estudos etnográficos, assim como os antigos relatos de missionários e de viajantes, são pródigos em informar sobre uma certa distribuição em geral igualitária na divisão sexual do trabalho e sobre o relativo grau de liberdade com que os/as indígenas vivem a sexualidade.[21] O que não quer dizer que o lugar da mulher nessas sociedades seja isento de tensão e subor-

---

21. O apelo a um "habitat original" pode parecer problemático, pois é evidente que o contato com "a civilização" gera um sem número de problemas, dentre eles a tendência à perturbação do aparente equilíbrio (por falta de um termo melhor) da organização social, da divisão sexual do trabalho, do prestígio de pessoas ou papéis sociais, etc. Mas, ainda assim, para além dos relatos por vezes contraditórios de viajantes e missionários, a etnografia contemporânea (de METRAUX, 2013, p. 203-232, a VIVEIROS DE CASTRO, 1986, p. 165s, passando por LÉVI-STRAUSS, 2008, p. 208s, e

dinação, assim como também não o é o dos homens em muitos dos seus papéis sociais. Qualidades atribuídas pelos próprios indígenas ao feminino, ou a alguns de seus elementos, como o eventual status socialmente inferior da mulher, enquanto lugar do profano, da mácula ou da desordem, não podem ser analisados fora de uma complexa rede de relações, mitos e práticas em torno de temas centrais, como a menstruação, por exemplo, conjugando a análise do pensamento nativo com os aportes de diversas disciplinas, como a arqueologia e a biologia.[22]

UM MITO ENTRE OUTROS

A psicanálise complica bastante o meio de campo com conceitos como complexo de Édipo e castração. A teoria de Freud possibilita uma certa compreensão da subordinação das mulheres *em geral* (tanto nas sociedades ocidentais como nas não-ocidentais) como decorrência de inevitáveis tensões inerentes à experiência humana, e Gayle Rubin adverte para a diferença entre, de um lado, "racionalizar ou justificar a subordinação" e, de outro, conhecer seus mecanismos para lutar contra eles. Os gêneros, como quase tudo o mais, entram na vida da criança através da experiência corporal e do simbólico, e é bem cedo, a partir das complexas relações entre os sexos já instituídas na sociedade que a criança buscará resolver suas tensões afetivas e começará a criar sua identidade. O pressuposto fundamental, e aparentemente razoável, é que é a mãe o primeiro objeto de amor. Já a ideia de que abdicar deste objeto envolveria, forçosamente, a repressão de dois direcionamentos pulsionais indissociáveis, um incestuoso, voltado à mãe, e outro parricida, é o núcleo problemático da triangulação edipiana cujas supostas validade e universalidade são constantemente questionadas.

Perguntar como se desenrola, em geral, o "amor pela mãe", suas eventuais relações incestuosas e sua negação, em curumins e cunhatãs; analisar essas ligações afetivas e o processo de renúncia a ela em

---

CLASTRES, 2003, p. 118-145) nos oferece inúmeros relatos e análises que parecem corroborar uma tal percepção.

22. Cf. KNIGTH, 1991.

famílias que em nada se parecem com a famíllia triangular edipiana, e onde as manifestações e concepções de afeição são significativamente diferentes das concepções ocidentais de "amor", em culturas totalmente atravessadas por fortes laços comunitários, próprios a uma sociedade autárquica; estas são, sem dúvida, questões importantes no debate sobre a possível validade de se falar de complexo de Édipo entre os indígenas. Mas são também questões ardilosas, porque pressupõem que a análise antropológica se desenrola no mesmo nível epistêmico que a teoria psicanalítica, o que não é o caso, ao menos quando se trata do estruturalismo lévistraussiano.[23] Neste sentido, soa muito suspeito o forte paralelismo que Gayle Rubin identifica nas obras de Freud e de Lévi-Strauss, no que concerne à influência do patriarcado:

A precisão no ajuste entre Freud e Lévi-Strauss é impressionante. Sistemas de parentesco exigem a divisão dos sexos. A fase edipiana divide os sexos. Sistemas de parentesco incluem conjuntos de leis que governam a sexualidade. A crise edipiana é a assimilação dessas regras e tabus. Heterossexualidade compulsória é o produto do parentesco. A fase edipiana constitui o desejo heterossexual. O parentesco descansa sobre uma diferença radical entre direitos de homens e mulheres. O complexo de Édipo confere direitos masculinos ao menino e força a menina a se acomodar a menos direitos (RUBIN, 1975, p. 200).

---

23. O livro de Melford Spiro, *Oedipus in the trobiands* (1982), por exemplo, desenvolve uma detalhada análise da suposta refutação da universalidade do complexo de Édipo, desenvolvida por Malinowski, procurando mostrar que as enormes diferenças entre as dinâmicas psicológica, sexual e afetiva da "família triangular ocidental" e as dos trobiandeses não excluem a pertinência, para estas últimas, de uma leitura edipiana. Impossível, aqui, entrar nos detalhes da argumentação de Spiro, alguns extremamente importantes para o nosso estudo. Mas este e outros textos sobre o tema trabalham, precisamente, sem levar em conta essa "diferença epistêmica" entre antropologia e psicanálise, da qual falarei a seguir. Seja como for, vale dar apenas um exemplo do quanto a argumentação de Spiro parece, em outros aspectos essenciais, problemática — exemplo tanto mais relevante por dizer respeito a uma *bandeira* fundamental de Oswald: a de que as sociedades indígenas são livres de "complexos patriarcais" e "prostituições". Spiro argumenta que, para Freud, os conflitos não resolvidos, subjacentes ao complexo de Édipo, são condição necessária, mas não suficiente para que haja neurose. Daí que, para ele, o fato de aparentemente não haver neurose entre os nativos não seria um dado significativo para uma refutação da universalidade da teoria freudiana. *Mais quand même!*

A meu ver, há diversos problemas nessas sinopses, que distorcem aspectos importantes tanto da teoria lévistraussiana como da freudiana. Não pretendo entrar no mérito da adequação ou não dessas formulações. Elas servem apenas como ponto de partida. Em primeiro lugar, há a advertência de Viveiros de Castro, mencionada acima, de que os termos e relações que compõem as trocas matrimoniais não devem ser identificados com substâncias sexuais biológicas (advertência da qual, como vimos, Rubin ela mesma se aproxima, apesar do substancialismo que por vezes assume). Em segundo lugar, é preciso levar em conta a análise que o próprio Lévi-Strauss faz da hipótese freudiana da universalidade do complexo de Édipo. As duas advertências se conjungam no fato de que a análise estrutural lévi-straussiana trabalha com a comparação de complexos simbólicos relativamente independentes de seus contextos e conteúdos. Esta análise não está preocupada com a vivência real dos sujeitos em torno de suas representações, ainda que esta não lhe seja indiferente. Mas, na análise estrutural, a premissa fundamental é a de que os sujeitos agem constrangidos por (ou num *corpo a corpo* com) complexos simbólicos de tipos diversos, onde o conteúdo sexual não tem prioridade.

Em textos seminais, reunidos em seção do livro *Antropologia estrutural*, de 1958, intitulada "Magie et Religion", mas sobretudo em "La structure des mythes", Lévi-Strauss, pondo lado a lado o mito de Édipo e o mito Zuni dos grupos Pueblo, procura demonstrar que só se pode compreender bem um mito ao se analisar a estrutura combinatória de seus elementos e, de preferência, a totalidade de suas versões, sendo temerário querer encontrar o sentido para qualquer desses elementos em uma atribuição de função (social, econômica, psíquica) e/ou representação de universais, ainda que historicamente contextualizados, tal como a expressão de polaridades do ser humano (feminino/masculino, amor/ódio), etc. Para Lévi-Strauss, antes do que indicar uma estrutura universal ou histórica da psiquê humana, a teoria freudiana do complexo de Édipo é apenas mais uma versão do mito grego, tão "autêntica" (o termo é do autor) quanto qualquer outra. Essa questão será retrabalhada em *A oleira ciumenta*, de 1985, onde o antropólogo retoma o debate com a psicanálise, argumentando que a genialidade de

Freud está em "pensar à maneira dos mitos", aproximando a interpretação dos sonhos e dos dramas psíquicos ao modelo mítico *em chave estruturalista*, isto é, ao seguir com perspicácia a lógica de oposições e inversões própria do mito.

As análises de Lévi-Strauss nos levam, portanto, a recusar a hipótese de Édipo como estrutura universal e fundamental da psiquê humana, tal como proposto em *Totem e tabu*, para além dos limites e problemas mais evidentes da análise freudiana, como a pressuposição evolutiva de três estágios do pensamento: animista, religioso e científico.[24] Em *Totem e tabu*, Freud postulou uma "cena primordial", o fenômeno primitivo e antropófago, do assassinato e devoração do "pai primordial", doravante inscrito nas sociedades e na estrutura da psiquê dos seres humanos como *horror ao incesto*, através do sentimento edipiano da *culpa*. É porque assume de saída que há uma base psíquica universal do ser humano, a unir "primitivos" e "civilizados", que Freud pode aproximar os totens e tabus descritos pela etnografia às neuroses da sociedade europeia de fins do século XIX e início do século XX.[25] Neste sentido, Freud não peca por adotar um método empirista ingênuo. Coincidências entre representações, fobias, prescrições, etc. não seriam nunca suficientes para garantir o movimento inverso, isto é: a aproximação entre uma coisa e outra não é suficiente para demonstrar Édipo como estrutura psíquica universal, tal como gostaria Freud. O problema, segundo Lévi-Strauss, não estaria tanto nas aproximações em si, mas antes no princípio universal a elas atribuído, sempre capaz de ser identificado em (e de explicar o sentido mais profundo de) fenômenos aparentemente os mais diversos e

---

24. Cf. GAY, 1989, p. 301–311; e GREEN, 1975.

25. Como nota Lévi-Strauss, "o próprio Freud reconhece, com candura, que (...) a psicanálise nada mais faz do que encontrar no mito aquilo que ela lá pôs: 'O material foi-nos transmitido num estado que não permite fazer uso dele, para a resolução de nossos problemas. Ao contrário, deve ser submetido, antes, a uma elucidação psicanalítica.' Daí, a confidência melancólica a Jung a propósito de *Totem e tabu*, que está a escrever, e das dificuldades que depara: 'A isso, acrescente-se que o interesse diminuiu, pela convicção de já se ter à partida os resultados que se pretende provar'. Não se poderia dizer melhor" (LÉVI-STRAUSS, 1986, p. 204).

enigmáticos (LÉVI-STRAUSS, 1958, p. 228s). Lévi-Strauss recusa a centralidade de Édipo, ou de qualquer outro "código único e exclusivo" (1986, p. 231), assim como a identificação do sentido de um mito com sua origem, como suposto acontecimento originário.

Lévi-Strauss nos mostra, ainda, que, enquanto "fundamento da cultura", a proibição do incesto é antes produtiva do que proibitiva: ela traduz o estabelecimento de conjuntos de regras que conjugam a plasticidade das trocas sexuais em um sem número de soluções diferentes. A diversidade das complicadas alianças e regras matrimoniais não ocidentais, assim como as representações mitológicas; sobretudo, o fato de que esta diversidade permite a identificação de uma lógica combinatória mais geral de oposições e inversões, capaz de dar sentido a um conjunto aparentemente arbitrário e incompreensível de representações e práticas; tudo isso parece demonstrar à exaustão o quanto a conjugação da plasticidade sexual, enquanto condição para uma mínima coesão social, não poderia estar restrita a um único complexo, a uma única lei.[26]

A crítica antropófago-estrutural à absolutização do complexo de Édipo é uma estratégia, dentre outras, de reavaliar a questão da dominação masculina no que se refere aos povos autóctones. No mesmo passo, a feliz impropriedade da tese matriarcal de Oswald de Andrade, um mito entre outros, é uma fértil provocação para, com a ajuda da an-

---

26. O que, evidentemente, não significa que a análise estrutural não trabalhe no registro da universalidade, que é, entretanto, formal e *vazia*, como "un pensar anónimo frente a la contrariedad del acontecimiento", como formula Alejandro Bilbao: "Que el pensamiento mítico sea la consecuencia de un procedimiento de distinción y diferencia entre series naturales y culturales al interior de una cultura (caso igualmente del totemismo), da cuerpo a la imposibilidad de un significado último para el mito, pero puede, por el contrario, dar lugar a una pronunciación por parte de este pensar, respecto del actuar de estas significaciones con relación a otras series culturales en estado de oposición frente a la naturaleza. Deste modo, se permite el encuentro de las semejanzas entre ambos grupos de oposiciones diferenciales, ya que al admitirlas en un pliegue de relaciones significantes, es posible establecer la existencia de producciones simbólicas universales, y por lo tanto, observar el trabajo que en un nivel de invarianza, el signo ejecuta sobre las producciones humanas" (2009, p. 176–177).

tropologia e das vivências e concepções dos povos indígenas, avançar na desconstrução de nossas concepções androcêntricas de sexualidade e relações de gênero.

«POST SCRIPTUM 1»

Outro caminho para reavaliar a questão da dominação masculina no que se refere aos povos antropófagos encontra-se na obra de Eduardo Viveiros de Castro. O autor nos indica uma série de evidências com relação à centralidade do feminino na lógica de funcionamento das sociedades ameríndias antropófagas. Para Viveiros de Castro, o ideal de matador dos indígenas "sugere que a posição de 'comida dos deuses' (*Maï demïdo*, epíteto que descreve a condição humana) é feminina — que a condição de vivente humano é feminina, portanto" (2002, p. 281). Ou, em outra passagem:

O canibalismo parece ter sido, entre muitas coisas, o método especificamente feminino de obtenção da vida longa, ou mesmo da imortalidade, que no caso masculino era obtido pela bravura no combate e a coragem na hora fatal. Há mesmo indicações de que a carne humana era diretamente produtora daquele aligeiramento do corpo que os Tupi-Guarani buscaram de tantas formas diferentes, pela ascese xamânica, a dança, ou a ingestão de tabaco... (2002, p. 257).

Sobre esse predomínio do "aligeiramento do corpo" na ascese xamânica, Deleuze e Guattari escreveram: "...é menos a mulher que é feiticeira e mais a feitiçaria é que passa por esse devir-mulher" (2007, p. 32). Para Viveiros de Castro, as cosmovisões ameríndias (mediadas ou não pelos construtos teóricos da antropologia) não devem ser encaradas como meras representações de uma "realidade do outro" que espelham, no fundo, nossos próprios problemas. Elas deveriam ser levadas à sério tal como podemos levar à sério a filosofia ocidental, leibniziana, hegeliana, marxista, ou qualquer outra, como compreensão e explicação do real (VIVEIROS DE CASTRO, 2015). E é como um campo de força de experiências e visões de mundo radicalmente conflitantes com a(s) metafísica(s) ocidental(is) que elas nos desafiam a repensar nossas explicações mais usuais, incluindo a psicanálise, no que diz respeito às diferenças de gênero. A imagem oswaldiana do matriarcado é, como foi dito, uma fértil provocação para questionar nossa forma tradicional de pensar a dicotomia masculino-feminino, e pode perturbar mesmo as formas mais tradicionais com que costumamos nos opor à dominação masculina (DELEUZE & GUATTARI, 2007, p. 68s).

«POST SCRIPTUM 2»

Nada do que foi dito acima implica, obviamente, a rejeição em bloco da teorização freudiana como sendo apenas um subproduto do patriarcado. Importante ponderar que *Totem e tabu* não se reduz, evidentemente, à tentativa de comprovação da tese do assassinato e devoração da pai da horda primitiva como fundamento da cultura e, portanto, da universalidade do complexo de Édipo. Seria impossível, neste texto, fazer justiça aos inúmeros méritos das análises de Freud acerca dos mais diversos aspectos que ele, por caminhos mais ou menos legítimos, identifica como passíveis de aproximar os totens e tabus dos povos animistas e componentes dos comportamentos psicopatológicos modernos, tal como interpretados pela psicanálise. Impossível igualmente, aqui, sequer iniciar uma análise sobre a contribuição fundamental de Freud para o debate acerca da antropofagia, cujos vestígios na obra de Oswald de Andrade devem ser investigados. Como argumentou André Green, o canibalismo na obra de Freud seria um falso problema se a devoração totêmica do pai primordial fosse apenas um "conceito teórico para uso interno da psicanálise". Como relembra o autor, "dois anos após *Totem e tabu*, o canibalismo reapareceu na obra freudiana por meio da clínica psicanalítica, em *Luto e melancolia*. O estudo das relações entre luto e melancolia permite descobrir neste estrutura as particularidades da *relação oral canibal...*" (1972, p. 38). Já nos *Três ensaios sobre a teoria da sexualidade*, escrito em 1905, Freud subscrevia a opinião de "alguns autores", que associavam a dimensão agressiva da pulsão sexual ao canibalismo — o que ele afirma, numa nota acrescida em 1915, ser confirmado por suas considerações sobre as fases pré-genitais do desenvolvimento sexual. As teses desenvolvidas pela psicanálise, a partir desta associação entre canibalismo e sexualidade infantil — sobretudo nos trabalhos do próprio Freud dos anos 1920 e de S. Ferenczi, K. Abraham e M. Klein — abrem outras múltiplas perspectivas de diálogo com a antropologia e a filosofia, também elas sujeitas à crítica de elementos que permaneçam eventualmente reféns do patriarcado, sobretudo no que diz respeito à projeção do complexo de Édipo como princípio universal da psiquê humana. *Quanto a essa projeção*, na década de 1930, na esteira da rejeição da psicanálise pelos comunistas, Oswald afirmou, em *O rei da vela*, pela boca de Abelardo I, que Freud foi o último grande romancista da burguesia. E essa tirada é um dos maiores elogios que se poderia fazer ao pai da psicanálise.

BIBLIOGRAFIA

ANDRADE, Oswald. *Obras completas 6. Do Pau-Brasil à antropofagia e às utopias*. Rio de Janeiro: Ed. Civilização Brasileira, 1970.

BEAUVOIR, Simone de. *Le deuxième sexe*. Paris: Gallimard, 1976.

BENSUSAN, Hilan. *Linhas de animismo futuro*. Brasília: IEB, 2017.

BILBAO, Alejandro. "Lévi-Strauss y la actitud frente al mundo como lectura del acontecer: entre psicanálisis y antropología estructural". Em: BILBAO et al. *Claude Lévi-Strauss en el pensamiento contemporáneo*. Buenos Aires: Colihue, 2009.

CEPPAS, Filipe. (2009) "Aux marges de l'anthropophagie". Em: LAGEIRA et al. *Modernidade artística: conexões Brasil-Europa* (no prelo).

CLASTRES, Hélène. "Les beaux-frères ennemis. A propos du cannibalisme tupinamba". In: *Nouvelle Revue de Psychanalyse*, nº 6. Paris: Gallimard, 1972, p. 71–86.

CLASTRES, Pierre. *Arqueologia da violência*. Trad. P. Neves. São Paulo: CosacNaify, 2014.

_____. *A sociedade contra o estado*. São Paulo: CosacNaif, 2003.

DELEUZE, Gilles & GUATTARI, Félix. *Mil platôs. Capitalismo e esquizofrenia Vol. 4*. São Paulo: ed.34, 2007.

_____ & _____. *O anti-édipo*. São Paulo: ed.34, 2010.

DESCOLA, Philippe. *Par-delà nature et culture*. Paris: Gallimard, 2005.

DETIENNE, Marcel. *Dionysos mis à mort*. Paris: Gallimard, 1977.

DETIENNE, Marcel & VERNANT, Jean-Pierre. *La cuisine du sacrifice en pays grec*. Paris: Gallimard, 1979.

FREUD, Sigmund. *Obras completas, volume 11: Totem e tabu, Contribuição à história do movimento psicanalítico e outros textos (1912-1914)*. Trad. P. C. Souza. São Paulo: Companhia das Letras, 2012.

GAY, Peter. *Freud. Uma vida para o nosso tempo*. Trad. D. Bottmann. São Paulo: Companhia das Letras, 1989.

GOETTNER-ABENDROTH, Heide. *Matriarchal societies. Studies on indigenous cultures across the globe*. New York: Peter Lang, 2012.

_____. *Societies of peace. Matriarchies, past, presence and future*. Toronto: Ianna Publications and Education Inc, 2009, p. 55-69.

_____. "Matriarchies as societies of peace: re-thinking matriarchy". In: *Off our backs*, Vol. 38, n° 1, 2008.

GREEN, André. "Le cannibalisme: réalité ou fantasme agi?". In: *Nouvelle Revue de Pyschanalyse*, n° 6, p. 27-54, 1972.

GUILLE-ESCURET, Georg. *Sociologie comparée du cannibalisme. Vol. 2 La consommation d'autrui en Asie et en Océanie*. Paris, PUF, 2012.

HEUSCH, Luc de. *Le sacrifice dans les religions africaines*. Paris: Gallimard, 1986.

KILANI, Mondher. *Du goût de l'autre. Fragments d'un discours cannibale*. Paris: Éd. du Seuil, 2018.

KNIGHT, Chris. *Blood relations. Menstruation and the origins of culture*. New Haven/London: Yale University Press, 1991.

LÉVI-STRAUSS, Claude. *Antropologie Estruturale*. Paris: Plon, 1958.

_____. *As estruturas elementares do parentesco*. Petrópolis: Vozes, 1982.

_____. *Tristes Tropiques*. Paris: Gallimard, Bibliothèque de la Pléiade, 2008, p. 463-464.

_____. *A oleira ciumenta*. Trad. B. Perrone-Moisés. São Paulo: Brasiliense, 1986.

_____. *Nous sommes tous de cannibales*. Paris: Éditions du Seuil, 2013.

LYONS, Andrew P.; LYONS, Harriet D. *Irregular connections. A history of anthropology and sexuality*. Lincoln: University of Nebraska Press, 2004.

MALAMOUD, Charles. *Cuire le monde. Rite et pensée dans l'Inde ancienne*. Paris: Éd la découverte, 1989.

MELATTI, Julio Cesar. *Índios do Brasil*. São Paulo: Hucitec, 1994.

MÉTRAUX, Alfred. *Écrits d'Amazonie. Cosmologies, rituels, guerre et chamanisme*. Paris: CNRS éditions, 2013.

MONTANARI, Angelica A. *Cannibales. Histoire de l'anthropophagie en Occident*. Paris: Arkhê, 2018.

RUBIN, Gayle. "Traffic in Women: Notes toward a Political Economy of Sex". In: REITER, R. Rapp (ed.). *Toward an Anthropology of Women*. New York: Monthly Review Press, 1975, p. 157-210.

SEEGER, Anthony; DA MATTA, Roberto & VIVEIROS DE CASTRO, Eduardo. "A construção da pessoa nas sociedades indígenas". Em: *Boletim do Museu Nacional. Antropologia*, nº 32, 1979.

SPIRO, Melford. *Oedipus in the Trobiands*. Chicago: Univ. of Chicago Press, 1982.

STRATHERN, Marilyn. *O efeito etnográfico*. São Paulo: CosacNaif, 2014, p. 109-133.

VAUGHAN, Genevieve. *Women and the gift economy. A radically different worldview is possible*. Toronto: Inanna Publications, 2007.

VILLENEUVE, Roland. *Histoire du cannibalisme. De l'anthropologie rituelle au sadisme sexuel*. Paris: Camion Noir, 2016.

VIVEIROS DE CASTRO, Eduardo. *Araweté: os deuses canibais*. Rio de Janeiro: Jorge Zahar/Anpocs, 1986.

.*Princípios e parâmetros: um comentário a L'Exercice de la parenté*. Rio de Janeiro: Comunicação do PPGAS, 17, 1990.

.*A inconstância da alma selvagem*. São Paulo: CosacNaif, 2002.

.*Metafísicas canibais: elementos para uma antropologia pós-estrutural*. São Paulo: Coasc Naify, 2015.

Escrever: mulheres, ficção e psicanálise

JULIA FATIO VASCONCELOS
MANUELA BORGHI CRISSIUMA
MARIANA FACANALI ANGELINI
RENATA DE LIMA CONDE[*]

"Quem era eu, então?". Quase no final de sua vida, Virginia Woolf faz essa pergunta a si mesma. Responde-a dizendo que era Adeline Virginia Stephan, a segunda filha de Leslie e Julia Prinsep Stephan, nascida em 25 de janeiro de 1882; em um mundo afeito a se comunicar, a escrever cartas, a fazer visitas, a se expressar bem — o mundo do final do século XIX.

Escritora e ensaísta britânica, Woolf, com sua escrita original, deixou uma vasta obra literária. São notáveis livros como *Mrs. Dalloway* e *Orlando*. Começou a escrever aos nove anos de idade um jornalzinho da família e continuou se dedicando à escrita por toda a vida. Foi autora de nove romances, diversos contos e uma quantidade imensa de resenhas e ensaios críticos. Em 1918, fundou a editora Hogarth Press junto com seu marido Leonard Woolf, por onde publicaram livros do casal, de outros importantes autores e também a tradução britânica da obra de Freud. Em 1910, Woolf se dedicou à campanha pelo voto feminino e, durante boa parte da vida, à defesa da emancipação feminina, registrando suas ideias em seus livros e ensaios.

---

[*]. Psicanalistas e integrantes do Grupo de Estudos e Trabalho em Psicanálise e Feminismo.

Em 1920, Virginia Woolf foi convidada a palestrar sobre "mulheres e ficção" em duas faculdades inglesas exclusivas para mulheres. Mais tarde, em 1931, essas falas se tornariam o ensaio ficcional *Um teto todo seu*. Sendo ela escritora e ficção um tema literário, Woolf comenta que, no primeiro momento, mulheres e ficção soou como um convite para que ela falasse sobre seu ofício. A questão é que "mulheres e ficção" poderia ter outros sentidos. Para ela, poderia ser também *as mulheres e a ficção que é escrita sobre elas, as mulheres e como elas são, ou as mulheres e a ficção que elas escrevem*. Ou, poderia ainda significar que essas três possibilidades estão inextricavelmente emaranhadas. Virginia propõe, então, tratar do enlace dessas três. Para isso, cria uma personagem, Mary Seton, que se confunde com a própria autora, e que poderia ser também tantas outras mulheres, como ela mesma diz *"chamem-me Mary Beton, Mary Seton, Mary Carmichael, ou qualquer outro nome que lhes agrade — pouco importa"* (WOOLF, 2014, p. 13). Com esse enlace de personagens cria, então, uma atmosfera de reflexão na qual realidade e ficção se confundem constantemente.

Para Woolf (ou Mary Beton), não se pode esperar a *verdade* sobre "mulheres e ficção". No entanto, ela diz ser possível mostrar como se chega a ter a opinião que se tem. Ao se tratar do tema das mulheres, a autora destaca que esse assunto desperta todos os tipos de preconceitos e paixões. E que esses estão presentes numa imensidão de livros escritos por homens e presentes nas mais importantes bibliotecas.

Vocês têm noção de quantos livros sobre mulheres são escritos no decorrer de um ano? Vocês têm noção de quantos são escritos por homens? Têm ciência de que vocês, [mulheres], são o animal mais debatido do universo? (WOOLF, 2014, p. 43-44).

Após uma longa pesquisa na biblioteca da universidade onde dará sua palestra, Mary Seton fica impressionada com o conteúdo e a diversidade de ficções que encontra nesses livros. Goethe honrava as mulheres; Mussolini as desprezava. Alguns achavam que elas tinham um cérebro mais superficial, outros que sua consciência era mais profunda. Havia os que defendiam que as mulheres não tinham caráter; e ainda aqueles que discutiam se elas tinham ou não alma. Muitos tomavam como certo que as mulheres eram incapazes de aprender, e havia aqueles que achavam que elas eram inferiores aos homens. Era impossível encontrar uma verdade.

No final do dia, depois de uma longa jornada, sente-se com raiva do que leu. Passa os olhos sobre o jornal da tarde e pensa: os homens parecem controlar tudo, menos o clima. E ainda assim, quando escrevem sobre as mulheres, parecem estar com raiva. Ela sabia disso, pois quando os lia não podia acompanhar a linha argumentativa. Quando se argumenta algo sem as paixões e preconceitos, é mais possível acompanhar as ideias. Caso contrário, pensamos em quem está escrevendo. E, para ela, esse era o caso:

> Quando um argumentador argumenta sem paixão, ele pensa somente no argumento, e o leitor não pode deixar de pensar no argumento também. Se ele tivesse escrito sem paixão sobre as mulheres, se ele tivesse usado provas indiscutíveis para construir seu argumento e não tivesse mostrado indícios de que o resultado deveria ser um em vez do outro, também não ficaríamos com raiva. (...) Mas eu tinha ficado com raiva porque ele estava com raiva. Ainda assim parecia absurdo, pensei, folheando o jornal vespertino, que um homem com todo esse poder estivesse com raiva (WOOLF, 2014, p. 52).

Cansada de seu dia, considera que dificilmente alguém que tivesse acesso a esses textos e jornais não notaria que se está vivendo sob as regras do patriarcado. Fica intrigada ainda, então, com os motivos da raiva dos homens quando falam das mulheres. Isso se destaca de modo particular para ela em alguns textos que insistem de modo enfático na inferioridade das mulheres. Avança então em sua reflexão e conclui ser possível que, quando fizeram isso, estivessem não exatamente preocupados com a inferioridade feminina, mas com a própria superioridade masculina. Era isso que eles estavam tentando controlar e proteger "de maneira um tanto destemperada e com tanta ênfase, porque era para eles uma joia do mais raro valor" (WOOLF, 2014, p. 52).

> Por isso, a enorme importância para o patriarcado de ter de conquistar, ter de governar, de achar que um grande número de pessoas, metade da raça humana, na verdade, é por natureza inferior. [Essa] deve ser realmente uma das principais fontes de seu poder (2014, p. 53–54).

Para ela, pensar as ficções que se criam sobre as mulheres passa, então necessariamente, pelo entendimento dessas relações de poder que estão no interior do patriarcado. Para destacar isso, Virginia recupera algumas histórias e ao mesmo tempo inventa outras. Demonstra, com essa estratégia, que, quando inventamos ou vivemos, reproduzimos uma ideia de desigualdade na qual se impõem dificuldades e restrições para que as mulheres adquiram os mesmos direitos que os homens e possam compartilhar de espaços iguais. Pensar a estrutura das ficções que fixam essas desigualdades é, portanto, fundamental. Se cada época inventa a sua, por que continuamos lançando mão delas? Poderíamos falar de mulheres sem alguma ficção? Mas, quais as consequências das ficções que se inventam e por que algumas persistem tanto?

Nesse sentido, Virginia Woolf destaca a importância da entrada da mulher na literatura: até Jane Austen, todas as grandes mulheres das obras literárias tinham sido retratadas por homens. E, com isso, muita coisa foi deixada de fora, pois a maioria das mulheres eram descritas não somente por homens, mas apenas na sua relação com um homem. O amor era, assim, o intérprete predominante para falar sobre a mulher.

Por isso, talvez, a natureza peculiar das mulheres na ficção, os extremos impressionantes de beleza e horror, a alternância entre bondade celestial e depravação demoníaca — porque assim as enxergaria um amante, conforme seu amor aumentasse ou diminuísse, é próspero ou infeliz (WOOLF, 2014, p. 119-120).

Da beleza e horror, da bondade e depravação; cada época, e cada um, inventa, portanto, a sua maneira de dizer o que é uma mulher. Investigar a estrutura desses discursos é fundamental para entender de que maneira eles são tecidos, por que algumas significações insistem e quais são os seus efeitos. As teorias feministas há tempos se debruçam sobre essa questão. Gayle Rubin, por exemplo, em *Tráfico de mulheres* (1975), propõe uma longa reflexão através de uma análise dos trabalhos de Marx, Lévi-Strauss e Freud sobre a questão da gênese da opressão e subordinação social das mulheres. Simone de Beauvoir, em *O segundo sexo* (1949), faz uma pesquisa inédita sobre os diversos *discursos*, ao longo da história, acerca das mulheres em contraposição ao que ela descreve como a *experiência* de ser mulher.

Nesse sentido, conquistar a emancipação da mulher e, por consequência, produzir também aberturas para os homens, é destrinchar a estrutura dos discursos que pretendem encerrá-los em algumas significações que são tomadas como naturais.

Para isso, pretendemos abordar nesse texto as contribuições da psicanálise e, ao mesmo tempo, implicá-la nos efeitos de seu próprio discurso. Se ela tem um caráter subversivo, isso não implica necessariamente que sempre terá. Por um lado, são conhecidas as críticas à teoria psicanalítica que contribui para a formulação de novas ficções que alienam a mulher em discursos movidos por paixões e preconceitos; por outro, ela é a possibilidade de subverter lógicas de dominação e alienação, possibilitando que as mulheres se posicionem de outras formas no discurso.

Aqui lembramos as seguintes palavras de Virginia: "de qualquer forma, quando o assunto é controverso — e qualquer questão que envolve sexo é — não se pode esperar a *verdade*... Só se pode dar ao público a oportunidade de tirar as próprias conclusões ao observar as limitações, os preconceitos, as idiossincrasias do palestrante. É mais provável que a ficção contenha mais verdade que o fato" (2014, p. 13).

∽

Com o tema "mulheres e ficção" acompanhamos, então, Lacan em *Diretrizes para um congresso sobre a sexualidade feminina*, de 1960. Nesse texto, encontra-se uma afirmação bastante precisa: "as imagens e símbolos *na mulher* não podem ser isolados das imagens e símbolos *da mulher*" (LACAN, 1995, p. 737). Ou seja, o que se diz sobre as mulheres, os discursos e representações sobre a mulher, recaem e têm efeitos na própria experiência de ser mulher. Anos depois, ao retomar esse texto de Lacan, Colette Soler (2006) escreve que, quando as feministas denunciam a coerção original que as imagens e símbolos de uma cultura exercem sobre as mulheres, elas não estão erradas. Para ela, a partir disso, é necessário entender que a mulher é uma invenção *histórica* da cultura, e que, portanto, muda de feição conforme as épocas.

Dez anos antes de Lacan fazer essa afirmação, Simone de Beauvoir já havia publicado o livro *O segundo sexo*. A partir de uma extensa pesquisa, Beauvoir divide sua obra em dois volumes. No primeiro, intitulado *Fatos e Mitos*, a filósofa retoma os discursos criados sobre as mulheres através da história, mitos e produções teóricas. No segundo volume, *Experiência Vivida*, Beauvoir discorre sobre a experiência de ser mulher a partir também dos efeitos desses discursos, abordando desde a infância até a vida adulta. De sua obra, entre outras conclusões, poderíamos chegar também à de Lacan: "as imagens e símbolos na mulher não podem ser isolados das imagens e símbolos da mulher."

Com esse livro, de amplo valor para as lutas feministas, Simone de Beauvoir desvela as construções sociais sobre as mulheres para desnaturalizar esses discursos. Mais ainda, ela escreve sobre a experiência de ser mulher: que não se reduz às construções sociais, mas se realiza também através de seus efeitos. Para Beauvoir, os discursos sociais reforçariam as dificuldades para as mulheres adentrarem os espaços públicos. O que implicaria em maiores barreiras para conseguirem experimentar as possibilidades de sua existência para além de uma vivência alienada em pré-determinações, contrapondo-se ao que ela chama de transcendência. Para a autora, as mulheres estariam situadas como Outro, ou seja, como objeto e não como sujeito do discurso. Em relação a isso, questiona:

(...) como tudo começou? Compreende-se que a dualidade dos sexos, como toda dualidade, tenha sido traduzida por um conflito. (...) Resta explicar como o homem venceu desde o início. (...) Por que este mundo sempre pertenceu aos homens e só hoje as coisas começaram a mudar? Será um bem essa mudança? Terá ou não uma partilha igual entre homens e mulheres? (BEAUVOIR, 1970, p. 15).

Sobre esse tema, a psicanalista Juliet Mitchell escreveu o livro *Psicanálise e feminismo*, em 1979. Nele a autora afirma que:

A longevidade da opressão das mulheres não é trivial nem historicamente transitória; para se manter de forma tão efetiva, ela percorre a corrente mental e afetiva. Pensar que isto não deveria ser assim não implica que já não seja mais assim (MITCHELL, 1979, p. 381).

Em concordância com essa leitura, Michelle Perrot, uma das pioneiras do movimentos de historiadores a propor uma historiografia das mulheres, ressalta a dificuldade deste trabalho. Para ela, há muitos obstáculos. Para se escrever uma história, são necessárias fontes, documentos, vestígios e registros. No caso das mulheres, segundo Perrot, esses dados foram frequentemente destruídos e apagados, permanecendo poucos vestígios. Para ela, o silêncio das mulheres foi reiterado através dos tempos pelas religiões, pelos sistemas políticos e pelos manuais de comportamento. Como a autora destaca:

aceitar, conformar-se, obedecer, submeter-se e calar-se. Este mesmo silêncio, imposto pela ordem simbólica, não é somente o silêncio da fala, mas também o da expressão, gestual ou escriturária (PERROT, 2005, p. 10).

Cabe então perguntar, sobretudo: como as mulheres responderam a isso? Segundo Perrot: de forma mais ou menos silenciosa. Foi necessário ir aos diários, procurar nos registros fora da história "oficial" as marcas e vestígios deixados pelas mulheres. É justamente nesse contexto cultural de silenciamento que é fundamental, então, compreendermos o que significa o surgimento da psicanálise, que se deu no encontro entre Freud e as pacientes histéricas.

"Fique quieto!" "Não diga nada!" "Você vê, realmente não durmo, não sou hipnotizável". Falas assim, de Anna O., Emmy von N., Lucy R., Katharina e Elizabeth von R., entre outras, questionaram o saber médico de sua época, e sensivelmente, ouvindo o que suas pacientes lhe diziam, Freud inventou um novo método — a psicanálise — na passagem do século XIX para o XX, a partir da histeria e do que era dito por cada uma.

Mitchell afirma, em *Loucos e Medusas* (2006), que a palavra "histeria", no entanto, é bem anterior à psicanálise. Ela surgiu no século V a.C. e, ao longo da história, significações diversas foram formuladas a seu respeito, como doença no útero causada por viuvez, abstinência sexual, loucura, bruxaria, e possessões demoníacas. Os tratamentos incluíam fumigação de ervas na vagina, exercícios físicos intensos, casamento e até mesmo fogueira e exorcismo.

Mais tarde, a partir do Renascimento, a histeria passou a ser compreendida como uma desordem no cérebro. No século XIX, com Charcot, foi considerada doença neurológica. Havia a concepção de que a histeria poderia ser compreendida e "domada" pelo saber médico.

Com a invenção da psicanálise operou-se, então, uma inversão marcante: foi proposto o saber no lugar da paciente/analisante, e não mais do médico/analista. Para Freud, a partir disso, os sintomas de suas pacientes não eram mais lidos como manifestações a serem domadas, mas dizeres a serem escutados sobre os conflitos entre os desejos e a moral sexual de cada época.

No entanto, para Mitchell, apesar dessa inversão, a palavra "histeria" ainda carrega o peso dos preconceitos e paixões de sua história e, nesse sentido, é necessário estarmos advertidos, pois, segundo ela: "a histeria às vezes é um diagnóstico, mas às vezes é só um insulto" (2006, p. 23).

Então, perguntamos: as diversas significações atribuídas à palavra "histeria" teriam sido deixadas de lado ou ainda produzem efeitos na psicanálise?

Para Beauvoir, a teoria freudiana ainda é atravessada por uma história de dominação masculina. A autora afirma que a psicanálise freudiana toma o masculino como norma e o feminino como derivação deste, o que podemos pensar com a pergunta de Freud "O que quer uma mulher?", ou mesmo quando ele compara a mulher a um continente negro.

Sobre isso, Maria Rita Kehl comenta em seu livro *Deslocamentos do feminino*:

cada vez que um psicanalista, depois de Freud, sustentar que existe um ponto impossível de se desvendar sobre o querer das mulheres, devemos lhe responder, como Sócrates: "indaga-te a ti mesmo"... pois só o que um homem recusa a saber sobre o seu desejo é capaz de produzir o mistério sobre o objeto ao qual ele se dirige, o desejo de uma mulher (2008, p. 14).

Sabemos que os impasses de Freud na produção de sua teoria foram muitos. Acompanhamos o desenrolar de seu pensamento através de seus textos e, especialmente, dos casos clínicos que publicou. Num tempo cuja norma era o silêncio, Freud produziu uma ruptura com a invenção da psicanálise. Criou um espaço e uma escuta para que as histéricas pudessem fazer falar o seu sexo, seus conflitos. No entanto, ainda que ele tenha finalizado sua obra deixando a feminilidade como uma questão em aberto, são conhecidas as passagens em sua teoria sobre a "inferioridade orgânica" da menina, a inveja do pênis, o superego frágil, assim como as três saídas da sexualidade feminina priorizando a maternidade como saída normal, o que gerou grandes debates entre feministas e psicanalistas.

Sobre essas teses, há diversas leituras. Algumas feministas consideram que, com elas, Freud disponibilizou ferramentas importantes para uma análise do patriarcado, outras defendem que ele reproduziu a lógica patriarcal ao desenvolver tais ideias. Para Gayle Rubin (2017), há uma tensão na medida em que a psicanálise traz ferramentas conceituais fundamentais para descrever a vida social e a opressão que incide sobre as mulheres, ainda que Freud não tenha reconhecido as implicações nem as críticas implícitas que sua obra poderia produzir.

Essa ambiguidade é bastante presente nas leituras atuais dos textos freudianos. O conceito da inveja do pênis, por exemplo, retorna constantemente para os debates. Por alguns, ele é lido como a reafirmação de Freud de uma suposta superioridade masculina da qual as mulheres teriam inveja, para outros, ao contrário, é o reconhecimento da desigualdade de direitos e da dominação dos homens sobre as mulheres. Para Rubin, a teoria freudiana mantém essa tensão. Ela pode ser lida como uma teoria que racionaliza a subordinação das mulheres sem fazer qualquer crítica, favorecendo os preconceitos e paixões. Por outro lado, ela produz uma descrição valiosa dos processos de subordinação da mulher e que são fundamentais para seu combate.

Desta forma, nos deparamos com um paradoxo que, como todo paradoxo, nos faz trabalhar: a psicanálise que Freud inventou pode ser tomada ao mesmo tempo como subversão e adequação. Aqui cabe, então, a questão que Colette Soler (2006) propõe: em que medida a psicanálise escapa ou participa aos preconceitos relativos ao sexo?

No texto *Diretrizes para um congresso sobre a sexualidade feminina*, já citado acima, Lacan nos aponta:

(...) talvez esta seja uma oportunidade de distinguir entre inconsciente e preconceito, quanto aos efeitos do significante. E de reconhecer, ao mesmo tempo, que o analista está tão exposto quanto qualquer outro a um preconceito relativo ao sexo, a despeito do que lhe revela o inconsciente (1995, p. 740).

É necessário, portanto, estarmos advertidas. O sujeito histérico, ao falar de seu desejo, fala de si. Mas, não só e não tudo. Fala também do que supõe ser a causa do desejo do Outro. Estaríamos, portanto, atentos a essa dialética do desejo na clínica? É nesse sentido que Colette Soler afirma que, ao escutar suas pacientes histéricas, Freud foi instruído sobre a causa do desejo masculino e como elas se localizavam nele. Segundo a autora, o que se diz da mulher é enunciado do ponto de vista do Outro e se refere mais à sua aparência do que ao seu próprio ser — permanecendo este, portanto, elemento foracluído do discurso.

Virginie Despentes, autora de *Teoria King Kong* (2016), é precisa ao destacar, nesse sentido, que no campo político por muito tempo o desejo foi de domínio masculino; e da mulher nada se quis ouvir. Segundo ela, nessa lógica, aquilo que é verdade para o homem se desloca para se impor como verdade à mulher — estigmatizando sua sexualidade.

É a isso também que Colette Soler faz alusão ao trazer a questão do masoquismo na mulher e indagar se essa seria uma fantasia do desejo do homem:

(...) a mulher é definida unicamente pelas vias de sua parceria com o homem e a questão é saber quais são as condições inconscientes que permitem a um sujeito consentir nisso ou não (2006, p. 26).

Mas, trata-se, então, de ser apenas objeto de desejo do outro na histeria? Como isso é escutado? O que da histeria faz história? O que da história retorna na histeria?

Aqui resgatamos um neologismo proposto por Lacan: *hystoria* — a conjunção em uma palavra entre história e histeria. Sabemos que os sintomas histéricos estão sujeitos à sua época, mas pouco reconhecemos o que da história deve ser atribuído à histeria.

É fundamental, portanto, destacar a histeria como uma das formas de responder e lidar, ao longo dos séculos, com o mal-estar da feminilidade. Uma das formas de apontar as ficções criadas sobre a feminilidade, mas também de buscar inventar outras. Emilce Dio Bleichmar (1988) defende que a histeria é o sintoma da estrutura profundamente conflitiva da feminilidade em nossa cultura, testemunhando o caráter desvalorizado de sua identidade de gênero.

Tendemos a pensar que a histérica se interroga sobre se ela é homem ou mulher. No entanto, é sobre o poder, a valorização e as formas de reconhecimento que ela se interroga. Não é à diferença entre os sexos que ela reage, mas à desigualdade.

Haveria então, segundo Bleichmar, um feminismo espontâneo próprio à histeria que consiste numa reivindicação, ainda que turbulenta, de uma feminilidade que não se reduza à sexualidade, a ser objeto do desejo do Outro. Segundo ela, essa dimensão, o feminismo espontâneo da histeria, permanece como ponto cego para a cultura, para o teórico, para a mulher e para o próprio analista.

Ora, mas não é justamente sobre isso que opera uma análise, produzir tensionamentos, desvelamentos, travessias e (re)invenções na posição do sujeito e seus pontos cegos? No suposto encontro entre certa moral sexual e a própria sexuação do sujeito?

Sabemos desde Freud que a sexuação é pulsional e perverso-polimorfa, o que implica, necessariamente, um desencontro de cada sujeito com a moral sexual de cada época. Também sabemos que não é fora disso que os sujeitos se constituem. Deixamos, então, como questão, para continuarmos avançando: como trabalhar as tensões entre uma teoria que fura o suposto encontro entre sujeito sexuado e a moral sexual de sua época, mas ao mesmo tempo é atravessada por ela?

Para finalizar, lembramos aqui da sagacidade de Virginia Woolf quando ela diz que uma das maneiras de se pensar a relação entre mulher e ficção é falar da ficção que escrevem sobre elas... Mas também das ficções que elas mesmas podem escrever.

BIBLIOGRAFIA

BEAUVOIR, Simone. *O segundo sexo – fatos e mitos*. Difusão Européia de Livros: São Paulo, 1970.

BLEICHMAR, Emilce Dio. *O feminismo espontâneo da histeria*. Editora Artes Médicas: Rio Grande do Sul, 1988.

BREUER, Josef; FREUD, Sigmund. (1893–1895) "Estudos sobre a histeria". Em: *Edição Standard Brasileira das Obras Psicológicas Completas de Sigmund Freud, v. 2*. Rio de Janeiro: Imago, 1996.

DESPENTES, Virginie. *Teoria King Kong*. n-1 edições: São Paulo, 2016.

FREUD, Sigmund. (1923) "A organização genital infantil: uma interpolação na teoria da sexualidade". Em: *Edição Standard Brasileira das Obras Psicológicas Completas de Sigmund Freud, v. 19*. Rio de Janeiro: Imago, 1996.

_____. (1924) "A dissolução do complexo de édipo". Em: *Edição Standard Brasileira das Obras Psicológicas Completas de Sigmund Freud, v 19*. Rio de Janeiro: Imago, 1996.

_____. (1925) "Algumas consequências psíquicas da distinção anatômica entre os sexos". Em: *Edição Standard Brasileira das Obras Psicológicas Completas de Sigmund Freud, v 19*. Rio de Janeiro: Imago, 1996.

_____. (1932–1933) "Conferência XXXIII Feminilidade". Em: *Edição Standard Brasileira das Obras Psicológicas Completas de Sigmund Freud, v 22*. Rio de Janeiro: Imago, 1996.

KEHL, Maria Rita. *Deslocamentos do Feminino*. Rio de Janeiro: Imago, 2008.

LACAN, Jacques. *Escritos*. Rio de Janeiro: Jorge Zahar, 1995.

MITCHELL, Juliet. *Loucos e Medusas*. Rio de Janeiro: Editora Civilização Brasileira, 2006.

_____. *Psicanálise e Feminismo*. Belo Horizonte: Interlivros, 1979.

PERROT, Michelle. *As mulheres ou os silêncios da história*. Bauru: Edusc, 2005.

RUBIN, Gayle. *O Tráfico de Mulheres*. São Paulo: Ubu Editora, 2017.

SOLER, Colette. *O que Lacan dizia sobre as mulheres*. Rio de Janeiro: Jorge Zahar, 2006.

WOOLF, Virginia. *Um teto todo seu*. São Paulo: Tordesilhas, 2014.

Freud e o conhecimento-do-corpo: viajando pelos limites da linguagem através da angústia[*]

ANA CAROLINA MINOZZO[†]

Uma das principais críticas feita por Gilles Deleuze e Félix Guattari ao projeto da psicanálise em sua influente obra de dois volumes *Capitalismo e Esquizofrenia*, de 1972 e 1980 respectivamente, trata das políticas reacionárias da clínica psicanalítica, desde seus arranjos institucionais até a política de seu pretenso sujeito. Poderíamos argumentar, talvez, que ela não é uma intervenção direta ou exclusivamente feminista no modelo psicanalítico e em suas ligações aos arranjos patriarcais de poder no laço social e na vida psíquica; *O anti-Édipo* consegue, porém, desafiar muito claramente um problema que é relevante ao nosso debate: a questão do "excesso" à luz da "castração". Excesso, nesse caso, entendido tanto como aquilo que excede o significado e também como o que se acumula na forma de "energia libidinosa" e o mecanismo de seus destinos de acordo com Freud, pós-freudianos e Lacan. O que é descrito como um inconsciente "molar" e "neurótico", em forma de árvore, é celebremente contrastado com um outro,

---

[*]. Tradução de Alexandre Cleaver e revisão de Alessandra Affortunati Martins.
[†]. PHD Researcher no Department of Psychosocial Studies da Birkbeck, University of London e mestre e graduada em Psychosocial Studies e Psychoanalytic Psychology, respectivamente, pela mesma universidade. Sua pesquisa cruza os campos das humanidades médicas, filosofia continental e teoria psicanalítica em relação aos diagnósticos e experiências de ansiedade dentro e fora da clínica. Desde 2013 atua como professora de Estudos Culturais e Teóricos na University of the Arts London além de contribuir com diversas revistas e periódicos brasileiros e internacionais de artes, moda e cultura. Também dedica-se à formação clínica em Psicanálise no Centre for Freudian Analysis and Research (CFAR), em Londres, no Reino Unido, onde é Trainee Psychoanalyst.

"molecular" e "rizomático" e, portanto, múltiplo e desprendido de uma versão lapidada pelo simbólico, que seria assegurada pelo que Lacan chama de a "função paterna" do pai castrador de Édipo.

A resolução do Édipo freudiano foi absorvida pelo estruturalismo lacaniano. Portanto, ao invés de sua dissolução resultar no Super-Ego, Ego e Id, passa-se a falar de linguagem e dos efeitos do significante no mítico sujeito pré-Simbólico — aquele representado pelo delta no canto inferior direito do Gráfico Lacaniano do Desejo.[1] Dessa forma, a entrada no Simbólico tem um efeito estruturante similar a um convite à neurose. Em caso de falha, ou de qualquer alternativa a participar da "civilização e seus mal-estares", encontramos a psicose. Todavia, em relação a esse ponto — a primazia dessa entrada no Simbólico para a formação do sujeito lacaniano, do inconsciente e de suas estruturas relevantes —, não podemos nunca nos esquecer a postura claramente não patologizante, e por isso radical em seus próprios termos, em relação a essas consequências, ou a relação não hierárquica entre neurose e psicose. No entanto, essa investigação filosófica do sujeito psicanalítico aqui nos leva à seguinte questão: há qualquer coisa para além da psicose fora dessa concepção patriarcal das possibilidades do sujeito?

E aqui, sem perder de vista o potencial radical de Freud (e de Lacan), conforme Juliet Mitchell expôs de modo pungente e sucinto em *Psychoanalysis and Feminism* (1974), podemos considerar a psicanálise simplesmente como uma "descrição" e não como uma "prescrição". Ela nos ajuda a identificar "as ferramentas do mestre", por meio das quais podemos tentar desmantelar, ou pelo menos sacudir, a casa do mestre. Assim, o que proponho neste capítulo é que, sim, há muito para além da psicose, algo que escapa à linguagem, e através da experiência do afeto da angústia estamos em contato com esse excesso, que é tanto radical e expansivo quanto paralisante e penoso. Esse "excedente" na angústia marca o ritmo do que Deleuze e Guattari chamaram de "devires". Angústia, como veremos a seguir, é o que persiste, insiste

---

1. Cf. LACAN, 1960.

e se abre a uma possibilidade na experiência subjetiva, emergindo diretamente do corpo enfrentando os limites da linguagem.

Para chegarmos a esse entendimento, porém, devemos traçar as diferentes ideias de Freud em relação à angústia em suas diversas obras, uma leitura que busca resgatar um certo "conhecimento-do-corpo" das garras da linguagem, Édipo e o Simbólico; portanto, do patriarcado e de seus aliados ideológicos. Tal empreitada passa por recuperar o "excedente" afetivo de Espinoza, notavelmente uma influência importante para o pensamento deleuziano e guattariano, nos primeiros escritos de Freud, lançando a pergunta "o que pode fazer um corpo" a esses textos em relação à angústia. Essa leitura também ilumina os ensinamentos derradeiros de Lacan e, portanto, atribui um potencial político à ubíqua e necessária experiência da angústia. Uma experiência central não apenas para o desenvolvimento da própria psicanálise, mas também para o diagnóstico psiquiátrico no século xx e para o arranjo psicopolítico do pós-capitalismo contemporâneo.

UM RETORNO AO FREUD DOS PRIMÓRDIOS

Em junho de 1983, Guattari participou de um colóquio em Cerisy, França, sobre o trabalho do físico-químico Ilya Prigogine, em que apresentou um trabalho intitulado "Energética Semiótica". Tal estudo fez parte de seu livro *Cartografias Esquizoanalíticas*, de 1989, e marca o que Watson (2011) apontou como sendo seu "retorno a Freud" via uma formulação um tanto críptica da energética. Central ao seu argumento é o entendimento de que os textos iniciais de Freud davam mais ênfase ao fator "energético" de uma "energia libidinal" essencial, que foi jogada para escanteio em sua segunda topografia. Nesse sentido, o que o projeto de Freud vislumbrava, escreve Guattari, era "estabelecer vias de passagem entre a libido sexual e os efeitos de sentido significado [...] [em] sua hipótese inicial de uma energia cujos efeitos seriam ao mesmo tempo físicos e psíquicos" (GUATTARI e ROLNIK, 1996, p. 267). Contudo, tais metáforas de energia (que Guattari encontrou nos textos pré-psicanalíticos e nas cartas a Fliess) se perderam no segundo modelo da psique, resultando no que Guattari diagnosticou como "o movimento psicanalítico não para mais de submeter o conceito de energia libidinal aos mais diversos tratamentos, para tentar dominar o escândalo teórico do qual ele é portador" (1996, p. 267). Freud, pós-freudianos e também o estruturalismo lacaniano assim se comprometeram a "nada mais, nada menos de sua [energia libidinal] liquidação quase total sob forma de cadeia de significantes" (1996, p. 267). A ordem Simbólica, encarregada de construções sociais, subjetivas e epistemológicas do arranjo patriarcal colonial, dá consistência a uma clínica que é fundada sobre um excedente — o inconsciente — porém articulada por meio do próprio motor que absorve a ruptura, ou a potência do fluxo de devires desse próprio excesso.

Todavia, nem tudo estava perdido. Quando o assunto é angústia podemos perceber a forte presença desse fluxo libidinoso, com mais clareza nos primeiros textos de Freud, mas ainda favorecendo a posterior conceptualização da angústia e de sua função vis-à-vis à castração e do "perigo" — em que ainda há a presunção de um "caos" para além da linguagem. Essa investigação talvez tenha tornado Guattari um pouco menos cético em relação ao projeto psicanalítico. Nas cartas de Freud a Fliess escritas no século XIX, começando por aquelas conhecidas como rascunhos A e B, já podemos encontrar suas primeiras teorias sobre angústia, especificamente as diferenças entre o afeto "regular" da angústia e o caso da neurose de angústia. No rascunho A1 (1892), sexualidade e repressão formam suas hipóteses. Libido e um limite psíquico e corporal a essa "energia" estão em jogo quando se trata de angústia. No rascunho B, do ano de 1893, trabalhando em uma etiologia para a neurose, um *estado crônico* e um *ataque de angústia* são mencionados como duas manifestações diferentes de angústia, que podem se combinar como sintomas que giram em torno do corpo (i.e. hipocondria, agorafobia, etc.) e da *neurose sexual* (FREUD, Rascunho B, 1986, p. 39). Com isso, Freud está se referindo a eventos ou circunstâncias que interrompem algum tipo de fluxo "natural" da satisfação sexual, ao fato de ele não poder ser convertido em ideias (ou em um significante, como no caso da hipocondria, por exemplo) ou ainda ao fato de a angústia ligar-se a derivativos somáticos. Será, porém, apenas um par de anos depois que Freud irá elaborar em mais detalhes a equação da neurose, sexualidade, repressão e angústia.

Em uma breve carta de 1894 intitulada Rascunho E, Freud conduz seu amigo através de seu raciocínio explorando especificamente a neurose de angústia, que ele, primeiramente e durante as próximas décadas, compreende como ligada à sexualidade, ou a esse "acúmulo libidinoso" que busca ser descarregado. Ele escreve: "logo se tornou claro para mim que a angústia de meus pacientes neuróticos tinha muito a ver com a sexualidade; e, em particular, impressionei-me com a precisão com que o coito interrompido, praticado na mulher, leva à neurose de angústia" (FREUD, 1985, Rascunho E, p. 78). *Coitus interruptus*, que era uma prática comum à época, mais de meio século antes do surgimento da pílula contraceptiva, causava uma angústia particular, tanto em homens quanto em mulheres. No entanto, essa primeira observação logo pediu uma revisão, já que ele notou que a angústia surgia mesmo em casos em que não havia preocupação com uma possível gravidez. Um outro fator emerge em suas observações iniciais que terá uma certa importância em suas teorias sobre angústia, que é a de sua conexão com o corpo físico, nesse ponto ainda ligado somente à satisfação sexual, ou descarga "libidinosa".

Freud acompanhou uma variedade de casos em que sexualidade e angústia estavam conectados, coincidindo com "uma questão de acumulação ou de excitações físicas" (FREUD, Rascunho E, 1985, p. 79) que leva à angústia via um "desvio" de tal acumulação e de seu descarregamento, no qual a tensão acumulada se "transforma" em angústia. Dessa forma, há desde o princípio do seu entendimento um caminho se formando por meio de uma tensão física em excesso, um excedente, que é deixado insatisfeito via, e isto é muito importante, uma relação com um "outro" e seu contentamento; também fisicamente, mas por motivos que poderiam ou não ser físicos, e então acumulado e psiquicamente transformado em algo diferente — essa outra coisa seria a manifestação dos sintomas de ansiedade.

A essa altura dos escritos de Freud, angústia é claramente o recurso subjetivo para lidar com uma fonte interna de tensão que se encontra no corpo, o fluxo energético/libidinoso — energia sexual, fome, sede —

a diferença sendo que apenas coisas bem "específicas" podiam matar e satisfazer essas necessidades, prevenindo que voltassem a ocorrer nos "órgãos envolvidos" para cada necessidade. Muito antes de suas formulações sobre pulsões e zonas erógenas, ao traçar essa rota para a angústia, Freud ofereceu uma teoria interessante sobre o par psique-soma. Esse modelo conecta o corpo à psique por meio de um tipo de "limiar" que, quando alcançado, é capaz de empregar esse fluxo libidinoso psiquicamente, iniciando, em suas palavras, uma "relação com certos grupos de ideias, que então se põem a produzir as soluções específicas" (FREUD, Rascunho E, 1985, p. 80). A angústia surge através "da acumulação da tensão física e da prevenção do descarregamento na direção psíquica" (FREUD, 1894/ 1985, p. 82). Esse modelo "psico-físico", como ele o chama nesse momento, assemelha-se a um tipo de *conversão* em neurose de angústia comparável ao que ocorre na histeria. Nessa etapa, a articulação de Freud entre angústia e histeria sugere que na histeria uma excitação *psíquica* toma o caminho errado, adentrando exclusivamente o campo somático, enquanto na neurose de angústia é uma *tensão* física que "não pode ser transformada em afeto pela elaboração psíquica" (FREUD, Rascunho E, 1985, p. 82). O que vemos é uma relação dinâmica entre o "fluxo libidinoso" e "representativos", ou ideias, no modelo psico-soma, que Freud introduz nesses primeiros pensamentos. Uma "conversão" ocorre quando o excesso não consegue encontrar um terreno suficiente ou adequado na estrutura que lhe envolve. No caso da histeria, especificamente, há uma tradição estabelecida do pensamento feminista que identifica esse modo de conversão sob a ótica da histeria e dos sintomas da histeria como uma forma de protesto social contra o arranjo patriarcal (de CIXOUS, 1976 e MITCHELL, 2000 a WEBSTER, 2018 entre muitos outros). Em linguagem lacaniana, seria um caso relacionado aos limites explícitos do Simbólico em sua relação com o Real, tanto na histeria quanto na angústia. Nesta última, ocorre uma "conversão" que move o Real do corpo que não encontra lugar na experiência. Em outras palavras, o corpo fenomenológico do sujeito na cultura como experimentador de ressonâncias de um fluxo energético caótico e excessivo é evidente nas descrições iniciais de Freud sobre a angústia.

Muito do conteúdo da carta mencionada acima deu origem a um artigo expandido publicado mais tarde naquele mesmo ano, intitulado "Sobre os fundamentos para destacar da neurastenia uma síndrome específica denominada 'neurose de angústia'"(1894). O que ele adiciona nesse artigo é que, em muitos casos de neurose de angústia, o desejo sexual também diminui. A neurose de angústia, ele escreve, "é o produto de todos os fatores que previnem a excitação sexual somática de ser trabalhada psiquicamente. As manifestações da neurose de angústia aparecem quando a excitação somática que foi desviada da psique é gasta subcorticalmente em reações totalmente inadequadas" (FREUD, 1894, p. 109).[2] Ao parear, mais uma vez, os sintomas da angústia e os aspectos físicos de interações sexuais, Freud aponta precisamente para a função de um afeto "regular" de angústia, que opera como uma "proteção" contra algo externo que não pode ser gerido adequadamente, em oposição a uma forma mais "problemática" ou paralisante da neurose de angústia.

Na parte final de suas *Conferências Introdutórias*, Freud oferece um relato atualizado e objetivo sobre a angústia. A angústia realista está "vinculada a um processo de fuga, e é lícito considerá-la manifestação do instinto de autoconservação" (1917, p. 521), assim explicando uma manifestação um tanto consciente de angústia do corpo. Freud aponta que é o preparo para o perigo que aumenta o nível de atenção e capacidade motora de alguém, preparando-o para entrar em ação. A

---

2. Tendo em vista que as *Primeiras Publicações Psicanalíticas* de Freud ainda não tiveram, no Brasil, uma tradução feita diretamente do alemão, adotamos a tradução direta do texto de Ana Carolina Minozzo feita por Alexandre Cleaver que foi cotejada com o original alemão: "[...] zur Angstneurose aber führen alle Momente, welche die psychische Verarbeitung der somatischen Sexualerregung verhindern. Die Erscheinungen der Angstneurose kommen zustande, indem die von der Psyche abgelenkte somatische Sexualerregung sich subkortikal, in ganz und gar nicht adäquaten Reaktionen ausgibt" (Cf. <https://bit.ly/2mihv3k>). Podendo ser traduzido, por Alessandra Affortunati Martins, da seguinte forma: "chega-se à neurose de angústia, entretanto, em todos os momentos nos quais a elaboração psíquica da excitação sexual somática está impedida. A aparição da neurose de angústia ocorre quando a excitação somática, desvia-se subcoticalmente da psique, sendo gasta em reações inteiramente inadequadas."

angústia como "sinal" está dividida em dois momentos e "adequado naquilo a que chamamos angústia parece-me ser a prontidão, e inadequado o seu desenvolvimento" (FREUD, 1917, p. 522). Nossa percepção dessas manifestações de angústia, em lisura ou estriamento, leva Freud a tentar desvendar suas agora complicadas respostas à questão central da palestra: o que é exatamente a angústia?

E sua resposta é que a angústia é um afeto. Um afeto, por sua vez, na visão de Freud, é um conceito complexo que "compreende, em primeiro lugar, determinadas inervações motoras ou descargas; em segundo, certas sensações de dois tipos distintos: as percepções das ações motoras ocorridas e as sensações diretas de prazer e desprazer que dão o tom, como se diz, ao afeto" (1917, p. 523). Afetos, a partir desse ponto de vista, estão relacionados ao corpo e à psique, aproximando-se das percepções e sentimentos. O trabalho anterior de Freud sobre a neurose de angústia forma a base para suas explicações acerca de outro tipo de neurose de angústia, que "nos coloca diante de um mistério; nesse caso, perdemos de vista por completo a conexão entre a angústia e o perigo ameaçador" (1917, p. 430). Essa falta de correlação com algum perigo conduz Freud a algumas hipóteses, ao tentar conectar a angústia realista e a neurose de angústia; poderia haver algo que de fato "assusta" o paciente no cerne da neurose de angústia? Esse aspecto crucial, a ser desenvolvido mais tarde em seu texto de 1926 *Inibições, sintomas e angústia*, encontra sua primeira explicação aqui, resgatando as ideias anteriores de descarga da libido sexual. Sem se distanciar muito drasticamente de seus textos anteriores, Freud defende que "não é difícil constatar que a angústia expectante ou ansiedade [*Ängstlichkeit*] geral tem estreita vinculação com determinados processos da vida sexual, com certos empregos da libido, digamos" (1917, p. 531). E esse seria o caso nos mais variados contextos; mesmo quando a sexualidade está ligada a diferenças culturais, ele declara que "por mais que essas relações sejam alteradas e complicadas por influências culturais diversas, permanece válido para a média das pessoas o vínculo existente entre angústia e restrição sexual" (1917, p. 533). No final, essas observações o levaram a concluir que "são duas as impressões que se adquire de todos esses fatos: em primeiro lugar, a de que se trata de uma acumulação da libido impedida de ter seu emprego normal; em segundo, a de que nisso nos encontramos no terreno dos processos somáticos" (1917, p. 533).

Embora as neuroses de angústia e realista como diferentes "categorias", propostas por Freud nesse texto, possam ter origens diferentes, sendo a primeira relacionada à "libido empregada de maneira anormal" e a última "uma reação ao perigo", no modo como tais angústias são sentidas não há distinção, pois o que é "real" ou "perigoso" são categorias complexas ao se tratar do inconsciente... essa pergunta aberta é retomada nas décadas seguintes, quando Freud trabalha com o conceito de "angústia de castração". É necessário também introduzir outro fator que Freud adiciona: o das oposições entre ego e libido. O ego está sendo confrontado por um "chamado" libidinoso interno, e começa a surgir como garantidor de certa estabilidade psíquica ao final da conferência de Freud, que termina com o debate entre angústia e repressão. Ele questiona "o que se passa com o afeto vinculado à ideia reprimida" (FREUD, 1917, p. 542) e responde que "o destino imediato desse afeto é ser transformado em angústia, qualquer que seja a qualidade que ele mostre em sua evolução normal" (1917, p. 542). Tal "descarga" em angústia daquilo que estava reprimido também segue uma rota particular nas fobias, um pouco diferente daquela que acompanha os casos de outras neuroses. Esse "restante" aparece descrito no caso mais famoso de fobia diagnosticado por Freud, o do Pequeno Hans, publicado em 1909, que delineia que parte do excesso do "fluxo libidinoso" que não foi capturado pela conversão em angústia não será desviado ao objeto mesmo em casos de fobia. Nesse sentido, a angústia surge claramente para nós como um "excedente" — ou um excesso daquilo que Freud nomeou "libido", que não acha e não consegue achar espaço total e completo para ser satisfeito ou canalizado no corpo (com sexo, comendo, bebendo, ou outros aspectos do círculo de necessidade e desejo, o que mais tarde será nomeado "pulsão") nem em representações, ou palavras e Simbolização.

Ao invés de debater as possíveis ressonâncias que conectam a angústia e a ideia de castração que irá marcar a teoria final de Freud para a angústia, e também oferecer um ponto de partida para *O seminário livro 10* de Lacan sobre o tema, devemos, antes disso, desembaralhar suas ideias em relação ao tópico do "excesso", lido através de suas formulações sobre angústia. O excedente, como essa energia libidinosa excessiva que tanto Freud quanto Guattari reconhecem estar no cerne de seus modelos ontológicos, é o que está acumulado, descarregado, convertido ou transformado, nos escritos de Freud sobre angústia que datam do final dos anos 1890 até o início da década de 1920. Para responder por que essa leitura do "excedente" de energia libidinosa em jogo no tema da angústia é "melhor" ou mais interessante como desafio feminista às vigas estruturais patriarcais da psicanálise, devemos viajar de volta à ontologia de Espinoza, tão influente para Deleuze e Guattari.

UM EXCESSO AFIRMATIVO

Os princípios de sua esquizoanálise e a conceptualização do desejo como produção romperam com o foco no "indivíduo", favorecendo uma "economia coletiva, de agenciamentos coletivos de desejo e de subjetividade que, em algumas circunstâncias, alguns contextos sociais, podem se individualizar" (GUATTARI e ROLNIK, 1996, p. 232). Essa visão intrinsicamente política do desejo, do inconsciente e da subjetividade foi frutuosa às pensadoras feministas. Acadêmicas feministas têm mergulhado no trabalho de Deleuze e Guattari e em seu modelo esquizoanalítico para desafiar a ideia psicanalítica de que a linguagem, ou o Simbólico, seja estruturante. Bracha Ettinger (2006), por exemplo, apresenta uma matriz afirmativa, ou generativa, para a variação subjetiva em sua "metramorphosis", presente em suas pinturas e prática clínica. Elizabeth Grosz e Rosi Braidotti, por outro lado, dão corpo às bases filosóficas para uma compreensão afirmativa do desejo em debates sobre os conceitos ontológicos, éticos e políticos que permeiam a subjetividade, a materialidade, os discursos biológicos "científicos" e a tecnológica.[3]

O que aqui proponho, como um pequeno gesto neste debate, porém, é mapear as possibilidades que o monismo de Espinoza oferece e,

---

3. Cf. GROSZ, 2008, 2017; BRAIDOTTI, 2017.

ao mesmo tempo, uma possível conexão transindividual presente em seu *Ética*, publicada postumamente e pela primeira vez em 1677. Ou até mesmo um elo político ou coletivo no entendimento dos afetos, sintomas e formação subjetiva que está presente na ontologia de Espinoza — conforme discutido, por exemplo, por Chiara Bottici (2017) em relação ao anarcofeminismo. Um ziguezague entre sujeito, afeto e condições de subjetividade, estruturados pela ideologia presente no laço social, está presente em leituras psicossociais ou críticas da psicanálise, nas quais o entendimento de uma "verdade subjetiva" ocorre na formação do sintoma e de sua singular função. Entretanto, para além de um foco estrutural no significado e no desvelamento do sintoma, as bases "energéticas" para uma fonte corporal da angústia, delineadas por um incipiente Freud, enxergam a angústia como um afeto do excedente: ela emerge quando algo na experiência material do corpo, ou no reino das "ideias", limita o fluxo de energia libidinosa que caracteriza a vida do corpo (sob uma ótica bergsoniana de uma "vida" ser uma tendência que "'desembrulha' aquilo que está embrulhado na matéria" [GROSZ, 2007, p. 295]).

A concepção de Espinoza da natureza, da existência humana e da mente está detalhada em seu *Ética*, em que sua visão acerca de uma substância infinita (que ele chama de Deus) que está constantemente se modificando e que possui diferentes atributos abre caminho para um debate sobre as possibilidades e o fluxo da dita substância e as diferenças dos tais atributos. Na Parte I, Proposição V, Espinoza afirma que "não pode haver no universo duas ou mais substâncias que possuam a mesma natureza ou atributo". Nesse sentido, a natureza é compreendida em seus valores distintivos, não de substâncias diferentes *per se* (conforme ele explica em Nota à Proposição X, Parte I "há apenas uma substância no universo, e ela é absolutamente infinita") mas de seus diferentes modos. Enquanto Deus é uma infinidade de possibilidades, um corpo é um "modo finito" de expressão dessa substância (Parte II, Def. I.). Esse foco em "valores distintivos" e, portanto, em um desequilíbrio como uma necessidade estrutural, é o que permite a Espinoza iluminar essa complicada relação entre "mente" e "corpo" (KORDELA, 2007). Seu monismo não tratou de simplesmente limpar o terreno de qualquer diferença; na verdade, ele fala de "pensamentos" e "corpos" como diferentes em atributos e natureza, ou seja, em "valor". Um excedente, nesse arranjo distintivo, está evidente na seguinte passagem da Parte I, Definição II: "Diz-se finita em seu gênero aquela coisa que pode ser limitada por outra da mesma natureza. Por exemplo, diz-se que um corpo é finito porque sempre concebemos um outro maior. Da mesma maneira, um pensamento é limitado por outro pensamento. Mas um corpo não é limitado por um pensamento, nem um pensamento por um." Nesse sentido, algo da existência do corpo não pode ser capturado pelos pensamentos, da mesma maneira que os pensamentos não encontram representação completa no corpo. Essa interpretação conceitual bem simples de um "excedente" quando se trata do sujeito como um "ser" de valores concomitantemente dissonantes dialoga com a concepção freudiana inicial da angústia como um excesso que não encontra terreno nem no "corpo" e nem na "mente".

Esse conceito de excedente também adiciona uma outra camada de complicações à noção de um "excesso" imanente à linguagem, ou ao Simbólico nos trabalhos iniciais de Lacan. Acadêmicos lacanianos, notadamente Žižek (1992) — que, na realidade, também não é chegado à filosofia deleuziana —, dão ênfase a como a psicanálise não deveria acatar a reclamação do paciente por seu valor aparente (um argumento justo e radical, especialmente em se tratando de práticas terapêuticas que rejeitam o inconsciente e servem bem à ideologia hegemônica do capitalismo tardio contemporâneo). Ao invés disso, a psicanálise deveria procurar pelo "excesso" de significado naquilo que o paciente veio dizer, ou o "excedente do que é efetivamente dito, não a mensagem planejada, mas a mensagem em sua forma verdadeira, invertida" (KORDELA, 2007, p. 7). Essa versão do Real, nas palavras de Lacan, dispensando-se a contestação feita pela literatura contemporânea acerca de seus escritos tardios,[4] ainda atribui à psicanálise um modo de interpretação dos sintomas que pode ser radical na forma de "um novo modo de semiotização da subjetividade", inaugurado pelo trabalho de Freud com pacientes diagnosticadas como histéricas, mas

---

4. Cf. MILLER, 2003; SOLER, 2014.

que ainda precisa de novas rupturas "com os universos de referência" (GUATTARI e ROLNIK, 2007). Ir para além da "interpretação" significa, para Guattari, ir para além do "poder" de um analista e também das "palavras", significando embarcar em "revoluções analíticas" que rompem com "modos estratificados de subjetivação" pré-determinados, ou pré-gravados, que não estão apenas ligados ao encontro clínico. Ele escreve sobre esse radical compromisso com o excedente como sendo parte de "modos de ruptura assignificante, que apareceram simultaneamente na literatura, no surrealismo, na pintura, e aí por diante" (GUATTARI e ROLNIK, 2007, p. 381).[5] Ao invés de um "resto" ao que podemos "pensar" sobre, esse excesso na angústia poderia ser pensado em relação ao que Guattari chamou de "caos".

Ser "um corpo" é uma realidade que se apresenta em constante tensão entre a acumulação e fluxo "caótico" de energia libidinal e o que lhe controla, ou permitindo que emerjam novas conjunções ou estabelecendo um limite. O contorno de um corpo marcado por palavras; palavras de um reino Simbólico estruturado dentro de um *modus operandi* colonial e patriarcal sugeririam uma circularidade das repetições sob a lógica da pulsão de morte. Para que tal fluxo libidinoso, evidente nos primeiros textos de Freud e tão estimado por Guattari, possa transmitir um caráter afirmativo, o que deve ser redefinido é precisamente o mítico estado pré-subjetivo que Lacan — e não Freud — assentiu ser uma "negatividade" (ao menos nos trabalhos do princípio e metade da sua vida). É a influência de Hegel na consideração do tempo e da história que favoreceu a posição privilegiada de um Simbólico que não poderia se alterar efetivamente, assim limitando as próprias noções de criatividade, singularidade, potência e afirmação (Braidotti, 2017). Ao contrário do que creem leituras superficiais, o elemento espinozista do projeto de Deleuze e Guattari não estava oferecendo em seu lugar uma visão do sujeito como tendo um "reservatório de positividade" no começo, que então é "perdido" ao se deparar com a ordem louca-má-triste edipal capitalista. Na elaboração de Guattari

---

5. Essa passagem não foi encontrada na versão brasileira da publicação, de modo que mantivemos a tradução direta feita por Alexandre Cleaver.

da noção de "caos", encontrada em *Caosmosis*, de 1992, e na coleção *Chaosophy*, de 1995, vemos essa "energia libidinal", que Freud percebe estar flutuando pelo corpo em seus primeiros textos sobre angústia, não como um "início gerador", mas como um meio, um fluxo que rompe com a dualidade corpo/palavra e se foca no "limiar". Uma tensão, um limiar, uma zona de inventividade, transformação; e a criatividade é, nesse sentido, do nível do "caos".

Aqui, a escolha espinozista revela então que a "afirmação" é uma questão de diferença, do excedente gerado no "meio", no decorrer da vida, ao invés de um poder que ali estava e então é "perdido" pela nossa entrada na cultura. Nesse sentido, meu foco na angústia como sendo o afeto da afirmação (portanto, diferença e transformação ao invés de repetição e resistência) dialoga com o tópico de encontrar na melancolia e, portanto, no "luto fracassado", uma identificação com o que está perdido como um modo de resistir ao poder. O trabalho de Butler (1997) em *A vida psíquica do poder* (que traça fronteiras entre Hegel, Nietzsche, Freud e Foucault) pressupôs uma certa linearidade de tempo, mesmo se em uma forma "ideal". Também radical em sua crítica à opressão identitária, o foco na "perda" — ou daquilo que ali estava e foi perdido, ou até mesmo considerando a perda do "poderia estar ali" mas não foi permitido — não rompe com a linearidade do tempo. Nesse sentido, ele também não romperá com a preeminência da linguagem, ou o Simbólico patriarcal e colonial. Então, na exploração do que existe para além da lógica do patriarcado, um "excesso" que é produzido pela diferença do "meio" que está vivo no afeto da angústia prova-se mais frutífero ao pensamento.

Para conectar essa produção distintiva do "meio" com a libido dos fluxos "energéticos" do Freud incipiente, outro conceito central da *Ética* de Espinoza pode nos auxiliar: *conatus*. Do latim para uma tendência de "se esforçar", Espinoza o define como: "Cada coisa esforça-se, tanto quanto está em si, por perseverar" (Proposição VI, Parte III). Não simplesmente seguir "sendo", ou uma autopreservação, mas também tendo seu "poder de ação aumentado"; é assim que Espinoza define a qualidade conativa dos corpos. Essa tendência "afirmativa" é necessariamente "compartilhada" ou "coletiva" uma vez que esteja relacionada ao aumento ou diminuição da capacidade de ser afetado e de afetar outros corpos. Portanto, "os corpos conativos de Espinoza também são associativos ou (poderíamos até dizer) corpos sociais, no sentido de que cada um está, por sua própria natureza de corpo, continuamente afetando e sendo afetado por outros corpos" (Bennett, 2010:21). Sua ontologia, então, propõe que nós compartilhamos a mesma substância que está no mundo em diferentes e distintivas modalidades. De modo bem contrastante com a negatividade do desejo (sem mencionar sua ligação com uma "necessidade" e "exigência" que o inscrevem na função fálica dos primeiros ensinamentos de Lacan), o que move nossas vidas não é a repetição da negatividade, mas uma tendência afirmativa a produzir diferença, ancorada nesse "excedente", que é um excesso da ordem da experiência. Seguindo essa linha de pensamento, *conatus* se parece mais com os textos iniciais de Freud, que atribuem valor a tal energia libidinal que é "convertida" em vários sintomas ou em angústia. É o fluxo energético presente em suas primeiras formulações sobre angústia que pode ser vinculado ao "caos" de Guattari, mesmo quando, mais tarde, foi articulado por Freud como o encontro das pulsões de vida e morte.

Para mapear esse entendimento do excedente com o "conhecimento-do-corpo" que está aquém ou além do limite da linguagem, como o que está em jogo nessas formulações sobre angústia, estou tentando enfatizar como politicamente mais potente e interessante, como um movimento para além da marca patriarcal da cultura moderna, devemos revisitar a questão da "diferença" e do "antagonismo". O excedente, nessa compreensão espinozista, pressupõe diferença. Assim, ao invés de pensar em uma ontologia do sujeito em que a afirmação não possui "antagonismo",[6] a própria produção constante de excedente é antagônica, e é essa complicação de uma concepção conativa distintiva do sujeito, da natureza e do corpo que faz a vida ir "adiante". Esse modo de continuidade é também necessariamente singular e criativo e não irá se repetir em negatividade, mas transformar-se em

---

6. Conforme Žižek o expressaria em uma crítica corajosa ao materialismo pós-deleuziano, cf. ŽIŽEK, 2010.

ruptura. A ruptura caótica que Guattari atribui ao que está para além da linguagem pode ser relacionada com a experiência da angústia, ao mesmo tempo em que também informa o debate contemporâneo acerca de uma "preservação" da diferença sexual como um antídoto para o capitalismo neoliberal. Pensar em termos energéticos, ou em "acumulação", "descarga", "troca" e "conversão" de energia libidinosa, como Freud o fez em seus textos iniciais sobre angústia, permite-nos capturar uma singularidade distintiva de um excedente evidente na angústia e que não está atrelado à diferença sexual e ao Simbolismo.

Em termos muito simples, a cartografia dessa lógica pode ser mapeada da seguinte forma: apenas ao "seguir" existindo e vivendo pode a diferença entre os diferentes atributos da substância ser acumulado como um excedente. O excesso é produzido pela dissonância entre "pensamentos" e "corpo"; "ideias" e "matéria"; "representação" e o que existe para além dela, ou um "conhecimento-do-corpo". O excedente é essa "energia libidinosa" caótica que Freud notou como tentando achar uma válvula de escape para poder afetar e ser afetada por outros corpos, para se mover; e, em seus meandros, é experimentada como angústia.

Dessa forma, não é simplesmente ou somente a diferença sexual como "estruturante" do sujeito que pode garantir a singularidade — conforme o caminho que Zupančič defende em *What is Sex?* (2017) para uma crítica a teorias de gênero e *queer*, que ela enxerga como presas ao Imaginário. Há algo da ordem do corpo, da forma como ele é experimentado, que é excessivo. Esse excedente gerado na diferença entre um "conhecimento-do-corpo" e a "consciência" como tal, que revela singularidade e criatividade na subjetividade, é o que está presente na angústia e, portanto, é frutífero para uma leitura feminista de Freud. Angústia, a partir da perspectiva de leitura adotada neste capítulo, traz à tona um corpo em fluxo, aberto a atualizações que não estão atreladas ao pensamento ou à simbolização, sendo, portanto, um sinal de um tipo particular de "conhecimento-do-corpo". Angústia, nesses textos de Freud anteriores a 1920, não pode ser subsumida em palavras, ou interpretação e significado. Angústia, nesse sentido, é "sem significado"; porém é transformativo, ao insistir e empurrar a energia libidinal que é a "vida" sobre a materialidade do corpo.

Considero essa leitura fértil a partir de uma perspectiva feminista, já que ela me permite pensar a angústia na clínica psicanalítica contemporânea de maneira diferente, como um afeto que está para além da linguagem e também para além do que Lacan chamou de "Nome-do-Pai", abrindo uma ecologia feminista dentro desse conceito de angústia e em sua realidade clínica. Se para Lacan, no *Seminário 10*, a angústia é uma aparição do Real, e o Real é caótico, ou sem lei, há algo em relação à ontologia desse mesmo "caos" que está politicamente em jogo. Até a chegada dos enigmáticos ensinamentos posteriores de Lacan, em que um Real que "nada tem a ver" com o Simbólico aparece de um modo um tanto frágil, os sujeitos estão necessariamente presos ao significante e, portanto, ao "Nome-do-Pai". Conforme dito por Miller,

Sem o Nome-do-Pai há apenas o caos. Caos significa fora da lei, um caos no simbólico. Sem o Nome-do-Pai não há linguagem, há apenas *lalangue*. Sem o Nome-do-Pai há, propriamente, corpo algum, há apenas o corpóreo, a carne, o organismo, a matéria, a imagem. Há eventos do corpo, eventos que destroem o corpo. Sem o Nome-do-Pai, há um sem-o-corpo" (MILLER, 2003).

Essa ruptura caótica, com sua presença avassaladora, ressoa o que é descrito por "ataques" de angústia, ou a angústia em todo o seu volume ensurdecedor. Ao mesmo tempo, "lalangue", esse contentamento poético da ordem do corpo, esse modo singular, ímpar, inventivo de falar, também é parte de tal "caos". Nesse contexto, a angústia marca um território de tensão, esse limiar entre a relação com a Lei (e, por extensão, com o arranjo patriarcal) e tudo que existe para além dele, o caos que está em fluxo através do corpo e não pode ser capturado pela linguagem ou por palavras.

Uma intervenção tão simples que se prende a tal "caos", a um corpo conativo que tem uma existência política coletiva, é importante como ecologia feminista e também como um modo de se ponderar sobre as possibilidades de emancipação que estão para além da lei patriarcal. A despretensiosa demarcação da angústia como experiência direta daquilo que não é capturado pela linguagem, mas que está dentro dessa ontologia afirmativa, aponta para uma possibilidade de emancipação que não depende do Outro e, consequentemente, da Lei e das modernas epistemologias coloniais patriarcais. Não importa o quanto os corpos estão "disciplinados", em um sentido foucaultiano, o caos irá escapar através da angústia. E, diferentemente da lógica dos sintomas e de suas interpretações clínicas, o "excedente" da ordem do "conhecimento-do-corpo" não deve receber um significado por meio da mesma linguagem que o modifica Ao invés disso, o excedente distintivo e afirmativo de tal "conhecimento-do-corpo" deve ser abordado clinicamente de uma maneira criativa e transformadora — não com construções que permeiam significados, mas com conexões poéticas. Nesse sentido, o que essa leitura espinozista dos textos iniciais de Freud sobre a angústia pode indicar é que a angústia deve ser manejada criativamente e coletivamente. Ela é, como vimos neste capítulo, um afeto político.

BIBLIOGRAFIA

BENNETT, Jane. *Vibrant Matter: A Political Ecology of Things*. USA: Duke University Press, 2010.

BOTTICI, Chiara. "Bodies in plural: Towards an anarcha-feminist manifesto". In: *Thesis Eleven*, 142(1), 2017, p. 91–111.

BRAIDOTTI, Rosi. *Per Una Politica Affermativa*. Milano: Mimesis Edizioni, 2017.

BUTLER, Judith. *The Psychic Life of Power: Theories in Subjection*. Stanford: Stanford University Press, 1997.

CIXOUS, Helene. "The Laugh of the Medusa". In: *Signs*, vol. 1, no. 4, Summer, 1976, p. 875–893.

CURLEY, Edwin. *A Spinoza Reader. The Ethics and Other works. Benedict de Spinoza*. Ed. and Trans. Edwin Curley. Princeton, New Jersey: Princeton University Press, 1994.

DELEUZE, Gilles & GUATTARI, Felix. *A Thousand Plateaus – Capitalism and Schizophrenia*. Minneapolis and London: University of Minnesota Press, 1987.

_____ & _____. *Anti-Oedipus – Capitalism and Schizophrenia*. Minneapolis: University of Minnesota Press, 1983.

ETTINGER, Bracha. *The Matrixial Borderspace*. USA: University of Minnesota Press, 2006.

FREUD, Sigmund. "Inhibitions, Symptoms and Anxiety". In: *The Standard Edition of the Complete Psychological Works of Sigmund Freud, Volume xx (1925–1926): An Autobiographical Study, Inhibitions, Symptoms and Anxiety, The Question of Lay Analysis and Other Works*, 1926, p. 75–176.

_____. "Introductory Lectures on Psycho-Analysis". In: *The Standard Edition of the Complete Psychological Works of Sigmund Freud, Volume xvi (1916 1917): Introductory Lectures on Psycho-Analysis (Part III)*, 1917, p. 241–463.

_____. "Draft E. How Anxiety Originates", June 6, 1894. In: *The Complete Letters of Sigmund Freud to Wilhelm Fliess, 1887–1904*, 1894a, p. 78–83.

_____. "On The Grounds for Detaching a Particular Syndrome From Neurasthenia Under The Description 'Anxiety Neurosis'". In: *The Standard Edition of the Complete Psychological Works of Sigmund Freud, Volume III (1893–1899): Early Psycho-Analytic Publications*, 1894b, p. 85–115.

_____. "Draft A1 from Extracts From the Fliess Papers". In: *The Standard Edition of the Complete Psychological Works of Sigmund Freud, Volume I (1886–1899): Pre-Psycho-Analytic Publications and Unpublished Drafts*, 1892a, p. 177–178.

_____. "Draft B from Extracts From the Fliess Papers". In: *The Standard Edition of the Complete Psychological Works of Sigmund Freud, Volume I (1886–1899): Pre-Psycho-Analytic Publications and Unpublished Drafts*, 1892b, p. 179–184.

FREUD, Sigmund. & FLIESS, Wilhelm. *A correspondência completa de Sigmund Freud e Wilhelm Fliess 1887–1904*. Rio de Janeiro: Imago, 1986.

_____. (1917) "Conferências introdutórias". In: *Obras completes brasileiras, vol. 13*. São Paulo: Companhia das Letras, 2014.

GROSZ, Elizabeth. *The Incorporeal: Ontology, Ethics, and the Limits of Materialism.* New York: Columbia University Press, 2017.

_____. *Chaos, Territory, Art: Deleuze and the Framing of the Earth*. New York: Columbia University Press, 2008.

_____. "Deleuze, Bergson and the Concept of Life". In: *Revue internationale de philosophie*, 241(3), 2017, p. 287–300.

GUATTARI, Felix. *Chaosophy: Texts and Interviews 1972–1977*. USA: Semiotext(e), 2009.

_____. *Chaosmosis. An Ethico-aesthetic paradigm*. Bloomington and Indianapolis: Indiana University Press, 1995.

_____. *Schizoanalytic Cartographies*. London and Oxford: Bloomsbury, 1989.

GUATTARI, Felix & ROLNIK, Suely. *Molecular Revolution in Brazil.* USA: Semiotext(e), 2007.

_____ & _____. *Cartografias do desejo*. Petrópolis: Vozes, 1996.

KORDELA, Kiarina. *Surplus: Spinoza, Lacan.* USA: SUNY Press, 2007.

LACAN, J. *Anxiety. The Seminar of Jacques Lacan Book X*. Ed. J-A Miller. London: Polity Press, 2016.

_____. (1960) "The Subversion of the Subject and the Dialectic of Desire in the Freudian Unconscious". In: *Écrits: The First Complete Edition in English*. Trans. Bruce Fink. New York: W. W. Norton and Company, 2005.

MILLER, Jacques-Alain. "Lacan's Later Teaching". In: *Lacanian Ink*, vol. 21, Spring, 2003. Online: <https://bit.ly/2ksWNgP>.

MITCHELL, Juliet. *Mad Men And Medusas: Reclaiming Hysteria*. UK: Basic Books, 2000.

_____. *Psychoanalysis and Feminism*. Oxford: Patheon, 1974.

SOLER, Colette. *Lacanian Affects: The Function of Affect in Lacan's Work*. London: Routledge, 2014.

SPINOZA, Baruch. *Ética*. Belo Horizonte: Autêntica, 2009.

WATSON, Janell. *Guattari's Diagrammatic Thought. Writing Between Lacan and Deleuze*. London and Oxford: Bloomsbury, 2011.

WEBSTER, Jamieson. *Conversion Disorder: Listening to the Body in Psychoanalysis*. New York: Columbia University Press, 2018.

ŽIŽEK, Slavoj. *Interrogating the Real*. London: Continuum, 2010.

_____. *Enjoy Your Symptom!*. London: Routledge, 1992.

ZUPANČIČ, Alenka. *What is Sex?*. USA: MIT Press, 2017.

Contra o mestre: Freud em atrito com
as ideias de seus contemporâneos

O patriarcado entre Sigmund Freud e Otto Gross

MARCELO AMORIM CHECCHIA[*]

O tema do patriarcado é tão espinhoso para a psicanálise que é impossível tocá-lo sem que ela saia furada, arranhada ou mesmo gravemente ferida. É como abraçar um cacto ou passar a mão, a contrapelo, em um porco espinho. Abordar e analisar este tema, contudo, é necessário, se quisermos tentar salvar a psicanálise do próprio patriarcado. Para tanto, vale tomarmos a lição deixada por Walter Benjamim em sua sétima tese sobre o conceito de história, ainda que ali ele se refira ao materialista histórico: a tarefa deste consiste, diz ele, em "escovar a história a contrapelo" (1985, p. 225). O que ele quis dizer com isso? Trata-se, em suma, de abandonar a história "oficial" ou "universal" — que adota sempre a perspectiva dos vencedores e dominadores —, de excluir seus elementos épicos e de recusar qualquer identificação com seus ditos heróis.

Mas o que encontramos quando passamos a escova a contrapelo na história do patriarcado na psicanálise? Por que este tema é tão espinhoso? São inúmeros os problemas encontrados a cada escovada em diferentes níveis de pelos desse animal pavoroso: no próprio uso do conceito de patriarcado, na construção e transmissão de outros conceitos, na relação interpessoal entre os psicanalistas e na política institucional das sociedades psicanalíticas. Restringir-me-ei aqui a

---

[*]. Psicanalista, mestre, doutor e pós-doutorando em Psicologia Clínica pela Universidade de São Paulo, autor de *Poder e política na clínica psicanalítica* (2015), organizador de *Combate à vontade de potência* (2016), um dos organizadores da edição brasileira das *Atas da Sociedade Psicanalítica de Viena* (2015) e da edição brasileira das obras de Otto Gross, intitulada *Otto Gross: Por uma psicanálise revolucionária* (2017).

apontar alguns desses problemas tomando como referência a história de como o patriarcado incidiu nas obras de e na relação entre Sigmund Freud e Otto Gross.

PRIMEIRA ESCOVADA: O CONCEITO DE PATRIARCADO NA OBRA FREUDIANA

O tema do patriarcado é abordado frontalmente e verticalmente por Freud em apenas dois de seus textos: *Totem e tabu* (1913) e *Moisés e o monoteísmo* (1939). É verdade que *Psicologia das massas e análise do eu* (1921) também pode ser lido nessa chave, especialmente quando Freud analisa a igreja e o exército e quando associa o líder do grupo ao pai da horda primeva, mas o patriarcado só foi nomeado enquanto tal nos primeiros dois textos citados.

Totem e tabu contém hipóteses bem interessantes, depois retomadas em *Moisés e o monoteísmo*, que passaram a ser discutidas também por antropólogos e sociólogos. Apoiando-se em Darwin e na antropologia das tribos aborígenes da Austrália, Freud conjectura a origem da sociedade patriarcal a partir do assassinato do pai da horda primeva. Há muito insatisfeitos pela obrigatoriedade, imposta pelo pai, de renúncia às mulheres, os irmãos teriam se unido para assassiná-lo e devorá-lo, pondo fim à horda patriarcal. Para viverem juntos num novo laço fraterno sem restituir a horda recém derrubada, foi preciso "instituir a lei contra o incesto, pela qual todos, de igual modo, renunciavam às mulheres que desejavam e que tinham sido o motivo principal para se livrarem do pai" (FREUD, 1913, p. 123). O tabu do incesto tornou-se, assim, o princípio sobre o qual se erigiu uma nova organização social.

Mas associado a esse tabu, havia outro elemento fundamental: o totem. Geralmente representado por um animal ou por um símbolo de alguma força da natureza, cada totem designava um clã. Essa designação demarcava a ancestralidade de cada clã, evitando com que pessoas do mesmo clã se casassem. A função do totem, portanto, era a de representar simbolicamente a lei instituída pelo assassinato do pai, a interdição do incesto, e a de regulamentar, assim, os casamentos. Ao longo do tempo, porém, o totem foi ganhando outras funções.

O poder de sua função simbólica, associado aos supostos poderes mágicos do animal ou da força da natureza que o totem representava, acabou fazendo do pai morto uma divindade, uma autoridade, uma lei. E com "a introdução das divindades paternas, uma sociedade sem pai gradualmente transformou-se numa sociedade organizada em base patriarcal" (FREUD, 1913, p. 127). A obediência, antes dirigida ao chefe da horda primeva, agora era consagrada a um Deus. A religião totêmica tratou, assim, de reinserir a obediência a um pai, mesmo que a um pai morto, restaurando a ordem patriarcal.

A família, portanto, originada pela regulamentação dos casamentos e submetida às leis de Deus, passou a garantir a manutenção da ordem patriarcal ao simultaneamente continuar restringindo o acesso às mulheres e ao instituir ao pai de cada família o poder antes exclusivo ao pai da horda. Mas apesar de restaurar, numa nova configuração, o patriarcado, "a distância existente entre os novos pais de uma família e o irrefreado pai primevo da horda era suficientemente grande para garantir a continuidade do anseio religioso, a persistência de uma saudade não apaziguada do pai" (FREUD, 1913, p. 127).

Dessarte, conforme o tempo foi passando, o ritual de sacrifício do animal totêmico foi perdendo seu valor sagrado, mas a representação de Deus foi ganhando cada vez mais força, surgindo então a figura do sacerdote como intermediário entre Deus e os homens. A própria relação com Deus tornou-se hierarquizada, disseminando o patriarcado entre os próprios homens. Depois ainda surgiram os reis divinos "na estrutura social que introduziram o sistema patriarcal no Estado. Devemos reconhecer que a vingança tomada pelo pai deposto e restaurado foi rude: o domínio da autoridade chegou ao seu clímax" (FREUD, 1913, p. 128). Ao tratar da origem da sociedade patriarcal, Freud bem especifica, portanto, como ela teria se difundido e ganhado diferentes configurações sociais: na família, na religião e no Estado.

Entretanto, embora faça um uso bem apropriado do conceito de patriarcado, ao supor que a instituição da cultura e da civilização é concomitante à instituição do patriarcado, Freud parece considerar que o patriarcado é inerente à cultura e a qualquer organização humana. Estaríamos, deste modo, inexoravelmente fadados a viver sob regimes patriarcais. Não haveria nada a fazer contra o patriarcado, a não ser aceitá-lo, compreendê-lo e saber bem utilizá-lo. Essa ideia é reforçada ainda pelo fato de que em *Moisés e o monoteísmo* — escrito às duras penas em sua velhice e no auge do hitlerismo — Freud complementa as teses de *Totem e tabu*, agora analisando a origem do povo judeu, mas novamente sem questionar se a ordem patriarcal poderia ser de alguma maneira destituída para dar lugar a um novo modo de organização social.

Freud também pode ser alvo de objeção, especialmente da parte dos antropólogos, por citar muito rapidamente Bachofen, importante jurista e antropólogo que estudou comunidades matriarcais da antiguidade. Segundo o antropólogo, as primeiras comunidades humanas teriam sido matriarcais — voltaremos a esse ponto —, mas o psicanalista, sem entrar mais profundamente na discussão, simplesmente situa essas comunidades como um período de transição entre o patriarcado da horda primeva e o patriarcado das comunidades totêmicas. Com exceção dessa brevíssima citação de Bachofen, ao longo de toda sua obra Freud não tece mais nenhuma reflexão acerca das sociedades matriarcais, o que parece ratificar a inevitabilidade do patriarcado em qualquer organização humana.

Por que Freud adota essa posição? Seria por desconhecimento de antropologia? Ou seria por falta de reconhecimento dos princípios patriarcais em seu próprio pensamento e personalidade? Talvez um pouco dos dois, além de outros possíveis fatores desconhecidos? De qualquer modo, essa posição não é sem consequências para a própria psicanálise. Fato é que o patriarcado continuou sendo pouco abordado, principalmente de maneira crítica, pelos psicanalistas. Quando foi enfrentado, foram psicanalistas mais marginais às instituições psicanalíticas — casos, por exemplo, de Wilhelm Reich e Erich Fromm — que se encarregaram de trazer esse tema à tona, o que sinaliza que a psicanálise dita "oficial" não deixa espaço para essa investigação. O caso de Otto Gross, psicanalista contemporâneo a Freud, mas segregado e depois esquecido pelos psicanalistas, não só corrobora essa hipótese como revela a violência do patriarcado no interior da própria comunidade psicanalítica.

SEGUNDA ESCOVADA: QUEM FOI OTTO GROSS?

A vida e a obra de Otto Gross foram profundamente marcadas pelo patriarcado.[1] Ele foi, ao mesmo tempo, nas primeiras décadas do século XX, o pioneiro e, até hoje, um dos principais teóricos do patriarcado em psicanálise, e o maior ícone europeu da luta pai *vs.* filho. Seu pai, Hans Gross — do qual ainda falarei mais —, foi um dos maiores patriarcas da Europa na virada do século XIX para o XX. Jurista e professor, ainda hoje ele é considerado o pai da criminologia moderna por ter instituído um método de investigação científica para o crime. Ele foi um dos principais defensores da teoria da degenerescência, segundo a qual todo criminoso, homossexual, louco, mendigo, isto é, qualquer indivíduo que vivia às margens dos valores morais seria uma espécie de pervertido e deveria ser punido ou expulso da sociedade. Hans também se interessava pela psicologia do criminoso, o que o fez se aproximar de Freud, convidando-o para uma das aula na Universidade e para publicar um texto na revista de criminologia que dirigia. Provavelmente grato pelo espaço dado por uma figura de tanto prestígio numa época em que ainda era duramente atacado pelos médicos (o *Três ensaios sobre a teoria da sexualidade* havia sido recentemente publicado), Freud aceitou o convite e publicou "Psicanálise e a determinação dos fatos nos processos jurídicos" (1906).

Otto cresceu superprotegido e sob os valores paternos. Em 1899, incentivado pelo pai, formou-se em medicina e, em 1902, descobriu a psicanálise, tendo conhecido Freud pessoalmente em 1904. Seus primeiros escritos publicados foram mais na área médica e, mesmo aqueles que tocavam em temas socias e éticos, ainda se aproximavam mais das ideias do pai. Porém, a partir de 1905, quando passou um período em Ascona — uma pequena comuna suíça que abrigava anarquistas fugidos de vários cantos da Europa — Otto conheceu o anarquismo não só como campo de ideias político-filosóficas, mas como um modo de vida e de relação, tornando-se o primeiro psicanalista a articular psica-

---

1. Ainda que seja uma biografia resumida, mais detalhes documentados sobre a vida de Gross podem ser encontrados em "Otto Gross, um psicanalista anarquista" (CHECCHIA, 2017).

nálise e política e um dos poucos, até hoje, a sustentar essa associação com o anarquismo. Desde então, a luta contra o patriarcado e todas as formas de autoritarismo passou a ser um de seus principais objetivos de vida e permeou toda sua prática clínica e sua produção teórica.

Seu primeiro texto nessa articulação da psicanálise com o anarquismo é um perfeito retrato disso. *Violência parental* (1908/2017) é simultaneamente um texto de apelo à libertação de sua analisante Elisabeth Lang — que foi internada compulsoriamente numa clínica psiquiátrica por seu próprio pai, interrompendo assim o tratamento psicanalítico que caminhava bem na elucidação de seus conflitos — e de fundamentação dos efeitos psíquicos do abuso do poder parental. O nexo decisivo do caso, segundo Gross, foi a comprovação de que seu estado psíquico adoentado devia-se justamente às opressões continuamente exercidas pelo pai — com a internação havia o perigo de agravamento de sua condição, daí o apelo de Gross para sua libertação. Gross ainda aproveita o caso para enunciar pela primeira vez a "verdadeira origem dos fatores conflitantes recalcados de efeito patológico" (1908/2017, p. 78), uma tese distinta da etiologia sexual das neuroses de Freud, embora revelada pela técnica freudiana: "somente a revelação do inconsciente pela técnica de Freud permite uma visada da psicologia do conflito da infância e da tremenda importância patológica das sugestões da educação como causa da neurose de recalcamento" (1908/2017, p. 78). A educação, enquanto soma de todas as sugestões — das pequenas seduções para convencer ou manipular alguém às imposições mais diretas, acaba por oprimir ou mesmo suprimir o que é mais próprio de cada um.

Por isso, o conflito psíquico primordial, Gross defenderá ao longo de toda sua obra, se dá entre *o próprio vs. o estrangeiro*, isto é, entre a singularidade e disposições próprias de cada sujeito e as arbitrariedades impostas pelo meio externo, advindas principalmente da família patriarcal.[2] O conflito de ordem sexual revelado por Freud seria tão

---

2. Remeto o leitor interessado em uma síntese mais desenvolvida sobre o pensamento grossiano ao texto "Otto Gross e o combate à vontade de potência" (CHECCHIA, 2016).

somente, ele dirá em *Três ensaios sobre o conflito interno* (1920a/2017), um desdobramento do conflito primordial com o princípio de autoridade. Se Freud havia abandonado a teoria do trauma para dar relevo ao papel da fantasia na constituição dos conflitos psíquicos, Gross de certo modo retoma a teoria do trauma sem descartar a teoria da fantasia. As fantasias, assim como os sonhos e os sintomas, estariam repletas de representações de violência — possuindo assim um potencial traumático — justamente porque já haveria antes uma série de violências decorrentes do princípio de autoridade na família patriarcal. Espantosamente, mas não incoerentemente, a sociedade ainda permite e encobre tal violência naturalizando-a. Análises como as de Freud sobre a instituição da sociedade patriarcal, embora finas na explicação sobre seus princípios de funcionamento, podem contribuir para essa naturalização. Já Gross, ao contrário, procura por todos os meios denunciar a naturalização e a permissividade da sociedade com a violência parental, apoiando-se em sua clínica, na teorização e no caso de Elisabeth Lang para isso: "a significativa importância do caso, que me parece merecer o mais elevado interesse da coletividade, reside na prova das inconcebíveis possibilidades de violência parental abusiva, contra os menores de idade, que ainda são admitidas pela sociedade" (GROSS, 1908/2017, p. 82).

O caso de Lang, portanto, não é único. Infelizmente, longe disso. Era preciso não só denunciar o que acontecia na família Lang, mas em toda família, indistintamente da classe social: o patriarcado está tão difundido na cultura que "a evolução para a vontade de potência é igual em todas as posições e classes, pois ela se dá imediatamente na instituição da família, da família patriarcal, assentada no poder". Por conseguinte, Gross faz um estudo crítico, antropológico, político e psicanalítico sobre a família e assevera: "*a família é a morada de toda autoridade*; que o vínculo entre sexualidade e autoridade — tal como se manifesta na família, com o patriarcado ainda em vigor — agrilhoa toda individualidade" (GROSS, 1913/2017, p. 87).

A configuração familiar — a costumeira e violenta imposição da autoridade do pai, a dependência e submissão das mulheres em relação aos homens — simultaneamente oprime a individualidade e dá às crianças, por si só, o quadro de referências de quem manda e quem obedece, quem domina e quem é dominado. Ou seja, as relações de poder no interior da família patriarcal são claramente associadas ao gênero: aos homens são dadas a potência e a dominância; às mulheres, a passividade e submissão: "temos de ponderar que os tipos psíquicos 'masculinidade' e feminilidade', tal como hoje o conhecemos, são um produto artificialmente criado, o resultado da adaptação às conjunturas existentes" (GROSS, 1920a/2017, p. 210). Além de enfatizar que se trata aí de uma construção cultural, não biológica, Gross analisa como essa configuração leva as crianças a diversos conflitos relacionados à identidade e ao gênero sexual. Ser homem ou ser mulher é definido por cada um mais pela relação de medo e/ou desafio à autoridade do que pelo conjunto de experiências de contato afetivo com homens e mulheres.

Ou, antes e pior, a busca de contato com o outro humano — aspecto mais amplo e fundamental da sexualidade na concepção de Gross — é mediada pelas relações de poder desde a mais tenra infância, quando o ser humano se encontra ainda em situação de dependência extrema dos outros para sobreviver, não apenas pelos cuidados básicos de alimentação e higiene, mas igualmente pela necessidade de contato físico e psíquico. A privação de amor tem um efeito devastador para o pequeno ser humano e, em níveis mais extremos, ele pode até morrer. A angústia diante da solidão é "um verdadeiro e fundamentado medo da morte" (GROSS, 1920a/2017, p. 216) e é o que dá origem à pulsão de contato sexual. É nesse estado de desamparo fundamental que já começa a pressão à adaptação: "a absoluta necessidade infantil de contato será utilizada pelo entorno como meio coercitivo da educação; e a libertação da solidão, a fabricação de contato, será vinculada à condição da obediência, da adaptação, da renúncia à vontade própria" (1920a/2017, p. 216).

Essa é, segundo Gross, a primeira "consequente e pavorosa instauração da autoridade sobre a vida de cada um" (1920a/2017, p. 216). A imposição à renúncia do que lhe é mais próprio instaura, em primeiro lugar, o conflito com o estrangeiro. Na sequência, este conflito sofrerá ainda uma série de desdobramentos a partir de engendramentos, imbricações e oposições entre pulsões. A primeira fusão que ocorre é entre a sexualidade, enquanto pulsão de contato físico e psíquico com o outro, e a submissão à autoridade, dando à sexualidade, desde seus primórdios, um caráter masoquista. Como, porém, a própria integridade do sujeito fica ameaçada pela imposição de abdicação do que é próprio, a pulsão de autoconservação passa a lutar contra a própria sexualidade, agora já associada ao masoquismo. Entretanto, para se sobrepor à sexualidade, a pulsão de autoconservação precisa ser superinvestida, resultando numa pulsão do eu hipertrofiada. Essa pulsão do eu hipertrofiada é chamada por Gross de "vontade de potência", que consiste numa "necessidade de fazer seu eu valer, a todo custo e por todos os meios" (1920a/2017, p. 191) e, portanto, numa tendência à violação. Essa é a origem do sadismo enquanto imbricação da vontade de potência com a sexualidade.

Essa é também a origem do conflito, agora todo ele no âmbito sexual, entre masoquismo e sadismo, que vai incidir tanto no próprio psiquismo como na relação entre os sexos, na medida em que a família se encarrega de propagar uma cultura patriarcal que associa o feminino à submissão (masoquismo) e o masculino à dominação (sadismo). Percebe-se assim que no pensamento grossiano o patriarcado está presente na formação da subjetividade, na construção dos gêneros e na relação entre os sexos. Por isso ele nos provoca constantemente a reconhecer em nós mesmos a vontade de potência, nos incitando a combatê-la em sua forma originária:

O revolucionário de hoje, que, com auxílio da psicologia do inconsciente, avista as relações de gênero num futuro mais livre e mais feliz, luta contra a violação em sua forma mais originária, contra o pai e contra o patriarcado (GROSS, 1913/2017, p. 87).

Para combater o patriarcado em seu âmbito subjetivo, configurado sob forma de a vontade de potência, Gross aposta na técnica psicanalítica. Mesmo que não vise *a priori* a luta contra o patriarcado, a psicanálise, por suas próprias regras de funcionamento, tende a levar a uma experiência diferente com o princípio de autoridade. Pelo simples, mas incomum, fato de o psicanalista não utilizar de sua posição para comandar a vida do paciente — tal como ocorre na clínica médica tradicional —, o analisante, que costuma colocar o psicanalista no lugar de autoridade, depara-se com esse lugar vazio. O psicanalista não responde desse lugar de comando e, com isso, as associações e o saber construído pelo próprio analisante passam a ter mais valor que o conhecimento prévio do psicanalista. Nessa perspectiva, a experiência analítica é potencialmente uma experiência subversiva da relação com o poder, e um de seus possíveis efeitos é a constatação que cada analisante faz por si mesmo de suas próprias inclinações à submissão e/ou à dominação e as consequências destas. Ao constatar os efeitos deletérios da vontade de potência em suas diferentes configurações, tornam-se mais claras as perdas pela adaptação à autoridade, possibilitando assim o fim do gozo com o poder, submisso ou autoritário. A técnica psicanalítica pode então, "de maneira lógica e sem compromisso", restabelecer a humanidade por meio da "libertação da influência da sugestão, da sedução e da constrição que alteram, deformam e restringem". A psicanálise implica,

num encadeamento lógico, a luta contra a adaptação em geral e, com isso, contra o princípio da autoridade sob todas as suas formas — pelo menos sob as formas existentes em nosso tempo, no interior da família e dos relacionamentos entre os seres humanos, bem como na relação com o Estado, com o capital e com a instituição (1920c/2017, p. 184).

Portanto, pelas próprias características de funcionamento, a psicanálise pode ter um papel importante numa revolução social contra o patriarcado. A revolução precisa começar pela própria subjetividade, caso contrário ela se reduzirá a mais uma sugestão para as massas e reproduzirá que procura combater. Por isso,

O trabalho preliminar para essa revolução precisa promover a libertação de cada indivíduo em relação ao princípio de autoridade que ele carrega em si; em relação a todas as adaptações — que nele se formaram no decorrer de uma infância no seio da família autoritária — ao espírito das instituições autoritárias; libertação em relação a todas as instituições que a criança recebeu do seu entorno, as quais tem estado em eterna luta, com ele e entre elas próprias, pelo poder; libertação, sobretudo, em relação a esse traço de caráter servil que, invariavelmente, é herdado por todos de uma infância como essa: em relação ao próprio pecado original, a vontade de potência (GROSS, 1919a/2017, p. 149).

Mas Otto Gross não apostava restritamente na técnica psicanalítica, na prática clínica, para combater o patriarcado. A psicanálise poderia igualmente ajudar na formação intelectual do revolucionário ocupando, inclusive, um lugar central nas ciências humanas. Ela pode servir de base ao espírito da revolução contra o patriarcado familiarizando o revolucionário com a psicologia do inconsciente e despertando, assim, o interesse em cada um em descobrir em si mesmo a vontade de potência. No entanto, ela não deve parar por aí. Pelo seu conhecimento adquirido por meio da experiência clínica e sua decorrente teorização, a psicanálise deve ser estendida à luta social, à luta contra todas as instituições que disseminam e enraízam o patriarcado na cultura. Diferentemente de Freud que dissera, em *Moral sexual 'civilizada' e doença nervosa moderna* (1908/1996), que poderia caber ao psicanalista defender a necessidade de reformas, mas jamais propor reformas, Gross expressamente defendia que a psicanálise deveria propor reformas. No primeiro Congresso Internacional em Salzburgo, Gross se pronunciou a esse respeito, mas obteve como resposta de Freud: "nós somos médicos e devemos permanecer médicos" — mesma posição defendida diante de Reich, em 1932.

Contudo, Gross não obedeceu ao dito pai da psicanálise e defendeu que "a revolução por vir é a revolução pelo direito matriarcal" (1913/2017, p. 87) e que há uma "necessidade da desintegração da família patriarcal sob a edificação do matriarcado comunista" (1919b/2017, p. 177). Essa revolução seria, na verdade, uma restituição do lugar central que as mulheres já tiveram, outrora, nas comunidades. Apoiando-se também nos estudos antropológicos de Bachofen sobre as sociedades matriarcais antigas e no estudo que ele próprio faz do *Gênesis*, Gross constrói uma tese radicalmente diferente da de Freud com relação à instituição do patriarcado. Seu texto *A ideia de base comunista na simbologia do Paraíso* (1919a/2017) é o que condensa suas principais ideias a esse respeito. Diria, aliás, que esse texto está para

Gross assim como *Totem e tabu* está para Freud, cada um, entretanto, defendendo pontos de vista bem diferentes.

Enquanto para Freud a instituição do patriarcado está na base da própria constituição da cultura, para Gross as primeiras sociedades destinavam às mulheres um lugar central: "a antropologia moderna identifica como instituição princeps o livre matriarcado, o dito matriarcado da horda de tempos primevos" (GROSS, 1914/2017, p. 174). Porém, não se tratava, neste matriarcado, de uma organização social em que as mulheres comandavam os homens. Sua configuração era completamente diferente da lógica de domínio e servidão típica do patriarcado:

O matriarcado não apresenta obstáculos ou normas, nem moral ou controle, no que concerne ao sexual. Não conhece o conceito de "paternidade" e não conta com a sua constatabilidade em cada um dos casos individuais. (...).

Aqui jaz a diferença decisiva e crucial. *A organização matriarcal reparte o conjunto de todos os possíveis direitos, deveres, responsabilidade e laço entre os indivíduos, de um lado, e a sociedade, de outro. A instituição patriarcal desloca a ênfase para o laço legal dos indivíduos entre si.*

No domínio do matriarcado, toda entrega de si só pode vigorar na relação do indivíduo com a sociedade; e toda sensação de potência, de modo coletivo. Na mútua relação dos indivíduos entre si há espaço para *o desenvolvimento de relações que podem permanecer um fim em si mesmo e livres de traços de autoridade e motes de potência. O matriarcado mantém a relação entre os gêneros isenta de dever, moral e responsabilidade; de vinculações econômicas, jurídicas e morais; de potência e submissão. Isenta de acordo e autoridade; isenta de matrimônio e prostituição* (GROSS, 1919a/2017, p. 143–144).

Essa característica do matriarcado enquanto uma forma de laço social em que prevalece o princípio de ajuda mútua, a preocupação com a coletividade, deve-se originariamente ao fato de que, nas primeiras comunidades humanas, desconhecia-se como as mulheres engravidavam. Com isso, atribuía-se a elas um poder mágico e toda a comunidade se organizava para que elas pudessem gerir e cuidar dos pequenos. Não havia, assim, o conceito de paternidade e, muito menos, "razão alguma para qualquer *comprovação de paternidade* — da qual, enquanto chave da *averiguação de um indivíduo responsável e imputável financeiramente,* a sociedade patriarcal *não pode prescindir*

— *e é instada a fazer da condição indispensável dessa comprovação (em primeiro lugar, pois, o imperativo da exclusividade sexual) o teor de toda a sua moral e das suas instituições*" (GROSS, 1919a/2017, p. 143).

A ausência da ideia de paternidade possibilitava, então, que as relações afetivas e sexuais fossem livres, não havendo necessidade da instituição do casamento e da família. Foi com a descoberta da origem sexual dos seres humanos que os homens teriam passado a reivindicar, pelo uso da força, a posse das mulheres: "a forma existente do casamento tem sua origem no dito casamento por rapto; logo, (...) o fundamento da família patriarcal existente decorre do uso de escravas prisioneiras de guerra" (GROSS, 1914/2017, p. 125). Se até então as mulheres eram livres, a partir desse momento elas passam a ser submetidas ou mesmo reféns dos homens. Até a maternidade, antes assegurada por toda a comunidade, passa a ser dada exclusivamente pelo marido, da qual a mulher passa a depender materialmente.

Com a assunção do patriarcado, as mulheres das antigas comunidades matriarcais, por serem livres para os relacionamentos sexuais, passaram a ser consideradas prostitutas. É assim que elas são descritas, por exemplo, no *Gênesis*, escrito já sob a perspectiva do patriarcado. E mesmo já na nova ordem instituída, a mulher continua a ser descrita no *Gênesis* como o ser orientado por um princípio maligno e que desvirtua o homem de espírito reto: é a mulher que anseia por vantagens mesquinhas, é Eva quem é fraca e seduz Adão. Por isso Gross afirma que

no Gênesis o que está em pauta é essa catástrofe da civilização com a qual o pensamento patriarcal tornou-se o princípio dominante.

Essa é a grande reavaliação de todos os valores na qual a humanidade concedeu à sua vida o caráter autoritário existente e criou essas normas, as quais se revelam hoje, como sempre, inorgânicas e não assimiláveis e expõem, com isso, a sua natureza de corpos estranhos — de modo que sempre, e por toda parte, são o foco inicial de intermináveis conflitos internos e de todas as autodecomposições na doença e na decadência (1919a/2017, p. 142).

O pensamento grossiano faz, assim, um importante contraponto à tese freudiana sobre a origem e a perpetuação do patriarcado, ainda que Gross concorde com a descrição freudiana da estrutura e do funcionamento da sociedade patriarcal. Curiosamente, ambos citam como referência Bachofen, que foi pioneiro nos estudos sobre as comunidades matriarcais antigas, mas têm posições completamente distintas. Enquanto Freud defende que as comunidades matriarcais ou, como ele também chama, fraternais, teriam surgido numa espécie de ínterim entre o assassinato do pai da horda primeva e a instituição do Totem e da lei do incesto, para Gross o matriarcado estaria na origem das comunidades humanas. Ademais, enquanto para o primeiro a organização patriarcal está na origem da cultura, sendo assim uma forma de organização inevitável, inerente à própria cultura, para o segundo o patriarcado não é uma ordem intrínseca da humanidade. Muito pelo contrário, trata-se de uma organização violenta, que pode e precisa ser destituída. O matriarcado da antiguidade, se não pode ser restabelecido, serviria ao menos de referência para pensarmos em outras formas possíveis de organização social e política.

As teses de Otto Gross, entretanto, jamais foram colocadas em debate no cenário psicanalítico. Para sustentar essas ideias, Gross teve que travar uma verdadeira guerra contra o patriarcado existente em sua própria família e na psicanálise. Tragicamente, saiu perdendo. Para contar essa história, é preciso, mais uma vez, passar a escova a contrapelo.

TERCEIRA ESCOVADA: COMO E POR QUE OTTO GROSS FOI SEGREGADO E ESQUECIDO?[*]

Já na primeira década do século XX Gross tinha um papel relevante para a psicanálise. Defendia Freud nos congressos médicos, publicava textos de divulgação da psicanálise apresentando ao mesmo tempo uma produção original e tinha um número grande de pacientes e seguidores, contribuindo assim para a expansão e internacionalização da psicanálise. Freud considerava-o, segundo suas próprias palavras, inteligente, talentoso e um dos poucos capazes de dar uma contribuição

---

[*]. Um pente fino a contrapelo foi passado nessa história em "Otto Gross: um caso de segregação e esquecimento na história da psicanálise" (CHECCHIA, 2018).

original (FREUD & JUNG, 1976). Nessa época, ele apostava em Gross, assim como em Carl Jung, como seu possível e provável sucessor e herdeiro. O que aconteceu então para que ele se tornasse uma figura desconhecida entre os psicanalistas das gerações seguintes? Por que passou a ser considerado, pelos poucos que ouviram falar a seu respeito, um psicótico?

Muito rapidamente, de 1908 para 1909, Otto Gross passou de uma figura promissora para um risco à causa analítica. O evento decisivo para que isso ocorresse foi um tratamento que Gross foi fazer com Jung. Desde 1900, quando era médico de bordo de navios que faziam o trajeto da Europa para a América do Sul, Gross desenvolveu forte vício em ópio e cocaína. Em 1902 já havia feito um tratamento de desintoxicação, mas logo depois retomou o uso de drogas. Sua saúde, porém, se complicou e, em 1908, chegou a um estado chamado por Freud de paranoia tóxica (Freud entendia bem dos efeitos da cocaína). Para Hans Gross, Otto tinha se tornado um problema maior desde 1905, pois seu estilo de vida — excêntrico para os valores da época, mas plenamente condizentes com seu posicionamento político — era justamente o combatido pelo renomado criminologista: seu filho se tornara, a seus olhos, mais um degenerado. Tentava, no entanto, "salvá-lo" por todos os meios. Dava-lhe dinheiro para mantê-lo próximo e buscava tratamentos para seus vícios.

Numa dessas tentativas de controlar Otto, em 1908, Hans entrou em contato com Freud, com quem já tinha certa proximidade. Aproveitando que Freud era ainda uma das poucas autoridades que Otto respeitava, Hans literalmente implorou para que Freud o atendesse ao menos uma vez e usasse alguma justificativa para interná-lo. Hans também solicitou um diagnóstico psiquiátrico, para assim ter um documento que justificaria um pedido de tutela legal sobre a vida do filho. Freud não chegou a receber Otto para essa conversa, mas prontamente entrou em contato com Jung, solicitando que recebesse Otto para uma desintoxicação no Burghölzli — hospital em que Jung trabalhava, sob a direção de Bleuler — logo após o Congresso de Salzburgo. Em maio de 1908, Freud redigiu, então, o atestado para a internação, pedindo a Jung para que o mantivesse internado somente para desintoxicação até outubro, quando ele mesmo poderia se encarregar do tratamento analítico de Otto.

Jung, porém, não cumpriu o combinado. Três dias após a internação de Gross, escreveu a Freud dando notícias sobre o tratamento analítico já iniciado e apresentando um diagnóstico de neurose obsessiva. Foi uma experiência bastante intensa durante pouco mais de trinta dias. Jung dedicou-se integralmente ao tratamento de Otto, as sessões eram diárias e duravam até doze horas. E quando Jung cansava, era Otto que assumia o papel de analista, de modo que, como ele mesmo admitiu a Freud, sua saúde se beneficiou. Mas Jung também ficou perturbado com essa experiência. Nesse mesmo período, ele se encontrava em profundo conflito em função de sua paixão por Sabina Spielrein — sua primeira paciente atendida sob o método psicanalítico e que no momento fazia formação em medicina. Jung era casado e não conseguia admitir publicamente essa paixão extraconjugal. De repente estava diante de um psicanalista anarquista que vivia os preceitos do sexo e amor livres e que sustentava tais princípios de maneira bem fundamentada na psicanálise, na antropologia e no anarquismo. Jung identificou-se tanto com Gross que chegou a chamá-lo de "irmão gêmeo psíquico".[3] Há, inclusive, uma carta de Spielrein em que ela conta que Jung havia falado com profunda emoção de Otto Gross e do conhecimento que adquirira com ele a respeito da poligamia, prometendo que não iria mais reprimir seus sentimentos por ela.

Contudo, Jung mostrava-se incapaz de sustentar abertamente a poligamia e indicava querer manter Gross por perto para resolver seus conflitos e usar seu poder médico para isso. De alguma maneira, Gross percebeu que Jung estaria disposto até a mudar seu diagnóstico para alcançar esse fim. Escreveu, então, um telegrama para sua mulher pedindo que ela entrasse em contato com Freud para obter indicação de um novo hospital onde pudesse ficar internado. Antes, porém, que Freud lhe respondesse, Gross fugiu do Burghölzli.

---

3. Gross, inclusive, influenciou o pensamento de Jung. Essa experiência de análise resultou no texto "A importância do pai no destino do indivíduo" (JUNG, 1909/2011). A construção dos tipos psicológicos introvertido e extrovertido também foram baseadas em ideias de Gross.

Para se justificar diante de Freud, Jung alterou o diagnóstico de Gross — mesmo expediente que utilizara em relação a Sabina Spielrein, quando chegou ao conhecimento de Freud a notícia do envolvimento amoroso existente entre eles.[4] Gross sofria, de acordo com esse novo diagnóstico, de demência precoce — um tipo de psicose que posteriormente ficou conhecida como esquizofrenia. Freud questionou o novo diagnóstico e reforçou a hipótese de uma neurose obsessiva com uma transferência negativa devido às relações hostis com o pai, dando a entender, portanto, que Jung estava se colocando de maneira arbitrária diante de Otto. Ao mesmo tempo, no entanto, Freud colocou panos quentes na situação e não prosseguiu no questionamento do que teria acontecido com Gross. Pelo contrário, celebrou que ao menos agora Jung se mostrava mais próximo de suas ideias.

Há diversos motivos possíveis para que Freud tenha adotado essa postura. Primeiro, a relação de Otto com as drogas, especialmente a cocaína. Sabe-se o quanto Freud sofreu por ter sido um dos introdutores da cocaína como uma forma de tratamento. Outro motivo era a relação de Freud com Hans Gross: como defender Otto e não atender às demandas de Hans se era benéfico à causa analítica manter relações com uma pessoa de tanto prestígio? A vida excêntrica de Otto era outra razão para excluí-lo da causa psicanalítica. Ter como um de seus principais representantes um psicanalista envolvido em uma série de escândalos seria um grande problema para a expansão e consolidação da psicanálise. As ideias e o posicionamento político de Otto eram, do mesmo modo, um grande problema, na medida em que Freud era contrário ao envolvimento de psicanalistas em programas revolucionários. Tanto Hans Gross quanto Freud, portanto, enquanto pais de um sistema de pensamento, buscavam reprimir o filho rebelde.

Por fim, havia ainda a preocupação de Freud com sua sucessão e com a institucionalização da psicanálise. Após o primeiro congresso internacional, já havia mais condições de se constituir a International

---

4. Jung chegou a dizer a Freud que a história de envolvimento amoroso com sua então paciente não era verdadeiro, que se tratava de um delírio de uma psicose histérica.

Psychoanalytical Association (IPA). Como ninguém do círculo vienense lhe parecia adequado para assumir o cargo de presidente (ou de novo patriarca da psicanálise), Jung e Gross eram os principais candidatos de Freud. Com o desfecho do tratamento de Gross, Freud decidiu apostar todas suas fichas em Jung. Antes um homem tão notável, inteligente, com um espírito tão notável, Otto tornou-se, aos olhos de Freud, um caso perdido: "infelizmente, não há nada a dizer dele; está viciado e só pode causar um grande dano a nossa causa" (FREUD & JUNG, 1976, 30/06/1908). E de "irmão gêmeo", tornou-se, para Jung, um "doido varrido" e "parasita" (1976, 19/04/1908). Com o apoio de Freud, Jung, que almejava fervorosamente se tornar o filho e herdeiro de Freud, parece não ter hesitado em selar a exclusão de Gross da comunidade psicanalítica. Redigiu um atestado oficial confirmando o diagnóstico de psicose, atestado que foi entregue a Hans Gross, que buscava ter a tutela legal do filho.

As consequências desse ato foram nefastas para Otto. A partir de então, passou a viver como foragido, perambulando por diversas cidades da Europa. Como não podia ter endereço fixo, exercia a psicanálise nas casas dos pacientes ou nos guetos anarquistas, em bares e restaurantes. Tanto Freud quanto Jung prosseguiram acompanhando e elogiando a produção teórica de Otto, mas permaneciam em silêncio e não faziam um gesto para ajudá-lo. Pelo contrário, Freud ainda pediu para que se retirasse o nome de Otto da ata do Congresso de Salzburgo e da citação que havia feito em *Os chistes e sua relação com o inconsciente* (1905/1996).

Mesmo vivendo como nômade, Otto continuou praticando a psicanálise e publicado seu pensamento, incluindo suas críticas ao patriarcado. Enquanto seu pai defendia o combate à imoralidade e a punição ao degenerado, Otto via na tendência à imoralidade "o grito ético de afirmação da vida pela salvação da humanidade" (1913/2017, p. 87). De um lado, portanto, Hans levava ao paroxismo os valores da cultura patriarcal e autoritária, de outro, Otto levava ao paroxismo os valores da cultura anarquista e antiautoritária. Em 1913, quando Hans descobriu que Otto pretendia escrever um texto que associaria o papel do pai ao sadismo, a tensão chegou ao limite e Hans usou de todos os recursos que seu prestígio lhe dava e conseguiu uma ordem judicial de internação de seu filho, obtendo também a tutela que almejava há alguns anos.

No final de 1913, Otto foi então detido em Berlim e levado a um hospital na Áustria. Tão logo ele foi detido, seus amigos, médicos, anarquistas e artistas de diferentes cidades começaram uma campanha de libertação que atingiu proporção continental. Diversos jornais e revistas de Berlim, Munique, Viena, Paris e Praga publicaram depoimentos de pacientes relatando os benefícios das experiências de análise e manifestos de colegas denunciando a violência paterna e exigindo a libertação de Otto. Com isso, ele se tornou em toda a Europa o ícone, "o mártir e o profeta da luta pai-filho" (GREEN, 1979, p. 77). Graças a essa campanha, em seis meses a Justiça austríaca concedeu liberdade condicional a Otto.

Uma das condições impostas por Hans era a da que Otto empreende-se outro tratamento psicanalítico, agora com Wilhelm Stekel — outro psicanalista dissidente da IPA. Stekel foi o único psicanalista a apoiar Otto Gross, que, em meados de 1912, foi denunciado às autoridades por psicanalistas ortodoxos que o considerava herético ao movimento. Bem diferentemente das comunidades artísticas e anarquistas, a comunidade psicanalítica silenciou diante da campanha internacional de sua libertação. Ele ainda permaneceu rotulado como psicótico segregado dessa comunidade até sua trágica morte, em 1920, dois dias depois de ser encontrado caído em um beco, padecendo de fome, de frio e de sintomas de abstinência de drogas.

QUARTA ESCOVADA: A ESTRUTURA E A VIOLÊNCIA DO PATRIARCADO ESTÁ DISSEMINADA NAS COMUNIDADES PSICANALÍTICAS

Essa triste história de segregação revela o quanto o patriarcado esteve maleficamente presente na comunidade psicanalítica mesmo antes de sua institucionalização. Freud, por vezes, queixava-se de ser colocado no lugar de pai por seus discípulos, mas por outras vezes não hesitava em se colocar como um verdadeiro patriarca na relação com eles. Nas correspondências com Jung isso era patente. Jung chegava a se referir a Freud como pai e Freud, por sua vez, referia-se a Jung como filho e herdeiro. Jung, inclusive, lembrou-o — quando a relação entre eles estava prestes a ser rompida — que Freud teria admitido na viagem de navio aos Estados Unidos que não queria perder sua autoridade diante de seus discípulos (FREUD & JUNG, 1976).

Consciente ou inconscientemente, mas certamente preocupado com a escolha do futuro líder da psicanálise, Freud acabou instaurando entre Jung e Gross a rivalidade fraterna, em que ambos deveriam disputar o amor e a herança paterna. Enquanto Gross, ao fugir do Burghölzli, deixou bem clara sua escolha de que não responderia dessa posição — não obstante respeitasse Freud como autoridade médica, não o colocava na posição de autoridade paterna —, Jung usou de todas as armas a seu alcance para afastar e prejudicar violentamente seu "irmão gêmeo", obtendo, com isso, a conivência do pai Freud e a herança prometida.

Uma leitura, mesmo não muito atenta, das correspondências de Freud com outros psicanalistas revela que Freud procurava usar a posição de patriarca com ao menos a maior parte de seus discípulos mais próximos. Não satisfeito com os desvios teóricos de Jung após sua nomeação como presidente da IPA em 1910, dois anos depois aceitou a sugestão de Ernest Jones, a partir de uma ideia de Ferenczi, de formar um Comitê Secreto que zelaria "sua criação" e controlaria os desvios junguianos. Reuniram-se, então, em torno do patriarca Freud, os filhos e discípulos Hanns Sachs, Karl Abraham, Otto Rank, Max Eitinton, além claro de Jones e Ferenczi.

Quem conta muito bem essa história é Phyllis Grosskurth, em *O círculo secreto*. Partindo sobretudo das correspondências trocadas entre os membros do comitê, a autora conta como Freud criticava, para cada um separadamente, os desvios teóricos e desvios de conduta dos outros colegas e confiava, a cada um deles, a sucessão da psicanálise. Freud não hesitou em se colocar como um chefe da horda primeva que, se não restringia o acesso às mulheres, limitava o acesso à "verdadeira" e "pura" psicanálise para, desta forma, defender a causa psicanalítica como para defender sua posição de criador da psicanálise. Grosskurth também aponta como a postura de Freud contribuiu muito para que seus discípulos adotassem uma postura passiva e submissa — esperada pelo próprio Freud, embora ele dissesse o contrário —, deixando-os escravizados ao pensamento freudiano e à pessoa de Freud: "a força da personalidade e das ideias de Freud haviam gerado um culto da personalidade em que Freud, como guru, exigira total lealdade pessoal e profissional" (1992, p. 38). Com ela, podemos ver que algumas escovadas a contrapelo na história da psicanálise revelam que "o subtexto da história psicanalítica é a história de como Freud manipulou e influenciou seus seguidores e sucessores" (1992, p. 38), é a história de como a lógica patriarcal esteve e ainda está presente nas sociedades psicanalíticas não apenas em seu nível institucional, mas na própria construção e transmissão conceitual. Como ela bem conclui: "a história do Comitê poderia servir de metáfora do próprio movimento psicanalítico" (1992, p. 38).

Isso porque, se continuarmos escovando a contrapelo, inúmeras outras histórias surgirão, envolvendo de psicanalistas mais conhecidos — casos, por exemplo, de Adler, Ferenczi, Tausk, Rank, Lacan — a psicanalistas "anônimos" antigos e atuais, que fazem ou fizeram parte do dia a dia institucional. E ainda assim, o patriarcado tende a permanecer recalcado, ou mesmo reprimido, e em exercício pleno. Ou ao menos tendia a permanecer recalcado. É uma felicidade fazer parte de uma coletânea que recoloca o tema em discussão e poder deixar aqui a mensagem de Otto Gross a Freud e seus seguidores:

Só pode ter sido o recalcamento das últimas consequências revolucionárias que impediu a breve iluminação desse axioma aos grandes da nova disciplina, sobretudo ao genial inventor do próprio método em desenvolvimento (GROSS, 1920c/2017, p. 187).

BIBLIOGRAFIA

BACHOFEN, Johann Jakob. *Das Mutterrecht: eine Untersuchung über die Gynaikokratie der alten Welt nach ihrer religiösen und rechtlichen Natur*. Stuttgart: Verlag von Krais & Hoffmann, 1861.

BENJAMIM, Walter. (1940) "Sobre o conceito da História". Em: BENJAMIN, W. *Magia e técnica, arte e política: ensaios sobre literatura e história da cultura*. São Paulo: Brasiliense, 1985, p. 222–232.

CHECCHIA, Marcelo Amorim. "Otto Gross e o combate à vontade de potência". Em: CHECCHIA, M. *Combate à vontade de potência*. São Paulo: Annablume, 2016.

_____. "Otto Gross, um psicanalista anarquista". Em: CHECCHIA, M.; SOUZA JR., P. S. & LIMA, R. A. *Otto Gross: Por uma psicanálise revolucionária*. São Paulo: Annablume, 2017.

_____. "Otto Gross: um caso de segregação e esquecimento na história da psicanálise". Em: *Lacuna: uma revista de psicanálise*, 2018.

FREUD, Sigmund. (1905) "Os chistes e sua relação com o inconsciente". Em: FREUD, S. *Edição Sttandart Brasileira das Obras Psicológicas completas de Sigmund Freud*. Rio de Janeiro: Imago, 1996.

_____. (1906) "Psicanálise e a determinação dos fatos nos processos jurídicos". Em: FREUD, S. *Edição Standard Brasileira das Obras Psicológicas Completas de Sigmund Freud*. Rio de Janeiro: Imago, 1996.

_____. (1908) "Moral sexual 'civilizada' e doença nervosa moderna". Em: FREUD, S. *Edição Standard Brasileira das Obras Psicológicas Completas de Sigmund Freud*. Rio de Janeiro: Imago, 1996.

_____. (1913) "Totem e tabu". Em: FREUD, S. *Edição standard brasileira das obras psicológicas completas de Sigmund Freud*. Rio de Janeiro: Imago, 1996, p. 13–167.

_____. (1921) "Psicologias das massas e análise do eu". Em: FREUD, S. *Psicologia das massas e análise do eu e outros textos*. São Paulo: Companhia das Letras, 2011, p. 13–112.

_____. (1939) "Moisés e o monoteísmo: três ensaios". Em: FREUD, S. *Moisés e o monoteísmo, Compêndio de psicanálise e outros textos*. São Paulo: Companhia das Letras, 2018.

FREUD, Sigmund & JUNG, Carl Gustav. *Correspondência completa (1906–1914)*. Rio de Janeiro: Imago, 1976.

GREEN, Martin. *Les sœurs Von Richthofen – deux ancêtres du féminisme dans l'Allemagne de Bismarck face à Otto Gross*. Paris: Seuil, 1979.

GROSS, Otto. (1908) "Violência parental". Em: CHECCHIA, M.; SOUZA JR., P. S. & LIMA, R. A. *Otto Gross: Por uma psicanálise revolucionária*. São Paulo: Annablume, 2017, p. 77-82.

_____. (1913) "Pela superação da crise cultural". Em: CHECCHIA, M.; SOUZA JR., P. S. & LIMA, R. A. *Otto Gross: Por uma psicanálise revolucionária*. São Paulo: Annablume, 2017, p. 83-87.

_____. (1914) "Sobre a simbologia da destruição". Em: CHECCHIA, M.; SOUZA JR., P. S. & LIMA, R. A. *Otto Gross: Por uma psicanálise revolucionária*. São Paulo: Annablume, 2017, p. 111-127.

_____. (1916) "Do conflito entre o próprio e o estrangeiro". Em: CHECCHIA, M.; SOUZA JR., P. S. & LIMA, R. A. *Otto Gross: Por uma psicanálise revolucionária*. São Paulo: Annablume, 2017, p. 129-134.

_____. (1919a) "A ideia de base comunista na simbologia do Paraíso". Em: CHECCHIA, M.; SOUZA JR., P. S. & LIMA, R. A. *Otto Gross: Por uma psicanálise revolucionária*. São Paulo: Annablume, 2017, p. 135-150.

_____. (1919b) "Por uma formação intelectual funcional do revolucionário". Em: CHECCHIA, M.; SOUZA JR., P. S. & LIMA, R. A. *Otto Gross: Por uma psicanálise revolucionária*. São Paulo: Annablume, 2017, p. 171-179.

_____. (1919) "Protesto e moral no inconsciente". Em: CHECCHIA, M.; SOUZA JR., P. S. & LIMA, R. A. *Otto Gross: Por uma psicanálise revolucionária*. São Paulo: Annablume, 2017, p. 163-169.

_____. (1920a) "Três ensaios sobre o conflito interno". Em: CHECCHIA, M.; SOUZA JR., P. S. & LIMA, R. A. *Otto Gross: Por uma psicanálise revolucionária*. São Paulo: Annablume, 2017, p. 189-238.

_____. (1920b) "Sobre o problema da solidariedade na luta de classes". Em: CHECCHIA, M.; SOUZA JR., P. S. & LIMA, R. A. *Otto Gross: Por uma psicanálise revolucionária*. São Paulo: Annablume, 2017, p. 243-251.

_____. (1920c) "Por um trabalho preliminar renovado: do ensino". Em: CHECCHIA, M.; SOUZA JR., P. S. & LIMA, R. A. *Otto Gross: Por uma psicanálise revolucionária*. São Paulo: Annablume, 2017, p. 181-188.

GROSSKURTH, Phyllis. *O círculo secreto – o círculo íntimo de Freud e a política da psicanálise*. Rio de Janeiro: Imago, 1992.

JUNG, Carl Gustav. (1909). "A importância do pai no destino do indivíduo". Em: JUNG, C. G. *Obras completas, vol. 4: Freud e a psicanálise*. Petrópolis: Vozes, 2011.

Apontamentos ferenczianos para a atualidade da psicanálise

PAULA PERON[*]

Este texto revisita os chamados escritos pré-psicanalíticos de Sándor Ferenczi, em busca de ideias inspiradoras para diretrizes éticas, políticas e terapêuticas para a psicanálise atual, em tempos de acentuação do declínio do patriarcado. O cenário já se alterou bastante desde estas publicações do começo do século XX, mas nelas ressaltarei a presença de pressupostos antipatriarcais,[1] ou seja, temáticas geralmente evitadas ou criticadas pela ciência da época, dominada por versões que valorizavam atributos ditos masculinos: a razão, a consciência, a verticalidade nas relações humanas, a ação, a falicidade, entre outros.

Sabemos que Freud é crítico da Modernidade e suas formações institucionais, e trabalha em sua clínica e na teoria a partir dos efeitos do patriarcado sobre as mulheres, homens, crianças e, como chamava, os homossexuais. Nas análises dos malefícios e efeitos da Modernidade e suas estruturas patriarcais, Freud apontou impossibilidades e impasses gerados para os sujeitos, criticando, por exemplo, a moral sexual, as relações familiares e o excesso de restrições civilizatórias sobre os sujeitos. Por um lado, analisou o desamparo derivado das

---

[*]. Doutora em Psicologia Clínica e Psicanalista, atua no Departamento de Psicanálise do Instituto Sedes Sapientiae e na Pontifícia Universidade Católica de Sao Paulo.

1. Reconheço os problemas de adotarmos um *status* universal para o patriarcado, como aponta Butler (2018, p. 22), que pode anular ou reduzir "expressões diversas da assimetria do gênero em diferentes contextos culturais" (2018, p. 72). Não problematizarei este ponto, mas reconheço as contradições e inconsistências deste suposto universal, justamente encarnadas em Freud e Ferenczi, mesmo em contextos culturais semelhantes.

rupturas da tradição patriarcal, forjadas pela Modernidade, e apontou suas consequências — masoquismo, ilusões defensivas frente à nostalgia do pai, mal-estar contínuo, construções religiosas reparadoras, entre outras. Por outro lado, podemos ver em Freud repetições e resíduos da lógica patriarcal que expôs, e uma tentativa de reordenar o sujeito em direção do pai (BIRMAN, 2006).

Minha intenção é mostrar como desde o início de sua obra, Ferenczi pode fornecer acréscimos e contraposições a Freud, já que suas ideias "compõem um ideário mais próximo das tendências políticas contemporâneas do que o modelo de laço vertical com o Pai ou seus derivados, apresentado por Freud" (REIS & GONDAR, 2017, p. 15). O que pretendo é destacar Sándor Ferenczi, como figura contemporânea a Freud, e fundamental para valorizarmos na psicanálise as premissas na contramão da lógica patriarcal e fálica, do ponto de vista teórico e terapêutico. Seu texto de estreia na psicanálise, em 1908, chamado "O efeito na mulher da ejaculação precoce masculina", problematiza os efeitos da prevalência paterna como organizadora das subjetividades e, ao descrever a frustrante vida sexual das mulheres casadas, com neurose de angústia, afirma: "Esse estado, quando se torna permanente, leva necessariamente a um estado de tensão nervosa; só o egoísmo masculino, sobrevivência do velho regime patriarcal, pôde desviar a atenção dos homens... logo, dos médicos, deste problema" (1991, p. 1).

Embora tais premissas estejam presentes e crescentes ao longo de toda a obra de Ferenczi, escolhi recortar a seguir apenas alguns eixos de sua produção inicial, que evidenciam principalmente jogos de poder diversos e situações de assujeitamento. Frente a estes cenários, veremos Ferenczi propor ideias e ações que não valorizam a prevalência da figura paterna e seus representantes, colocando-se contra a manutenção de versões fálicas ultrapassadas de sustentação simbólica para os sujeitos em laço social, seja na linguagem da ciência, seja no cuidado aos excluídos, desmontando a aura de superioridade do masculino, por vezes encontrada em Freud, especialmente antes dos anos 20.

Sobre Ferenczi, cabe mencionar brevemente que viveu entre os anos de 1873 e 1933, morando em Budapeste quase toda sua vida (viveu também em Viena para cursar medicina aos 17 anos e, mais tarde, em Nova York para psicanalisar). Nascido em uma família judaica intelectualizada e politizada, de doze filhos (LORIN, 1994), conheceu Freud em 1908, e antes disto praticava como neurologista, trabalhando em hospitais, na Caixa de Saúde de Budapeste e como perito judicial (DEAN GOMES, 2016). Roudinesco aponta que Ferenczi mostrou-se, diferentemente de Freud, "desde logo aberto aos debates promovidos pelas revistas de vanguarda a respeito da *art nouveau* (*Jugendstil*), da emancipação das mulheres, da liberdade sexual e da expansão das novas ciências do homem" (ROUDINESCO, 2016, p. 24). Veremos como esta diferença deve ser reconhecida para a ampliação a meu ver vantajosa do campo psicanalítico atual.

Apesar da quantidade razoável de produção bibliográfica de e sobre Ferenczi no mercado editorial brasileiro, os textos chamados pré-psicanalíticos de Ferenczi não constam e não são mencionados nas *Obras Completas* brasileiras. Utilizarei aqui o livro *Les Écrits de Budapest*, organizado por Claude Lorin, com tradução livre. Os interesses de Ferenczi são muito amplos: pela história, pelos conflitos sociais, pelo Direito, pela política, pela literatura, e outros, em textos de 1899 a 1907. Neste período Ferenczi lia Freud, mas ainda não o conhecia e não fazia parte do campo psicanalítico. Isto ajuda-nos a construir uma versão de Ferenczi que não seja apenas efeito de Freud.[2] Nos escritos encontramos observações de seu trabalho médico em hospital dos pobres, de idosos (*Erzsebet*) e em hospital militar, especialmente com população carente, como moradores de rua, idosos desamparados e prostitutas. O tom que atravessa todos os artigos poderia ser resumido da seguinte maneira: um médico clínico engajado, consciente dos atravessamentos sociais e políticos participantes do adoecimento físico e psíquico, enfim, um pensador politico (GONDAR, 2012). Além disto, constantemente desconfiado das capacidades integrativas, autônomas e racionais do eu — do paciente, do médico, do pesquisador.

---

2. Birman comenta como alguns autores — Diane Chauvelot (1978) e Philippe Julien (1978) — chegam a dizer que Ferenczi somente contribui para a psicanálise após sua análise com Freud (entre 1914 e 1916) e antes seria apenas "um mero divulgador das ideias do mestre", com o que discordo completamente.

A seguir examinarei o proposto acima, a partir de dois eixos de destaque. O primeiro pretende evidenciar a presença das temáticas ditas femininas, especialmente em suas defesas para ampliação e modificação da ciência, em particular a ciência médica. Ferenczi pretendia abarcar características e temas relativos aos afetos, às intensidades, ao inconsciente e ao corpo, em um trabalho insistente de desmontagem das dicotomias habituais: razão x emoção, consciente x inconsciente, mente x corpo, ciência x campo das emoções, homem x mulheres, entre outras. O segundo eixo que destacarei trata do que Ferenczi chamou de "política de exploração" (1903, p. 191) dos assujeitados em relações de poder e de formas de enfrentamento. Veremos como nos dois eixos Ferenczi posiciona-se de forma a aprofundar tendências que Freud reforçará apenas tardiamente em sua obra, com as ideias de desamparo como base comum a todos nós, e com a feminilidade como horizonte de cura. Nos textos examinados, vemos em Ferenczi "um polemista de talento, um espírito profundamente criativo, um clínico sensível e perspicaz, um médico que examina sua própria prática e seu campo com uma autocrítica particularmente lúcida e severa" (LORIN, 1983, p. 10). Neles proporá soluções que fazem sobressalente a premissa de mais horizontalidade nos destinos humanos, o que desenvolverá posteriormente com a ideia de comunidade de destino (FERENCZI, 1932, p. 91), que não propõe filiações ou garantias, e onde se constrói um porvir compartilhado, "sem lideranças nem certezas previas" (REIS & GONDAR, 2017, p. 10), a partir de um solo comum de incertezas e vulnerabilidades.

MUITO ALÉM DO PRINCÍPIO DA RAZÃO FÁLICA

Ferenczi inicia suas publicações explorando temáticas geralmente reconhecidas como femininas[3] e defendendo que sejam integradas

---

3. Em uma concepção em que "(...) a natureza é feminina e precisa ser subordinada pela cultura, invariavelmente concebida como masculina, ativa e abstrata. (...) a razão e a mente são associadas com a masculinidade e a ação, ao passo que o corpo e a natureza são considerados como a facticidade muda do feminino, a espera de significação a partir de um sujeito masculino oposto" (BUTLER, 2018, p. 74).

e investigadas pela ciência e não apenas consideradas resíduos laterais, incômodos ou incompatíveis com nossas pesquisas. Insiste na ampliação dos domínios da pesquisa médica e psicológica, e sugere a premissa de uma constante desconfiança na racionalidade humana, recusando-se a objetificar a realidade ou reduzi-la a uma linguagem estruturada exclusivamente pela lógica paterna. De fato, desconstrói o mito da objetividade e racionalidade das ciências médicas, ressaltando a presença dos elementos culturais e subjetivos que as permeiam, em uma severa crítica à suposta separação entre sujeito e objeto de pesquisa.

No texto "O espiritismo" (1899), que escreveu aos 26 anos (Ferenczi frequentou sessões de espiritismo, segundo Casonato, 1994), inflado no combate ao materialismo científico, predominante na época, defende a inclusão dos fenômenos chamados ocultos e espirituais nas pesquisas científicas. Desde este texto, Sándor Ferenczi enfatiza a presença das divisões no funcionamento mental, apontando que os fenômenos espirituais poderiam ser entendidos como expressões do inconsciente e destas divisões, e defende que a ciência pesquise as dimensões inconscientes e semiconscientes que participam do funcionamento psíquico — do espírito, como coloca. Ferenczi entende que a consciência humana progride em zigzag, de forma caótica, a partir de crises e divergências (1899, p. 37), o que é bastante divergente da forma como Freud apresenta a consciência humana, a intelectualidade e o pensamento, em algumas passagens, como faculdades superiores (por exemplo, em *Moisés e o monoteísmo*, 1939, p. 114).

Para Ferenczi, um apoio rígido no racionalismo, na objetividade, na biologia e no empirismo deixa de lado fenômenos que nos interessam, e defende constantemente que temas como o amor, o ódio, a raiva, a memória, o esquecimento, o senso moral, a sensibilidade artística, "a psicologia das crianças e a psicologia das massas" (1899, p. 40), e os fenômenos religiosos, sejam investigados pela ciência e pela psicologia e não deixados somente aos romancistas, escritores de ficção e fanáticos. O materialismo cego, segundo ele, escamoteia estudos sobre nossas paixões mais profundas. Ferenczi tematiza detalhadamente o amor, que seria capaz de produzir ações criativas e imaginativas ou destrutivas que levam o homem ao topo de sua capacidade de ação e deveria ser estudado não apenas em suas manifestações extremas, mas também nas situações ditas normais. Ele constituiria uma "zona de fronteira" entre o estado normal e o estado doentio da alma humana ("O amor na ciência", 1901, p. 103), e algumas de suas manifestações evocam traços psicóticos maníaco-depressivos, provocando alucinações e ilusões em um sistema nervoso equilibrado (1901, p. 104), fazendo vacilar a razão. O investimento do pensamento nas abstrações ficaria obstaculizado na paixão amorosa, o que é vantajoso para o poeta e para o artista, mas bloqueia o matemático... (1901, p. 106), sendo comparado ao álcool: "O veneno responsável pela alteração das diferentes faculdades e mais poderoso que o álcool chama-se amor" (1901, p. 106), mostrando-nos como este sentimento era visto como perturbador da ordem da razão. Dirá que nos homens provoca poder, nas mulheres provoca submissão (1901, p. 106), sinalizando os diferentes efeitos do amor sobre homens e mulheres em sua época, e as autorizações sociais concedidas aos homens e às mulheres sobre o destino de suas intensidades. No geral, há um tom crítico ao intelectualismo, fazendo-nos reconhecer que as categorias científicas rígidas da Modernidade e do patriarcado produzem efeitos de inferiorização daquilo que não se molda aos seus enquadramentos normativos.

Ferenczi interessa-se muito pelo que chama de "zona de fronteira" (1901, p. 103) dos fenômenos humanos, ou seja, aquilo que remete aos limites do controle do sujeito sobre si, aquilo que alude ao que o escapa e ao mesmo tempo toma-o, e este interesse leva Ferenczi a pensar sobre a presença do corpo na dinâmica dos afetos. Ao perguntar-se sobre a condição de controle racional do amor, questiona se a inteligência e a força moral teriam influência inibitória sobre as manifestações do amor e sobre as manifestações orgânicas no amor, e considera que "o amor tem uma influência siderante sobre todos os processos do organismo" (1901, p. 107). Ferenczi inclui o corpo desde cedo em suas considerações sobre os afetos e a psique, evidenciando outra incursão importante em território de fronteira pouco explorado até então pela ciência: o corpo como *locus* das manifestações psíquicas, subvertendo os esquemas estritamente orgânicos, biológicos e deterministas.

No texto "A região sensorial do córtex cerebral" (1902) remete às explicações psicológicas, afirmando que não há como entender certos fenômenos corporais sem a psicologia, ressaltando a independência entre as localizações cerebrais e as manifestações psíquicas (1902, p. 177). Desta forma, mostra-nos como, contando com os nascentes conhecimentos acerca do córtex cerebral, percebia toda a imprecisão ligada à intenção determinista de redução do humano ao cerebral ou biológico. O corpo aparece nestes inícios de seu percurso intensamente enlaçado pela subjetividade e a dicotomia corpo x mente não parece interessar a ele, que enfatiza especialmente as reciprocidades e interferências entre eles.

O texto de crítica aos excessos da leitura — "Leitura e saúde", 1901 — também pode ser examinado sob esta ótica: ali vemos Ferenczi buscar o reconhecimento dos efeitos dos progressos humanos sobre o corpo. Neste texto Ferenczi estuda as consequências dos excessos de leitura sobre as crianças e pessoas em geral, e afirma que toda invenção humana carrega malefícios na medida em que constitui um novo instrumento à disposição da humanidade, cuja tendência é de abuso, ressaltando que as intensidades e afetos são pontos-chaves em sua compreensão dos sujeitos. Considera que os avanços da civilização provocam problemas mentais e nervosos de toda ordem, e que a chegada da imprensa teria nisto um grande papel (1901, p. 109). O excesso de tempo de leitura poderia acarretar em problemas de postura corporal, principalmente nas crianças e adolescentes, para quem Ferenczi defende mais tempo livre e exposição à natureza, sendo bastante enfático nos efeitos nocivos da leitura para os adolescentes, que poderiam ser precocemente suscitados em sua vida sexual ou sofrer de cansaço por estudos intensivos, e também para os adultos, que poderiam sofrer efeitos morais ao tocar em fantasias íntimas e excitações sexuais. Sugere equilíbrio na dedicação ao corpo tanto quanto ao espírito — estudar, repousar, distrair-se... É bastante interessante observar suas intenções de questionar as invasões da cultura sobre os sujeitos e suas fragilidades, tanto psíquicas quanto corporais.

O reconhecimento da dimensão afetiva aparece também em "Consciência e desenvolvimento" (1900), onde aponta que as sensações e impressões sensoriais são os átomos da psique, igualmente presentes no recém-nascido e no gênio, ressaltando a centralidade desta dimensão, que não pode faltar nas teorizações da psicanálise. No curso da infância adquirimos nossa distinção em relação ao mundo animal — a linguagem e o pensamento. No primeiro ano, estamos sob o domínio dos instintos e reflexos e, apenas posteriormente, diferenciando um eu em relação ao mundo exterior, com suas próprias impressões sensoriais (1900, p. 68). Neste texto, vemos operar importantes pressupostos: o afeto como inicial, permanente e central no psiquismo, a infância e suas sensibilidades no centro da questão, o destaque sobre a complexidade da vida humana, em oposição a ideias simplificadas, mecanicistas e deterministas, típicas da Modernidade e do patriarcado. Neste mesmo texto, aponta os limites do sujeito racional do conhecimento e a inevitável participação da interioridade e subjetividade do pesquisador e do médico em seus trabalhos. Defende um reconhecimento das fraquezas de nosso intelecto, que redundaria em um ceticismo e uma reflexão autocrítica do homem em relação as suas afirmações e conhecimento (1900, p. 70).

Seguindo neste campo, podemos dizer que a própria diagnóstica e racionalidade médicas são questionadas em seus limites: Ferenczi critica as "doenças da moda" ("Sobre a neurastenia", 1905, p. 256) e "os produtos da moda" da medicina ("Da prescrição na terapia neurológica", 1902, p. 292), bem como a ideia de causas únicas para os sintomas ("Dois erros de diagnósticos", 1900, p. 86), do diagnóstico *a priori* e preconceituoso ("Complicações nervosas no curso de uma mielite", 1902). Desta forma questiona-se constantemente como médico e sobre a semiótica médica no geral. Afirma, por exemplo, que as pesquisas médicas são feitas sob o viés masculino, o que certamente impacta na descrição dos sintomas subjetivos das mulheres, como no caso dos sintomas que acompanham a menstruação ("Novo ensaio de explicação da menstruação", 1900, p. 75).

ESTRATÉGIAS DE RESISTÊNCIA E HORIZONTALIDADE: MUITO ALÉM DO PRINCÍPIO DE ORGANIZAÇÃO FÁLICA

(...) a horizontalidade não é feminina nem masculina. A questão mais premente hoje, em termos sociais e políticos, não é uma nova distribuição do falo — mesmo que pela via mais sofisticada de sua superação, através do gozo feminino — e sim uma distribuição mais justa da vulnerabilidade (GONDAR, 2012, p. 205).

Vejamos agora como Ferenczi, a partir da ideia de "política da exploração", ressalta as relações de poder e seus polos. Ferenczi mostra-se capaz de propor soluções em um sentido mais horizontal do que verticalizado, sem retomar construções imaginárias que fortaleçam hierarquias, autoridades ou supostas posições fálicas. Em torno de duas figuras que destacaremos agora — o homoerótico e o médico, a quem Ferenczi acrescenta muitas dimensões e complexidades subjetivas, desenhando sujeitos vulneráveis, atravessados pelo inconsciente, por afetos, poderes e injunções sociais. Há um reconhecimento das dimensões de vulnerabilidade presentes em todos nós e, a partir disto, diferentemente de Freud, que "não parece dar conta das múltiplas formas de potência produtiva de emancipação social" (SAFATLE, 2015, p. 110), Ferenczi apresenta caminhos de emancipação — para o homoerótico, para o médico estagiário maltratado, para o médico obrigado a escrever laudos, como veremos. A partir do reconhecimento das fragilidades e impotências, sugere condições de existência, a partir de uma comunidade de iguais e a partir de resistências.[4]

Como aponta Birman, "a resistência também pode ser algo do desejo, quando é o poder que está efetivamente em causa" (2006, p. 320) e, desta forma, recoloca o registro da impossibilidade de adesão à ordem patriarcal. Neste sentido, Ferenczi resiste a que o homoerotismo seja compreendido como perversão, que seja desarticulado de suas dinâmicas psíquicas, que sejamos separados em categorias puras para

---

4. Gondar (2012) ressalta como neste ponto há aproximação entre Ferenczi e Judith Butler, no reconhecimento da precariedade de todos os envolvidos numa relação, na superação da instância ideal e na proposta de laço social construído sobre o reconhecimento da vulnerabilidade, que conduz à potência.

normatização, ressaltando uma ética da diferença e da singularidade. Ferenczi reconhece os assujeitamentos vividos pelos homoeróticos de seu tempo, a desvalorização e humilhações que sofriam.

Ressalto que nos vários textos iniciais sobre a sexualidade, Ferenczi mostra-se liberal e, ao mesmo tempo, sustenta alguns postulados de sua época. No texto "Útero didelfo" (uma afecção que provoca duplicidade do útero), de 1899, ele coloca-se contrário à ideia de uma degenerescência das prostitutas (encontrada em Lombroso, Ottenghi e outros, conforme Ferenczi), dada a alta frequência de malformações genitais. Defende um maior cuidado médico para as "mercadoras do prazer" ("Um caso de retraimento retal", 1899, p. 59), criticando seu lugar marginalizado e submetido. Estamos em 1899 e vemos Ferenczi opor-se à ideia de uma natureza degenerada de certas mulheres e uma convocação a que elas ocupem um protagonismo maior em sua condição — de mercadorias a mercadoras do prazer — e que tenham os direitos à saúde como outros sujeitos.

Ao comentar mudanças de orientação sexual em pacientes, Ferenczi ressalta os efeitos nocivos dos preconceitos relativos às diferenças sexuais ("Um caso de hipospadia", 1899), e da inflexibilidade moral dos pais, defendendo que não se trata de estados psíquicos anormais e que não devem ser somente estudados do ponto de vista da psicopatologia ("A homossexualidade feminina",[5] 1902). Neste texto, enfatiza as qualidades intelectuais gerais e musicais da Senhorita que apresenta como Rosa K. Como não pensar na família K. do caso Dora, contado por Freud (1905), e na diferença entre Freud e Ferenczi no reconhecimento das vulnerabilidades das pacientes em questão, da moralidade familiar, das destinações sociais das mulheres? Freud patologiza Dora, enquanto Ferenczi questiona o lugar social da erótica dissonante da Srta. Rosa K. Pede a ela que escreva uma autobiografia, demonstrando uma convocação do potencial do sujeito em sua autoria e no reconhecimento da legitimidade de sua história, a ser narrada e compartilhada. Preocupa-se com os cuidados sociais às pessoas marginalizadas socialmente — pergunta-se, por exemplo, onde protegemos, abrigamos e

---

5. Ferenczi inventa o termo homoerotismo, em 1914 (LORIN, 1983).

apoiamos pessoas como Senhorita Rosa K., que não tem as mesmas chances que outras pessoas em nossa sociedade (1902, p. 155). Afirma que os hospitais e prisões, para onde frequentemente eram mandados, não são convenientes.

No texto "Estados sexuais intermediários" (1905), Ferenczi posiciona-se contra as sanções penais, injustas e inúteis a seu ver, que sofrem os homoeróticos em vários países e convoca os médicos húngaros a se associarem aos médicos alemães no movimento de oposição aos preconceitos no campo psiquiátrico. O próprio Ferenczi tornou-se representante do Comitê Inter-humanitário Internacional de defesa dos homossexuais em 1897 (DEAN GOMES, 2016). Fala dos estados sexuais intermediários — em sujeitos que misturam traços masculinos e femininos. Esta mistura seria um fator congênito desde a vida embrionária, restando elementos femininos nos homens e vice-versa, mesmo nas pessoas de sexo definido. Estabelece também o caracter psicológico, para além dos hormonais. Aponta que, grosso modo, os tipos femininos seriam receptivos e os tipos masculinos produtivos, além de terem tendências a generalizar e a abstrair. Os tipos femininos teriam pensamentos mais concretos e senso de família, com mais ternura e menos agressividade que os masculinos. Afirma que o espírito masculino tem algo de hipermétrope, enquanto o espírito feminino seria míope, revelando humor e caricatura no desenho dos tipos puros, para então afirmar que eles não existem neste estado, mas misturados sempre.

Sua preocupação com o campo das condições sociais de certos grupos inclui a problematização das condições de trabalho dos próprios médicos, o que é muito interessante, porque indica que reconhece a importância de pensar e reconhecer o sofrimento daquele que trata, desenhando menos polarização entre médico e paciente. Novamente vemos Ferenczi problematizando relações de poder e de vulnerabilidade. Como em relação ao homoerotismo, Ferenczi reconhece a queixa de uma injustiça sofrida e a necessidade de reparação, dá voz aos inferiorizados, e propõe solidariedades, colocando-se contra a recusa de reconhecimento de certas precariedades, neste caso, dos jovens médicos, submetidos a hierarquias de exclusão. Problematiza isto em "Contribuição à organização do serviço hospitalar do médico assistente"

(1903), e lembra-nos que muitos nobres projetos são antecedidos por situações trágicas ou opressivas, que posteriormente são esquecidas, ressaltando que a política de exploração geralmente está na base das construções sociais fálicas. Defende os médicos iniciantes, que trabalham sem direitos e que não poderia ficar indiferente a isto. Chama de "política de exploração" (1903, p. 191) a forma como eles são tratados, visto que, apesar de serem bolsistas para estudo, não há nada que os favoreça na situação para estudar, com salários insuficientes para viver na capital ou em outras cidades. Não há para o médico assistente uma biblioteca, um escritório, um gabinete privado, eles não têm férias, seus superiores os esnobam e abusam de sua disposição ao trabalho, e as perspectivas são opacas, dado que os superiores permanecem em suas posições e não se criam cargos ou caminhos para os médicos jovens serem empregados. Ferenczi sugere um comitê exterior para gerir tais questões, o que a Sociedade Médica acata.[6] Ferenczi comenta em 1907 ("Instruções da lei de seguro dos trabalhadores a respeito dos médicos") outra situação político-institucional, onde os médicos escreveriam laudos para empregados do mundo industrial e comercial, para efeitos de seguro, a partir da decisão do Rei Francisco Jose I e do parlamento húngaro. Convoca que aos médicos seja dada autoridade pública, sem o que certamente estariam expostos a insultos e injurias por parte de assegurados insatisfeitos. Descrevendo pormenores e criticando alguns pontos do novo funcionamento legal, Ferenczi defende que todos os médicos deveriam examinar tais leis e formular opiniões acerca delas, evidenciando que a proposição de proteção inclui a ativação da dimensão pública, da autoria e do reconhecimento do explorado, como no caso da Srta. K. e sua autobiografia.

---

6. Lembremos que em 1905 haverá na Hungria uma famosa greve geral de seis semanas, que refletiu a vasta insatisfação dos trabalhadores do país e culminou na proclamação de estado de sítio no país, em um acordo das classes dominantes (LORIN, 1983). Isto foi precedido por um clima social e político de insurreição, combatido militarmente pelo governo com uma represália contra os socialistas, sindicalistas e outros supostos traidores da pátria, inclusive os tidos como diabólicos e desordeiros homossexuais. O combate não foi apenas militar, mas também em um nível ideológico e médico, como aponta Lorin (1983), e Ferenczi alinha-se aos agredidos e intolerados.

Ferenczi igualmente ressalta as relações de poder presentes entre médico e paciente, criticando o lugar de saber e poder conferido ao médico ao problematizar a utilização da hipnose ("O valor terapêutico da hipnose", 1904) e os efeitos problemáticos derivados disto, como por exemplo exigir excessivamente do paciente ou seduzir as pacientes. Em 1906, volta a falar da hipnose, no texto "Do tratamento pela sugestão hipnótica", reforçando que há efeitos benéficos desde que os médicos sejam honestos, e que a assimetria da dupla pode ser nociva ao paciente. Revela que há pessoas no corpo médico que se beneficiam dos estados de incapacidade dos indivíduos hipnotizados, cometendo malfeitos sexuais. Desta forma, denuncia o abuso do poder médico, desidealiza-o e antecipa a importante problematização feita pela psicanálise, inclusive por Freud, acerca da influência do médico na terapêutica do sofrimento mental. Ferenczi desde o início percebe que o médico pode abusar de sua posição de poder, pode envolver-se sexualmente com seus pacientes, ou seja, também sofrerá toda ordem de impactos de seus próprios afetos e inconsciente. A contratransferência aqui já está em questão, a partir de um reconhecimento da impossibilidade da manutenção de um controle estrito destes efeitos. A figura hierárquica do médico racional e em controle cai por terra, surgindo a figura de alguém que navega em águas psíquicas bem mais turbulentas.

PALAVRAS FINAIS

Nossas posições políticas e discursivas evidenciam as finalidades de nossos atos e, no caso dos psicanalistas, de seus atos terapêuticos. Assim, revelar o campo da política a partir da qual atuamos torna-se fundamental para nossa sobrevivência, dado que "todo e qualquer psicanalista está a princípio implicado numa política, uma vez que esta o remete à finalidade dos seus atos" (CECCHIA, 2015, p. 20). Se considerarmos que "a prática clínica implica em ativação de forças, em estratégias de ação para produzir transformações e, nesse sentido, é uma prática política" (REIS & GONDAR, 2016, p. 153), então necessariamente temos que nos pronunciar sobre as que nos conduzem.

Ferenczi trabalhou a partir de situações de desamparo discursivo próximas às nossas, também em uma *polis* patriarcal sintomática, mas não teorizou no sentido de recuperar o lugar do pai em decadência. Sua obra não nos convida para segui-lo como discípulos de um mestre, mas abre o campo da psicanálise e permite que cada membro da comunidade seja psicanalista a seu próprio modo — analistas da psique humana, em todas suas dimensões, menos conservadores, mais consonantes com nossa atualidade, menos isomórficos com os pressupostos fundamentais do patriarcado, convocando-nos para relações horizontais. Nas palavras da Gondar: "Fundar as relações subjetivas (analíticas ou não) sobre a precariedade de todos nós — essa talvez tenha sido a sua proposta maior" (2012, p. 204).

Voltolini afirma que, tragicamente, a psicanálise está ameaçada de extinção, enquanto na época freudiana estava ameaçada no reconhecimento (2016, p. 39). A dimensão sociopolítica do sofrimento dos sujeitos atuais é evidente e tornou-se inevitável implicarmo-nos no reconhecimento das resistências à lógica patriarcal e fálica, especialmente quando o lugar fálico mostra-se cristalizado. Para evitar nosso desaparecimento ou irrelevância, Ferenczi é inestimável companheiro de percurso. Acredito que, junto a todas as críticas e revisões feitas à obra de Freud e de psicanalistas posteriores, permanece nossa tarefa de atualização da psicanálise, atuante em um mundo onde os princípios patriarcais vacilam entre superados e convocados em letras maiúsculas.

BIBLIOGRAFIA

BIRMAN, Joel. *Arquivos do mal-estar e da resistência*. Rio de Janeiro: Civilização Brasileira, 2006.

_____. *Arquivo e memória da experiência psicanalítica: Ferenczi antes de Freud, depois de Lacan*. Rio de Janeiro: Contracapa, 2014.

BUTLER, Judith. *Problemas de gênero: feminismo e subversão da identidade*. Rio de Janeiro: Civilização Brasileira, 2018.

CHECCHIA, Marcelo. *Poder e política na clinica psicanalítica*. São Paulo: Annablume, 2015.

FERENCZI, Sándor. *Les écrits de Budapest*. Paris: Epel, 1994.

_____. (1932) *Diário Clinico*. São Paulo: Martins Fontes, 1990.

_____. (1991) *Obras Completas*, São Paulo: Martins Fontes, 1991.

FREUD, Sigmund. *The Standard Edition of the complete psychological Works of Sigmund Freud*. Londres: The Hogarth Press, 1995.

DEAN GOMES, Gustavo. *De Viena a Wiesbaden: o percurso do pensamento clínico teórico de Sándor Ferenczi*. Dissertação de Mestrado do Programa de Pós-graduação em Psicologia Clínica da Pontifícia Universidade Católica de São Paulo. São Paulo: 2016, 294 páginas.

GONDAR, Jô. "Ferenczi como pensador politico". Em: *Cadernos de Psicanálise – CPRJ*, Rio de Janeiro, v. 34, n. 27, p. 193–210, jul/dez. 2012.

JORGE, Marco Antonio Coutinho. *Fundamentos da psicanálise de Freud a Lacan, vol. 2: a clínica da fantasia*. Rio de Janeiro: Zahar, 2010.

KOLTAI, Caterina. "Apresentação". Em: ROSA, M. D. *A clínica psicanalítica em face da dimensão sociopolítica do sofrimento*. São Paulo: Escuta/Fapesp, 2016.

KNOBLOCH, Felícia. [Orelha do livro]. Em: REIS, E. S. & GONDAR, J. *Com Ferenczi: clinica, subjetivação, política*. Rio de Janeiro: 7 Letras, 2017.

LORIN, Claude. "Introdução". Em: FERENCZI, S. *Les écrits de Budapest*. Paris: Epel, 1994.

_____. *Le jeune Ferenczi – premiers écrits 1899–1906*. Paris: Editions Aubier Montaigne, 1983.

PLON, Michel. "Da política em O mal-estar, ao mal-estar na política". Em: RIDER, J. L.; PLON M.; RAULET G. e REY-FLAUD H. *Em torno de o mal-estar na cultura, de Freud*. São Paulo: Escuta, 2002.

PUJÓ, Mário. "Trauma e desamparo". Em: *Clínica do Desamparo*. Buenos Aires: Revista Psicoanálisis y el hospital, vol. 17, p. 29, 2000.

REIS, Eliana Schueler e GONDAR, Jô. *Com Ferenczi: clinica, subjetivação, política*. Rio de Janeiro: 7 Letras, 2017.

ROUDINESCO, Elisabeth. *Sigmund Freud na sua época e em nosso tempo*. Rio de Janeiro: Zahar, 2016.

VOLTOLINI, Rinaldo. (org.) *Crianças públicas, adultos privados*. São Paulo: Ed. Escuta, 2016.

SAFATLE, Wladimir. *O circuito dos afetos: corpos políticos, desamparo e o fim do indivíduo*. São Paulo: CosacNaify, 2015.

De Freud aos debates atuais:
Psicanálise e feminismo

Introdução II a *Feminine sexuality*[*]

JACQUELINE ROSE[†]

> Freud adianta que só há libido masculina. O que quer dizer isso? — senão que um campo, que nem por isso é coisa alguma, se acha assim ignorado? Esse campo é o de todos os seres que assumem o estatuto da mulher — se é que esse ser assume o que quer que seja por sua conta.
>
> LACAN, *Encore*, SXX, 1972-3

Os textos que publicamos aqui[1] retornam ao debate já descrito,[2] ampliando-o. Eles retornam ao debate para insistir que suas implicações para a psicanálise ainda não foram compreendidas; eles o ampliam na medida em que o próprio tema — da sexualidade feminina — extravasa da psicanálise para o feminismo, como parte de seu questionamento acerca de como a sexualidade pode ser definida.

---

[*]. Traduzido do inglês por João Cunha e Léa Silveira. Este texto corresponde à segunda introdução do volume *Feminine sexuality – Jacques Lacan and the École freudienne*, editado por Juliet Mitchell e Jacqueline Rose, e traduzido por esta (The Macmillan Press LTD, 1982). [N. T.]

[†]. Autora de vários livros sobre psicanálise, literatura e cultura, feminismo e Oriente Médio. É co-fundadora do *Independent Jewish Voices*, lançado no Reino Unido em 2007, e membro da *British Academy*. Rose é colaboradora frequente da *London Review of Books* e do *The Guardian*, entre muitas outras publicações.

1. Ver nota *. [N. T.]

2. Por Juliet Mitchell, na primeira introdução ao volume mencionado. [N. T.]

Nesse sentido, estes textos carregam todos os sinais de uma repetição, de um ressurgimento de uma área de desacordo e perturbação; uma área na qual, porém, o tema em questão foi lançado em vista de conferir ao debate um acentuado relevo. É como se a coexistência, mais ou menos pacífica que encerrou o debate nos anos 1920 e 1930 ("deixada, num entendimento tácito, à boa vontade da interpretação individual", c,[3] p. 88-9), e a calmaria produzida ("calmaria experenciada após a pane do debate", c, p. 89), tivesse escondido um problema que inevitavelmente voltaria a emergir com renovada urgência. Hoje, essa urgência pode ser vista explicitamente como política, tanto é que, na controvérsia a respeito da dissolução, feita por Lacan, de sua escola em 1980, o jornal francês *Le monde* indicava o debate sobre feminilidade como a declaração mais evidente das repercussões políticas da própria psicanálise (*Le monde*, 01/06/1980, p. xvi). A psicanálise é agora reconhecida como crucial na discussão da feminilidade — a discussão a respeito de como ela surge e o que isso pode significar. Jacques Lacan, que abordou cada vez mais essa questão no curso de seu trabalho, tem estado no centro das disputas provocadas por tal reconhecimento.

Nesse contexto, a ideia de um "retorno a Freud", frequentemente associada a Lacan, tem um significado muito específico. Tem pouco a ver com um retorno à letra do texto de Freud, como se se tratasse da reabertura de um caso, um caso que já teria sido disputado, tal como Juliet Mitchell descreve acima, e acerca do qual se poderia dizer

---

3. Quando as traduções dos trechos que são citados tiverem sido feitas pela própria Rose, optaremos por seguir a autora e fazer uma tradução de sua tradução, checando o resultado com o texto original. Operamos aqui com o entendimento de privilegiar o argumento de Rose, tentando acompanhar o mais próximo possível as opções de linguagem feitas pela autora. Quando ela recorrer a versões de outros tradutores e a obra em questão estiver disponível em português, usaremos a versão brasileira; em todos os casos, as versões em inglês, usadas por Rose, estarão indicadas na bibliografia final. As abreviaturas empregadas referem-se aos seguintes textos, publicados em *Feminine sexuality*: c – *Guiding remarks for a congress on feminine sexuality*; MP – *The meaning of the phallus*; PP – *The phallic phase and the subjective import of the castration complex*; IT – *Intervention on transference*; FS – *Feminine sexuality in psychianalytic doctrine*; E – *God and the jouissance of The Woman/A love letter* (em *Encore*); O – *Seminar of 21 January 1975*. [N. T.]

INTRODUÇÃO II A «FEMININE SEXUALITY»

que Freud, com relação ao feminismo, teria saído perdendo. De fato, a relação entre psicanálise e feminismo pode parecer começar no momento em que a abordagem de Freud sobre a diferença sexual foi rejeitada por analistas que argumentavam *em favor* das mulheres ("analistas homens foram levados a adotar uma visão excessivamente falocêntrica", JONES, 1927, p. 459). Desde então, a maioria dos analistas concordam com as limitações e dificuldades da argumentação de Freud. Tais dificuldades foram inteiramente reconhecidas por Lacan, mas ele considerou que as tentativas de resolvê-las no contexto da psicanálise sistematicamente caem numa armadilha. Pois elas fracassaram em ver que o conceito de falo na argumentação de Freud sobre a sexualidade humana fazia parte da sua lucidez quanto ao caráter problemático, ou mesmo impossível, da própria identidade sexual. Responderam-lhe recorrendo a um dado prévio à diferença sexual com o intuito de assegurar essa identidade para ambos os sexos. Assim procedendo, tais respostas perderam de vista o fato de que, em Freud, a diferença sexual é construída ao preço de envolver a sujeição a uma lei que ultrapassa qualquer divisão natural ou biológica. O conceito de falo representa essa sujeição e a maneira pela qual as mulheres estão implicadas de um modo muito preciso nesse processo.

A história da psicanálise, sob diversos aspectos, pode ser vista inteiramente a partir das maneiras pelas quais se processou o engajamento com a questão da sexualidade feminina. O próprio Freud começou com a análise da histeria (FREUD & BREUER, II, 1893-5) — e insistiu, cabe destacar, no fato de que o paciente histérico poderia também ser um homem (FREUD, I, 1886). Foi seu fracasso em analisar uma paciente histérica — "Dora" (FREUD, VII, 1905) —, em termos de um conceito normativo daquilo que uma mulher poderia ser ou querer, que o levou a admitir a natureza fragmentada e aberrante da própria sexualidade. A sexualidade normal é, desde então, estritamente um *ordenamento* que o histérico recusa (adoecendo). O restante da obra de Freud pode, então, ser lido nos termos de uma descrição de como esse ordenamento vem a se colocar, o que o levou, necessariamente, de volta para a questão da feminilidade, porque sua persistência como dificuldade revelou o custo desta ordem.

Além disso, Freud resgatou essa questão no momento em que estava reformulando sua teoria da subjetividade humana. Lacan tomou o conceito freudiano de inconsciente, ampliado e desenvolvido nos textos posteriores (especificamente, *Além do princípio do prazer*, XVIII, 1920, e o ensaio inacabado *Divisão do Eu no processo de defesa*, XVIII, 1940) como base de sua própria explicação da feminilidade (aqui, a frequente crítica a Lacan segundo a qual ele não teria levado em conta os textos tardios de Freud é totalmente infundada). Ele argumentou que a incapacidade em reconhecer a interdependência entre essas duas preocupações na obra de Freud — a teoria da subjetividade e da feminilidade, juntas — levou os psicanalistas a um grave erro ideológico, ou seja, aquele de tentar resolver as dificuldades da argumentação freudiana sobre a feminilidade pretendendo resolver a dificuldade da própria feminilidade. Pois, ao reconduzirem a mulher a seu lugar e a sua identidade (algo que, segundo eles, Freud não teria visto em virtude de seus "preconceitos"), eles perderam a ênfase correlata de Freud na divisão e na precariedade da própria subjetividade humana; a qual, para Lacan, foi central para os *insights* mais radicais da psicanálise. Tentativas de responder a Freud por parte de mulheres e para as mulheres tenderam a renunciar a estes *insights*, seja descartando o conceito de inconsciente (o sinal dessa divisão), seja a bissexualidade (o sinal dessa precariedade). E isso vale para posições tão diversas quanto as de Jones (e Horney), nos anos 1920 e 1930, e a de Nancy Chodorow (1979),[4] quando se fala a partir da psicanálise para o feminismo hoje.

A retomada do debate sobre sexualidade feminina deve começar, então, pela ligação entre sexualidade e inconsciente. Nenhuma explicação da obra de Lacan que pretenda separar esses dois aspectos pode fazer sentido. Para Lacan, o inconsciente desautoriza o sujeito de qualquer posição de certeza, de qualquer relação de saber a respeito de sua história e de seus processos psíquicos; e, *simultaneamente*, revela a natureza ficcional da categoria sexual à qual, mesmo assim, todo sujeito é destinado. Segundo Lacan, a identidade sexual funciona como uma lei — trata-se de algo imposto ao sujeito. Para ele, o fato

---

4. Ver nota 11, abaixo.

INTRODUÇÃO II A «FEMININE SEXUALITY»

de que os indivíduos devem se alinhar segundo uma oposição (ter ou não falo) torna isso claro. Mas é a constante dificuldade, ou mesmo impossibilidade, desse processo que é enfatizada por Lacan; e é a isso que cada um dos textos desta coletânea se reporta de diferentes modos. As exposições dessa dificuldade na psicanálise e para o feminismo são, portanto, partes de um mesmo projeto.

I

A ligação entre sexualidade e inconsciente foi constantemente enfatizada por Lacan: "não omitamos o que é, em primeiro lugar, sublinhado por Freud como estritamente consubstancial à dimensão do inconsciente" (sxi, p. 133, *p. 146, p. 139*).[5] Outras interpretações, como a de Ernest Jones, descreveram a aquisição da identidade sexual como desenvolvimento do ego e/ou maturação de pulsões. Lacan considerou que todos esses conceitos se esteiam no mito de uma coesão subjetiva que, propriamente, o inconsciente subverte. Para Lacan, a descrição da sexualidade em termos desenvolvimentistas invariavelmente perde de vista a descoberta mais fundamental de Freud — que o inconsciente nunca cessa de desafiar nossa aparente identidade como sujeitos.

A abordagem lacaniana da subjetividade sempre foi desenvolvida em referência à ideia de uma ficção. Assim, na década de 1930, ele introduziu o conceito de "estádio do espelho" (*Écrits*, 1936), tomando a imagem da criança no espelho como modelo e base para suas futuras identificações. Essa imagem é uma ficção porque esconde, ou congela, a falta de coordenação motora do infante e a fragmentação de suas pulsões. Mas ela é salutar para a criança, pois lhe fornece o primeiro sentido de uma identidade coerente na qual possa reconhecer a si mesma. Para Lacan, no entanto, isso já é uma fantasia — a mesma imagem que situa a criança também divide sua identidade em duas. Além disso, esse momento só tem sentido em relação à presença e ao olhar da mãe, que garante sua realidade para a criança. A mãe (como na argumentação de D. W. Winnicott, 1967) não espelha a criança para si mesma; ela outorga uma imagem *para* a criança, que sua presença

---

5. Na sequência: página da edição francesa, da inglesa e da brasileira. [N. T.]

instantaneamente desvia. O ato de segurar a criança deve, pois, ser entendido não apenas como um processo de contenção, mas como um processo de referência, que fratura a unidade que ele parece oferecer. A imagem no espelho é central na abordagem lacaniana da subjetividade, pois suas aparentes suavidade e totalidade são tomadas como um mito. A imagem pela qual reconhecemos a nós mesmos pela primeira vez corresponde a um *falso reconhecimento*. Lacan tem o cuidado de enfatizar, porém, que seu ponto de vista não se restringe apenas ao campo do visível: "a ideia do espelho deve ser entendida como um objeto que reflete — não apenas o visível, mas também o que é ouvido, tocado e querido pela criança" (LACAN, 1949, p. 567).

Então, Lacan toma a imagem no espelho como modelo da própria função do ego, a categoria que permite ao sujeito operar como "eu". Ele apoia seu argumento na linguística, que designa o pronome como um "*shifter*" (BENVENISTE, 1956). O "eu" com o qual falamos representa nossa identidade como sujeitos na linguagem, mas é a entidade menos estável na linguagem, uma vez que seu sentido se coloca puramente em uma função do momento de enunciação. O "eu" pode sofrer deslocamento [*shift*], mudar de lugar, pois apenas e sempre se refere a quem o estiver empregando naquele momento.

Para Lacan, o sujeito é constituído através da linguagem — a imagem no espelho representa o momento no qual o sujeito é localizado numa ordem que lhe é alheia e à qual ele se referirá daí por diante. O sujeito é o sujeito *da* fala (o "*parle-être*" de Lacan) e sujeito *a* essa ordem. Mas, se há divisão na imagem, e instabilidade no pronome, há igualmente perda e dificuldade na palavra. A linguagem só pode operar designando um objeto em sua ausência. Lacan leva isso mais longe e afirma que a simbolização verte o objeto *como* ausência. Ele oferece como sua referência a primeira explicação de Freud sobre a catexia alucinatória da criança no objeto pelo qual ela chora (FREUD, I, 1895, p. 319) e sua descrição posterior, em *Além do princípio do prazer* (FREUD, XVIII, 1920, p. 14), da simbolização que a criança faz da ausência da mãe quando brinca. No primeiro exemplo, a criança alucina o objeto que deseja; no segundo, ela joga um carretel de linha para fora de seu berço a fim de simbolizar a ausência e a presença da mãe. A simbo-

INTRODUÇÃO II A «FEMININE SEXUALITY»

lização começa, portanto, quando a criança começa a perceber que algo pode estar ausente; palavras representam objetos porque elas só precisam ser faladas a partir do momento em que o primeiro objeto é perdido. Para Lacan, o sujeito só pode operar na linguagem repetindo constantemente esse momento irredutível de divisão fundamental. O sujeito é, pois, constituído na linguagem *como* esta divisão, como esta cisão (*Ichspaltung*, ou cisão do ego, é o termo de Freud).

Lacan denominou "simbólico" a ordem da linguagem e "imaginário" a do ego e de suas identificações (a ênfase, portanto, está deliberadamente no símbolo e na imagem, a ideia de algo que "está no lugar de"). O "real" foi, então, seu termo para expressar o momento de impossibilidade no qual ambos estão inseridos, o ponto eterno de retorno àquele momento.[6]

A concepção lacaniana da infância segue, então, a premissa básica de que a identidade é construída na linguagem, mas somente a um custo. A identidade altera-se e a linguagem fala da perda que subjaz àquele primeiro momento de simbolização. Quando a criança pede alguma coisa para sua mãe, essa perda persistirá através de qualquer coisa que ela eventualmente ofereça, ou diga, como resposta. A demanda sempre "carrega algo distinto daquilo que é requerido pela satisfação" (MP, p. 80) e, então, cada vez que a demanda da criança é respondida com a satisfação de suas necessidades, essa "outra coisa" é

---

6. Isso pode ser comparado, por exemplo, com a descrição que Melanie Klein (1930) faz da formação de símbolos e também com aquela de Hannah Segal (1957); nelas, a simbolização é um efeito de ansiedade e um meio de transcendê-la na direção da realidade, direção cada vez mais assegurada pelo fortalecimento do próprio ego. Cf. também a crítica específica de Lacan ao famoso artigo de Ernest Jones sobre simbolismo (JONES, 1916; *Écrits*, 1959), que ele criticou tendo em vista a definição de linguagem em termos de um domínio ou apropriação crescente da realidade e por ter, por conseguinte, fracassado em alcançar a estrutura da metáfora (ou substituição) que reside na raiz da subjetividade, sendo infinitamente repetida nela, em sua relação com o inconsciente. É nesse sentido também que a ênfase de Lacan na linguagem deve ser diferenciada do que ele definiu como "culturalismo", isto é, de qualquer concepção da linguagem como um fenômeno social que não leve em conta sua instabilidade fundamental (linguagem como um algo que constantemente põe e *desloca* o sujeito).

relegada ao lugar de sua impossibilidade original. Lacan designa isso "desejo". O que pode ser definido como o "resto" do sujeito, algo que sempre é deixado de lado, mas que, como tal, não tem conteúdo. O desejo funciona da mesma forma que a unidade zero na cadeia numérica — seu lugar é, ao mesmo tempo, constitutivo *e* vazio.

O conceito de desejo é crucial para a abordagem lacaniana da sexualidade. Lacan considerou que a falta de compreensão de suas implicações conduz novamente, de modo inevitável, a uma redução da sexualidade à ordem da necessidade (algo que, portanto, poderia ser satisfeito). Contra isso, ele citou a afirmação de Freud: "(...) devemos considerar a possibilidade de que alguma coisa na natureza da própria pulsão sexual não seja favorável à realização da plena satisfação" (FREUD, XI, 1912, p. 188–9, 149; cit. PP[7] p. 113).

Ao mesmo tempo, "identidade" e "totalidade" permanecem, precisamente, no nível da fantasia. Sujeitos na linguagem persistem em sua crença de que em algum lugar há um ponto de certeza, de saber e de verdade. Quando o sujeito endereça sua demanda para fora de si próprio no outro, este outro se torna exatamente o lugar fantasiado desse saber ou certeza. Lacan chama isso de o Outro — o lugar da linguagem ao qual o sujeito falante necessariamente se refere. O Outro parece manter a "verdade" do sujeito e o poder de compensar sua perda. Mas essa é a fantasia final. A linguagem é o lugar em que o sentido circula — o sentido de cada unidade linguística só pode ser estabelecido por referência a outra, e isso é arbitrariamente fixado. Lacan, portanto, extrai da concepção de Saussure (1974) sobre a natureza arbitrária do signo linguístico a implicação de que não pode haver garantia ou segurança final na linguagem. Não há, escreve Lacan, "Outro do Outro" e quem quer que reivindique ocupar esse lugar é um impostor (o Mestre e/ou o psicótico).

A sexualidade pertence a essa área de instabilidade que se desdobra no registro da demanda e do desejo, cada sexo se colocando,

---

7. O texto referido por esta abreviatura — *The phallic phase and the subjective import of the castration complex* — não é de autoria de Lacan, tendo sido publicado anonimamente em *Scilicet*. Cf. *Feminine sexuality, op. cit.*, p. 99. [N. T.]

INTRODUÇÃO II A «FEMININE SEXUALITY»

mítica e exclusivamente, para aquilo que possa satisfazer e completar o outro. Quando as categorias "masculino" e "feminino" são vistas como representando uma divisão absoluta e complementar, elas caem presas de uma mistificação na qual a dificuldade da sexualidade desaparece instantaneamente: "camuflar essa lacuna, confiando na virtude do 'genital' para resolvê-la através da maturação da ternura [...], ainda que piedosamente intencionado, é, no entanto, uma fraude" (MP, p. 81). Lacan, portanto, sustenta que a psicanálise não deveria tentar produzir "masculino" e "feminino" como entidades complementares, seguras uma das outra e de sua própria identidade, mas deveria expor a fantasia sobre a qual essa noção repousa.

Como Juliet Michell descreve acima,[8] há uma tendência, quando se argumenta pela natureza pré-dada da diferença sexual, a especificar as pulsões masculinas e femininas, perdendo de vista o aspecto mais radical da obra de Freud sobre a sexualidade — sua insistência sobre a disjunção entre objeto sexual e meta sexual, seu difícil desafio sobre o conceito de perversão, sua exigência de que a escolha de objeto heterossexual seja explicada e não assumida (FREUD, VII, 1905, p. 144-6, nota 1, 1915). Para Lacan, as "vicissitudes" do instinto ("*instinct*" foi a tradução original em inglês para a palavra alemã "*Trieb*") não podem ser entendidas como um desvio, acidente ou defesa na direção de uma sexualidade normal, que, idealmente, estaria assegurada. Em vez disso, o termo "vicissitude" indica uma dificuldade fundamental inerente à sexualidade humana, que pode ser vista no próprio conceito de pulsão.

O conceito de pulsão é crucial para a discussão da sexualidade por causa da relativa facilidade com a qual ele pode ser usado para colapsar a psicanálise na biologia, a dimensão da qual, para Lacan, é mais urgentemente necessário retirá-la. Ele rejeitou a ideia de uma "maturação" gradual da pulsão, com a ênfase que lhe é associada na identidade genital (a "virtude" do genital) por causa do modo como isso implica uma sequência quase-biológica da vida sexual. Em vez disso, ele sublinhou a resistência da pulsão a qualquer definição biológica.

---

8. Cf. nota 2, acima. [N. T.]

A pulsão não é o instinto precisamente porque ela não pode ser reduzida à ordem da necessidade (Freud a definiu como um estímulo interno apenas para distingui-la imediatamente da fome e da sede). A pulsão é decomponível em pressão, fonte, objeto e meta; e ela desafia todo conceito direto de satisfação — a pulsão pode ser sublimada e Freud descreve seu objeto como "indiferente". O que importa, portanto, não é aquilo que a pulsão *alcança*, mas o seu *processo*. Para Lacan, esse processo revela toda a dificuldade que caracteriza a relação do sujeito com o Outro. A seu ver, a pulsão é algo da natureza de um apelo, ou busca, que sempre ultrapassa as relações atuais nas quais se apresenta. Embora Freud tenha por vezes descrito a pulsão em termos de uma economia do prazer (a ideia de que a tensão é resolvida quando a pulsão alcança sua meta), Lacan aponta para um aspecto oposto na obra de Freud. Em *Além do princípio do prazer*, quando Freud descreveu a brincadeira da criança com o carretel, o que ele identificou nessa brincadeira foi um processo de pura repetição que girava em torno do objeto como perdido. Freud nomeou isso pulsão de morte. Desde Freud, psicanalistas (especificamente Melanie Klein) tomaram isso como algo que se referiria a um instinto primordial de agressão. Para Freud, não poderia haver tal instinto, uma vez que todos os instintos são caracterizados por sua agressão, por sua tenacidade ou insistência (exatamente por seu *caráter pulsional*). É essa insistência mesma que situa a pulsão fora de qualquer registro de necessidade e para além de uma economia do prazer. A pulsão toca uma área de excesso (ela é "demais"). Lacan chama isso de *jouissance* [gozo] (literalmente "orgasmo", mas usado por Lacan para se referir a algo mais do que o prazer e que pode facilmente se tornar o seu oposto).

Na descrição que Lacan faz da transformação da pulsão (seus estágios), a ênfase é sempre colocada na perda do objeto que ela contorna, e, então, na própria pulsão como uma representação. Lacan, portanto, deu um passo para além das afirmações do próprio Freud de que a pulsão só pode ser entendida nos termos da representação à qual ela está vinculada, argumentando que a estrutura da representação está presente no próprio processo pulsional. Para Lacan, há sempre distância na pulsão e sempre uma referência ao Outro (ele acrescentou,

INTRODUÇÃO II A «FEMININE SEXUALITY»

às pulsões oral e anal, as pulsões escópica e invocativa cujos objetos são o olhar e a voz). Mas, por causa de sua relação com a questão da diferença sexual, ele deu destaque especial à pulsão genital com o objetivo de afastá-la do biologismo residual ao qual ela é tão facilmente assimilada: "(...) a pulsão genital não existe, ela só pode se f... (...) no campo do Outro" (SXI, p. 173, *p. 189, p. 179*). Em uma de suas últimas declarações, Lacan insistiu novamente em que Freud teria visto isso, apesar de sua equação entre o genital e a reprodução em certos momentos de sua obra (*Ornicar?*, 20-21, 1980, p. 16).[9]

Quando o próprio Lacan se referiu à biologia, ele o fez para nos lembrar do paradoxo inerente à própria reprodução, que, como Freud indicou, representa uma vitória da espécie sobre o indivíduo. O "fato" da reprodução sexual marca o sujeito como "*sujeito à*" morte (SXI, p. 186, *p. 205, p. 195*). Há um paralelo aqui com a submissão do sujeito à linguagem, exatamente como há uma analogia entre a infinita circulação da pulsão e a própria estrutura do sentido (há "uma unidade topológica das hiâncias em jogo", SXI, p. 165, *p. 181, p. 172*). Em alguns momentos, portanto, parece que também Lacan está ancorando sua teoria da representação nos fatos biológicos da vida. Mas o ponto significativo estava sempre distante disso, voltando-se para um entendimento do modo como a representação determina os limites nos quais nós experenciamos nossa vida sexual. Se não há sequência biológica direta, e nem satisfação da pulsão, então a ideia de uma identidade sexual completa e garantida pertence ao campo da fantasia.

A estrutura da pulsão e aquilo que Lacan chama de "ponto nodal" do desejo são dois conceitos que, em sua obra como um todo, minam a abordagem normativa da sexualidade humana, e eles têm repercussões diretas no *setting* analítico. Lacan considerou que uma ênfase na maturação genital tende a produzir um dualismo na relação analítica que só pode reforçar as identificações imaginárias do sujeito. No primeiro artigo traduzido aqui (IT), fica claro que a questão da sexualidade feminina carrega consigo a questão da técnica psicanalítica.

---

9. *Ornicar?*, periódico do departamento de psicanálise sob a direção de Lacan até 1981, na Universidade de Paris VIII (Sorbonne) (LACAN, 1975-).

Assim, ao insistir com Dora que ela estava apaixonada pelo senhor K., Freud estava não apenas definindo-a em termos de um conceito normativo de heterossexualidade genital, mas também falhando em ver seu próprio lugar na relação analítica, reduzindo-a a uma dimensão dual que operaria nos eixos da identificação e da demanda. Ao pedir a Dora que reconhecesse sua "identidade" através do senhor K., Freud estava simultaneamente pedindo que ela se defrontasse com, ou que refletisse sobre, sua própria demanda. Em ambos os casos, ele estava prendendo-a numa relação dual na qual o problema do desejo não tem lugar. Para Lacan, sempre houve esse risco de que a psicanálise pudesse reforçar, para o paciente, a ideia de auto-realização [*self completion*] através do outro, que era a fantasia subjacente à mais precoce relação mãe-criança. Se o analista assinala para o paciente que ele ou ela "deseja este ou aquele objeto" (sII, p. 267, *p. 287*), a única coisa que isso pode alcançar é o bloqueio da emergência do próprio desejo.

Lacan, portanto, definiu o objetivo da análise como a ruptura de qualquer relação imaginária entre paciente e analista através da intervenção de um terceiro termo que os lança no eixo do simbólico. A intervenção de um terceiro termo é a pré-condição da linguagem (o uso dos pronomes básicos "eu", "você", "ele-ela-isso"), e pode ser vista na própria estrutura do complexo de Édipo. O que importa aqui, no entanto, é que o simbólico estabelece um limite para o "imaginário" da situação analítica. Tanto o analista como o paciente devem chegar a ver como são constituídos por uma ordem que ultrapassa sua interação como tal: "A economia imaginária só tem sentido, só podemos influir nela, na medida em que se inscreve numa ordem simbólica que impõe uma relação ternária" (sII, p. 296, *p. 320–1*).

Ao se concentrar no que ele chama de ordem simbólica, Lacan não fez mais do que levar à sua conclusão lógica a preocupação de Freud com um "evento histórico" na determinação da subjetividade humana, evento que Juliet Michtell descreveu acima.[10] Mas, para Lacan, este não é um momento mítico do nosso passado, porém a ordem presente na qual cada sujeito individual deve tomar seu lugar. Seu interesse

---

10. Cf. nota 2, acima. [N. T.]

INTRODUÇÃO II A «FEMININE SEXUALITY»

em romper com a dualidade da situação analítica fazia parte de seu desejo de trazer novamente esta dimensão para o centro de nossa compreensão da vida psíquica. O sujeito e o processo analítico devem romper com a díade imaginária que não permite enxergar o que se passa fora dela. Tal como foi o caso com Freud, o conceito de castração surge, na explicação de Lacan sobre a sexualidade, como o efeito direto dessa ênfase. Para Lacan, a crescente insistência na relação mãe-criança na teoria analítica e a rejeição do conceito de castração tiveram de ser vistas como processos correlatos porque esta só faz sentido por referência à ordem simbólica mais ampla na qual essa relação tem lugar:

Considerando a experiência psicanalítica no seu desenvolvimento ao longo de sessenta anos, não é de estranhar que — ainda que o primeiro resultado de suas origens tenha sido a concepção do complexo de castração baseado na repressão paterna — ela tenha progressivamente dirigido seu interesse para as frustrações provenientes da mãe; interesse a partir do qual esse complexo não foi melhor elucidado em virtude de distorcer suas formas (c, p. 87).

Isso esteve no coração da polêmica de Lacan. Ele considerou que teria sido a incapacidade em compreender o conceito do simbólico que levou psicanalistas a se concentrarem cada vez mais em adequações e inadequações da relação mãe-criança, uma ênfase que tende a ser conivente com a ideia de um papel maternal (o conceito de maternidade).[11] O conceito de castração foi central para Lacan por causa da referência à lei paterna, referência que ele sempre carrega consigo.

---

11. A leitura da psicanálise feita por Nancy Chodorow (1979) para o feminismo incide paradoxalmente aqui e toca todos os problemas levantados até agora. O livro tenta usar a psicanálise para explicar a aquisição e reprodução da maternidade, mas só pode fazê-lo deslocando os conceitos de inconsciente e bissexualidade em favor de uma noção de impressão [*imprinting*] de gênero ("o estabelecimento de uma identidade de gênero inequívoca e inquestionável", p. 158 — o conceito tem origem em Stoller, 1965) e é compatível com a concepção sociológica de papel [*role*]. Assim, essa leitura evita o problema que precisa ser abordado — a aquisição da identidade sexual e sua dificuldade. O livro se propõe a questionar os *papéis* sexuais, mas apenas dentro dos limites de uma *identidade* sexual já assumida.

Dirigindo-se a Melanie Klein, Lacan deixa claro que o argumento para a reintrodução do conceito de desejo na definição da sexualidade humana é um retorno e uma reformulação da lei e do lugar do pai tal como originalmente definido por Freud ("uma dimensão [...] cada vez mais evadida desde Freud", PP, p. 117):

Melanie Klein descreve a relação com a mãe como uma relação em espelho: o corpo materno torna-se o receptáculo das pulsões que a criança projeta nele, pulsões motivadas pela agressão nascida de uma desilusão fundamental. (...) Isso é negligenciar o fato de que o exterior é dado pelo sujeito como o lugar onde se situa o desejo do Outro, e onde ele ou ela vai encontrar o terceiro termo, o pai (LACAN, 1957-8, p. 13).

Lacan defendeu, portanto, um retorno ao conceito do pai, mas este conceito é agora definido em relação ao do desejo. O que importa é que a relação da criança com a mãe não é simplesmente baseada em "frustração e satisfação" ("a noção de frustração [que nunca foi empregada por Freud]", MP, p. 80), mas no reconhecimento do seu desejo. A mãe é recusada à criança na medida em que uma proibição recai sobre o desejo da criança de ser aquilo que a mãe deseja (e não o desejo, cabe notar, de possuir ou usufruir [*enjoy*] da mãe no sentido normalmente compreendido):

O que encontramos como um acidente no desenvolvimento da criança está ligado ao fato de a criança não se encontrar sozinha diante da mãe, e ao fato de que o falo proíbe à criança a satisfação do seu próprio desejo, que é o desejo de ser o desejo exclusivo da mãe (LACAN, 1957-8, p. 14).

A dualidade da relação entre mãe e filho deve ser rompida, assim como a relação analítica deve ser lançada no eixo do desejo. Segundo o argumento de Lacan, o falo representa esse momento de ruptura. Ele remete mãe e filho à dimensão do simbólico que é figurado pelo lugar do pai. A mãe é levada a desejar o falo não porque ela o contém (Klein), mas precisamente porque ela não o contém. O falo, portanto, pertence a outro lugar; ele quebra os dois termos da relação e inicia a ordem da troca. Para Lacan, assume-se esse valor em função da

INTRODUÇÃO II A «FEMININE SEXUALITY»

natureza androcêntrica da própria ordem simbólica.[12] Mas o seu status é, em si mesmo, falso e deve ser reconhecido pela criança como tal. A castração significa, antes de mais nada, isso — que o desejo da criança pela mãe não se refere *a* ela, mas *para além* dela, a um objeto, o falo, cujo estatuto é, primeiro, imaginário (o objeto que se presume satisfazer seu desejo) e, depois, simbólico (reconhecimento de que o desejo não pode ser satisfeito).

Portanto, o lugar do falo nessa argumentação decorre do retorno de Lacan à posição e à lei do pai, mas esse conceito foi reformulado em relação ao de desejo. Lacan usa a expressão "metáfora paterna" e "metáfora" tem aqui um significado muito específico. Primeiro, como uma referência ao ato de substituição (substituição é a própria lei da operação metafórica), em que a proibição do pai toma o lugar originalmente figurado diante da ausência da mãe. Em segundo lugar, como uma referência ao status da própria paternidade, que, em si mesma, pode apenas ser logicamente *inferido*. E, em terceiro lugar, como parte de uma insistência de que o pai representa um lugar e uma função que não é redutível à presença ou ausência do pai real como tal:

Falar do Nome-do-Pai não é a mesma coisa que invocar a carência paterna (que muitas vezes ocorre). Sabemos hoje que um Édipo pode muito bem se constituir mesmo que o pai não esteja lá, enquanto que, originalmente, pensávamos que era a presença excessiva do pai a responsável por todos os dramas. Mas não é numa perspectiva ambiental que podemos encontrar a resposta a essas dificuldades. Para fazer a ligação entre o Nome-do-Pai, na medida em que às vezes pode estar ausente, e o pai, cuja presença efetiva nem sempre é necessária para que não esteja ausente, introduzirei a expressão *metáfora paterna* (LACAN, 1957-8, p. 8).

Enfim, o conceito é usado para separar a função do pai daquela do pai idealizado ou imaginário com o qual se confunde tão facilmente e que é exatamente a figura a se contornar, ou evitar: "Qualquer discurso sobre o complexo de Édipo que falhe em fazer emergir esta figura estará inscrito nos próprios efeitos do complexo" (SAFOUAN, 1974, p. 9).

---

12. Cf. o início da seção II, abaixo.

Assim, quando Lacan propõe um retorno ao lugar do pai, ele está se distanciando decisivamente de qualquer concepção sociológica a esse respeito. O pai é uma função e refere-se a uma lei, o lugar externo à díade imaginária com a qual ele rompe. Fazer dele um referente é cair numa armadilha ideológica: o "preconceito que falseia desde o início a concepção do complexo de Édipo, fazendo-a considerar como natural, em vez de normativa, a predominância da figura paterna" (IT, p. 69).

Não há, portanto, nenhuma suposição sobre as formas pelas quais os lugares são preenchidos (é exatamente essa suposição que é questionada). Por isso, ao falar do vínculo genético entre mãe e filho, Lacan pôde se referir à "vasta conivência social" que *faz* dela o "lugar privilegiado das proibições" (SXVIII, 6, p. 10).[13] E por isso Safouan, em um artigo sobre a função do pai real, reconhece que é a intervenção do terceiro termo que conta, e que nada nela requer que isso seja encarnado pelo pai como tal (SAFOUAN, 1974, p. 127). A posição de Lacan deve ser lida em contraste com duas ênfases alternativas: uma que recairia exclusivamente no comportamento real da mãe (adequação e inadequação), e outra que tomaria de modo literal a presença ou ausência do pai (sua idealização e/ou deficiência).

O conceito de falo e o complexo de castração só podem ser entendidos nos termos dessa referência à proibição e à lei, assim como a rejeição desses conceitos tende a perder de vista tal referência. O falo precisa ser colocado no eixo do desejo antes que possa ser compreendido, ou questionado, como a marca diferencial da identificação sexual (menino ou menina, ter ou não ter falo). Ao romper a díade imaginária, o falo representa um momento de divisão (Lacan nomeia isso a "falta-a-ser" do sujeito), que reencena a divisão fundamental da própria subjetividade. E, ao se chocar com qualquer concepção naturalista da sexualidade ("falocentrismo (...) estritamente impossível de deduzir de qualquer harmonia preestabelecida do dito psiquismo com a natureza que ele exprime", *Écrits* (1955–6), p. 554–5, *p. 198, p. 561*),

---

13. As referências dos *Seminários XVIII* ("*L´envers de la psychanalyse*", LACAN, 1969–70) e *XXI* ("*Les non-dupes errent*", LACAN, 1973–4) (manuscritos não publicados) são dadas pela semana e pela página do manuscrito. [*O seminário XVIII* já possui versão pulicada em português pela editora Zahar, versão que usaremos aqui. [N. T.]

o falo relega a sexualidade a uma dimensão estritamente outra — a ordem do simbólico, fora da qual, para Lacan, a sexualidade não pode ser compreendida. A importância do falo é que seu status no desenvolvimento da sexualidade humana é o de ser algo de que a natureza *não pode* dar conta.

Quando Lacan é acusado de falocentrismo no nível teórico, o que é mais frequentemente esquecido é que a entrada do sujeito na ordem simbólica é, igualmente, uma exposição do valor do próprio falo. O sujeito tem que reconhecer que há desejo, ou falta no lugar do Outro, que não há certeza ou verdade última, e que o status do falo é o de ser uma fraude (esse é, para Lacan, o significado da castração). O falo só pode ocupar o seu lugar indicando a precariedade de qualquer identidade assumida pelo sujeito com base em sua evidência [*token*]. Assim, o falo representa o momento em que a proibição deve funcionar, no sentido de assinalar quem é quem no triângulo composto por mãe, pai e criança; mas, ao mesmo tempo, sinaliza ao sujeito que "ter" funciona apenas ao preço de uma perda e "ser" como um efeito de divisão. É apenas se se perde isso de vista que o falo pode ser tomado como uma afirmação não problematizada do privilégio masculino, ou então, conduzir a reformulações que garantissem a continuidade do desenvolvimento sexual para ambos os sexos (JONES).

É essa mesma continuidade que é posta em xeque na concepção aqui apresentada. O conceito de falo e o complexo de castração testemunham, sobretudo, a natureza problemática da inserção do sujeito em sua identidade sexual, uma notória impossibilidade que incide nessa inserção no ponto em que poderia ser tomada como coincidindo com a pulsão genital. Retomando a resposta de Jones a Freud, fica claro que sua discordância com o conceito freudiano de fase fálica envolve uma rejeição da dimensão do desejo, da perda do objeto, da dificuldade inerente à própria subjetividade (o argumento do primeiro artigo de *Scilicet* traduzido aqui [PP]).[14] Assim como foi o fracasso de Freud em aplicar de modo literal o conceito de castração à menina que o levou a enfrentar o conceito de desejo (o argumento do segundo artigo [FS]).

---

14. *Scilicet*, revista dirigida por Lacan, *Le champ freudien* (LACAN, 1968-76).

O sujeito assume, então, sua identidade com referência ao falo, mas essa identidade é, assim, designada como simbólica (é algo que se impõe ao sujeito). Lacan inverte a fórmula de Saussure para o signo linguístico (a oposição entre significante e significado), conferindo, ao significante, primazia sobre aquilo que ele significa (ou melhor, cria nesse ato de significação). Pois é essencial para o seu argumento considerar a diferença sexual como uma instância legislativa que cria e reproduz as suas categorias. Assim, Lacan substitui o modelo de Saussure para a natureza arbitrária do signo linguístico:

(LACAN, 1956, p. 499, *p. 151, p. 502*)

(o que, na verdade, está aberto à objeção de parecer reverberar uma teoria da linguagem baseada na correspondência entre palavras e coisas) por este modelo (*Écrits*, 1957, p. 499, *p. 151, p. 502*):

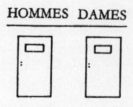

"Qualquer ser falante" (E, p. 150) deve estar alinhado em um ou outro lado da divisão.[15]

A diferença sexual é, então, designada de acordo com o fato de o sujeito possuir ou não possuir o falo, o que não significa que a diferença anatômica *é* a diferença sexual (como se uma pudesse ser estritamente dedutível da outra), mas que essa diferença anatômica vem a *figurar* a diferença sexual, ou seja, ela se torna o único representante do que essa diferença pode ser. Ela encobre, assim, a complexidade da vida sexual inicial da criança com uma oposição crua na qual essa mesma complexidade é recusada ou reprimida. O falo indica assim a redução da diferença a uma instância de percepção visível, a um valor *aparente* [*seeming*].

Freud concebeu o momento em que o menino e a menina veem que são diferentes como um trauma no qual a menina é vista como estando em falta (muitas vezes as objeções começam aqui). Mas algo só pode *ser visto* como faltando de acordo com uma hierarquia de valores pré-existente ("não falta nada ao real", PP, p. 113). O que conta não é a percepção, mas o seu sentido já assinalado — o momento, portanto, pertence ao simbólico. E, se Lacan sustenta que o uso simbólico do falo deriva de sua visibilidade (algo que foi alvo de crítica frequente), é apenas na medida em que a ordem do visível, a aparência, o aparente [*the seeming*], é objeto de seu ataque. De fato, ele constantemente recusou uma identificação grosseira do falo com a ordem do visível ou do real ("pode-se dizer que esse significante é escolhido como o que se destaca naquilo que é mais facilmente apreendido no real da copulação sexual", MP, p. 82), e ele o referiu, em vez disso, a essa função de "velamento" na qual ele localiza a duplicidade fundamental do signo linguístico:

Todas essas proposições apenas ocultam o fato de que o falo só pode desempenhar seu papel como velado, isto é, como sendo em si mesmo o signo da

---

15. Não se trata, portanto, de uma questão de filologia e, *então*, do falo, como John Forrester argumenta, mas da sexualidade/do falo *como* linguagem (John Forrester, "*Philology and the phallus*", em MACCABE, 1981).

latência com a qual tudo que é significável é atingido assim que é elevado à função de significante (MP, p. 82).

O sentido só pode ser erigido; ele é estabelecido e fixado. O falo simboliza os efeitos do significante, pois, na medida em que ele próprio não tem valor, pode representar aquilo a que o valor se *acrescenta*.

As afirmações de Lacan sobre a linguagem precisam ser tomadas em duas direções: a da fixação do próprio sentido (aquilo que se impõe ao sujeito), e, a despeito dessa mesma fixação, a do ponto de seu deslizamento constante, o risco ou ponto de fuga que ela sempre contém (o inconsciente). A sexualidade é situada em ambas essas dimensões ao mesmo tempo. A dificuldade é manter unidos esses dois direcionamentos — a sexualidade no simbólico (uma ordenação), e a sexualidade como aquilo que falha constantemente. Uma vez que a relação entre esses dois aspectos da psicanálise pode ser vista, então os termos em que a sexualidade feminina pode ser descrita sofrem uma mudança radical. O conceito do simbólico sustenta que a sexualidade da mulher é inseparável das representações através das quais ela é produzida ("imagens e símbolos para a mulher não podem ser isolados das imagens e símbolos da mulher... é a representação da sexualidade que condiciona o modo como ela entra em jogo", C, p. 90), mas essas mesmas representações irão revelar a divisão através da qual elas são constituídas enquanto tais. A questão sobre o que é uma mulher, nesta abordagem, sempre esbarra no reconhecimento crucial de que não há absolutamente nenhuma garantia de que ela *é*.[16] Mas, se ela assumir seu lugar de acordo com o processo descrito, então sua sexualidade trairá, necessariamente, os impasses de sua história.

A sexualidade pertence, para Lacan, ao reino da mascarada. O termo vem de Joan Rivière (1929), para quem ele indicava uma feminilidade fracassada. Para Lacan, a mascarada é a própria definição da "feminilidade" precisamente porque ela se constrói em referência a um signo masculino. A questão da frigidez (da qual, Lacan o reconheceu, a psicanálise "desistiu", C, p. 89) também está presente aqui, e é descrita em "A significação do falo" (MP) como o efeito do status do termo fá-

---

16. Cf. seção II, abaixo.

lico. Mas isso não implica que exista uma fisiologia à qual as mulheres pudessem, de alguma forma, ser devolvidas, ou com relação à qual pudessem ser libertadas. Pelo contrário, o termo "frigidez" representa, do lado da mulher, a dificuldade inerente à própria sexualidade, a disjunção sobreposta ao corpo pelo desejo, no ponto em que ela se inscreve na relação genital. Agora a psicanálise reconhece que qualquer critério simples da feminilidade em termos de um deslocamento do prazer do clitóris para a vagina corresponde a uma farsa, mas o que importa são as fantasias implicadas em cada um deles (ou em ambos). Para ambos os sexos, a sexualidade tocará necessariamente a duplicidade que sustenta sua divisão fundamental. No que diz respeito à feminilidade vaginal "normal", que poderia ser tomada como o reconhecimento do valor do signo masculino (um "chegar a" esse reconhecimento), ela sempre evocará a divisão em que seu valor é erigido ("por que não reconhecer que, se não há virilidade que a castração não consagre, então, para a mulher, é um amante castrado ou um homem morto... que se esconde atrás do véu para dali convocar sua adoração"?, c, p. 95).

A descrição da sexualidade feminina é, portanto, uma exposição dos termos de sua definição, o exato oposto de uma demanda sobre o que essa sexualidade deveria ser. Ali onde tal definição é fornecida — "identificação com a mãe como desejante e reconhecimento do falo no pai real" (SAFOUAN, 1976, p. 110), ela envolve precisamente um colapso do falo no real e do desejo no reconhecimento — atribuindo um caráter de mentira, poderíamos dizer, a todo o problema delineado.[17]

---

17. A dificuldade desses termos é reconhecida por Safouan, mas o problema permanece; cf. também Eugénie Lemoine-Luccioni, *Partage des femmes* (1976), onde há o mesmo colapso entre o Outro a ser reconhecido pela mulher em sua entrada no desejo, e o homem real que, idealmente, ela vem a aceitar ("O Outro, o homem", p. 83; "O Outro, o homem como sujeito", p. 87). Parece haver uma tendência constante a tomar literalmente os termos de Lacan e é quando isso acontece que as definições mais facilmente reconhecidas como reacionárias tendem a aparecer. Podemos ver isso em áreas aparentemente muito diferentes como na tradução feita por Maude Mannoni do Nome-do-Pai numa prática terapêutica que procura estabelecer a genealogia paternal da criança psicótica (MANNONI, 1967); e na explicação de Lemoine-Luccioni do Outro real que assegura a castração para a mulher, de outro modo condenada ao puro narcisismo. Essa explicação de Lemoine-Luccioni lembra, em muitos aspectos,

II

Três pontos emergem do que foi descrito até agora:

1) a anatomia importa na abordagem: "para mim, 'a anatomia não é o destino', mas isso não significa que a anatomia não figura (SAFOUAN, 1976, p. 131); ela, no entanto, *só figura* (ela é uma simulação)";[18]

2) o falo fica por sua própria conta e qualquer privilégio masculino erguido sobre ele corresponde a uma impostura; "o que se pode chamar um homem, o ser masculino falante, desaparece estritamente como um efeito do discurso... ao ser inscrito nele apenas como castração" (SXVIII, 12, p. 4);

3) a mulher não é inferior, ela é *sujeitada*:

> Que a mulher seja desta forma introduzida numa ordem de trocas em que ela é objeto, é isto mesmo que confere o caráter fundamentalmente conflitual, eu diria sem saída, de sua posição — a ordem simbólica, literalmente, a submete, a transcende. (...)
>
> Existe para ela, algo de insuperável, de inaceitável, digamos, no fato de ser posta em posição de objeto numa ordem simbólica, à qual ela está, por outro lado, inteiramente submetida, assim como o homem (SII, p. 304–5, *p. 329*).

A força do conceito de simbólico reside em sistematicamente repudiar qualquer concepção de sexualidade que assuma a natureza pré-dada da diferença sexual — a polêmica concernente à psicanálise e a recusa de qualquer "natureza" por parte do feminismo aparecem da maneira a mais convergente aqui. Mas um problema permanece.

---

aquela de Helene Deutsch (1930), que descreveu a transição para a feminilidade em termos de um desejo de castração que é produzido pelo homem no corpo da mulher.

18. Como esse trecho guarda muitas ambiguidades, difíceis de verter para o português e importantes para o argumento, optamos por deixar aqui o registro do original: "anatomy is what figures in the account: 'for me anatomy is not destiny', but that does not mean that anatomy does not figure (SAFOUAN, 1976, p. 131), but it *only figures* (it is a sham)" (p. 44). [N. T.]

INTRODUÇÃO II A «FEMININE SEXUALITY»

O uso que Lacan fazia do simbólico nesta fase dependia muito da noção de parentesco de Lévi-Strauss, na qual as mulheres são definidas como objetos de troca. Assim, ele está sujeito às mesmas objeções que a abordagem de Lévi-Strauss, na medida em que ela pressupõe a subordinação que pretende explicar.[19] Assim, embora à primeira vista essas observações de Lacan pareçam mais críticas da ordem descrita, elas são, em outro sentido, coniventes com ela e qualquer argumento nelas alicerçado corre o risco de ser circular.[20]

Penso ser crucial o fato de que Lacan, no momento em que fez essas observações, dispusesse de um conceito de fala plena, de acesso à ordem simbólica cujo equivalente subjetivo é um intercâmbio linguístico bem-sucedido (*Écrits*, 1953). Mas seu trabalho sofreu uma mudança que impediu inteiramente qualquer concepção de linguagem como mediação, em favor de uma crescente ênfase em sua divisão fundamental e nos efeitos dessa divisão sobre o nível da própria sexualidade.

"Não há relação sexual": eis a tônica de seu pensamento. "Não há relação sexual" porque o inconsciente divide os sujeitos em si mesmos e em relação aos outros, e porque é o mito dessa relação que atua como barreira contra a divisão, estabelecendo uma unidade através da qual essa divisão é persistentemente denegada [*disavowed*]. Donde se segue a fórmula correlata e oposta "Há do Um" (as duas fórmulas devem ser tomadas em conjunto), que se refere a essa fantasiosa unidade da relação "*Nós dois somos um só*. Todo mundo sabe, com certeza, que jamais aconteceu, entre dois, que eles sejam só um, mas, enfim, *nós dois somos um só*. É daí que parte a ideia do amor [...] o problema é o de como pode haver um amor por um outro" (SXX, p. 46, *p. 52–3*); passando à supressão da divisão e da diferença ("Ame o próximo como a si mesmo [...], o mandamento estabelece a abolição da diferença

---

19. Ver Elizabeth Cowie, "Woman as Sign" (1978).
20. Cf., por exemplo, Gayle Rubin, "The Traffic in Women" *in* R. M. Reiter (1975), que descreve a psicanálise como uma "teoria sobre a reprodução do parentesco", perdendo de vista, novamente, o conceito de inconsciente e todo o problema da identidade sexual, reduzindo as relações descritas a um conjunto bastante literal de atos de troca.

sexual", sxxi, 4, p. 3), e à própria ideologia da unidade e da plenitude, que, para Lacan, apaga a lacuna do desejo humano.

Nos textos iniciais, a unidade era atribuída ao imaginário; o simbólico era, pelo menos potencialmente, sua ruptura. Nos textos posteriores, Lacan localizou a fantasia da "identidade" [*sameness*] na linguagem e na relação sexual, ao mesmo tempo. "Não há relação sexual" porque os sujeitos se relacionam através do que faz sentido em *lalangue*.[21] Esse "fazer sentido" é um complemento que supre a falta da subjetividade e da linguagem, do sujeito *na* linguagem, contra a qual ele é colocado. A psicanálise afirma que o sentido é sexual, mas deixou para trás qualquer noção de uma sexualidade reprimida que, de alguma forma, permitiria falar. O sentido só pode ser descrito como sexual levando em conta os limites do sentido, pois o sentido em si mesmo opera *no* limite, os limites de seu próprio fracasso: "O sentido indica a direção na qual ele falha" (*E*, p. 150). A tônica, portanto, está no constante fracasso na linguagem e na sexualidade, que significam tentativas de complementar ou ocultar: "Tudo o que está implicado na referência analítica ao comportamento humano supõe, não que o sentido reflete o sexual, mas que o suplementa" (sxxi, 15, p. 9). A sexualidade é o ponto de fuga do sentido. O amor, por outro lado, pertence ao *Lust-Ich* ou ego-prazer, que disfarça esse fracasso no reflexo entre semelhantes (o amor como forma última de auto-reconhecimento).

Podemos dizer que Lacan tomou a relação entre inconsciente e sexualidade e a levou ao extremo, oferecendo uma explicação da sexualidade apenas em termos de divisões — a divisão *do* sujeito, a divisão *entre* sujeitos (em oposição à relação). Donde o enfoque crescente na

---

21. O termo de Lacan para "*langue*" (língua), de Saussure, parte da distinção que este promove entre *langue* (a organização formal da linguagem) e *parole* (fala), a elocução individual. O termo de Lacan desloca essa oposição na medida em que, para ele, a organização da linguagem só pode ser compreendida em termos da relação do sujeito com ela. *Lalangue* indica a parte da língua que reflete as leis dos processos inconscientes, mas cujos efeitos vão além dessa reflexão, escapando à apreensão pelo sujeito (ver sxx, p. 126-7, p. 148-9).

INTRODUÇÃO II A «FEMININE SEXUALITY»

enunciação,[22] na divisão interna da linguagem,[23] e também a formalização deliberada da explicação — a diferença sexual como uma divisão, algo a expor (exatamente uma formalidade, uma questão de forma (o grafo de *Encore*, sxx, E, p. 149). O desafio em relação à unidade do sujeito, à sua aparente coerência, é, então, endereçado ao discurso da própria sexualidade: "em lugar de *um* significante que interrogamos, interrogar o significante *Um*" (sxx, p. 23). Assim, não há mais "unidade" imaginária e, então, diferença ou troca simbólica, mas antes uma denúncia do simbólico quanto à unidade imaginária que os seus mitos mais persistentes continuam a promover.

Dentro desse processo, a mulher é construída como uma categoria absoluta (ao mesmo tempo excluída e elevada), uma categoria que serve para garantir a unidade do lado do homem. O homem coloca a mulher na base da sua fantasia, ou constitui sua fantasia através da mulher. Lacan afastou-se, portanto, da ideia de um processo problemático, mas socialmente assegurado, de troca (a mulher como objeto) em nome da construção da mulher como categoria da linguagem (mulher como *o* objeto, a fantasia de sua definição). O que é agora exposto nessa concepção é "uma transferência, para a mulher, da dificuldade inerente à própria sexualidade" (PP, p. 118).

Os dois últimos textos traduzidos aqui (E e O)[24] pertencem a esse desenvolvimento. Eles avançam e podem ser vistos como uma tentativa de resolver os problemas levantados por aqueles que os precedem. Enquanto nos textos anteriores a tônica residia na circulação do falo no processo de troca sexual, nestes afirma-se efetivamente que, se é o falo que circula, então não há troca (ou relação). A questão, doravante, torna-se, não tanto a "dificuldade" da sexualidade feminina que se segue da divisão fálica, mas o que significa, dada essa divisão, falar

---

22. O termo vem de Benveniste (1958), com sua distinção entre *énoncé* e *énonciation*, entre o sujeito da enunciação o e o sujeito do próprio enunciado. Lacan situa o inconsciente na divisão radical destas instâncias, como se vê de forma mais transparente na afirmação "Eu estou mentindo", onde há claramente dois sujeitos, um que está mentindo e outro que não está.
23. Cf. o grafo em *Feminine sexuality in psychoanalytic doctrine*.
24. Cf. nota *, acima. [N. T]

da "mulher". Como sugere o autor do primeiro artigo de *Scilicet* no final do argumento, essa é uma questão, em muitos aspectos, mais fundamental ou "radical":

> o que quer que possa ser sustentado sobre a constituição da posição feminina no complexo de Édipo, ou na "relação" sexual, apenas diz respeito a uma segunda etapa, na qual as regras que governam um certo tipo de troca baseado num valor comum já foram estabelecidas. É num estágio mais radical, constitutivo daquelas próprias regras elas mesmas, que Freud aponta para a última questão, indicando que é a mulher que vem a atuar como seu apoio (PP, p. 118-19).

Nos textos posteriores, o termo central é o *objeto pequeno a* [*objet a*], a fórmula de Lacan para o objeto perdido que alicerça a simbolização, a causa e a "sustentação" do desejo. Aquilo a que o homem se relaciona é a esse objeto e o "todo de sua realização na relação sexual se resume à fantasia" (E, p. 157). Como o lugar no qual a falta é projetada e, através do qual, é simultaneamente rejeitada, a mulher é um "sintoma" para o homem.

Definida como tal, reduzida a não ser nada mais do que esse lugar fantasmático, a mulher não existe. A afirmação de Lacan "A̶ mulher não existe" é, pois, o corolário de sua acusação contra a fantasia sexual. Isso significa, não que mulheres não existam, mas que seu status como categoria absoluta e garantidora da fantasia (exatamente *A* mulher) é falso (A̶). Lacan vê o amor cortês como elevação da mulher ao lugar no qual sua ausência ou inacessibilidade sustenta a falta masculina ("Para o homem, cuja dama era inteiramente, no sentido mais servil do termo, seu sujeito feminino, o amor cortês é a única maneira de sair elegantemente da ausência de relação sexual", E, p. 141), na medida em que ele vê sua degradação como pré-condição para a crença do homem em sua própria alma ("Para que a alma venha a ser, ela, a mulher, lhe é diferenciada [...] chamada mulher e difamada", E, p. 156). Em relação ao homem, a mulher representa tanto a diferença como a perda: "De um lado, a mulher torna-se, ou é produzida, precisamente, como o que ele não é, isto é, diferença sexual, e, no outro, como aquilo a que ele tem de renunciar, isto é, gozo" (SXVIII, 6, p. 9-10).[25]

Nos termos da definição fálica, a mulher é constituída como "não toda", na medida em que a função fálica depende de uma exceção (o "não") que lhe é atribuída. A mulher é excluída *pela* natureza das palavras, o que significa que a definição a coloca como exclusão. Note-se que não é a mesma coisa dizer que a mulher é excluída *da* natureza das palavras, uma leitura equivocada que leva à reformulação de todo o problema em termos do lugar da mulher fora da linguagem, e à ideia de que as mulheres podem ter, de si próprias, uma fala completamente diferente.

Para Lacan, homens e mulheres estão, sempre, na linguagem ("[...] o que se suporta sob a função do significante, de *homem*, e de *mulher*, são apenas significantes absolutamente ligados ao uso *discorrente* da linguagem", sxx, p. 36, *p. 40*). Todos os falantes devem alinhar-se a um lado ou outro desta divisão, mas qualquer um pode atravessá-la e inscrever-se no lado oposto daquele a que está anatomicamente destinado.[26] Poderíamos dizer que se trata de uma situação e/ou, mas uma cuja natureza fantasmática foi infinitamente reiterada por Lacan: "Não podemos nos satisfazer com estes encaminhamentos, ao ponto de podermos dizer que o inconsciente se define tão somente pelo fato de que ele tem uma ideia muito mais clara a respeito do que se passa aí do que a verdade de que o homem não é a mulher" (SXXI, 6, p. 9).

A mulher, portanto, *não* é, pois ela é definida puramente por oposição ao homem (ela é o negativo dessa definição: "o homem é não mulher"), e também pelo fato de essa mesma definição ser designada

---

25. Ver Otto Fenichel, num artigo ao qual Lacan frequentemente se referiu sobre a recusa da diferença que sustenta a equação menina = falo, muitas vezes localizada como uma fantasia masculina: "a diferença das mulheres é negada em ambos os casos; num caso, na tentativa de reprimir inteiramente as mulheres, no outro, na negação da sua individualidade" (FENICHEL, 1949, p. 13).

26. Note-se como isso simultaneamente altera o conceito de bissexualidade — não mais uma natureza sexual indiferenciada anterior à diferença simbólica (sentido inicialmente assumido por Freud), mas como disponibilidade de ambas as posições para todos os sujeitos em relação à própria diferença.

como fantasia, um conjunto que pode muito bem ser vazio (a referência à teoria dos conjuntos no seminário de *Ornicar?* traduzido aqui [o]). Se a mulher é "não toda", escreve Lacan, então "ela" dificilmente poderia se referir a todas as mulheres.

Como negativo do homem, a mulher torna-se um objeto total de fantasia (ou um objeto da fantasia totalizante), elevada ao lugar do Outro e conduzida a se colocar no lugar de sua verdade. Uma vez que o lugar do Outro é também o lugar de Deus, esta é a forma última da mistificação ("quanto mais o homem confundir a mulher com Deus... menos ele é", E, p. 160). Na medida em que Deus "não fez a sua saída" (E, p. 154), a mulher torna-se o suporte de seu lugar simbólico. Em sua obra tardia, Lacan definiu o objetivo da psicanálise como o de dissolver a confusão por trás dessa mistificação, uma ruptura entre o *objeto a* e o Outro, cuja fusão ele viu como a elevação da fantasia à ordem da verdade. O *objeto a*, causa do desejo e suporte da fantasia masculina, é transposto para a imagem da mulher como Outro que, então, age como sua garantia. A "Outridade" [*Otherness*] absoluta da mulher, portanto, serve para assegurar ao homem seu próprio autoconhecimento e verdade. Cabe lembrar que, para Lacan, não pode haver tal garantia — não há 'Outro do Outro'. Sua rejeição da categoria "Mulher", portanto, pertencia ao âmbito de seu ataque a qualquer crença injustificável no Outro como tal: "Este $\cancel{A}$ [da mulher] barrado... relaciona-se com o significante O quando ele é barrado (Ø)" (E, p. 151).

Isso levou Lacan a desafiar cada vez mais as noções de "saber" e "crença" e os mitos nos quais elas necessariamente se esteiam. Todas as afirmações de Lacan que, nos últimos dois textos traduzidos aqui se colocam contra a crença na mulher, contra o seu status de saber, por problemáticas que sejam, só podem ser entendidas como parte desta recorrente barra sobreposta aos termos nos quais elas se baseiam. Nesses últimos textos, Lacan retorna continuamente ao "sujeito suposto saber", à reivindicação de um sujeito que sabe (à reivindicação de conhecer a si próprio como sujeito) e às diferentes formas de discurso que podem ser organizadas em torno dessa posição.[27] "Saber" é apenas uma pretensão, assim como a "crença" repousa inteiramente na suposição do que é falso. Acreditar n'A Mulher é simplesmente uma forma de cobrir a divisão ou incerteza que também sustenta a convicção como tal. E, quando Lacan diz que as mulheres não sabem, na medida em que, num certo registro, ele relegue as mulheres para um domínio externo e contrário ao de sua própria [de Lacan] afirmação, ele também reconhece a vinculação disso com os parâmetros do próprio saber ou com a restrição deles ("o saber é irremediavelmente uma errância", sxxi, 6, p. 11).

O Outro barrado (Ø) coloca-se contra esse conhecimento e como lugar da divisão onde o sentido vacila, onde ele escorrega e se desloca. Este é o lugar da significância [*signifiance*], termo de Lacan para esse mesmo movimento, na linguagem, de distanciamento das posições de coerência que a linguagem, simultaneamente, constrói. O Outro, portanto, coloca-se contra o falo — sua pretensão de produzir sentido e sua falsa consistência. É no Outro que o falo busca autoridade e isso lhe é recusado.

A mulher pertence ao lado do Outro neste segundo sentido, pois, na medida em que o gozo é definido como fálico, pode-se dizer que ela pertence a outro lugar. A mulher está implicada, necessariamente, na sexualidade fálica, mas ao mesmo tempo é "em outro lugar que ela sustenta a questão de seu próprio gozo" (PP, p. 121), ou seja, a questão sobre seu status como sujeito desejante. Lacan designa este gozo como suplementar para evitar qualquer noção de complemento, da mulher como um complemento à natureza fálica do homem (que é

---

27. Grande parte das dificuldades da obra de Lacan resultou de sua tentativa de subverter essa posição a partir de dentro da sua própria expressão para reencontrar o lugar de "não-saber" com que ele designou o inconsciente; por conta do caráter constantemente escorregadio ou fugidio de sua fala, ele acabou por minar a verdadeira mestria que a sua própria posição como falante (mestre e analista) necessariamente constrói. De fato, pode-se conduzir, com o enunciado "Eu não sei", a mesma operação que Lacan realiza com a declaração "Eu estou mentindo" (cf. nota 22, acima); pois, se eu não sei, então como sei o suficiente para saber que não sei e, se sei que não sei, então não é verdade que não sei. Lacan, sem dúvida, ficou preso nesse paradoxo de sua própria declaração.

precisamente a fantasia). Mas isso corresponde também ao reconhecimento de algo "a mais", do "mais de gozar",[28] que Lacan situa no conceito freudiano de repetição — o que escapa ou sobra da função fálica e excede seus limites. A mulher é, portanto, colocada *além* (além do falo). Esse "além" refere-se imediatamente à sua mais completa mistificação como Outro absoluto (e, portanto, nada mais que outro), e a uma *questão*, a questão do seu próprio gozo, do seu maior ou menor acesso ao resíduo da dialética a que está constantemente submetida. O problema é que, uma vez que a noção de "mulher" tenha sido tão implacavelmente exposta como uma fantasia, então é quase impossível colocar uma pergunta desse tipo.

A referência de Lacan à mulher como Outro precisa, pois, ser vista como uma tentativa de separar dois momentos que estão em constante perigo de colapsar um no outro — aquele que atribui à mulher o lugar negativo de seu próprio sistema (fálico), e aquele que pergunta se as mulheres podem, como um efeito próprio dessa partilha, romper com e ir além desse próprio sistema. Para Lacan, essa ruptura é sempre uma ruptura na linguagem, é a ruptura do sujeito *na* linguagem. O conceito de gozo (o que escapa na sexualidade) e o conceito de *significância* (o que se desloca na linguagem) são inseparáveis.

Apenas quando percebemos isso é que podemos localizar adequadamente a tensão que percorre os capítulos, aqui traduzidos, do *Seminário* XX de Lacan, *Encore* (E); tensão entre sua crítica às formas de mistificação latentes à categoria Mulher e a reiterada pergunta sobre o que poderia ser sua "outridade". Uma tensão que pode ser reconhecida na própria pergunta "O que quer uma mulher?", na qual Freud se deteve e para a qual Lacan retornou. Essa tensão é mais evidente no recurso de Lacan a Santa Teresa, cuja estátua de Bernini em Roma[29]

---

28. Por vezes o gozo opõe-se à ideia de prazer como lugar desse excesso; mas onde o gozo é definido como fálico, Lacan introduz o conceito de suplemento ("mais de") que se opõe a ele.

29. "Qual é o seu *gozo*, de onde *vem*?" (E, p. 147) — uma pergunta, aparentemente redundante, feita pelo anjo cuja flecha está posicionada acima dela (a "perfuração" [*piercing*] de Santa Teresa), e cuja natureza problemática é melhor ilustrada pelos cardeais e doges perfilados na galeria do "proscênio" — *testemunhas* da encenação de

INTRODUÇÃO II A «FEMININE SEXUALITY»

ele tomou como modelo para um outro gozo — a mulher, portanto, como "mística", mas, ele insistiu, isto não é "não político" (E, p. 146), na medida em que o misticismo é uma das formas de expressão disponíveis quando essa "outridade" na sexualidade expressa sua denúncia mais contundente. E, se avançarmos do momento do recurso de Lacan à sua imagem como executada pelo homem aos próprios escritos de Santa Teresa, ao seu comentário sobre *O cântico dos cânticos*, encontramos essa sexualidade na forma de uma perturbação que, crucialmente, ela situa não no nível do conteúdo sexual do cântico, mas naquele de sua enunciação, na instabilidade de seus pronomes — uma precariedade na linguagem que revela que nem o sujeito nem Deus podem ocupar seu lugar ("falando com uma pessoa, pedindo a outra pela paz e, então, falando com a pessoa em cuja presença ela está" [SANTA TERESA, 1946, p. 359]).[30] A sexualidade pertence, portanto, ao nível de seu deslizamento [*shifting*] e do deslizamento do sujeito.

No final de sua obra, Lacan falou da natureza "anti-fálica" da mulher, deixando-a aberta àquilo "que do inconsciente não pode ser dito" (*Ornicar?*, 20-1, p. 12) (referência às mulheres analistas nas quais podemos reconhecer, ironicamente, o eco da convicção de Freud de que elas teriam acesso a um estrato diferente da vida psíquica).[31] Em

---

um ato que, por causa das linhas perspectivas, eles não podem, de fato, *ver* (BERNINI, *O êxtase de Santa Teresa*, Santa Maria della Vittoria, Roma).

30. Comentário sobre a linha do *Cântico dos cânticos*: "Que o Senhor me beije com o beijo da sua boca, porque teus seios são mais doces do que o vinho". [*"Let the Lord kiss me with the kiss of his mouth, for thy breasts are sweeter than wine".*]

31. No momento em que escrevia isso, Lacan tinha acabado de dissolver sua escola em Paris, fazendo convergir para a declaração com a qual representou esse ato — "*Je père-sévère*" ("*Eu persevero*"; o trocadilho está em "*per*" e "*père*" [pai]) — todo o problema da autoridade e da paternidade que atravessou a história institucional de seu trabalho. Do precoce posicionamento contra um contexto que ele (e outros) considerava autoritário, e do cancelamento, como seu efeito, de seu seminário *O nome do pai*, de 1953, à questão da autoridade e da transferência, que estava por trás da ruptura seguinte, em 1964, e que emerge muito claramente nessa dissolução. Tem sido um paradoxo inesgotável da posição de Lacan o fato de que ele forneceu a crítica mais sistemática das formas de identificação e de transferência ao mesmo tempo em que, em virtude deste mesmo fato, ele representou largamente tais formas. Que um número de mulheres analistas (cf. nota 32, abaixo) descobriu que sua posição, em

relação aos textos anteriores, poderíamos dizer que a mulher já não constrói mascaradas, ela *falta*: "o gozo da mulher não vem sem dizer, isto é, sem dizer da verdade", ao passo que, para o homem, "seu gozo basta e é precisamente por isso que ele não entende nada" (sxxi, 7, p. 16). Aqui há um risco de devolver à mulher um estatuto de verdade (a mitologia tão denunciada). Mas, para Lacan, essa "verdade" do inconsciente é apenas aquele momento da divisão fundamental, pela qual o sujeito entrou na linguagem e na sexualidade, e o constante fracasso de sua localização em ambas.

Esta é a força da argumentação de Lacan: sua insistência no fato de que a feminilidade só pode ser compreendida nos termos de sua construção, uma insistência que produziu como resposta o mesmo restabelecimento das mulheres, o mesmo argumento em favor de *sua* natureza sexual, que aquele visto nas décadas de 1920 e 1930 em resposta a Freud. Dessa vez, a questão da simbolização, que, como defendemos, estava latente no debate anterior, esteve no centro da resposta. Isso é tanto mais evidente na medida em que a especificidade da sexualidade feminina na discussão mais recente[32] tornou-se, explicitamente, a questão da relação das mulheres com a linguagem. Uma vez que é a ordem da linguagem que estrutura a sexualidade em torno do termo masculino — ou o privilégio desse termo que mostra a sexualidade como construída dentro da linguagem —, emerge a questão da relação da mulher com essa linguagem e, simultaneamente, com essa sexua-

---

relação a isso, seria impossível, apenas confirma a estreita relação entre a questão da sexualidade feminina e as divisões e dificuldades institucionais da própria psicanálise.

32. Nesta última seção, vou me referir predominantemente aos trabalhos de Michèle Montrelay e Luce Irigaray. A primeira foi membro da escola de Lacan, antes da sua dissolução em janeiro de 1980, quando se afastou dele; a segunda trabalhou em sua escola até 1974, quando, com a publicação de seu livro *Speculum de l'autre femme* (1974), foi demitida do departamento de psicanálise da Universidade de Paris VIII (Vincennes), há pouco reorganizado. Ambas são psicanalistas praticantes. Montrelay retoma a controvérsia Freud-Jones especificamente quanto ao acesso das mulheres à linguagem em seu artigo "Investigação sobre a feminilidade" (1970 [1978]). O livro de Irigaray, *Speculum*, continha uma crítica aos trabalhos de Freud sobre a feminilidade; seu mais recente *Ce sexe qui n'en est pas un* (1977) contém um capítulo ("*Cosi fan tutti*") diretamente endereçado ao *Encore* de Lacan, sxx.

lidade. A questão do corpo da menina (o que ela pode ou não saber sobre ele), tal como referido no debate anterior, passa a ser a questão do corpo da mulher como linguagem (o que, desse corpo, pode alcançar simbolização). O objetivo é resgatar a mulher do domínio do termo fálico e da linguagem, ao mesmo tempo. O que significa que a feminilidade é vinculada a um ponto de origem que é anterior à marca da diferença simbólica e da lei. A relação privilegiada das mulheres com esse momento original fornece-lhes acesso a uma forma arcaica de expressividade, fora do circuito da troca linguística.

Esse momento de origem é o corpo materno, um espaço indiferenciado e, ainda assim, um espaço em que a menina se reconhece a si mesma. A menina, então, tem de suprimir ou desvalorizar essa plenitude de reconhecimento para se alinhar à ordem do termo fálico. No argumento em favor de uma feminilidade primordial, fica claro que a relação entre mãe e criança é concebida como diádica e simplesmente reflexiva (um para um — a menina se *conhece* plenamente na mãe), o que, mais uma vez, impossibilita o conceito de desejo. A especificidade feminina implica diretamente, portanto, o conceito de uma relação imediata e não problemática com a origem.

As posições assumidas não são idênticas, mas compartilham a ênfase na especificidade das pulsões femininas, uma ênfase que estava na base da resposta anterior a Freud. Elas extraem parte de seus conceitos diretamente desse debate (o conceito de pulsões femininas concêntricas em Montrelay advém, diretamente, de Jones e Klein). Mas os efeitos do posicionamento são diferentes. Assim, enquanto para Jones, por exemplo, essas pulsões, idealmente, anteciparam e asseguraram a identidade heterossexual da criança do sexo feminino, agora essas mesmas pulsões colocam em risco seu acesso a qualquer objeto (MONTRELAY),[33] ou então asseguram a mulher para si mesma

---

[33]. Montrelay tenta resolver a controvérsia "Freud-Jones" tornando as duas explicações distintas da feminilidade equivalentes a *estágios* do desenvolvimento psicossexual da menina, sendo a feminilidade definida como a passagem de uma economia concêntrica para outra na qual a castração simbólica entra em jogo. O acesso à simbolização depende da transição, e é onde ele falha que a mulher permanece vinculada a uma catexia primordial da linguagem como extensão do corpo materno

e, através disso, para outras mulheres (IRIGARAY). As mulheres são *remetidas*, portanto, na explicação, umas às outras — contra o termo fálico, mas também contra a perda da origem, que a explicação de Lacan parece implicar. É, portanto, uma recusa da divisão que dá, à mulher, acesso a um estrato diferente da linguagem, onde as palavras e as coisas não são diferenciadas, e o real do corpo materno ameaça ou impede o acesso da mulher à proibição e à lei.

Há uma força nessa explicação que foi reconhecida pelo feminismo. Na sua forma mais vigorosa, expressa um protesto engendrado pelo próprio peso do que Freud e, depois, Lacan descrevem (é o *efeito* dessa descrição).[34] E algo de sua posição estava certamente presente nos textos anteriores de Lacan ("a sexualidade feminina... como o esforço de um gozo envolto em sua própria contiguidade", C, p. 97). Mas Lacan voltou a essa resposta no textos posteriores, que podem, portanto, ser vistos como uma espécie de réplica, assim como os trabalhos de Freud de 1931 e 1933 sobre a feminilidade se endereçaram a algumas das críticas que ele havia recebido.

Para Lacan, como vimos, não há realidade pré-discursiva ("Como retornar, senão por um discurso especial, a uma realidade pré-discursiva?", SXX, p. 33, *p. 37*), nenhum lugar prévio à lei que estivesse disponível e pudesse ser recuperado. E não há feminino fora da linguagem. Primeiro, porque o inconsciente afasta o sujeito de qualquer relação imediata com o corpo como tal ("não há nada no inconsciente que esteja de acordo com o corpo", O, p. 165), e, em segundo lugar, porque o "feminino" é constituído como uma divisão na linguagem, uma divisão que produz o feminino como seu termo negativo. Se a mulher é definida como outro é porque a definição a produz como outro, e não porque ela tivesse outra essência. Lacan não recusa a diferença ("se não houvesse diferença, como eu poderia dizer que não há relação

---

indiferenciado. Montrelay deve, portanto, ser crucialmente distinguida de Irigaray neste ponto, uma vez que, para ela, tal fracasso precipita a ansiedade e não é, em nenhum sentido, um conceito de feminilidade que ela pretende promover.

34. Note-se também o fácil deslizamento do título de Irigaray, *Ce sexe qui n'en est pas un*, "Este sexo que não é um", frente à fórmula de Lacan, "Este sexo que não é *um*".

sexual", sxxi, 4, p. 18), mas, para ele, o que deve ser questionado é a aparente "consistência" dessa diferença — do corpo ou de qualquer outra coisa —, a divisão que impõe, as definições de mulher que produz.

Para Lacan, dizer que a diferença é diferença "fálica" é expor a natureza simbólica e arbitrária dessa divisão como tal. E é crucial — algo que pode ser visto, ainda mais claramente, na resposta aos textos aqui traduzidos[35] — que a recusa do termo fálico traga consigo uma tentativa de reconstituir uma forma de subjetividade livre da divisão e, portanto, uma recusa da própria noção de simbolização. Se se trata de desafiar o estatuto do falo, isso não pode, portanto, originar-se diretamente do corpo feminino, mas deve se dar através de um termo simbólico diferente (caso em que a relação com o corpo é, imediatamente, lançada em crise), ou, então, através de uma lógica completamente diferente (caso em que já não se está de modo algum na ordem da simbolização).

As reivindicações feitas contra Lacan colapsam, portanto, em dois níveis diferentes de objeção: que o corpo deve ser mediado pela linguagem e que o termo privilegiado dessa mediação é masculino. O fato de que a recusa do falo se revele, mais uma vez, como uma recusa do simbólico não encerra, mas deixa em aberto, e ainda sem resposta, a questão de saber por que razão essa simbolização necessária e o estatuto privilegiado do falo aparecem como interdependentes na estruturação e garantia (nunca assegurada) da subjetividade humana.

Não se trata aqui, portanto, de negar que Lacan estava implicado com o falocentrismo que ele descreveu, nem que suas próprias expressões reenviam constantemente à mestria [*mastery*] que ele procurava minar. A questão do inconsciente e da sexualidade, o movimento em direção a eles e contra eles, operou exatamente neste nível de sua própria fala. Mas, para Lacan, ambos funcionam como a questão dessa fala, e não podem ser remetidos a um corpo fora da linguagem, a um lugar para o qual o "feminino", e, através dele, as mulheres poderiam escapar. Na resposta a Lacan, portanto, o "feminino" retorna, como nos anos 1920 e 1930, na réplica a Freud, mas, desta vez, acrescido do

---

35. Referência ao volume *Feminine sexuality*. [N. T.]

sentido de uma resistência a uma organização fálica da sexualidade, que é reconhecida como tal. O "feminino" representa uma recusa dessa organização, de sua ordenação, de sua identidade. Para Lacan, por outro lado, interrogar essa mesma organização desautoriza qualquer definição absoluta do "feminino".

A psicanálise não produz essa definição. Ela dá conta de como essa definição é produzida. Embora a objeção a seu termo dominante deva ser reconhecida, ela não pode ser respondida com uma explicação que retorne a um conceito do feminino como pré-existente, nem com um recurso imperativo a um androcentrismo no simbólico, que o falo simplesmente refletiria. A primeira resposta conduziria as mulheres para fora da linguagem e da história, a segunda simplesmente as subordinaria a ambas.

Nesses textos, Lacan dá-se conta de como o estatuto do falo na sexualidade humana impõe à mulher uma definição na qual ela é, simultaneamente, sintoma e mito. Enquanto continuarmos a sentir os efeitos dessa definição não podemos nos dar ao luxo de ignorar essa descrição da impostura fundamental que a sustenta.

BIBLIOGRAFIA

BENVENISTE, Émile. "La nature des pronoms". Em: *Problèmes de linguistique générale*. Paris: Gallimard, 1966, p. 251-7. *Problems in general linguistics*. Florida: University of Miami Press, 1971, p. 217-22.

_____. "De la subjectivité dans le langage". Em: *Problèmes*, 1958, p. 258-66. (*Problems*, p. 223-30).

CHODOROW, Nancy. *The reproduction of mothering – Psychoanalysis and the sociology of gender*. Londres: University of California Press, 1979.

COWIE, Elizabeth. "Woman as sign". Em: *m/f*, I, 1978, p. 49-63.

DEUTSCH, Helene. "The significance of masochism in the mental life of women". Em: *IJPA*, XI, 1930, p. 48-60.

FENICHEL, Otto. "The symbolic equation girl = phallus". Em: *PQ*, XVIII (3), 1949, p. 303-21.

FREUD, Sigmund. & BREUER, Josef. *Studies on hysteria*. (SE, II, 1893-5).

_____. *Project for a scientific psychology*. (SE, I, 1895).

_____. *Three essays on the theory of sexuality*. (SE, VII, 1905, p. 123-245).

INTRODUÇÃO II A «FEMININE SEXUALITY»

_____. "On the universal tendency to debasement in the sphere of love" (Contributions to the psychology of love, II) (SE, XI, 1912, p. 177–90). "Contribuições para a psicologia da vida amorosa – Sobre a mais geral degradação na vida amorosa". Em: *Amor, sexualidade feminilidade.* Trad. M. R. S. Moraes. Belo Horizonte: Autêntica, 2018, p. 137–154.

_____. *Beyond the pleasure principle.* (SE, XVIII, 1920, p. 3–64).

_____. (1938) "Splitting of the Ego in the process of defence" (SE, XXIII, 1940, p. 273–8).

IRIGARAY, Luce. *Speculum de l'autre femme.* Paris: Minuit, 1974.

_____. *Ce sex qui n'en est pas un.* Paris: Minuit, 1977.

JONES, Ernest. "The early development of female sexuality". Em: *IJPA*, VIII, 1927, p. 459–72.

_____. "The theory of symbolism". Em: *British journal of psychoanalysis*, IX (2), 1916, p. 181–229.

KLEIN, Melanie. "The importance of symbol formation in the development of the ego". Em: *IJPA*, IX, 1930, p. 23–39.

LACAN, Jacques. (1936) "Le stade du mirroir comme formateur de la fonction du Je". Em: *Écrits.* Paris: Seuil, 1966. *Écrits: A selection.* Trad. A. Sheridan. Londres: Tavistock, 1977, p. 1–7. *Escritos.* Trad. Vera Ribeiro. Rio de Janeiro: Zahar, 1998, p. 96–103.

_____. "Cure psychanalytique à l'aide de la poupée fleur". Em: *Comptes rendus, réunion 18 October, Revue française de la psychanalyse,* 4, Out-Dez, 1949, p. 567.

_____. (1953) "Fonction et champ de la parole et du langage en psychanalyse". Em: *Écrits,* p. 237–322. *Écrits: A selection,* p. 30–113.

_____. (1954–55) *Le moi dans la théorie de Freud et dans la technique de la psychanalyse. Le séminaire II.* Paris: Seuil, 1978. *O eu na teoria de Freud e na técnica da psicanálise.* Trad. M. C. L. Penot e A. L. Q. de Andrade. Rio de Janeiro: Zahar, 1985.

_____. (1955–6) "D'une question préliminaire à tout traitement possible de la psychose". Em: *Écrits,* p. 531–83. *Écrits: A selection,* p. 179–225. *Escritos,* p. 537–90.

_____. "Les formations de l'inconscient". *Bulletin de psychologie,* II, 1957–8, p. 1–15.

_____. (1959) "À la mémoire d'Ernest Jones: Sur sa théorie de symbolisme". Em: *Écrits,* p. 697–717. "À memória de Ernest Jones: Sobre sua teoria do simbolismo". *Escritos,* p. 704–25.

_____. (1960) "Guiding remarks for a congress on feminine sexuality". Trad. J. Rose. Em: *Feminine sexuality – Jacques Lacan and the école freudienne.* Ed. J. Mitchell e J. Rose. Londres: The Macmillan press LTD, 1982.

_____. (1964a) *Les quatres concepts fondamentaux de la psychanalyse. Le séminaire* XI. Paris: Seuil, 1973. *The four fundamental concepts of Psycho-Analysis.* Trad. A.

Sheridan. Ed. J.-A. Miller. London: Hogarth, 1977. *Os quatro conceitos fundamentais da psicanálise.* Trad. M. D. Magno. Rio de Janeiro: Zahar, 1988.

_____. (1972-3) *Encore.* Le séminaire xx. Paris: Seuil, 1975. *Mais, ainda.* Trad. M. D. Magno. Rio de Janeiro: Zahar, 2008.

_____. "Les non-dupes errent". Le séminaire xxi, 1973-4 (manuscrito inédito).

_____. *Scilicet,* review of *le champ freudien,* i-vii. Paris: Seuil, 1968-76.

_____. *Ornicar? Periodical of le champ freudien.* Dept of Psycho-Analysis at Paris vii (Vincennes). Paris: le graphe, no. 1 – 1975-.

LEMOINE-LUCCIONI, Eugénie. *Partage des femmes,* (*le champ freudien*). Paris: Seuil, 1976.

MACCABE, Colin. *The talking cure – Essays in psychoanalysis and language.* Londres: Macmillan, 1981.

MANNONI, Maud. *L'enfant, sa "maladie" et les autres,* (*le champ freudien*). Paris: Seuil, 1967. *The child, his illness and the others.* Londres: Tavistock, 1970.

MONTRELAY, Michele. "Recherches sur la femininité". Em: *Critique,* xxvi, Paris, 1970, p. 654-74. Edição revista: "Inquiry into femininity". Trad. e Intro. Parveen Adams. Em: *m/f,* i, 1978, p. 65-101.

RIVIÈRE, Joan. "Womanliness as masquerade". Em: *IJPA,* X, 1929, p. 303-13.

RUBIN, Gayle. "The Traffic in Women: Notes on the 'Political Economy' of Sex". Em: REITER, Rayna R. (ed.). *Toward an Anthropology of Women.* Monthly Review Press, 1975, p. 157-210.

SAFOUAN, Moustapha. *Etudes sur l'Œdipe,* (*le champ freudien*). Paris: Seuil, 1974. "Is the Oedipus complex universal?". Trad. B. Brewster. Em: *m/f,* 5-6, 1981, p. 83-90.

SAUSSURE, Ferdinand de. (1915) *Cours de linguistique générale.* Ed. Tullio de Mauro. Paris: Payot, 1972. *Course in general linguistics* (revised ed.). Londres; Fontana, 1974.

SEGALL, Hanna. "Notes os symbol formation". Em: *IJPA,* xxxviii, 1957, p. 391-7.

STOLLER, Robert. "A contribution to the study of gender identity". Em: *IJPA,* xlv, 1965, p. 220-6.

WINNICOTT, Donald. (1967) "Mirror-role of the mother and family in child development". Em: *Playing and reality.* Londres: Tavistock, 1971, p. 111-18.

Imposições sexuais e diferenças entre os sexos: bruxas, *femmes seules*, solteironas e S. Freud

BEATRIZ SANTOS[*]

Em 1980, a poeta, ensaísta e feminista Adrienne Rich publicou um artigo questionando o que chamou de "heterocentrismo não-examinado" da literatura feminista produzida até então. Trata-se de um texto que se tornou um clássico da segunda onda do feminismo, *Compulsory Heterosexuality and Lesbian Existence* (2003) e que até hoje é bastante lido e discutido em disciplinas de Estudos de Gênero. Partindo de uma preocupação quanto ao modo como a existência lésbica é retratada (ou, justamente, ignorada) mesmo em obras feministas, Adrienne Rich se dispõe a produzir uma crítica do que chama de "orientação heterossexual compulsória" para mulheres. Em outras palavras, intenta pensar a distinção entre homossexualidade e heterossexualidade não em termos de "preferência" ou "escolha", mas sim em termos de uma orientação *política*. Para a autora, ainda que muitos trabalhos teóricos sobre a condição das mulheres apresentem a ideia de que as relações sociais entre os sexos sejam confusas, extremamente problemáticas e muitas vezes incapacitantes para as mulheres, quase nunca questionam se em um contexto diferente mulheres *escolheriam* as uniões heterossexuais e o casamento (RICH, 2012, p. 22).

---

[*]. Psicóloga clínica e psicanalista. Desde 2016 ensina no Departamento de Estudos Psicanalíticos da Université de Paris (antiga *Université Paris Diderot*), onde fez mestrado e doutorado. Nos últimos anos tem trabalhado em um campo transdisciplinar incluindo psicanálise, estudos de gênero e filosofia sobre a questão da violência de gênero e o feminicídio. Co-dirige a coleção *Figures of the Unconscious* da editora Leuven University Press e a revista de psicanalise *Research in Psychoanalysis* (França).

Há, segundo o trabalho da autora, uma "naturalização" da heterossexualidade como "preferência sexual" da maioria das mulheres: mesmo em estudos que questionam aspectos importantes de suas vidas, tais como a maternidade, os papéis atribuídos a cada gênero, as regras que permeiam a construção de relacionamentos, não é questionada uma certa ideia de preferência ou de orientação sexual nata. Até o início da década de oitenta, quando começou a escrever sobre estas questões, Rich constatava que grande parte dos escritos feministas partiam do princípio de que a maioria das mulheres *nasce* heterossexual.

O texto de Adrienne Rich nos permite traçar os contornos de uma questão importante sobre a existência de um *referencial heterossexual* que permearia diferentes trabalhos teóricos sobre as vidas das mulheres. Ele lança de maneira até então inédita uma pergunta relevante: poderíamos pensar a heterossexualidade por si mesma como um instrumento ligado à dominação masculina e participando então da opressão das mulheres? Dito de outro modo, que relação poderia haver entre a escolha de um objeto (heterossexual) e a manutenção de dispositivos de subordinação que instauram uma assimetria entre mulheres e homens no tocante ao acesso à autonomia e a posições de poder variadas? No presente artigo, pretendemos examinar este argumento apresentado por Rich e analisar de que modo esta mesma questão pode ser apresentada à teoria freudiana sobre as diferenças anatômicas entre os sexos. Para isto, discutiremos a ideia de heterossexualidade compulsória apresentada pela autora em sua relação com dois outros trabalhos: o artigo de Freud de 1925, "Algumas consequências psíquicas da diferença anatômica entre os sexos", e o livro da psicanalista Sabine Prokhoris sobre a diferença dos sexos, *Le sexe prescrit*, publicado na França em 2000.

A HETEROSSEXUALIDADE COMO INSTITUIÇÃO

A tese central do artigo de Adrienne Rich gira em torno da noção da heterossexualidade como uma instituição enquanto organização que privilegia alguns sujeitos em detrimento de outros. Não se trata de uma simples escolha, no sentido de duas opções intercambiáveis orientadas pelo que descreve ironicamente como uma inclinação mística ou biológica: "preferir" homens ou "preferir" mulheres. Na medida em que o estatuto de mulheres não-casadas com homens historicamente foi (e em muitos grupos ainda é) inferior ao das que o são, não se pode falar de uma "escolha livre" pela heterossexualidade. A vida das bruxas, das *femmes seules*, das solteironas, das viúvas autônomas e das lésbicas sofreu e sofre ainda ataques que variam do escárnio ao feminicídio (RICH, 2003, p. 15). Deste modo, a heterossexualidade seria melhor descrita como compulsória, não facultativa, e deveria ser melhor interrogada pelo feminismo.

A dificuldade presente nos trabalhos feministas em contestar a predominância da heterossexualidade entre mulheres interpela Adrienne Rich. Por que seguimos tropeçando nesta mesma pedra colocada no meio do caminho de nossa reflexão?, indaga a autora, antes de avançar três possíveis motivos: porque a experiência lésbica foi ou apagada da história ou relegada ao domínio das doenças; porque sempre foi tratada como excepcional e não como intrínseca; e porque reconhecer que a heterossexualidade da mulher possa não ser uma "preferência" mas sim uma imposição ameaça as certezas de todas as que se consideram livre e naturalmente heterossexuais. No entanto,

falhar em examinar a heterossexualidade como instituição é como falhar em admitir que o sistema econômico chamado capitalismo ou que o sistema de castas chamado racismo são mantidos por uma variedade de forças que incluem violência física e falsa consciência (RICH, 2003, p. 27, tradução nossa).

Ou seja: existe, segundo Rich, uma equivalência entre a heterossexualidade, o capitalismo e o racismo baseada numa aparente "naturalidade" que podemos lhes atribuir. A dificuldade de grande parte da população em conceber uma sociedade organizada economicamente de outra forma que pelo capitalismo, ou de vislumbrar modos de relação entre todos os sujeitos que não fossem marcados pelo racismo é a mesma que nos impede de argumentar que a heterossexualidade é construída de modo contingente e situável em um momento preciso da história. Ou que ela é uma norma construída e, como tal, poderia ter sido construída diferentemente. Ecoando a afirmação clássica proposta por Simone de Beauvoir em 1949, podemos dizer que Adrienne Rich proporia que não se nasce heterossexual, torna-se uma.

Um problema fundamental deste não-reconhecimento da heterossexualidade como instituição passa pela limitação da própria definição do que é o lesbianismo. A associação da homossexualidade feminina à simples escolha de parceiras sexuais não leva em conta o que Adrienne Rich descreve como a "experiência lésbica", situável por ela dentro de um *continuum lésbico*. O que quer dizer que a experiência lésbica não se resume ao fato de que algumas mulheres conscientemente desejam ou desejaram ter "experiências genitais com outras mulheres", mas reconhece "muitas outras formas de intensidade primária entre mulheres, incluindo o compartilhamento de uma rica vida interior, a união contra a tirania masculina, o apoio prático e político" (RICH, 2003, p. 27) dado umas às outras. Dito de outro modo, Rich está interessada em descrever uma modalidade de relacionamento que não se restringe ao que comumente se define como a formação de um casal. O que descreve como a experiência lésbica é menos a afirmação de que mulheres podem amar mulheres e escolhê-las como parceiras sexuais do que uma reflexão sobre tipos de experiências que seriam próprias às mulheres, identificadas exclusivamente às mulheres ("*women-identified experiences*"). Essas experiências comportam ao mesmo tempo opressões e potencialidades que, segundo Rich, só são partilhadas por um grupo específico de sujeitos: as mulheres às quais homens não têm acesso.

DIFERENÇAS ANATÔMICAS, CONSEQUÊNCIAS PSÍQUICAS

Nosso interesse por uma releitura do texto freudiano sobre a diferença dos sexos é então inspirado por esta leitura de Rich e o que ela evoca de uma outra questão colocada pela psicanalista Joanna Ryan (2001) alguns anos mais tarde: pode a psicanálise entender a homofobia? A pergunta se quer uma provocação. Ela deriva da percepção de um interesse acentuado de certas teorias psicanalíticas pela homossexualidade que não é acompanhado pelo mesmo interesse pela homofobia — uma certa "obsessão homossexual" que vê como prioritária a determinação de uma etiologia da homossexualidade (e não de uma etiologia da homofobia), como descreve o sociólogo Éric Fassin (2003).

Neste sentido, questionar se a psicanalise pode ouvir a homofobia quer dizer questionar como se configura o espaço dado à experiência lésbica tanto em sua teoria quanto em sua prática.

Um modo de fazer isso é se interessar pela questão da diferença dos sexos e aos destinos da feminilidade derivados de uma escolha de objeto heterossexual. Se por um lado podemos sempre reafirmar que "uma das rupturas epistemológicas introduzida pela teoria freudiana consiste na despatologização do fato sexual humano em *todas* as suas dimensões", como nos lembra a psicanalista Laurie Laufer (2014, tradução nossa), por outro nos parece importante atentarmos para as consequências de determinadas postulações teóricas. Existe uma tensão sistematicamente revelada pela crítica feminista feita a Freud entre a apresentação da sexualidade humana como norteada por um polimorfismo perverso — e da qual se poderia derivar uma multiplicidade de diferenças e de gêneros — e o binarismo restritivo que aparece nas teorias da diferença sexual. As consequências que podemos tirar da ideia de plasticidade da sexualidade infantil identificada a prazeres não-funcionais e não orientada por nenhum objeto (tal como apresentada por Freud em 1905) são diferentes do que podemos pensar a partir das dissimetrias determinadas pela constituição anatômica descritas em 1925.

De fato, em "Algumas consequências psíquicas da diferença anatômica entre os sexos" (1925), Freud coloca a questão da relação entre um determinante biológico que participa da atribuição de um gênero feminino ou masculino a um sujeito — sua anatomia — e o modo como cada um, cada uma, passa pelo complexo de Édipo. O argumento fundamental apresentado por Freud neste texto e em dois outros que o precedem, "A organização genital infantil" (1923) e "A dissolução do complexo de Édipo"(1923) é o de uma certa inevitabilidade da diferença de experiências de subjetivação entre homens e mulheres. O fato da descoberta da zona genital pelas crianças tem "pesadas consequências" específicas para a menina: "ela nota o grande pênis bem visível de um irmão ou de um colega de brincadeiras, imediatamente o reconhece como a réplica superior de seu pequeno órgão dissimulado e a partir de então torna-se vítima da inveja do pênis" (FREUD, 1925, p. 126, tradução nossa).

Esta formulação freudiana que apresenta a percepção de um órgão sexual distinto do próprio (pênis para as meninas, vulva para os meninos) como experiência determinante para o desenvolvimento do que hoje chamamos de identidade de gênero (mulher, homem) foi e é muito questionada por autoras feministas. Ela é um ponto central do debate entre os estudos de gênero e a psicanálise no cenário francês. Já em 1968 o *Mouvement de Libération des Femmes* (MLF) é fundado na França por Antoinette Fouque em torno de um trabalho coletivo de leitura de Marx, Engels, Freud, Lacan e Klein.[1] Este coletivo político teve como um de seus pilares a existência de seminários abertos a todas e todos na recém-criada Université de Vincennes e um dos primeiros tratava da diferença dos sexos (MLF, 2018, p. 217).[2]

Sem nos aprofundarmos na multiplicidade de elementos que a questão da diferença dos sexos permitiria evocar — a bissexualidade psíquica, a noção de predisposições sexuadas masculinas ou femininas, os processos de identificação, as escolhas objetais —, nos concentraremos aqui em um tema desenvolvido em 1925: o das consequências da descoberta da zona genital.

Neste texto, Freud se encontra às voltas com o problema da escolha do pai como objeto de amor pelas meninas. Se parece óbvio que na história do desenvolvimento dos meninos a mãe se manteria como o objeto sexual escolhido até ser abandonado como consequência da ameaça da castração, para as meninas a questão do abandono deste objeto original se coloca. Como afinal as mulheres passam do amor à mãe ao pai como objeto? Se a castração não tem sobre elas o efeito de ameaça, já que ao verem o pênis elas já sabem que não o têm, o que

---

[1] Ver MLF. *Psychanalyse et politique 1968–2018: 50 ans de libération des femmes. Volume I. Les premières années.* Coletivo, Paris: Editions Des femmes-Antoinette Fouque, 2018.

[2] Entre 1971 e 1972, Antoinette Fouque organizou este seminário que contou com a participação de Luce Irigaray e de Patrick Guyomard.

poderia mobilizá-las a escolher um outro objeto de amor que não a mãe? A hipótese avançada por Freud passa pela anatomia: graças à percepção de pênis e a consequente construção fantasmática de sua superioridade em relação à vulva, instala-se nas meninas um sentimento de inferioridade. É este sentimento que afastará a menina do amor pela mãe. Isso que Freud chama neste texto de *inveja do pênis* tem como consequências o mesmo desprezo que sentem os homens pelo sexo feminino (visto como inferior); o ciúme (que não é próprio de um único sexo mas, segundo Freud "tem um papel muito mais importante na vida psíquica das mulheres") (FREUD, 1925, p. 128, tradução nossa); e o afrouxamento da relação afetuosa, terna, da menina com sua mãe enquanto objeto.

É interessante o modo como Freud apresenta esta terceira consequência: "não entendemos muito bem este encadeamento, mas estamos convencidos que no final das contas é quase sempre a mãe da menina que é considerada responsável pela sua falta de pênis" (1925, p. 129, tradução nossa). Isso se dá porque para grande parte das meninas associam-se cronologicamente a descoberta da diferença entre os órgãos (e a consequente experiência de insatisfação) e a chegada de um irmão ou uma irmã — o que suscita um sentimento de ciúme ("minha mãe gosta mais dessa criança do que de mim") e então o abandono da ligação com a mãe.

Este é o ponto principal do texto: justificar o modo como a menina abre mão de sua mãe como objeto de amor. E como frequentemente na longa história que por vezes aproxima e por vezes afasta teoria psicanalítica e feminismo — desde as primeiras discussões sobre uma psicologia feminina propostas por Karen Horney em 1922[3] até hoje — confrontamo-nos com a questão da origem das proposições freudianas. Como conciliar o fato de que Freud propõe construções teóricas que partem de produções fantasmáticas de suas e seus pacientes com o reconhecimento de que as falas de tais pacientes — assim como a fala de Freud — se situam num contexto (histórico, social, de gênero, racial)

---

3. Ver, por exemplo: HORNEY, Karen. "On the genesis of the castration complex in women". Em: *International Journal of Psychoanalysis*, 5, 1924, p. 50–65.

específico? No caso específico da inveja do pênis, podemos formular este problema nos termos da possibilidade ou não de estabelecermos uma correspondência entre I) a existência de uma razão (localizável na infância) para que mulheres passem a amar homens após terem feito a escolha objetal que fazem todas as crianças pela mãe ou sua substituta; II) a dimensão fantasmática da experiência do encontro com o outro sexo na infância, e o fato de que o que é compreensível para uma criança tenha menos a ver com sua capacidade cognitiva de entendimento do que com o trabalho de seus processos de defesa (como a (de)negação); III) o fato (tirado da realidade material) da opressão e da desvalorização das mulheres em regimes patriarcais como o que deu origem à psicanalise e no qual ainda nos encontramos.

Dito de outra forma, entendemos que propor uma conversa sobre a diferença sexual entre psicanálise e feminismo requer poder construir um discurso composto de dois tipos de matéria. O primeiro tipo é oriundo da clínica e se refere a relatos de analisandas que podem ser interpretados em termos da inveja do pênis e do complexo de masculinidade. Trata-se então de reconhecer o que está em jogo no que é dito pela analisanda não enquanto formulações conscientes — cenas e ideias apresentadas como conteúdo manifesto —, mas sim sob a forma do material inconsciente que aparece no trabalho analítico, a saber como sonhos, associações, atos falhos, repetições.

O segundo tipo de matéria deriva da premissa segundo a qual mulheres e homens vivem enquanto mulheres e enquanto homens as condições materiais de sua existência, como formula Juliet Mitchell na introdução do clássico *Psicanálise e feminismo* (1975, p. 22). Isso quer dizer que, para além ou aquém da experiência subjetiva de cada sujeito enquanto mulher ou homem, podemos pensar que o espaço da clínica é constituído dentro de um regime de normas que permite delinear elementos de uma experiência comum às mulheres em um determinado grupo social. Trata-se de reconhecer que, ainda que a intenção de uma ou um analista seja a de permitir que as sessões de análise sirvam como um momento de suspensão destas ditas normas, esta dimensão normativa está presente tanto na fala das e dos pacientes quanto na escuta das e dos analistas. A percepção de uma "presença normativa" na análise é compatível com a ideia (presente em Judith Butler, por exemplo)[4] de que há uma diferença existente entre os graus de vulnerabilidade incorporados por um sujeito. Ou seja: se existem diferenças nos modos como corpos e desejos são considerados viáveis e legítimos numa sociedade, não faria sentido imaginar que tal diferença pudesse se reproduzir na clínica?

Surge então a questão do lugar dado à experiência lésbica descrita por Rich nesta teoria freudiana da diferença dos sexos. Ao definir a distinção em termos da percepção de uma evidência vista como "natural", vulva como não-igual a pênis, e associá-la a uma inferioridade do sexo feminino, Freud atribui uma valoração diferente aos dois termos que compara. Para além de uma distinção, descreve uma assimetria baseada na confusão entre o órgão (pênis) e o que ele representa (falo). Ainda que o texto de 1925 se conclua pela afirmação de que todos os indivíduos possuem traços masculinos e femininos devido à sua constituição bissexual e à hereditariedade, é integralmente orientado pelo fato de que a diferença entre dois tipos de órgãos genitais é determinante e se traduz em experiências distintas de meninos e meninas. Estas experiências são lidas em sua relação com as possibilidades de se realizar ou não a travessia edípica, como sabemos: nos garotos, é o conhecimento da diferença dos sexos que lhes leva ao complexo de castração e, consequentemente, à dissolução do complexo de Édipo. Nas meninas, este complexo de castração é o ponto inicial do complexo de Édipo. Esta diferenciação não é sem consequências já que, para Freud, implica entre outras coisas numa relação distinta à moral — "o nível do que é moralmente normal para a mulher é outro. Seu supereu não será nunca tão inexorável, tão impessoal, tão independente de suas origens afetivas que o que exigimos do homem" (FREUD, 1925, p. 131, tradução nossa). Mas, para além desta questão abordada por analistas mulheres e pelos estudos feministas praticamente desde a aparição dos textos freudianos, está o tema do lesbianismo como possibilidade. A experiência lésbica que Adrienne Rich pretende descrever se quer

---

4. Ver, por exemplo: BUTLER, Judith et al. "Judith Butler et Monique David-Ménard: d'une autre à l'autre". Em: *L'Evolution psychiatrique*, 80(2), p. 317–330, 2015.

pensável por si mesma, independentemente de qualquer referência a uma sexualidade masculina. Justamente: para Rich, o que segue silenciado pelas teorias que falam do modo de vida das mulheres é o que ela chama de uma "experiência profundamente feminina" não regida pelas relações com os homens. E por isso mesmo não abarcável por uma noção de diferença dos sexos cuja referência primordial é a experiência dos homens.

UMA DIFERENÇA DE SEXOS

Mas a que experiência se refere a noção de diferença dos sexos? Sabine Prokhoris dedicou um livro inteiro a esta discussão. Em *O sexo prescrito* (2000), inédito no Brasil, a psicanalista analisa o uso da noção de diferença de sexos (que chama de diferençadesexos, em uma só palavra) em sua relação com a cura analítica.

Para Prokhoris, existe uma relação entre uma concepção da posição do analista como sendo o responsável por colocar o "volúvel e volátil analisando na linha reta" e a importância atribuída à preservação da ordem que deriva da diferença entre os sexos. Segundo a autora, o texto canônico de Lacan sobre a direção do tratamento[5] apresenta uma ideia do fim da análise nos seguintes termos:

Tendo se livrado de todas as ilusões subjetivas — estes frutos amargos de identificações enganosas — e tendo talvez então desmontado os mecanismos do mal-estar, chegou-se então ao fim da análise: a não ser outra coisa que o agente, quase sagrado, da pura transmissão de uma dita "lei simbólica" (PROKHORIS, 2000, p. 116).

Em termos práticos, isso quer dizer que o fim da análise se assemelharia a uma de duas coisas: ou a tornar-se psicanalista, ou a uma "situação mais banal, mas ainda assim honrada para o comum dos mortais", segundo Prokhoris: tornar-se definitivamente homem ou mulher. Sem erro ou ambiguidade. Chegar à possibilidade de se sujeitar sem hesitação à ordem da "diferença sexual" e ao que dela deriva, qual seja,

---

5. LACAN, Jacques. (1958) "La direction de la cure et les principes de son pouvoir". Em: *Écrits*. Paris: Le Seuil, 1966, p. 585–645.

a "lei simbólica". É neste sentido que descreve a psicanálise como um dispositivo da sexualidade, retomando a expressão foucaultiana: porque para a psicanálise a sexualidade funcionaria como "uma ordem cujo eixo é a organização do que se designa por 'diferençadossexos', uma ordem que é a causa de certos efeitos" (2000, p. 121). E é este o ponto de partida de sua argumentação: já que a preservação de uma ordem atrelada a uma diferenciação anatômica ganha importância na determinação do que seria o fim de uma análise, deve-se então protegê-la. Mas, em si, isso que designamos como a diferença sexual — o fato de existirem pênis e vaginas, e de que habitualmente tenhamos um ou outro e não os dois ou nenhum — não teria por si mesma uma importância fundamental.

A preocupação com a preservação de uma ordem equivale, de fato, a legitimar seus efeitos. E a diferençadossexos será pensada (...) em referência ao que chamaremos na teoria psicanalítica de "falo", emblema e pivô da articulação do Desejo e da Lei. "Diferençadossexos" implicada, fica claro, na e pela ordem em questão como um de seus requisitos — mas na verdade sem outra consistência que essa (PROKHORIS, 2000, p. 122).

Interessa-nos no trabalho de Prokhoris o modo como argumenta contra uma explicação da diferença dos sexos como consequência natural de uma "pura" observação da existência de órgãos genitais. Ao afirmar que "não é que não existam dois sexos anatômicos. Mas este dado poderia perfeitamente ser pensado em termos de uma outra construção intelectual do que a que culmina nestes termos" (2000, p. 122), Prokhoris chama a atenção para a dimensão construída do que costumamos naturalizar quando falamos desta diferença. É fato que crianças são cognitivamente capazes de constatar que pênis e vaginas são diferentes. Mas isto não significa que "naturalmente" dividam o mundo em dois tipos de pessoas a partir desta percepção. A ideia mesma de percepção precisa ser repensada. Quando dizemos que as crianças veem os corpos umas das outras, estamos assumindo que "as percepções se contentam em placidamente gravar e depois retranscrever como representações objetivas uma realidade que não suscita nenhum problema, nenhuma questão?", indaga Prokhoris (2000, p. 122).

Sabemos que não é assim que a atribuição de um sentido a esta experiência funciona. Que se trata de uma solução encontrada por cada um de nós para isso que a autora chama do "sentimento universal da bizarrice das coisas". Ou seja: que isso a que se dá o nome simplista de "observação" da diferença sexual corresponde na verdade a um conjunto complexo de movimentos de interpretação das percepções. Estamos já falando, segundo a autora, de "um trabalho psíquico do qual emerge uma figura conceitual (a diferença sexual) produzida seguindo o modo como foi negociado o que a experiência (de ver os sexos) encontrou" (2000, p. 123).

Talvez resida nesta ideia de negociação com a experiência a funcionalidade da noção freudiana de diferença sexual. Não numa espécie de primazia do que é visível pela criança a uma certa idade, mas no sentido que cada sujeito atribui tanto ao que é da ordem de sua anatomia quanto ao que se refere aos papéis disponíveis para cada gênero. Prokhoris utiliza a imagem da diferença de sexos como uma solução pensável ou do pensamento — une *solution de pensée* — que teria sido preferida a outras e que permitiria dar conta do que é experimentado pelo sujeito. Poderíamos pensar então não numa oposição binária entre termos, mas sim numa diferença entre os sexos das bruxas, *femmes seules*, lésbicas, solteironas, viúvas autônomas e tantas outras mulheres cujas existências não são descritas em termos de uma diferença dos sexos heterossexual.

BIBLIOGRAFIA

BUTLER, Judith; DAVID-MÉNARD, Monique; SANTOS, Beatriz; GOULET, Sarah-Anais Crevier; DEBS, Nayla; POLVEREL, Elsa. "Judith Butler et Monique David-Ménard: d'une autre à l'autre". Em: *L'Evolution psychiatrique*, 80(2), p. 317–330, 2015.

FASSIN, Éric. "L'inversion de la question homosexuelle". Em: *Revue française de psychanalyse*, vol. 67(1), 2003, p. 263–284.

FREUD, Sigmund. "Quelques conséquences psychiques de la différence anatomique entre les sexes". Em: *La vie sexuelle*. Paris: PUF, 1925.

LACAN, Jacques. (1958) "La direction de la cure et les principes de son pouvoir". Em: *Écrits*. Paris: Le Seuil, 1966, p. 585–645.

LAUFER, Laurie. "La psychanalyse est-elle un féminisme manqué?". Em: *Nouvelle revue de psychosociologie*, vol. 17, n. 1, 2014, p. 17–29.

MITCHELL, Juliet. *Psychanalyse et Féminisme*. Editions Des Femmes, Paris, 1975.

MLF. *Psychanalyse et politique 1968–2018: 50 ans de libération des femmes. Volume I. Les premières années*. Coletivo, Paris: Éditions Des femmes-Antoinette Fouque, 2018.

PROKHORIS, Sabine. *Le sexe prescrit. La différence sexuelle en question*. Paris: Flammarion, 2000.

RICH, Adrienne. (1980) "Compulsory Heterosexuality and Lesbian Existence". Em: *Journal of Women's History*, v. 15, n. 3, p. 11–48, autumn 2003. Traduzido em português como "Heterossexualidade compulsória e existência lésbica". Em *Bagoas – Estudos gays: gêneros e sexualidades*, v. 4, n. 05, 27/11/2012.

RYAN, Joanna. "Can psychoanalysis understand homophobia?". Em: DEAN, Tim & LANCE, Christopher (eds). *Homosexuality and psychoanalysis*. Chicago: University of Chicago Press, 2001, p. 307–321.

Simbolicismo e circularidade fálica: em torno da crítica de Nancy Fraser ao «lacanismo»[*]

LÉA SILVEIRA

(...) *notre manque d'imagination dépeuple toujours l'avenir.*
SIMONE DE BEAUVOIR

Meu objetivo neste capítulo é desenvolver elementos de uma discussão a respeito do artigo *Contra o 'simbolicismo': usos e abusos do 'lacanismo' para políticas feministas* (2017), de autoria de Nancy Fraser. Quero, no entanto, construir meu comentário a partir de um lugar externo a ele porque isso vai me permitir seguir uma estratégia argumentativa e introdutória capaz de indicar dois ângulos antagônicos pelos quais uma mesma coisa se coloca: a equivalência entre cultura e masculinidade, entendida aqui como alicerce do patriarcado e como algo em larga medida ainda promovido pela psicanálise. Apesar de a obra de Freud ser também representativa de certas condições de possibilidade do próprio debate feminista, ela reproduziu de maneira profunda, como resta elaborado sob diversas perspectivas neste livro, diretrizes do patriarcado. É comum, em contrapartida, nos deparamos com a tese

---

[*]. Partes desse trabalho foram apresentadas no XVIII Encontro Nacional da Anpof (Vitória-ES, outubro de 2018), na disciplina "Gênero, identificação e performance: a psicanálise em questão", oferecida por Pedro Ambra e Nelson da Silva Jr. (primeiro semestre de 2018, Universidade de São Paulo) e no XV Seminário dos Estudantes de Pós-Graduação em Filosofia da UFSCAR (setembro de 2019). Permanecem nele diversos pontos cegos cujo número, todavia, diminuiu devido à generosa leitura e aos ricos comentários de Alessandra Affortunati Martins, João Cunha, Vera Cotrim, Pedro Ambra e Amaro Fleck, a quem deixo aqui meu agradecimento.

de que o pensamento de Jacques Lacan se situaria numa posição de avanço com relação a isso. Convém, no entanto, insistir em questionar certos impasses que perduram ao redor dessa ideia geral. Acredito que o texto de Fraser nos permite enxergar algo nessa direção.

Eu dizia, então: dois ângulos antagônicos. Eles estão aqui representados, nestes parágrafos introdutórios, por uma brevíssima referência a Camille Paglia e por outra, um pouco mais estendida, a Julia Kristeva.[1] Com isso pretendo indicar um viés pelo qual se torna possível acompanhar Fraser no centro do diagnóstico que ela fornece a respeito do tema da circularidade fálica.

Tomo como ponto de partida uma entrevista que Paglia forneceu para a *Folha de São Paulo* em 2015. Ali, ela sustenta a existência de uma "crise masculina" que teria sido incitada pelo feminismo e, então, faz as seguintes declarações:

Tenho me preocupado muito com a epidemia do jihadismo no mundo, que é um chamado da masculinidade e está atraindo jovens homens do mundo inteiro. É uma ideia de que ali, finalmente, homens podem ser homens e ter aventuras como homens costumavam ter. A ideologia do jihad emerge numa era de vácuo da masculinidade, graças ao sucesso do mundo das carreiras. O Estado Islâmico, por exemplo, usa vídeos para projetar esse romance, esse sonho de que os jovens podem abandonar suas casas, integrar a irmandade e se lançar numa aventura masculina por meses, na qual correm risco de morte. Antes, havia muitas oportunidades de aventuras para homens jovens. Hoje, suas vidas são como as de prisioneiros: presos nos escritórios, sem oportunidade para ação física e aventura.

Paglia conecta jihadismo e feminismo ao sustentar que esse "vácuo da masculinidade" deve ser tributado ao fato de as mulheres quererem entrar no mundo do trabalho. Lemos na mesma entrevista:

O problema hoje é que as mulheres, educadas e ambiciosas, querem entrar no novo mundo burguês do trabalho em escritórios, que são parte do legado

---

[1]. Entendo que esses nomes indicam posicionamentos antagônicos especialmente porque, enquanto Kristeva (2012) segue uma inspiração lacaniana que traz a linguagem para o primeiro plano de elaboração teórica, Paglia (2017) rejeita não só a referência a Lacan, mas ao pós-estruturalismo como um todo, reivindicando a influência de um Freud naturalizado.

da Revolução Industrial. Então temos um novo mundo em que homens e mulheres trabalham lado a lado nos escritórios, em que a divisão do trabalho entre homens e mulheres não existe. Portanto, ambos têm de mudar suas personalidades para se encaixar nessa realidade porque ambos são uma unidade de trabalho, são a mesma coisa. É muito frustrante para os dois porque, neste ambiente neutro, em que as mulheres ganharam muito poder, a sexualidade do homem ficou neutralizada. E essas mulheres querem se casar com um homem com quem seja fácil se comunicar. E fora do ambiente de trabalho, qualquer homem que se comporte como homem provoca reações negativas.[2]

Ao fazer isso, ao estabelecer tal conexão, Paglia não está apenas insinuando relações insólitas entre os dois fenômenos; está propondo mediações que permitiriam situar o feminismo como fato relevante no surgimento do Estado Islâmico. Essas declarações estão a serviço de reproduzir, de maneira nada escamoteada, uma condição que é de violência contra a mulher ao mobilizar as seguintes ideias: exigir igualdade de direitos corresponde a efeminar os homens; é prejudicial à humanidade que as mulheres conquistem poder; os homens necessitam oprimir as mulheres para entender quem são. Não vou discorrer aqui sobre a dimensão do desserviço que uma das principais vozes do *backlash* (OAKLEY, 1997) presta ao pensamento feminista. Não é isso o que quero propor para discussão e esse é um ponto que eu gostaria de tomar como dado, embora eu saiba bem que isso não é assim. Mas vou proceder desse modo porque o que quero destacar é o quanto essas declarações de Paglia podem nos remeter de modo surpreendente a algo que foi enunciado por Kristeva, que, como sabemos, tem em Lacan uma de suas principais referências.

---

2. O contexto geral que alimenta esses pretensos diagnósticos pode ser verificado em PAGLIA, 1997/2017, 1999/2017, 2008/2017. Eles, por sua vez, remetem a todo um sistema de compreensão do que seriam a masculinidade e a feminilidade que se acha extensamente apresentado em *Personas sexuais* (PAGLIA, 1990/1992), compreensão que alega mobilizar a centralização de uma inspiração freudiana e, a meu ver, tem em sua base uma estratégia de naturalização e essencialização de mitos e outras expressões culturais.

Refiro-me ao artigo "Le temps des femmes" ("Women's time"), texto publicado pela primeira vez em 1979. Nele, lemos o seguinte:

As mulheres são mais aptas do que outras categorias sociais, principalmente as classes exploradas, para investir nesta implacável máquina de terrorismo? *Nenhuma resposta categórica, positiva ou negativa, atualmente pode ser dada a essa questão.* Deve-se ressaltar, no entanto, que desde o início do feminismo, e certamente antes, a atividade política de mulheres excepcionais e, portanto, em certo sentido de mulheres livres, tomou a forma de assassinato, conspiração e crime. Finalmente, há também a conivência da jovem com sua mãe, sua maior dificuldade, relativamente ao menino, em se afastar da mãe para aderir à ordem dos signos, tal como investida pela ausência e separação constitutiva da função paterna. Uma garota nunca será capaz de restabelecer esse contato com sua mãe — um contato que o menino possivelmente redescobre através de seu relacionamento com o sexo oposto — exceto por se tornar uma mãe, através de uma criança, ou através de uma homossexualidade que é em si mesma extremamente difícil e julgada como suspeita pela sociedade; e, o que é mais, por que e em nome de que benefício simbólico duvidoso ela iria querer proceder a essa desvinculação de modo a se conformar a um sistema simbólico que lhe é estranho? Em suma, todas essas considerações — sua eterna dívida para com a mulher-mãe — tornam a mulher mais vulnerável dentro da ordem simbólica, mais frágil quando sofre dentro dela, mais virulenta quando se protege dela (1981, p. 29, grifo meu).

O que quero sublinhar nesse trecho é que, apesar da contemporização que Kristeva não deixa de trazer com a frase "nenhuma resposta categórica, positiva ou negativa, atualmente pode ser dada a essa questão", fica já claro, no final do trecho, que o encaminhamento da sua resposta será positivo, tratando-se, para ela, de indicar que as mulheres possuem uma tendência especial às atitudes terroristas. E isso fica claro exatamente porque se assumiu de saída que as mulheres teriam uma posição destacadamente vulnerável com relação à ordem simbólica, sendo essa condição remetida, de maneira a meu ver dogmática, à suposta constatação de que é mais difícil para um ser humano que nasceu menina — do que para um ser humano que nasceu menino — separar-se de sua mãe. De todo modo, reconheço que se trata de um trecho difícil de interpretar, especialmente se tomado de maneira isolada. Sendo assim, para melhor indicar o ponto que quero destacar e para empregá-lo como porta de entrada no texto de Fraser — o que, afinal, é o meu objetivo — entendo ser necessário retomar um pouco a estrutura do argumento de Kristeva.

Para o que quero trabalhar aqui, os pontos principais de sua argumentação são os seguintes.

De saída, precisamos saber que o horizonte de Kristeva é pensar a problemática e a situação das mulheres na Europa ao tempo, é claro, em que escreveu esse texto. Para isso, ela distingue três tipos de tempo: o cíclico, o monumental, o linear. Os dois primeiros tipos, o cíclico e o monumental, forneceriam uma medida relacionada à repetição e à eternidade. O tempo cíclico envolve, para ela, a gestação, a eterna recorrência de um ritmo biológico que está em conformidade com o da natureza, algo que é experimentado como um tempo extrassubjetivo e cósmico, um tempo que oferece a ocasião para, assim ela diz, "gozos inomináveis". Já o tempo monumental é totalizador e infinito e, diante dele, a própria noção de tempo passa a parecer inadequada. Por fim, o tempo linear é aquele que se configura como projeto e teleologia; um tempo que engloba partida, progressão e chegada — em outras palavras, trata-se aqui do tempo da história, aquele que caracteriza a civilização e que apresentaria traços obsessivos. Os dois primeiros tipos de tempo — cíclico e monumental — são, sustenta Kristeva, tradicionalmente ligados ao feminino, sobretudo em função da maternidade. Isso pode ser afirmado, segundo a autora, na medida em que a subjetividade feminina "se apresenta à intuição". Isto é, intuitivamente reconhecer-se-ia que o tempo cíclico e o tempo monumental são especificamente femininos ao passo que a subjetividade feminina seria refratária ao tempo linear. A distinção entre essas noções de tempo é, assim, apresentada como a chave para o diagnóstico da condição das mulheres na Europa em meados da segunda metade do século XX.

Kristeva usa, então, essas distinções para traçar uma outra, que seria aquela entre duas gerações de feministas na Europa: a primeira mais determinada por problemáticas de cunho nacional, a segunda mais europeia ou mesmo trans-europeia. O surgimento da segunda geração teria acompanhado o próprio surgimento de uma superação

— hoje profundamente questionável enquanto tal — do tema da nação na Europa.

No final do artigo, Kristeva acrescenta a estas uma terceira geração, que coincidiria com uma atitude com a qual ela mesma diz se identificar. Essa terceira geração admitiria uma diminuição da problemática da diferença e, para ela, a dicotomia homem/mulher como rivalidade entre duas entidades seria entendida como algo que pertenceria à metafísica. Isso significa que, aqui, a própria noção de identidade passa a ser desafiada.[3]

Kristeva distingue, então, três gerações. A primeira é marcada por sufragistas e feministas existenciais. Trata-se de uma geração que aspirava a ganhar um lugar na época do projeto e da história e que, portanto, teria sido marcada pelo tempo linear. Por um lado, esse movimento é universalista; por outro lado, está enraizado na vida sociopolítica das nações. Temos aqui, exemplarmente, as exigências políticas das mulheres; as lutas pela igualdade com os homens no que diz respeito à remuneração no trabalho e ao alcance do poder nas instituições sociais; a rejeição, quando necessário, dos atributos tradicionalmente tomados como femininos ou maternos na medida em que são considerados no contexto de inserção nessa história. Tudo isso faz parte, diz a autora, da lógica da identificação com certos valores, que são os valores lógicos e ontológicos de uma racionalidade dominante no estado-nação. Essa "lógica de identificação" trouxe muitos

---

[3]. Nesse momento, preciso adiantar que Fraser caracteriza essa atitude de Kristeva como pós-feminista, radicalmente nominalista e anti-essencialista, características que a situariam, aos olhos de Fraser, como um posicionamento para o qual "identidades coletivas são ficções perigosas". De minha parte, considero importante pontuar que não consigo compatibilizar o fato de Kristeva propor essa atitude com o que ela diz no restante do artigo e com o modo pelo qual formula essa proposta mesma porque isso tudo parece implicar sempre a referência à mulher como ser em conflito com a cultura caracterizada em si mesma como fálica. Para Fraser, Kristeva tem momentos ginocêntricos essencialistas e momentos nominalistas anti-essencialistas — ambos com consequências deletérias para o feminismo. Em sentido contrário, diz Fraser, o feminismo deveria se valer de uma concepção pragmática de discurso, pois tal concepção permitiria aceitar a crítica ao essencialismo sem conduzir ao pós-feminismo.

benefícios para as mulheres (as questões do aborto, da contracepção, da igualdade de remuneração, do reconhecimento profissional etc.). Importa sublinhar que ela é universalista em sua abordagem, desenhando uma corrente do feminismo que globaliza os problemas de mulheres de diferentes origens, idades, civilizações ou simplesmente de diferentes estruturas psíquicas, sob o rótulo de "Mulher Universal".

No caso da segunda geração destacada por Kristeva, temos, por um lado, mulheres mais novas que chegaram ao feminismo depois de maio de 1968 e, por outro, mulheres que tiveram uma experiência estética ou psicanalítica. Como consequência disso, diz Kristeva, elas portariam uma desconfiança com relação a toda a dimensão política. Essa nova geração desenha-se em contraposição à anterior, reconhecendo a si mesma como qualitativamente diferente da primeira e expressando uma outra concepção a respeito de sua própria identidade e também de sua temporalidade. Trata-se de uma geração mais interessada na especificidade da psicologia feminina e de suas realizações simbólicas. A segunda geração busca, assim, oferecer uma linguagem às experiências intrasubjetivas e corpóreas. Com isso, problemas mais sutis teriam sido adicionados à demanda por reconhecimento sociopolítico, problemas que, ao serem colocados, teriam exigido a admissão de uma identidade irredutível, incomensurável com o sexo oposto. Trata-se de uma identidade plural, fluida, "não idêntica". Nas palavras de Kristeva, "esse feminismo reúne, por um lado, a memória arcaica (mítica) e, por outro, a temporalidade cíclica ou monumental dos movimentos marginais" (1981, p. 18–20).

O problema fundamental para a nova geração circunscreve-se na direção da seguinte pergunta: qual o lugar das mulheres no contrato social? Esse é, para Kristeva, o problema central porque, quando passam a atribuir a si mesmas essa condição de possuir um identidade específica, elas passam a se perguntar: "o que acontece quando as mulheres alcançam posições de poder e se identificam com ele?" (1981, p. 26).

Ora, essa pergunta supõe, a meu ver, uma espécie de essência que seria prévia a essa relação com o poder — ou, de qualquer forma, algo que se apresentaria de modo anterior a tal relação — e a leitora tem o direito de afinal se questionar se ela não deveria ser posta de uma forma diferente e que seria, simplesmente, a seguinte: "o que acontece quando *alguém* alcança posições de poder e se identifica com ele?". Esse *lado avesso*, digamos assim, não é mobilizado por Kristeva e é com essa relação truncada entre mulher e poder que ela toca incidentalmente — o que me interessa aqui — o problema do terrorismo. Dito de uma maneira mais clara: a questão do terrorismo é pontuada como uma consequência da relação *das mulheres com o poder*.

O parágrafo que introduz isso tem início com a observação de que salta aos olhos o grande número de mulheres nos grupos terroristas.[4] Kristeva pondera que a exploração das mulheres ainda é muito intensa e os preconceitos muito vivos para que se possa fazer uma boa leitura desse fato. Sustenta que ele pode, no entanto, ser interpretado como o produto inevitável do que ela chama de negação do contrato sócio-simbólico. A atitude de negação desse contrato favoreceria o contra-investimento nele como único meio de autodefesa e como luta para resguardar uma identidade. Para Kristeva, esse mecanismo de contrainvestir no contrato seria a base de qualquer ação política e ele poderia, supostamente, produzir diferentes atitudes civilizadoras porque permitiria uma reabsorção flexível, em maior ou menor grau, da violência e da morte. Quando um sujeito é muito brutalmente excluído desse contrato sócio-simbólico; quando isso acontece, por exemplo, com uma mulher quando ela sente que sua vida afetiva ou sua condição como ser social são ignoradas, ela pode reagir tornando-se um agente dessa violência. O programa terrorista que é assumido a partir daí seria ainda mais opressivo e exigiria mais sacrifícios do que aquele contra o qual se lutou no início e envolveria uma mobilização em torno do nome de uma nação, de um grupo oprimido, de uma essência humana imaginada como boa; em nome, então, de uma espécie de fantasia arcaica que Kristeva caracteriza como arbitrária.

---

[4]. As referências da autora são os comandos palestinos, o grupo Baader-Meinhof e as Brigadas Vermelhas.

SIMBOLICISMO E CIRCULARIDADE FÁLICA

Evidentemente, é necessária e irrecusável a questão do direito de responder à violência com violência. O tema do terrorismo implica problemas demasiadamente complexos que passam fundamentalmente pela necessidade de questionar que tipo de violência é vista como terror e que tipo de violência é incorporada, legitimada e amplamente aceita por uma determinada cultura. Meu objetivo aqui não é discutir essas questões. O que quero pontuar é que, independentemente delas, algo diferente se articula quando se diz ou se insinua que a um modo propriamente feminino de estruturação da subjetividade corresponde uma tendência específica a um posicionamento contrário ao contrato social ou ao campo daquilo que pode ser construído publicamente do ponto de vista político.[5]

Paglia e Kristeva são nomes que nos remetem a posições antípodas. Mas, teriam essas duas posições algo em comum? Suspeito que sim. E essa coisa em comum parece ser aquilo que permite com que ambas façam essas referências, em qualquer dos casos, profundamente problemáticas, ao terrorismo. Trata-se de ter assumido uma equivalência entre cultura e masculinidade ou ainda da sustentação — cara a Freud e também a Lacan — de que a cultura é em si fálica. Será que tudo se passa, então, como se os comentários de Paglia refletissem essas observações de Kristeva, como que do outro lado do espelho, mas de qualquer forma com um percurso argumentativo que acaba comprometendo o feminismo com o próprio fenômeno do terrorismo?

Sabemos que essa tese a respeito do caráter fálico da cultura — alojada no coração de *Totem e tabu* (FREUD, 2012) — deu ensejo a um vasto volume de pensamento sobre o que seja a condição feminina, cuja expressão mais contundente talvez esteja registrada no trabalho de Luce Irigaray (2012), que, tal como o de Kristeva, localiza, parecendo cristalizar, o feminino como o outro da cultura, alimentando — em vez

---

[5]. Não é menos surpreendente a conclusão que Kristeva retira dessa reflexão no que diz respeito ao lesbianismo. Ela diz: "(...) na rejeição da função paterna por lésbicas e mães solteiras pode ser vista uma das formas mais violentas que assume a rejeição do simbólico (...), assim como uma das mais fervorosas divinizações do poder materno — evidentemente isso perturba toda uma ordem legal e moral, sem contudo propor uma alternativa a ela" (1981, p. 30).

de confrontar — a ideia lacaniana de que "não há mulher senão excluída pela natureza das coisas que é a natureza das palavras" (LACAN, 2008, p. 79). O que, para mim, resulta no final das contas e apesar de toda a distância que separa Lacan de Freud, em outro modo de expressar a tese freudiana de que o repúdio do feminino é fundante da cultura (FREUD, 2010).

É assim que se situa, a meu ver, o interesse do texto de Fraser que quero comentar aqui. Pois seu alvo central é o fato de Lacan ter assumido essa circularidade entre cultura e masculinidade. Para Fraser, isso se volta para a necessidade de pensar sobre um modelo de discurso e ela aborda o problema numa tentativa de centralizar o debate exatamente em Lacan e em Kristeva. Vou me restringir aqui às observações que ela faz a respeito de Lacan.

Fraser espanta-se com o recurso a Lacan para propósitos feministas. A seu ver, o pensamento de Lacan mobiliza um modelo de discurso que deveria ser evitado pelas feministas. Na sequência, ela vai relativizar essa observação, dizendo que se refere ao lacanismo (classificado como neoestruturalismo), e não a Lacan. De todo modo, ela afirma: "Tentarei esclarecer por que penso que as feministas devem evitar as versões da teoria do discurso que atribuem a Lacan e as teorias correlatas atribuídas a Julia Kristeva" (2017, p. 9).[6]

Quais são os critérios de Fraser para afirmar isso? Eles se organizam em torno das funções que devem ser preenchidas por uma teoria do discurso, pois ela deve permitir compreender:

1) Como as identidades sociais das pessoas podem ser fabricadas e alteradas ao longo do tempo. Fraser escreve, nesse sentido, que, "para compreender a dimensão de gênero da identidade social, não basta estudar biologia *ou psicologia*. Ao invés disso, é preciso estudar as práticas sociais historicamente específicas através das quais descrições de gênero são produzidas e vêm a circular" (FRASER, 2017, grifo meu);

---

6. A *Lacuna: Uma revista de psicanálise* atribui apenas um número de página a todo o artigo, razão pela qual não indicarei mais, doravante, essa informação nos trechos citados desse texto de Fraser.

2) Como grupos sociais são formados e dissolvidos. Como podem ser formadas identidades coletivas, capazes de se colocar como agentes sociais coletivos;

3) Como a hegemonia cultural de grupos dominantes numa dada sociedade é garantida e contestada; quer dizer, em suas palavras: "Quais são os processos pelos quais definições e interpretações contrárias aos interesses das mulheres obtêm autoridade cultural? Quais são as perspectivas de uma mobilização de definições e interpretações feministas contra-hegemônicas para a criação de amplos grupos e alianças de oposição?" (FRASER, 2017);

4) Como vislumbrar perspectivas de mudança social emancipatória e prática política. Nesse sentido, uma concepção de discurso relevante para a prática feminista implicaria a rejeição da imagem da mulher como vítima passiva da dominação masculina e "valorizaria as dimensões de empoderamento em disputas discursivas sem desembocar em recuos 'culturalistas' de engajamento político" (FRASER, 2017).

À luz desses pontos é que Fraser sustenta que os modelos estruturalistas fariam abstração exatamente daquela dimensão sobre a qual é preciso pensar: as práticas sociais e o contexto social da comunicação. Essa abstração, assim ela o diz, teria sido promovida por Saussure, que privilegiou a sincronia, afastando a consideração das mudanças históricas. Por ser fundante do modelo, essa abstração suprimiria e esvaziaria a questão da prática e da agência do sujeito que fala. Ora, uma coisa evidentemente não se segue da outra. Saussure não estava preocupado com o contexto social da comunicação, mas isso porque seu projeto se desenhava ao situar no horizonte uma certa delimitação da nova ciência.[7] Disso não se segue, porém, que uma abordagem de inspiração estruturalista não possa se preocupar com a enunciação.[8]

---

7. A linguística, bem entendido.
8. Basta, nesse sentido, lembrarmos, por exemplo, a amplitude dos trabalhos de Benveniste (2006).

Mas, voltemos aos critérios formulados por Fraser. Não vou discutir aqui o fato de haver ou não um descompasso entre identidade de gênero e sexuação, reconhecendo apenas que esse problema necessariamente atravessa o texto de Fraser. Quero observar, todavia, que o fato de situar esses critérios em oposição ao pensamento lacaniano, afirmando que ele não atende a nenhum, parece sugerir toda uma lista de problemas que passa de maneira relevante pelas seguintes ponderações: Fraser entende o pensamento de Lacan como psicologia — o que se confirma com trechos posteriores do artigo —; ela negligencia o fato de que a clínica psicanalítica visa justamente a promover alterações subjetivas que não podem ser situadas de modo alheio à dominação cultural; ela ignora a dimensão inconsciente da identificação.

Fraser continua, todavia, seu argumento, sustentando que, apesar disso — apesar de envolver de saída uma abstração pouco salutar —, uma "leitura ideal-típica de Lacan" traria a promessa de traçar uma convergência entre a problemática freudiana da construção de uma subjetividade na qual incide a questão do gênero e a linguística estrutural, o que traria a cada uma dessas coisas uma correção recíproca. Com Freud, o sujeito falante, eliminado por Saussure, pode ser trazido de volta. Com Saussure, a identidade de gênero pode ser tratada de maneira discursiva, o que permitiria eliminar certas insistências de Freud no biologismo. A princípio, o gênero estaria, assim, ao lado de Lacan, mais aberto a mudanças.

Esse não é, no entanto, o caso, pensa Fraser, porque o lacanismo está marcado por uma circularidade. Cito a autora:

Por um lado, ele pretende descrever os processos através dos quais os indivíduos adquirem subjetividades marcadas pelo gênero por meio de uma dolorosa conscrição, em tenra infância, a uma ordem simbólica falocêntrica pré-existente. A estrutura da ordem simbólica é, aqui, presumida na determinação do caráter da subjetividade individual. Por outro lado, ao mesmo tempo, a teoria pretende mostrar que a ordem simbólica precisa ser necessariamente falocêntrica, dado que a realização da subjetividade exige a submissão à "Lei do Pai" (FRASER, 2017).

SIMBOLICISMO E CIRCULARIDADE FÁLICA

Eis um modo possível de expressar mais diretamente essa circularidade: o sujeito precisa se submeter a uma ordem simbólica falocêntrica porque a ordem simbólica falocêntrica exige a submissão do sujeito. Tal procedimento teórico produz uma consequência que Fraser formula de um modo impecável: aquilo que são "armadilhas historicamente contingentes de dominação masculina aparecem agora como características invariáveis da condição humana" (FRASER, 2017). Dentre essas armadilhas, Fraser destaca: "o falocentrismo, o lugar desfavorecido da mulher na ordem simbólica, a codificação da autoridade cultural em termos masculinos, a impossibilidade de descrever uma sexualidade não fálica" (FRASER, 2017). O resultado disso é que "a submissão das mulheres é, assim, inscrita como o inevitável destino da civilização" (FRASER, 2017).

Para Fraser, essa circularidade desdobra-se em psicologismo. Nisso ela faz um emprego específico dessa palavra. Não se trata de uma referência a um psicologismo de tipo freudiano, que envolveria a metafísica da representação tal como denunciada por Politzer (1998), mas de algo mais insidioso, porém ao mesmo tempo, tudo indica, não totalmente compatível com reflexões de inspiração lacaniana. Psicologismo seria aqui, ela diz, "a visão insustentável segundo a qual imperativos psicológicos autônomos, dados independentemente da cultura e da história, podem ditar a maneira pela qual são interpretados e atuados no interior da cultura e da história" (FRASER, 2017). O "lacanismo" incorreria assim em psicologismo porque sustentaria que certas regras *psicológicas* — a referência implícita aqui é a inscrição do Nome-do-pai — determinariam de maneira ahistórica a entrada do sujeito na própria história.

O outro lado da circularidade identificado no lacanismo seria, para Fraser, o simbolicismo, isto é, a referência a "uma 'ordem simbólica' monolítica e onipresente; e (...) o fato de a esse sistema ser conferido um poder causal, exclusivo e ilimitado, de fixar a subjetividade das pessoas de uma vez por todas" (FRASER, 2017).

Entre psicologismo e simbolicismo, seria difícil pensar como o processo de subjetivação poderia ser qualificado como algo independente da cultura, seja para a psicanálise lacaniana, seja para a psicanálise em geral, embora, é claro, a teoria invista em indicar invariantes nesse processo. A despeito disso, Fraser encaminha a seguinte conclusão:

O "lacanismo" parecia prometer uma maneira de superar o estruturalismo ao introduzir o conceito de sujeito falante. O que, por sua vez, parecia sustentar a promessa de uma maneira de teorizar sobre as práticas discursivas. Contudo (...) tais promessas permanecem não cumpridas. O sujeito falante introduzido pelo "lacanismo" não é o agente da prática discursiva. Ele é simplesmente um efeito da ordem simbólica combinado a algumas pulsões libidinais reprimidas. O sujeito falante é, assim, totalmente passivo, submetido ao simbólico e o eu não passa de projeção imaginária. Assim, a introdução do sujeito falante não obtevê sucesso em desreificar a estrutura linguística. Pelo contrário, uma concepção reificada da linguagem como sistema colonizou o sujeito falante (FRASER, 2017).

Além disso, para Fraser, o lacanismo restringe a identidade de gênero a termos binários e, por causa da vinculação entre Édipo e ordem simbólica, torna a questão da identidade mais fixa ainda do que o era em Freud. Também não permite compreender a formação de grupos sociais porque os restringe à incidência da identificação imaginária.[9]

A partir de todos esses elementos, Fraser conclui que não há, no escopo do lacanismo, espaço para um agente possível da prática política.

Pensar a agência política parece de fato exigir mais do que aquilo que pode ser mobilizado exclusivamente a partir da psicanálise. Mas a ação política é a ação de um sujeito, e uma teoria política que não articule em alguma medida a questão de como esse sujeito se estrutura correrá o risco de assumir de modo ingênuo um ideal de autonomia inflacionado e de não reconhecer nas formações sociais toda uma dinâmica inconsciente que é próprio à psicanálise esclarecer.

---

9. Em um sentido contrário ao que sustenta Fraser aqui, o problema da identificação simbólica e a importância de trabalhá-la no contexto da teoria lacaniana são desenvolvidos por Inara Marin (2018) a partir do que ela diagnosticou como "déficit psicanalítico na teoria crítica feminista".

Dito isso, muitas coisas já teriam que ser observadas aqui, mas vou me restringir nesse momento a assinalar apenas quatro pontos. Se, por um lado, (1) há de fato a ideia de que uma estruturação do sujeito acontece de uma vez por todas por referência ao modo pelo qual o simbólico se inscreve (ou não) para ele, tratando-se aí de uma inscrição que passa a se repetir; por outro precisamos lembrar que (2) Lacan insiste desde o "Discurso de Roma" na historicidade como atributo central do simbólico, que (3) a determinação do sujeito pelo significante, tão enfatizada no início década de 50, passa a ser confrontada com a necessidade de reconhecer aquilo que é trazido pelo corpo com a construção do grafo do desejo, algo que começa a acontecer por volta de 1957, e que (4) a ordem simbólica passa a ser concebida como algo não totalizado a partir da noção de falta no Outro.[10] Nesse sentido, tudo se passa como se as críticas de Fraser se limitassem a formulações que Lacan de fato desenvolveu no início dos anos 50, mas das quais se afastou ao enfrentar alguns de seus próprios impasses. É o caso também de quando ela afirma "sujeitos falantes poderiam apenas reproduzir a ordem simbólica existente, sem nunca poder alterá-la" (FRASER, 2017). É evidente, assim, que os vereditos peremptórios dirigidos a Lacan resultam do fato de Fraser não ter trabalhado diretamente com o autor, mas se restringido ao que chama de "lacanismo", produzindo então profundas esquematizações de um pensamento tão resistente a esse tipo de captura. Penso, assim, que, quando a autora diz que com o termo "lacanismo", ela não se refere "diretamente ao pensamento de Lacan, cuja complexidade é grande demais para lidar aqui" (FRASER, 2017), mas a uma "leitura neoestruturalista ideal-típica, amplamente atribuída a Lacan por feministas de língua inglesa" (FRASER, 2017), ela entrega algumas das principais raízes de seus equívocos de leitura.

Tudo se passa, então, como se a crítica de Fraser a Lacan não admitisse aquilo que Freud trabalhou como psicologia das massas e, no fundo, como se não houvesse inconsciente. É como se fosse jogada

---

10. Sem ter aqui o espaço para fornecer embasamento textual para esses pontos, permito-me fazer referência a artigos em que acredito tê-lo fornecido: SILVEIRA, 2004 para o ponto 2; SILVEIRA, 2007 para o 3 e SILVEIRA, 2010 para o 4.

para debaixo do tapete toda a questão da identificação e como se fosse possível esperar do sujeito um excesso de autonomia e de esclarecimento. Vislumbra-se, na crítica de Fraser ao lacanismo, uma identificação da autora com a expectativa de estabelecer uma equivalência entre pensamento e consciência, equivalência na qual, precisamente, a psicanálise tentou instaurar uma ruptura. Assim, um ponto importante é que ela suprime a questão do que é a constituição subjetiva e os problemas envolvidos em pensar essa constituição de um modo tal que permita compreender como a subordinação pode ser desejada pelo próprio sujeito que vive a condição de subordinação. E essa parece ser uma questão central para a própria teoria crítica.

Nenhuma dessas observações, no entanto, dissolve aquela circularidade, que parece resistir à lida da teoria lacaniana com seus próprios impasses. E é por esse motivo que, para mim, instaura-se aqui necessariamente uma espécie de via de mão dupla no sentido de que perguntar (1ª questão) em que medida a psicanálise importa para o feminismo corresponde também a perguntar (2ª questão) em que medida questões formuladas em um contexto de reflexão feminista podem e devem nos conduzir a ressignificar, remodelar, ressituar, conceitos centrais da teoria psicanalítica. Esse é sem dúvida o caso de termos como Nome-do-pai, função paterna e falo porque todos eles estão comprometidos com a caracterização masculina da cultura e com o jogo espúrio da identificação, historicamente reproduzida, entre submissão erótica e submissão política.

Com relação à primeira questão, é de fato fundamental o valor do afastamento da psicanálise relativamente à biologia, afastamento que, sem deixar de promover ambiguidades, é efetivamente mobilizado tanto pela teoria lacaniana quanto, em alguma medida, pela freudiana. O que são os *Três ensaios...* (FREUD, 2016) senão a defesa de que um corpo se constrói a partir de suas capacidades eróticas? De que a multiplicidade das pulsões parciais não carrega de saída nenhum caminho predeterminado no que diz respeito à escolha de objeto? Lacan soube reconhecer o papel da linguagem nisso, trazendo para o primeiro plano as tensões entre enunciado e enunciação na construção da relação entre corpo e cultura. Ao insistir no fato de que o ser humano

SIMBOLICISMO E CIRCULARIDADE FÁLICA

é um ser de fala, Lacan o afasta mais decisivamente do que ocorria com Freud do lugar de algo que responderia essencialmente a uma determinação biológica. Temos aqui elementos que entram em rota de colisão com a insistência na caracterização masculina da cultura, elementos dos quais, portanto, o feminismo não pode abrir mão.

Mas penso, como já adiantei, que a primeira questão só pode ser trabalhada se a segunda o for também e que o valor da psicanálise para a luta política feminista e a possibilidade de se recorrer a ela para pensar sobre a emancipação feminina dependem em larga medida da realização de uma releitura que se encaminhe nessa direção.

No que concerne agora à segunda questão, ela ainda remete necessariamente ao seguinte encaminhamento: podemos manter uma estrutura de entrada do sujeito na cultura sem manter o caráter masculino desta? Isso — que aparentemente permitiria sobrepujar a circularidade denunciada por Fraser — ainda seria Édipo?

Drucila Cornell e Adam Thurschwell (1987) no texto *Feminismo, negatividade, intersubjetividade*[11] enfrentam isso, mas alcançam uma resposta negativa: uma interpretação estrutural da narrativa edípica estaria fadada a traçar uma equivalência entre falo e presença, de um lado, e entre feminino e vazio, de outro. Mas podemos nos perguntar, contra essa resposta, se a estruturalização da entrada na cultura não pode ser pensada nos termos de uma relação entre fala, corpo e alteridade sem que sejam reproduzidas as circularidades entre falo e cultura e sem que a dimensão erótica da experiência humana seja submetida a um apagamento.

Isso exige a retomada da questão da diferença sexual, com o que podemos nos perguntar se ela poderia ser pensada nos termos de uma dupla diferença:

— A diferença entre um sujeito qualquer e um outro qualquer: como o seduzo, como demando/provoco seu prazer e sua ternura, como ele me seduz, como ele provoca meu prazer e minha ternura; como o agrido e odeio, como respondo à agressividade e ao ódio alheios.

---

11. Um texto sobre Kristeva, no qual li algumas das afirmações sobre o ponto do terrorismo, o que me fez ir ao próprio texto de Kristeva.

— A diferença "internalizada",[12] trazida para o coração desse sujeito como sua divisão, na medida em que o espaço que o sujeito cria para si mesmo só pode ser criado a partir do outro; na medida em que não há uma subjetividade inata, precisando ela ser construída por operações de identificação.

Pensar assim poderia talvez corresponder a preservar a ideia de que o sentido é sexual (LACAN, 2003), que ele implica o corpo como lugar a partir do qual se fala, e que falamos para um Outro a partir das nossas próprias pulsões parciais. O sentido envolve a perda do objeto *a* e a impossibilidade de submeter o desejo ao dito. Mas ele não tem sexo. Só podemos dizer que o sentido tem sexo se assumirmos de antemão a equivalência entre simbólico e masculino, ou entre simbólico e lei paterna. E essa equivalência é perfeitamente circular. Quer dizer, essa equivalência só pode ser sustentada mediante o fato de se assumir uma contingência como uma necessidade, uma situação histórica como se ela fosse algo *logicamente* fundamentado.

Assim, acredito ser possível supor que o problema não é a referência de Lacan à falta, mas o estabelecimento, apesar de tantos aparentes esforços no sentido contrário, de uma equivalência entre falta e o fato de não se possuir um pênis.[13]

Nesse sentido, a questão talvez não seja, então, estruturalizar menos, mas estruturalizar mais, isto é, fortalecer o caráter universal de certos elementos envolvidos na relação entre linguagem e corpo — porém de um modo já distante, por exemplo, dos projetos de Kristeva e Irigaray. Isto é, talvez seja interessante empreender essa tarefa teórica — fortalecer o caráter universal de uma certa estrutura —, não no que diz respeito ao Nome-do-Pai ou ao falo, mas no que diz respeito a este ponto mais elementar que é a entrada do sujeito naquilo que é próprio da linguagem como interdição de uma relação imanente com o mundo; algo que, todavia, não traz motivos, a não ser contingentes,

---

12. Usei esse termo entre aspas apenas para marcar que não se trata de uma internalização de ordem psicologista.
13. Desenvolvi essa argumentação em outro lugar (SILVEIRA, 2017). Ver também GALLOP, 2001.

para se expressar com o conteúdo tradicional do complexo de Édipo[14] (ao menos naquilo que carrega de um vínculo necessário entre erotismo e parricídio) ou como prevalência simbólica de um dos lados da sexuação. Assim, precisaremos pensar que a relação do sujeito com a linguagem envolve a incidência do poder, mas não precisaremos assumir que esse poder seja necessariamente masculino.[15]

Essas indicações, embora apenas esboçadas, permitem-me propor reler o texto de Fraser aqui comentado à luz do que ela diz em outro lugar. Quando Fraser escreve sua conhecida crítica a Habermas no texto *O que é crítico na teoria crítica?*, seu ponto de partida é uma definição de teoria crítica que ela encontra em Marx e que, de acordo com a autora, ainda seria a melhor definição em virtude de sua dimensão política. Trata-se de um trecho da *Carta a Arnold Ruge, de setembro de 1843*. Esta definição circunscreve a teoria crítica como "o auto-aclaramento das lutas e desejos de uma época" (MARX citado por FRASER, 1987, p. 38). O que Fraser enxerga aí é que o pequeno trecho de Marx seria capaz de indicar que a diferença entre uma teoria crítica da sociedade e uma teoria acrítica da sociedade seria uma diferença política. Essa diferença, ela diz, não seria marcada de saída nem do ponto de vista filosófico nem epistemológico. Os programas de pesquisa da teoria crítica devem ser articulados, defende a filósofa, a partir dos movimentos sociais com os quais ela se identifica ao mesmo tempo em que toma certa distância — a distância da crítica — em relação a eles. É isso o que permite a Fraser situar o interesse da teoria crítica com relação ao movimento feminista ao dizer:

Assim, por exemplo, se as lutas contestadoras da subordinação das mulheres figurassem entre as mais significativas de uma certa época, a teoria social crítica para aquele tempo teria por objetivo, entre outras coisas, esclarecer

---

14. Para uma problematização que revela o quanto, na verdade, seria restrito o lugar do complexo de Édipo em Freud e o quanto Lacan se afasta dele ao final de sua obra, ver VAN HAUTE & GEYSKENS, 2016.

15. A existência contingente do Édipo pode ser entendida como uma fantasia disso e talvez tenhamos em Lacan mesmo elementos para pensar assim. É importante, por exemplo, nesse sentido, a caracterização que ele faz do Édipo como "um sonho de Freud" (LACAN, 1992, p. 123).

o caráter e as bases dessa subordinação. Empregaria categorias e modelos explanatórios que revelassem, em vez de ocultar, relações de dominância masculina e subordinação feminina. E desmistificaria como rivais ideológicos os enfoques que ocultassem ou justificassem aquelas relações (FRASER, 1987, p. 38).

Ora, se é assim, se é tarefa essencial da teoria crítica revelar as formas de dominação masculina e subordinação feminina, então não seria a psicanálise lacaniana, em virtude dos pontos observados anteriormente, um instrumento precioso, desde que façamos a crítica da própria teoria, para avançar no diagnóstico dessa subordinação? É importante reconhecer, contra Fraser, o fato de que desde Freud a neurose é a expressão subjetiva da dominação e que o ideal de fazer uma travessia dessa dominação como fantasia é instaurado no coração da psicanálise.

Ou seja, para além do fato — que pretendo ter ao menos assinalado — de que a argumentação de Fraser possui pontos extremamente frágeis em relação a uma análise possível daquilo que Lacan efetivamente formulou como teses, uma das questões, então, que é relevante recolocar a partir desse seu texto é, evidentemente, esta: há algum interesse em mobilizar o pensamento de Lacan numa convergência com as pautas feministas do ponto de vista político e do ponto de vista teórico? Seu pensamento nos permite avançar em algum sentido? A resposta de Fraser, como já sabemos a essa altura, é negativa. E, a meu ver, ao elaborar essa resposta, ela acerta um alvo central no que diz respeito ao diagnóstico que precisa ser articulado com relação ao problema que é posto aqui. Este alvo é a circularidade argumentativa envolvida nas noções de falo e de Nome-do-pai. Mas o que quero essencialmente dizer é que ela acerta esse alvo de um modo que talvez possa ser repensado e que, aliás, talvez também nos permita trazer a crítica para um momento interno à própria psicanálise.

Todavia, se se quer pensar o interesse da psicanálise lacaniana para o feminismo — na medida em que se aposta na possibilidade efetiva de se fazer isso — então, torna-se central a necessidade de insistir na seguinte pergunta: o que se perde com a posição que Fraser formula aqui? Minha hipótese, no que diz respeito agora mais diretamente a isso, é a de que o que perdemos ao pretender aniquilar tal interesse é, fundamentalmente, a possibilidade de uma teoria não psicologista[16] e não biologista da estruturação subjetiva na medida em que ela permita identificar os mecanismos pelos quais a opressão é incorporada pelo próprio sujeito.

Posso então, agora, retomar o movimento inicial deste capítulo e propor a ideia de que a defesa de uma articulação entre feminismo e terrorismo — seja responsabilizando o primeiro por alimentar o jihadismo, seja identificando na feminilidade, de um modo desatrelado da condição de opressão e remetido a uma suposta estrutura da relação entre menina e mãe, uma tendência especial à reação violenta — faz parte do próprio jogo do patriarcado, pois assumi-la corresponde a atribuir às mulheres, de saída, um lugar externo à esfera pública. Suspeito, então, que, na base das referências tanto de Paglia quanto de Kristeva às pretendidas articulações entre o terrorismo e as mulheres, encontramos em operação a circularidade da lei paterna tal como denunciada por Fraser. Assim, se é possível apostar no fato de que o pensamento de Lacan possui a capacidade efetiva de contribuir com a complexidade de análises exigida por uma reflexão feminista, e se, simultaneamente, assumimos a correção do diagnóstico de Fraser no que diz respeito a esse ponto, então a tarefa que se impõe é ainda pensar a psicanálise para além do falo e para além de um simbólico estruturado em torno da noção de Nome-do-pai. Em que medida isso significaria pensar com Lacan e, contudo, para além dele?

BIBLIOGRAFIA

BENVENISTE, Émile. (1970) "O aparelho formal da enunciação". Em: *Problemas de linguística geral II*. Trad. M. A. Escobar. Campinas, SP: Pontes Editores, 2006.

CORNELL, Drucila & THURSCHWELL, Adam. "Feminismo, negatividade, intersubjetividade". Em: BENHABIB, S. & CORNELL, D. (Orgs.). *Feminismo como crítica da modernidade*. Trad. N. da C. Caixeiro. Rio de Janeiro: Editora Rosa dos tempos, 1987.

---

16. Emprego agora a palavra no sentido de Politzer.

FRASER, Nancy. (1985) "O que é critico na teoria crítica? O argumento de Habermas e o gênero". Em: BENHABIB, S. & CORNELL, D. (Orgs.) *Feminismo como crítica da modernidade*. Trad. N. da C. Caixeiro. Editora Rosa dos tempos, 1987.

_____. (2013) "Contra o 'simbolicismo': Usos e abusos do 'lacanismo' para políticas feministas". Em: *Lacuna: Uma revista de psicanálise*. Trad. P. Ambra. São Paulo, n. 4, p. 9, 2017.

FREUD, Sigmund. (1905). "Três ensaios sobre a teoria da sexualidade". Em: *Obras completas. Volume 6*. Trad. P. C. de Souza. São Paulo: Companhia das Letras, 2016.

_____. (1912-1913) "Totem e tabu: Algumas concordâncias entre a vida psíquica dos homens primitivos e dos neuróticos". Em: *Obras completas. Volume 11*. Trad. P. C. de Souza. São Paulo: Companhia das letras, 2012.

_____. (1937) "Análisis terminable e interminable". Em: *Obras completas. Volume 23*. Trad. J. L. Etcheverry. Buenos Aires: Amorrortu, 2010.

GALLOP, Jane. (1988) "Além do falo". Em: *Cadernos Pagu*, n. 16, p. 267-287, 2001.

KRISTEVA, Julia. (1969) *Introdução à semanálise*. Trad. L. H. F. Ferraz. São Paulo: Perspectiva, 2012.

_____. (1979) "Women's time". Trad. A. Jardine, H. Blake. Em: *Signs*, vol. 7, n. 1, 1981.

IRIGARAY, Luce. (1974) "Ce sexe qui n'en est pas un". Em: *Ce sexe qui n'en est pas un*. Paris: Les Éditions de Minuit, 2012.

LACAN, Jacques. (1973) "O aturdito". Em: *Outros escritos*. Rio de Janeiro: Zahar, 2003.

_____. (1975) *O seminário, livro 20: Mais, ainda*. [1972-1973]. Trad. M. D. Magno. Rio de Janeiro: Zahar, 2008.

_____. (1991) *O seminário, livro 17: O avesso da psicanálise*. [1969-1970]. Trad. M. D. Magno. Rio de Janeiro: Zahar, 1992.

MARIN, Inara. "Déficit psicanalítico na teoria crítica feminista". Em: *Dissonâncias*, v. 2, 2018.

OAKLEY, Ann. "A brief history of gender". Em: OAKLEY, Ann & MITCHELL, Juliet. *Who's afraid of feminism? Seeing through the backlash*. Nova York: The New Press, 1997.

PAGLIA, Camille. (1990) *Personas sexuais: Arte e decadência de Nefertite a Emily Dickinson*. Trad. M Santarrita. São Paulo: Companhia das letras, 1992.

_____. (1991) "Junk bonds and corporate raiders: Academe in the hour of the wolf". Em: *Free Women, free men*. Nova York: Pantheon, 2017.

_____. (1997) "The modern battle of the sexes". Em: *Free Women, free men*. Nova York: Pantheon, 2017.

_____. (1999) "American gender studies today". Em: *Free Women, free men*. Nova York: Pantheon, 2017.

_____. (2008) "Feminism past and present: Ideology, action, and reform". Em: *Free Women, free men*. Nova York: Pantheon, 2017.

_____. "Mulher deve ser maternal e parar de culpar o homem, diz Camille Paglia". São Paulo: 2015. Folha de São Paulo. 24 de abril de 2015. Entrevista concedida a Fernanda Mena. Disponível em: <*https://bit.ly/2m3072m*>. Acesso em: 01/09/2018.

POLITZER, Georges. (1928) *Crítica dos fundamentos da psicologia: a psicologia e a psicanálise*. Trad. M. Marciolino e Y. M. de C. T. da Silva. Piracicaba: Editora UNIMEP, 1998.

SILVEIRA, Léa. "Linguagem no Discurso de Roma – Programa de leitura da psicanálise". Em: *Psicologia – Teoria e Pesquisa*, v. 20, n. 1, p. 49–58, 2004.

_____. "Autonomia, heteronomia: Observação sobre a relação entre corpo e estrutura na obra de Jacques Lacan". Em: *Psicologia USP*, v. 18, p. 75–89, 2007.

_____. "A falta no Outro como subversão da estrutura na teoria lacaniana". Em: *Psicologia em Estudo*, v. 15, p. 197–203, 2010.

_____. "Assim é a mulher por trás de seu véu? Questionamento sobre o lugar do significante falo na fala de mulheres leitoras dos *Escritos*". Em: *Lacuna: Uma revista de psicanálise*, v. 3, p. 8–8, 2017.

VAN HAUTE, Philippe & GEYSKENS, Tomas. *Psicanálise sem Édipo? Uma antropologia clínica da histeria em Freud e Lacan*. Trad. M. Pimentel. Belo Horizonte: Autêntica, 2016.

Sobre o declínio da autoridade paterna: uma discussão entre teoria crítica e psicanalistas feministas

VIRGINIA HELENA FERREIRA DA COSTA[*]

INTRODUÇÃO

Ao longo do desenvolvimento histórico do capitalismo, as funções dos seres humanos enquanto mão de obra se transformaram consideravelmente, acompanhando, por exemplo, os desenvolvimentos tecnológicos e a organização de monopólios. Estas mudanças não passaram despercebidas para as concepções de autoridade e de papéis sociais que influenciam diretamente na socialização dos indivíduos no interior da família. O presente texto se preocupa em apresentar, sob a forma de um contexto de discussão entre teoria social e psicanálise, como a autoridade paterna se modificou ao longo das transformações da sociedade, tendo se modificado igualmente as constituições psíquicas dos sujeitos.

---

[*]. Pesquisadora de Pós-doutorado (PNPD-CAPES) em Filosofia pela Universidade Federal do Espírito Santo (UFES) sobre os temas Psicanálise Freudiana, Teoria Crítica e Feminismo. É organizadora e tradutora do volume *Estudos sobre a Personalidade Autoritária* da Coleção Adorno (Unesp). É doutora em Filosofia pela Universidade de São Paulo (USP, 2019), com doutorado sanduíche na New School for Social Research (NYC, 2015–2016). Defendeu tese intitulada *'A Personalidade Autoritária': Antropologia Crítica e Psicanálise*. Possui mestrado em Filosofia pela Universidade de São Paulo (USP, 2014), com mestrado sanduíche na Universidade Paris VII (Paris-Diderot, 2013). Defendeu dissertação intitulada *Aspectos das relações interpessoais em Freud: questionamentos morais*. Fez intercâmbio durante a graduação na Universidade Paris I (Sorbonne, 2008-2009).

Neste debate, apresentaremos uma crítica psicanalítica feminista a membros da Teoria Crítica. Para tanto, iremos nos ater inicialmente aos desenvolvimentos de Horkheimer, Adorno e Lasch, para quem o declínio da figura do pai no interior das famílias só pode culminar em autoritarismo, narcisismo e infantilidade psíquica. Em contraponto, abordaremos psicanalistas feministas como Jessica Benjamin e Nancy Chodorow que questionam por quê a falência do patriarcalismo familiar não pode ser vista como, ela mesma, uma forma de combate ao autoritarismo. Para elas, o declínio da autoridade paterna estaria sendo concebido por teóricos críticos ainda de um ponto de vista patriarcal.

A crítica feminista terá seus esforços concentrados em um objeto específico do patriarcado no interior do capitalismo: a noção da maternidade feminina. Esta seria uma forma de exibir a permanência de uma ideologia e estrutura capitalista ainda bastante patriarcais, apesar do declínio da autoridade paterna. Para Chodorow, a objetificação da mulher na formação psicológica dos indivíduos (incitada pela determinação "natural" da mulher para a maternidade e para o trabalho doméstico não-remunerado que atendem às demandas de reprodução e manutenção da mão de obra trabalhadora do capitalismo) ocorre justamente porque a maternagem é patriarcalmente assumida quase que exclusivamente pela figura feminina. Abordaremos, então, as concepções freudianas de constituição de objeto pulsional na primeira infância, mostrando como a maternidade exclusivamente feminina colabora para a percepção e manutenção da objetificação da mulher, algo que serve à perpetuação da exploração da mulher no capitalismo.

Por fim, iremos apenas apresentar, sem haver espaço para grandes desenvolvimentos, a hipótese de uma maternagem compartilhada por diversas figuras, tanto mulheres como homens. Este seria um modo de combater tanto a desigualdade social enfrentada pelas mulheres em suas atividades extra-familiares, quanto forma de ressignificar as objetificações da mulher, transformando, com isso, as noções de identificação e papéis de modelo no universo infantil.

CONTEXTO DE DISCUSSÃO: O DECLÍNIO DA AUTORIDADE PATERNA

Em meio às muitas articulações entre a psicanálise de Freud e os estudos sociofilosóficos, encontram-se alguns dos trabalhos da primeira geração da Teoria Crítica. Nosso enfoque recai especificamente em Horkheimer e Adorno e seus desenvolvimentos produzidos entre 1930 e 1940 onde aparecem os temas da família e autoritarismo baseados, entre outros, em análises metapsicológicas freudianas.

No geral, os autores frankfurtianos seguem Freud ao defenderem que a família seria o agente privilegiado de socialização dos indivíduos, efetivando-se como a instituição mediadora entre indivíduo e sociedade. Isso significa que é no ambiente familiar que a criança maneja de forma fundante alguns dos mecanismos de funcionamento da sociedade, como a instituição de normas, as concepções de justiça e respeito, os valores morais, a noção de interesse, além das dinâmicas de afetos próprias das relações humanas. Contrariamente ao que algumas leituras de Freud podem sugerir, para os autores, a instituição familiar não poderia ser entendida como naturalizada, uma vez que é histórica e socialmente determinada, de forma que os membros familiares tendem a acompanhar as transformações impostas pela esfera econômica.

Segundo Horkheimer, a família na época do liberalismo clássico — que encontra na figura da autoridade paterna o seu centro — apresentava a dupla função contraditória de possibilitar, de um lado, o desenvolvimento de faculdades humanas relacionadas a uma experiência formativa, digamos, "progressista": a autoridade poderia agir no interesse de seus subordinados por meio de uma "boa educação" que fomentaria a autonomia humana. No entanto, de outro lado, a autoridade poderia contribuir para a inércia psíquica de seus subjugados, o que levaria à constituição "de condições de vida constrangedoras e indignas" (HORKHEIMER, 1982, p. 71). Isso ocorria quando havia interesses egoístas e exploratórios na relação entre autoridade paterna e dependentes, o que levaria a uma regressão na procura por felicidade e no desenvolvimento da autonomia daqueles orientados pela autoridade. A esta outra faceta da função formativa paterna, chamamos, então, "regressiva".

Historicamente, contudo, na passagem do capitalismo liberal ao monopolista, o papel dos sujeitos na esfera econômica teria se modificado e, com ele, transformou-se também o papel da autoridade paterna, bem como a formação de indivíduos por meio da instituição familiar. Com o fim da competição individual no mercado liberal, a organização socioeconômica teria passado a funcionar segundo princípios estranhos aos indivíduos, frente aos quais estes, em situação de "desamparo", deveriam somente se adaptar. Dentre as consequências, podemos dizer que a autoridade patriarcal passa a ser obrigada a se adaptar a um destino incontrolável e incompreensível, perdendo seu papel ativo na sociedade: "os homens no poder deixaram de agir como representantes da autoridade celestial e terrestre e consequentemente se tornaram meras funções das leis inerentes ao seu poder" (HORKHEIMER, 1982, p. 82). Trata-se da teoria do declínio da autoridade paterna.

Com o declínio da figura paterna, o poder de autoridade teria passado do pai para figuras e instituições sociais externas à família — como organizações sociopolíticas, educação escolar, figuras midiáticas — que passaram a determinar diretamente do social a formação individual: "o vácuo criado pela diminuição da autoridade do pai e sua ausência no lar foi cada vez mais preenchido pelas forças da sociedade civil, quebrando assim o isolamento da esfera privada. A escola, o grupo de semelhantes e acima de tudo a indústria cultural passaram a desempenhar um papel progressivamente maior na socialização da criança" (WHITEBOOK, 1996, p. 138). Assim, a posição mediadora entre os indivíduos em formação e as determinações sociais exercida anteriormente pela autoridade paterna familiar perde força, não sendo mais viável, com isso, o desenvolvimento autônomo e possivelmente crítico de indivíduos frente às imposições sociais. A coerção social na formação individual no capitalismo monopolista teria direcionado os indivíduos a simplesmente "aceitar as condições existentes de trabalho" (HORKHEIMER, 1982, p. 57). Em outras palavras, a autoridade familiar passou a não mais formar indivíduos conforme a sua anterior função "progressista", estabelecendo exclusivamente a conduta "regressiva" a seus filhos. Para Horkheimer, então, a formação orientada somente para a adaptação, obediência e submissão à autoridade, e não para a autonomia, tornou-se a função exclusiva da família na socialização de indivíduos na fase do capitalismo monopolista.

Adorno, por sua vez, principalmente em *A personalidade autoritária*, segue os desenvolvimentos de Horkheimer, apresentando a ideia de que tal sujeito adaptado a um ambiente capitalista autoritário — uma vez que o capitalismo fomenta a reificação e objetificação de sujeitos, o aprofundamento da desigualdade e o impedimento das realizações de liberdade humana — leva à produção de sujeitos igualmente autoritários. Assim, "é justamente a família em crise que favorece o autoritarismo e o totalitarismo" (MATOS, 1995, p. 176), o que estabeleceria uma correlação entre o aumento do autoritarismo e a falência da autoridade paterna.

Em seus desenvolvimentos, Adorno nos lembra que a falência da autoridade paterna não significa exatamente a extinção de sua figura, mas sim o fim de um posicionamento patriarcal produzido por si só sem a influência direta de outras esferas extrafamiliares. Ou seja, a autoridade paterna deixa de se efetivar enquanto elemento constituinte da dialética socio-histórica, tornando-se apenas um meio de afirmação da esfera econômica capitalista. Isso quer dizer que a forma como a família reproduz[1] ou não os ditames sociais capitalistas no interior de sua dinâmica na educação infantil irá delimitar a maior ou menor adequação desta criança às determinações socioeconômicas, o que levará à formação de uma individualidade mais ou menos forte, que irá se opor a ou reproduzir o autoritarismo socialmente vigente. De tal modo que, para Adorno, não somente a família deixou de ser responsável pela mediação entre indivíduo e sociedade, como também a mercadoria teria tomado o lugar da família nessa mediação.

---

1. A reprodução de um *modus operandi* mercadológico no interior da família é expressa na importância aos valores capitalistas como prestígio, escalonamento social, reificação e objetificação de pessoas, respeito aos ditames e figuras dominantes do *status quo*, de forma que seria fomentada a aceitação e reprodução do contexto dominador e autoritário.

Segundo Adorno, o enfraquecimento da autoridade patriarcal no ambiente capitalista de Estado teria levado à formação de indivíduos autoritários. Isso porque, dada a perda de sua força na sociedade, os pais teriam reforçado a rigidez educacional familiar, procurando na disciplina estrita e distância entre progenitor e filhos a tentativa de assegurar seu posicionamento de poder, impossibilitando uma relação familiar mais igualitária, segura e destituída de medo. Com isso, a formação infantil de sujeitos potencialmente autoritários teria sido marcada por noções de obrigação e dever, e não por sentimentos ternos e sinceros. Assim, a submissão infantil a regras teria ocorrido prioritariamente por medo, pelo formato da lei, mais do que por compreensão racional e valorativa do conteúdo destas imposições. Além disso, a criança tenderia a estender para as demais interações sociais uma noção de "hierarquização": deve-se respeitar os "de cima", ou seja, as figuras já estabelecidas de poder econômico e político na sociedade, e descarregar a crítica nos considerados "de baixo", ou seja, nos representantes das classes e grupos de posição mais frágil na sociedade. A tendência do patriarca em falência de negar ou impedir a expressão de quaisquer fraquezas na criança incute nesta uma atitude social similar de recusa da fraqueza da alteridade.

Psicanaliticamente, isso quer dizer que à falência da força masculina no ambiente capitalista

os pais reagiram desenvolvendo modos autoritários de agir. Mas como não havia mais uma base real para sua autoridade, não poderia haver um conflito edipiano genuíno. Em vez de internalizar a autoridade paterna e desenvolver um senso de identidade com princípios internos autônomos, os filhos permaneceram temerosos e atraídos pela autoridade externa (CHODOROW, 1978, p. 189).

Percebemos, então, como a mudança nas funções de trabalho no interior do capitalismo altera não só a interação paterna com os membros de sua família, mas também transforma a organização psíquica dos envolvidos. Lembremos que o complexo de Édipo clássico descrito por Freud concebia a participação do pai como terceiro elemento de imposição da lei social, o que levava a criança a internalizar as funções restritivas familiares, criando a instância intrapsíquica do supereu como lei subjetiva. Assim, a figura de autoridade paterna teria uma função "progressista" enquanto compreendida como uma heteronomia familiar provisória para fins do desenvolvimento de uma autonomia a ser conquistada posteriormente por meio do desenvolvimento do modelo patriarcal interiorizado. Mas, com o declínio da autoridade paterna, não só o complexo de Édipo se modifica, mas também a própria formação do supereu. A tal ponto que Adorno comenta: "a dominação imediatamente palpável do indivíduo pela sociedade, sem qualquer intermediário, é tão profunda que, em uma camada mais profunda de sua consciência, a criança crescendo 'sem autoridade' é provavelmente ainda mais temível do que era nos bons e velhos tempos do complexo de Édipo" (ADORNO, 2009, p. 464).

A ausência de uma internalização da lei leva a uma "exteriorização" do supereu, fragilidade do eu e "liberação" das pulsões agressivas do isso. Uma vez que o sujeito só compreende a forma da lei, mas não teve os valores e conteúdos morais internalizados de modo suficiente, o lugar onde serão desenvolvidos julgamentos sobre justiça, bondade e respeito relativamente a situações sociais será feito em um domínio externo ao autoritário, por uma figura social, líder ou autoridade que irá "reencarnar" o supereu. O autoritário irá somente acatar e reproduzir tal conteúdo moral como prolongamento do comportamento infantil diante do patriarca poderoso, distante, dominador e amendrontador, frente ao qual o indivíduo em formação só pode se subjugar:

Há razões para acreditar que um fracasso na internalização do supereu é devido à fraqueza no eu, à sua incapacidade de realizar a síntese necessária, ou seja, integrar o supereu a si mesmo. Quer seja isso ou não, a fraqueza do eu seria concomitante ao convencionalismo e ao autoritarismo. A fraqueza no eu é expressa na incapacidade de construir um conjunto consistente e duradouro de valores morais dentro da personalidade; e é este estado de coisas, aparentemente, que torna necessário ao indivíduo buscar alguma agência organizadora e coordenadora fora de si mesmo (ADORNO et al., 1950, p. 234).

Assim, na própria formação subjetiva determinada pelo capitalismo administrado deixa de ser imperante o desenvolvimento de um eu mediador de contraposições: todo conteúdo cultural aceito pelo eu fomenta a naturalização de uma única visão narcísica sobre a realidade para que ele não se veja obrigado a lidar com conflitos que pediriam pela mediação egóica.[2] A fraqueza do eu e externalização do supereu afeta a relação do sujeito com a realidade externa justamente porque, na ausência de uma lei interna que regule o isso, os conteúdos inconscientes estariam livres de repressões, falseando a realidade e evitando os conflitos sociais. Se o supereu externalizado aparece, no mais autoritário, como o porta-voz do isso, entendemos, então, que a relação do indivíduo com as exigências e conteúdos morais e legais não estaria sob a organização do princípio de realidade, mas subserviente à inconsciência irracional do princípio do prazer regido pelo isso. O que leva a uma transformação do que deveriam ser comportamentos sociais racionais em manifestações diretas de violência e ódio inconscientes.[3] Com isso, podemos notar como as instituições sociais, principalmente em governos autoritários, acabam por explorar componentes psíquicos e inconscientes em suas organizações, como um tipo

---

2. Essa descrição se aproxima em muitos aspectos do exposto em *Psicologia das massas e análise do eu* de Freud. Como, por exemplo, a formação de um ambiente narcísico que ultrapassa os limites do eu, mantendo o funcionamento regulado pelo princípio do prazer com a finalidade de evitar quaisquer conflitos e ambivalências.

3. Ocorreria, nas palavras de Jessica Benjamin, uma "'dessublimação' de impulsos de violentos e arcaicos do isso em movimentos fascistas, então pode ser válido dizer que a manipulação substituiu a internalização" (BENJAMIN, 1977, p. 56). Se a sublimação é caracterizada pelo desvio da finalidade pulsional na qual a agressividade não seria diretamente descarregada, mas desviada, a formação do supereu pode ser considerada como um tipo de desvio da meta pulsional agressiva que não foi exprimida na situação social do complexo de Édipo, mas foi internalizada, formando uma instância psíquica. A dessublimação desta pulsão agressiva ocorreria, por sua vez, na situação do autoritário que tende a externalizar o supereu anteriormente mal internalizado mediante o apoio a ideologias e líderes que incitam a violência e o ódio. Dessublimar seria, portanto, retomar as pulsões agressivas anteriormente sublimadas pela formação do supereu, levando-as à sua meta primeira de descarga pulsional direta em violência real por manipulação de componentes inconscientes praticada pelas instituições sociais.

de "apropriação da psicologia das massas pelos opressores" (BENJAMIN, 1977, p. 54). Ou seja, aspectos da metapsicologia dos pseudoindivíduos teriam sido apropriados ou absorvidos pela estrutura social em favor de determinadas finalidades socioeconômicas capitalistas.

LASCH VERSUS TEÓRICAS FEMINISTAS: UMA CRÍTICA AO APEGO AO PATRIARCADO

Trazendo nossos esforços para um debate contemporâneo, Christopher Lasch reproduz tais princípios expostos por Horkheimer e Adorno, mas de forma a transformar a falência da autoridade paterna em um apego ao patriarcado. Para Lasch, a família como mediadora entre sociedade e indivíduo, tendo sido desempoderada com a falência da autoridade paterna, teria tornado os sujeitos mais vulneráveis a outras formas de dominação estatal e capitalista. "A crise edípica é a base para o desenvolvimento da vida adulta responsável, insiste Lasch, e a fuga dela tornada possível pelo declínio da autoridade parental leva a uma estrutura de personalidade infantil e narcisista" (BARRETT, 1991, p. 112). Assim, para Lasch, se a família de estrutura patriarcal influente fomentava a produção de uma personalidade forte, independente e autoconfiante pela internalização da autoridade paterna edípica, a criança, na ausência do pulso firme do pai, tende a se desenvolver envolta a uma retórica permissiva encorajada pela indústria cultural, o que incita o infantilismo psíquico. Inclusive, segundo leituras feministas, Lasch

culpou as feministas especificamente por ajudar a remover os homens de sua jurisdição por direito sobre a família, pavimentando, então, o caminho para a ruína moral das crianças sob a influência de mãe. (...) As feministas, acusou ele, haviam colaborado com vários reformadores para transferir a autoridade paterna para especialistas externos e para o Estado impessoal. (...) Assim, graças às feministas, a família — "o último refúgio de amor e decência" — não mais proporcionou aos homens "um refúgio na vida privada", algo cada vez mais imperativo na medida em que os "negócios, política e diplomacia se tornaram mais selvagens e parecidos com uma guerra" (BUHLE, 1998, p. 282–3).

Para Lasch, portanto, criticar o patriarcado acaba se transformando em um "pseudoproblema" que desvia a atenção da real questão, isto é, das imposições capitalistas sobre os sujeitos.

É na esteira destes posicionamentos de Lasch que apresentamos algumas das críticas feministas à nostalgia do poder patriarcal encontrada em teóricos progressistas, onde "o adjetivo 'patriarcal' [é usado] para transmitir aprovação, ao invés de críticas" (BARRETT, 1991, p. 114). Enquanto Lasch se opôs aberta e diretamente ao posicionamento feminista, Horkheimer e Adorno, por outro lado, chegaram a reconhecer a opressão sofrida pelas mulheres na sociedade patriarcal reinante na fase capitalista liberal. Horkheimer chega a dizer que "In the crisis of the family the latter is now presented with the reckoning, not only for the brutal oppression which the weaker women and, still more, the children frequently had to suffer at the hands of the head of the family during the initial phases of the new age, but also for the economic injustice in the exploitation of domestic labour within a society which in all other respects obeyed the laws of the market" (HORKHEIMER, 1973, p. 137).[4] Já Adorno, em *Minima Moralia*, por exemplo, diz que " caráter feminino e o ideal da feminilidade, segundo o qual ele está modelado, são produtos da sociedade masculina. (...) O caráter feminino é uma cópia do positivo da dominação. Tão má como este" (ADORNO, 1992, aforismo 59, p. 84). Para nomes como Jessica Benjamin e Nancy Chodorow, por exemplo, enquanto modelo para o desenvolvimento e socialização humana, o patriarca, sendo concebido como um paradigma de autocontrole, autonomia e racionalidade a ser seguido, ganha uma proeminência indevida no combate ao autoritarismo: "Horkheimer retorna a uma imagem positiva do pai. Ele inaugura uma era de romantização nostálgica da autoridade paterna na era da razão" (BENJAMIN, 1978, p. 48). Nesse âmbito, Jessica Benja-

---

4. Em nossa tradução: "Na crise da família, esta é agora acompanhada pelo acerto de contas não apenas com a opressão brutal que as mulheres mais fracas e, ainda mais, as crianças frequentemente sofriam nas mãos do chefe de família durante as fases iniciais da nova era, mas também com a injustiça econômica na exploração do trabalho doméstico em uma sociedade que, em todos os outros aspectos, obedeceu às leis do mercado."

min critica Adorno por sua persistência "em ver a internalização como um veículo para a consciência em vez de uma aceitação inconsciente da autoridade" (BENJAMIN, 1977, p. 56).[5]

Pode-se dizer que os autores não pensaram em uma matriz de desenvolvimento individual que não fosse ou a internalização de um modelo patriarcal, de um lado, ou a recaída no autoritarismo e no fascismo em potencial, de outro. Assim, viu-se abandonada uma tarefa de refletir sobre as potencialidades emancipadoras da situação vigente para além da elaboração de um diagnóstico crítico aparentemente sem saída. Se a organização capitalista e, com ela, a familiar, não vai voltar a ser o que era na época do capitalismo liberal, não haveria um modo mais saudável de vivenciar a falência da autoridade paterna que não recaísse necessariamente no autoritarismo? Quais as potencialidades que o declínio do autoritarismo patriarcal guarda para os novos tempos?

Além disso, preocupados em explicar o desenvolvimento do autoritarismo por meio da instituição familiar no contexto capitalista, Horkheimer e Adorno, bem como Lasch, não se debruçaram sobre as relações intrínsecas entre o patriarcado e a exploração capitalista. Afinal, o patriarcado também fomenta, assim como o capitalismo, a passividade, dependência e submissão de membros da sociedade à figura dominante de poder. Mais especificamente, podemos dizer que o patriarcado serve muito bem ao sistema capitalista. A divisão desigual das funções no interior da família não apenas prolonga o vigente poder patriarcal, mas também reforça a exploração capitalista — como podemos ver pela reprodução e manutenção da mão de obra trabalhadora pelo serviço doméstico não remunerado exercido principalmente por mulheres que enfrentam duplas jornadas de trabalho recebendo salários consideravelmente menores do que o dos homens de igual

---

5. "Internalization, even as it perpetuates authority, is necessary for the constitution of reason which alone can oppose authority. This impasse comes to be formulated in a number of paradoxes, of which the critical theorists themselves often give the best expression: while autonomy and acceptance of authority are opposed, the same process of internalization and individuation underlies them" (BENJAMIN, 1977, p. 43).

posição no mercado. "Dessa maneira, a manutenção da submissão da mulher ao homem, própria do patriarcalismo, serve muito bem ao capitalismo, pois impede que se questione a naturalidade da equação trabalho doméstico = trabalho de mulher, barateando o custo de reprodução da força de trabalho" (MORAES, 2017, p. 133).

Havendo uma cumplicidade de interesses entre o patriarcado e o capitalismo, ao mesmo tempo em que assistimos à falência da figura paterna, estaríamos vivendo em um sistema "patriarcal sem o pai" (BENJAMIN, 1978, p. 36). A dominação masculina se torna inerente às estruturas socioculturais capitalistas, independente das relações pessoais efetivas no interior e exterior da família. O capitalismo salvaguarda o privilégio masculino generalizado, mesmo que a autoridade paterna tenha falido ou até mesmo sumido[6] do núcleo familiar — o que não só aproxima a família "burguesa" heterossexual de núcleo parental duplo cada vez mais de uma ideologia, como também faz da instituição familiar um meio de transmissão de desigualdade de gênero em prol da exploração capitalista. Se o declínio da autoridade paterna guarda em si um potencial de emancipação maior para a mulher na sociedade, a manutenção de um regime e ideologias patriarcais, mesmo sem a figura paterna real no interior da família, traz paradoxalmente maior exploração da mulher, que se encontra ainda sob um sistema social essencialmente masculino. Isso significa dizer, em outras palavras, que o declínio da autoridade paterna produz transformações na constituição do supereu, mas não modifica essencialmente a constituição dos papéis de gênero.

---

6. Segundo as *Estatísticas de Gênero – Uma análise dos resultados do Censo Demográfico 2010* produzidas pelo IBGE, as famílias monoparentais comandadas exclusivamente por mulheres subiu de 24,9% em 2000 para 38,7% em 2010 no Brasil. <*https://bit.ly/2kVoPyx*> (última consulta em 13/02/2019). Além disso, "segundo dados da Pesquisa Nacional por Amostra de Domicílios (PNAD), do IBGE, o crescimento das mulheres chefes de família no arranjo monoparental passou de 9 milhões, em 2001, para 11,6 milhões, em 2015 — um aumento de 20% em 15 anos". <*https://bit.ly/2lZr8E9*> (última consulta em 13/02/2019).

A OBJETIFICAÇÃO DA MULHER EM FREUD E UMA SAÍDA FEMINISTA

Sabe-se que a situação do patriarcado não é expressada somente pela condição do homem nas suas interações sociais, mas esta é definida relativamente à situação da mulher em meio às mesmas determinações contextuais. A forma como a exploração da mulher no capitalismo patriarcal é justificada encontra a sua sustentação principalmente em uma concepção naturalizada e objetificada da mulher. Tomando a maternidade como exemplo privilegiado, a mulher é vista como instintivamente "materna", natural e biologicamente propícia ao autossacrifício em favor da reprodução humana. Nesse âmbito, a psicanálise freudiana — que se situa no período da passagem do capitalismo liberal ao monopolista, momento em que a situação familiar edípica começa a se desestruturar — seria um dos terrenos mais férteis para o debate entre natureza e cultura envolvido na formação da mulher entendida como determinada à maternidade.

Contudo, sabe-se que a relação entre a psicanálise freudiana e as teorias feministas não pode ser representada de forma simples, havendo longos debates em torno do machismo presente nos escritos de Freud, de um lado, e a apropriação da teoria psicanalítica para o aprofundamento crítico de questões feministas,[7] de outro. Nesse

---

7. Concebemos que, ao relacionar à figura feminina noções como masoquismo, passividade, vaidade, ciúme e senso limitado de justiça, por exemplo, os textos freudianos não questionam ou criticam a estrutura patriarcal supostamente universal do sujeito europeu, branco, burguês e homem. Contudo, de outro, "A psicanálise como teoria e prática é altamente representativa de dupla mudança histórica, que abre a era da modernidade simultaneamente para a crise da visão clássica do sujeito e a proliferação de imagens do 'outro' como signo de 'diferença'. Os significantes 'mulher' e 'o feminino' são metáforas privilegiadas da crise de valores racionais e masculinos" (BRAIDOTTI, 1989, p. 123). Lembramos ainda que em *Moral sexual "civilizada" e doenças nervosas modernas*, Freud faz o seguinte comentário: "La educación [das mulheres] les deniega el ocuparse intelectualmente de los problemas sexuales, para los cuales, empero, traen congénito el máximo apetito de saber; las aterroriza con el juicio condenatório *[Verurteilung]* de que semejante apetito de saber sería indigno de la mujer y signo de una disposición pecaminosa. Ello las disuade del pensar en general, les desvaloriza el saber. La prohibición de pensar rebasa la esfera sexual,

contexto, assumimos o posicionamento de Juliet Mitchell segundo o qual a psicanálise em geral, especialmente a teoria freudiana, seria uma das chaves para se entender como as noções de feminilidade e masculinidade são organizadas na cultura. Isso quer dizer que a psicanálise não produz as diferenciações de gênero, mas explica como essas definições são culturalmente produzidas.

A psicanálise não descreve o que uma mulher é — muito menos o que ela deveria ser; ela só pode tentar compreender como a feminilidade psicológica se produz. (...) Ao tentar entender a psicologia das mulheres, Freud levou em conta as demandas culturais específicas que foram feitas sobre elas. Não era sua preocupação se isso estava certo ou errado, pois, a esse respeito, ele não era nem político nem moralista. Poderíamos ter preferido que ele fosse, mas nem em sua teoria nem em sua prática podemos encontrar uma desculpa para essa suposição (MITCHELL, 1974, p. 338-9).

Entremos, então, diretamente na teoria freudiana para compreendermos como a mulher é objetificada, podendo ser "manipulada" no sistema capitalista patriarcal em nome de sua suposta natureza biológica. A recorrência à teoria freudiana se justifica pois, como a ideologia patriarcal ainda se sustenta socialmente apesar da falência da figura paterna, a forma como a mulher aparece objetificada nas descrições dos complexos de Édipo e da castração do autor ainda permanece, no geral, minimamente vigente, descrevendo a constituição majoritária dos papéis de gênero — por mais que deva ser atualizada para explicar com mais precisão a manutenção de uma ideologia patriarcal sem pai em uma sociedade hoje mais aberta às diversas identificações de gênero.

Pensemos inicialmente que em Freud a pulsão é constituída, entre seus elementos, pelo objeto, quer dizer, "aquele com o qual ou pelo qual o instinto [*Trieb*] pode alcançar a sua meta" (FREUD, 2010, p. 58) de satisfação, objeto este encontrado em geral na exterioridade, po-

---

en parte a consecuencia de los inevitables nexos, en parte de una manera automática (...). No creo que la oposición biológica entre trabajo intelectual y actividad genésica explique la 'imbecilidad fisiológica' de la mujer (...). Opino, en cambio, que el hecho indudable de la inferioridad intelectual de tantísimas mujeres debe reconducirse a la inhibición de pensar que se requiere para sofocar lo sexual" (FREUD, 1992, p. 177-8).

dendo ser representado por um outro sujeito. A exemplificação deste processo pode ser encontrada, entre outros, no *Projeto para uma psicologia científica*, obra freudiana onde vemos a constituição de um objeto pulsional materno que sacia as necessidades do bebê. No *Projeto*, Freud nos alerta que a situação do desamparo, que evidencia a fragilidade e impotência do lactente em relação a seu próprio corpo e ao saciamento de suas necessidades básicas, será o momento em que não somente é vivenciado um sentimento de satisfação, como é também construído um objeto de desejo. O bebê constituiria a noção de objeto pelo saciamento do desejo de nutrição possibilitado por uma outra pessoa. Vinculando cognição e satisfação, vemos que a constituição da noção de objeto seria inicialmente confundida com a "objetalidade", isto é, com a alteridade como objeto de desejo da pulsão sexual. Deste modo, as fronteiras entre um objeto pulsional e um objeto da percepção perdem sua nitidez: no processo regular de desenvolvimento do ser humano surgiria inicialmente o desejo pelo outro, do qual passa-se para o seu conhecimento e, deste, para o conhecimento da objetividade em geral. Ou seja, "Freud acaba por passar da análise das relações objetais (...) aos elementos de análise das características do conhecimento objetivo" (DAVID-MÉNARD, 1990, p. 142).

Havendo vinculação do objeto exterior à plasticidade das pulsões, dizemos que o posicionamento do sujeito que deseja diante da alteridade objetificada pode se modificar segundo as possibilidades de satisfação pulsional. Isso quer dizer que a alteridade concebida como objeto não é somente utilizada como meio para a obtenção da satisfação, mas também como um anteparo possível para a descarga de impulsos agressivos. Assim, em Freud, a interação inicial — e muitas vezes duradoura — entre um ser humano e outro sujeito se dá pela manipulação da alteridade para a produção de prazer (ou, inversamente, a rejeição da alteridade-objeto no caso do desprazer). No caso da mãe na sociedade patriarcal, enquanto a pessoa próxima ao bebê, a alteridade em sua integralidade se transforma no objeto da pulsão: "A necessidade final não é do peito ou do leite, mas da mãe. Essa perspectiva sugere que a instrumentalização do outro para a satisfação de impulsos sexuais parciais, embora aparentemente naturais, na verdade representa uma deterioração das relações objetais" (BENJAMIN, 1977, p. 47). Assim, tanto para filhas quanto para filhos, a mãe seria o primeiro objeto pulsional, ou seja, o alvo privilegiado de objetificação, demorando anos de desenvolvimento e maturação psíquica para que a mulher seja concebida como sujeito por seus filhos.

Segundo Freud, ao longo do desenvolvimento da criança, precisamente nas situações edípica e do complexo de castração, ao perceberem que a mãe não possui um pênis, meninos e meninas tendem a desenvolver heterossexualmente comportamentos "femininos" e "masculinos" específicos. Contudo, "ambos os sexos desenvolvem desprezo pelas mulheres. O menino sente 'horror da criatura mutilada ou desprezo triunfante sobre ela', e a menina 'começa a compartilhar o desprezo sentido pelos homens por um sexo que se configura menor em respeito a tão importante aspecto'"(CHODOROW, 1994, p. 8). Assim, o amor anteriormente relacionado à mãe na época da primeira infância é transferido para o pai — que se deseja ou que se quer imitar.

Nesta mudança de escolha de objeto, uma ênfase pode ser dada à menina, que acaba se encontrando em uma condição contraditória de identificação com a mãe — este objeto, agora odiado, que sofre uma "falta". A identificação da menina com a mãe ocorre com "um sujeito castrado, rejeitado. Esse sujeito castrado, rejeitado, torna-se, como resultado de processos identificatórios, parte do eu da menina, mesmo quando a mãe-objeto permanece, interpessoal e intrapsiquicamente, objeto ambivalente de amor e ódio" (CHODOROW, 1994, p. 16). Dentre as inúmeras críticas possíveis a serem feitas nesta descrição freudiana do complexo de castração, concebemos aqui a transmissão geracional de assimetrias de gênero quando a menina heterossexual se vê em condições de se identificar com o lugar da mulher como um objeto de "falta" a ser rejeitado,[8] tendendo a reproduzir socialmente tal papel.

---

8. Além disso, a organização assimétrica da maternagem produz disparidades na identificação com os papéis masculino e feminino. Isso porque, pela criação quase que exclusivamente materna da sociedade patriarcal, o menino se vê obrigado a se identificar não com a figura física do pai, mas com a sua imagem fantasiosa, abstrata, idealizada. A única figura efetivamente presente em seu ambiente é justamente aquela diante da qual o menino procura se opor, o que faz com que "in his attempt

Já o pai, na explicação freudiana do complexo de Édipo, aparece como um sujeito propriamente dito, e não restrito a um papel objetificado, permitindo a diferenciação pela promoção do princípio de realidade. Assim, segundo tal esquema, só nos tornamos efetivamente maduros sob a intervenção paterna: enquanto a mãe seria considerada como afastada da realidade, o pai simbolizaria individuação e participação do mundo sociocultural. Sob tal ponto de vista supostamente baseado em "condições biológicas e naturais" da maternidade, a mãe não conseguiria fomentar a autonomia de seus filhos, papel este reservado somente ao pai.

É sobre tal contexto que algumas teóricas psicanalistas feministas contemporâneas se debruçam, demonstrando os efeitos da presença de determinantes socioculturais patriarcais na maternagem [*mothering*]. Ao defenderem a "desgenerificação" [*degendering*] das funções de maternagem, elas procuram não só mostrar como a mãe é perfeitamente capaz de desenvolver em seus filhos um senso de realidade, autonomia e racionalidade ao defender que a mulher deve ter a mesma inserção que os homens no meio cultural; tal situação permitiria também a reconsideração de várias consequências provenientes do complexo de Édipo nas crianças pela presença assídua de homens na função da maternagem. Assim, seriam modificadas noções como a de objeto pulsional — que poderia ser vinculado não só e exclusivamente à figura da mãe —, mas mesmo a concepção da mãe como objeto não seria tomada somente como "faltante", mas também como modelo e padrão de socialização e diferenciação, papéis anteriormente "masculinos" no Édipo freudiano.

Isso porque, segundo Chodorow, não haveria nenhuma justificativa biológica e nem mesmo fisiológica para a maternagem ser exclusivamente feminina — algo que podemos conceber como possível inclusive no caso da amamentação, dadas as tecnologias de retirada e armazenamento de leite materno, entre outras técnicas e possibilida-

---

to gain an elusive masculine identification, often comes to define this masculinity largely in negative terms, as that which is not feminine or involved with women" (CHODOROW, 1989, p. 51).

des de nutrição na primeira infância. "Em um nível teórico, qualquer pessoa — menino ou menina — que tenha participado de um relacionamento 'bom o suficiente' entre mãe e filho possui a base relacional voltada à capacidade de cuidar dos filhos [parenting]. (...) Todas as pessoas possuem a base relacional para cuidar dos filhos se elas próprias foram cuidadas por seus pais" (CHODOROW, 1978, p. 87-8). Nesse âmbito, o horizonte de modificação social das lutas feministas poderia se voltar, por exemplo, para o direito à extensão da licença paternidade, além da valorização social e laboral das mulheres em igualdade com os homens.

CONSIDERAÇÕES FINAIS

Claro que tal possibilidade de maternagem feminina e masculina apresenta problemas e incompletudes. Afinal, a estratégia de Chodorow não desestrutura a situação da castração, não debate a questão dos casais homossexuais e nem mesmo considera a ligação afetiva, física e psíquica da gestante com o feto em seu ventre, que virá a ser o futuro bebê. Mas, ao menos ela leva em conta nossas problematizações em relação à falência da autoridade paterna: a figura do pai pode ser reinserida no ambiente familiar através de sua presença mais assídua na maternagem, além de procurar uma saída para a objetificação e naturalização da mulher enquanto função quase exclusiva da maternagem na sociedade patriarcal.

Algo, contudo, que não podemos deixar de mencionar trata do abandono, praticado por teóricas psicanalíticas feministas relacionais como Jessica Benjamin e Nancy Chodorow, das concepções freudianas sobre as pulsões e o inconsciente. Apesar de apresentarem questionamentos e críticas mais do que legítimas ao apego à autoridade paterna falida, mostrando uma preocupação em diminuir ao invés de acentuar as distinções entre os gêneros, ambas "reduzem a realidade psíquica à realidade social" (BUHLE, 1998, p. 320). Para nós, o conceito do inconsciente e a plasticidade das pulsões permanecem constituindo possibilidades críticas de grande potencial que não podem ser ignoradas — principalmente pelos possíveis paralelos entre a economia psíquica e a economia de mercado que pudemos desenvolver em outra ocasião.[9] Como nos lembra Jacqueline Rose: "O inconsciente revela constantemente o 'fracasso' da identidade, porque não há continuidade da vida psíquica, portanto, não há estabilidade da identidade sexual, nem mesmo uma posição para as mulheres (ou para os homens) que seja simplesmente alcançada" (ROSE, 1986, p. 90-1). Fica, portanto, o desenvolvimento, a ser feito em um momento futuro, de uma teoria psicanalítica feminista crítica ao patriarcado e voltada simultaneamente à economia metapsicológica.

BIBLIOGRAFIA

ADORNO, Theodor W. *Minima moralia: reflexões a partir da vida danificada.* Lisboa: Edições 70, 1992.

_____. "The problem of a new type of human being" Em: *Current of Music: Elements of a radio theory.* Cambrigde: Polity Press, 2009.

ADORNO, Theodor W.; LEVINSON, Daniel J. & SANFORD, Nevitt. *The Authoritarian Personality.* USA: Harper & Brothers, Copyright American Jewish Committee, 1950.

BARRETT, Michèle; MCINTOSH, Mary. *The anti-social family.* London/New York: Verso, 1991.

BENJAMIN, Jessica. "Authority and family revisited: or a world without fathers". Em: *New German Critique*, no. 13, Special Feminist Issue, p. 35-57, Winter, 1978.

_____. "The end of internalization: Adorno's social psychology". Em: *Telos*, no. 32, p. 42-64, 1977.

BRAIDOTTI, Rosi. "A política da diferença ontológica". Em: BRENNAN, Teresa. *Para além do falo.* Rio de Janeiro: Ed. Rosa dos Tempos, 1989.

BUHLE, Mari Jo. *Feminism and its discontents – a century of struggle with psychoanalysis.* Cambridge/London: Harvard University Press, 1998.

CHODOROW, Nancy. *Feminism and Psychoanalytic Theory.* New Haven/London: Yale University Press, 1989.

_____. *Feminities, masculinities, sexualities – Freud and beyond.* Kentucky: The University Press of Kentucky, 1994.

---

9. Cf. COSTA, Virginia Helena Ferreira da. "A 'sociologização' da psicanálise em 'Dialética do Esclarecimento': sobre Sohn-Rethel e a economia pulsional freudiana".

_____. *The reproduction of mothering – psychoanalysis and the sociology of gender.* Berkeley/Los Angeles/London: University of California Press, 1978.

COSTA, Virginia Helena Ferreira da. "A 'sociologização' da psicanálise em 'Dialética do Esclarecimento': sobre Sohn-Rethel e a economia pulsional freudiana". Em: *Dois Pontos*, Curitiba-São Carlos, vol. 13, n. 3, dezembro de 2016, p. 251-263.

DAVID-MÉNARD, Monique. *La folie dans la raison pure – Kant lecteur de Swedenborg.* Paris: Librairie J. Vrin, 1990.

FREUD. Sigmund. "Algunas consecuencias psíquicas de la diferencia anatómica entre los sexos". Em: *Obras completas Volumen 19.* Argentina: Amorrortu editores, 2001.

_____. "El sepultamiento del complejo de Edipo". Em: *Obras completas Volumen 19.* Argentina: Amorrortu editores, 2001.

_____. *Esquisse d'une psychologie scientifique.* Toulouse: Éditions Érès, 2011.

_____. "La moral sexual 'cultural' y la nerviosidad Moderna". Em: *Obras completas Volumen 9.* Argentina: Amorrortu editores, 1992.

_____. "Nuevas conferencias de Introducción al psicoanálisis: 33ª. Conferencia: la feminidad". Em: *Obras completas Volumen 22.* Argentina: Amorrortu editores, 1992.

_____. "Os instintos e seus destinos". Em: *Introdução ao narcisismo, Ensaios de metapsicologia e outros textos (1914-1916).* São Paulo: Companhia das Letras, 2010.

_____. "Psicologia das massas e análise do Eu". Em: *Psicologia das massas e análise do Eu e outros textos (1920-1923).* São Paulo: Companhia das Letras, 2011.

_____. "Sobre la sexualidad femenina". Em: *Obras completas Volumen 21.* Argentina: Amorrortu editores, 1992.

HORKHEIMER, Max. "The Family". Em: *Aspects of Sociology.* London: Heinemann, 1973.

_____. "Authority and the Family". Em: *Critical Theory – Selected Essays.* New York: Continuum, 1982.

INSTITUT FÜR SOZIALFORSCHUNG. Ed. *Studien über Autorität und Familie – Forschungsberichte aus dem Institut für Sozialforschung.* Lüneburg: zu Klampen Verlag, 1987.

LASCH, Christopher. *A cultura do narcisismo.* Rio de Janeiro: Imago, 1983.

_____. *Haven in a Heartless World.* New York: W. W. Norton & Company, 1995.

MATOS, Olgária. *Os arcanos do inteiramente outro: a Escola de Frankfurt, a melancolia e a revolução.* São Paulo: Ed. Brasiliense, 1995.

MITCHELL, Juliet. *Psychoanalysis and Feminism – a radical reassessment of Freudian psychoanalysis.* New York: Basic Books, 1974.

MITSCHERLICH, Alexander. *Society with the Father: A Contribution to Social Psychology.* Trans. Eric Mosbacher. New York: Harcourt, Brace and World Inc., 1963.

MORAES, Maria Lygia Quartim de. *Marxismo, psicanálise e feminismo brasileiro*. Campinas: Unicamp/IFCH, 2017.

ROSE, Jacqueline. *Sexuality in the field of vision*. London/New York: Verso, 1986.

TORT, Michel. *Fin du dogme paternal*. Malesherbes: Flammarion/Aubier, 2005.

WHITEBOOK, Joel. *Perversion and utopia – a study in psychoanalysis and Critical Theory*. Massachusetts: The MIT Press, 1996.

Sequelas patriarcalistas em Freud segundo Luce Irigaray: sexualidade feminina e diferença sexual

RAFAEL KALAF COSSI[*]

Neste texto, nos propomos a expor a leitura que Luce Irigaray faz de alguns desenvolvimentos freudianos no que compete à diferença sexual e à sexualidade feminina — deixamos ao leitor a análise crítica do pensamento desta autora, um dos expoentes do feminismo psicanalítico francês dos anos 70 e figura indispensável a qualquer trabalho que se volte à interface entre psicanálise e teoria feminista. Irigaray defende que as elaborações freudianas referentes ao complexo de Édipo tomam o patriarcado como base e se edificam aos moldes falogocêntricos — nesta conjuntura, a mulher não tem representação própria, sendo acomodada aos parâmetros masculinos que a inferiorizam. Inicialmente, trazemos uma sucinta contextualização histórica; na sequência, passamos a sua crítica aos argumentos de Freud e, por fim, apresentamos o programa de Irigaray para a reversão via linguagem da estrutura patriarcal que emudece a mulher, sua sexualidade e seu corpo.

---

[*]. Psicanalista; psicólogo, mestre e doutor pela Universidade de São Paulo (com passagem pela Paris-7); membro do LATESFIP (Laboratório de teoria social, filosofia e psicanálise – USP); autor de *Corpo em obra* (nVersos, 2011), *Lacan e o feminismo: a diferença dos sexos* (Annablume, 2018) e organizador de *Faces do sexual: fronteiras entre gênero e inconsciente* (Aller, 2019).

INTRODUÇÃO

Psicanálise e feminismo estão em diálogo desde os primórdios e apresentam um percurso interimplicado: "emaranhados, não apenas constituíram um ao outro, como também nunca viveram separados" (DIMEN in ROTH, 2000, p. 189). Mas não sem conflito, sendo "como gêmeos que estivessem, desde o começo, destinados ao amor e à rivalidade infinitos" (BOWLBY in BRENNAN, 1997, p. 66).

No início do século xx, vigorava a tese de que a discreta atuação da mulher no espaço público e sua minguada participação nos processos de produção seriam consequência da função reprodutiva que lhe cabia, ou seja, seu aparato biológico justificaria sua menor importância sociopolítica — premissa a ser confrontada pelo conjunto feminista. Neste sentido, a grande ênfase que a psicanálise dá à sexualidade feminina nos anos 20 chama atenção.

Se, por um lado, Freud lhes era interessante por desenvolver uma teoria que sustentava que o processo de constituição do sujeito como homem ou mulher é histórico ou cultural, na forma da trama edípica — ou seja, não temos um inalterável percurso biologicamente determinado; por outro, Freud era acusado de mantenedor da subordinação da mulher ao ter supostamente depreendido que a diferença sexual anatômica prescrevia a ela menor valor e inferioridade de condições quando comparada ao homem.

Então, despontam dentro do universo psicanalítico desse período autores que se contrapunham às proposições freudianas, tais como Ernest Jones, Melanie Klein, Hélène Deutsch, Karen Horney e Jeanne Lampl-de Groot, que reconhecidamente contribuíram para as articulações da primeira onda feminista. Os principais pontos de divergência diziam respeito ao complexo de castração ser concebido como um processo único, válido para meninos e meninas; ao fato de a libido também ser única, masculina — correlato de o falo ser encarado como instrumento teórico intrinsecamente atrelado ao pênis. O clitóris era como uma versão feminina do pênis, libidinalmente desinvestido à medida que a vagina entrava em cena; contudo, a menina sempre padeceria da "inveja do pênis" — teoria vigorosamente combatida por

Horney (1993) através do seu desenvolvimento da "inveja do útero", que os homens sofreriam.

Se a premissa é fálica e o falo se ata à masculinidade, aqueles autores vão buscar explicar a mulher em si mesma, não através do modelo da organização da sexualidade do homem. Não à toa, enfatizam o período pré-edípico — anterior à hegemonia fálica — e a relação primordial mãe-filho; deslocando, assim, o pai do lugar privilegiado reservado a ele na teoria do Édipo. Freud estava atento e, no seu texto de 1931, comenta as teses de seus acusadores, sem abrir mão de suas prerrogativas: não existe uma fase fálica exclusiva das meninas, como queria Jones, e o falo tem papel central em ambos os sexos.

Em termos gerais, se com a primeira onda feminista se reivindicava direito ao voto, trabalho e cidadania, ou seja, igualdade social e política com relação aos homens, com a segunda onda, notadamente a partir dos anos 60, o "feminismo das diferenças" (LAGO, 2012), afronta-se o mecanismo em jogo no sistema patriarcal que subjuga as mulheres; critica-se a dominação masculina e a mística feminina de domesticidade condicionada por ela — o livro de Betty Friedan é um ícone deste momento. Aqui, a mulher se foca nas suas especificidades; o corpo é um terreno a ser conquistado — o trunfo das pílulas anticoncepcionais é emblemático e o direito ao aborto passa a ser requerido. A terceira onda do feminismo, desde os anos 90, passa à demanda por legitimação de novos modelos de identidade e relações de parentesco, questionando os mecanismos de normatização de gênero. Ganham destaque os estudos *queer* de Judith Butler e Paul B. Preciado, dentre outros.

Em meio à transição da segunda para a terceira onda, há uma cisão interna ao feminismo psicanalítico. A vertente anglo-saxã, que privilegiava a teoria das relações de objeto, pretendia desestruturar o patriarcado tensionando as reconfigurações familiares, as relações de trabalho e os pilares ideológicos dos gêneros. Já o círculo francês punha em evidência a linguagem e seu impacto social — alegava-se que a recolocação da mulher no universo discursivo era truncada pela teia enunciativa patriarcal. Neste ambiente, desponta o 'Movimento da escrita feminina' alavancado por Luce Irigaray, Catherine Clément e Hélène Cixous: "A escrita é precisamente [o lócus] da possibilidade de mudança, o espaço que pode servir como trampolim para o pensamento subversivo, o movimento precursor da transformação social e das estruturas culturais" (CIXOUS in MARKS; DE COURTIVRON, 1981, p. 249).

A mulher é incitada a escrever sobre si, suas experiências, dar voz a seu corpo e sua sexualidade, abafados pelo sistema patriarcal. Perseguia-se um tipo de escrita não previsto pelo que consideravam ser a ordem simbólica falocêntrica, entendida como masculina, e que fosse movido por experiências do corpo — "A mulher deve escrever através de seu corpo, deve inventar uma linguagem inexpugnável que arruína repartições, classes, e retóricas, regulações, códigos [...], a gramática e linguagem dos homens" (CIXOUS in MARKS; DE COURTIVRON, 1981, p. 256-7). Vislumbrava-se que a transposição da engrenagem desta modalidade radical de escrita para o social poderia modificá-lo.

Para se pensar em transformação, questiona-se a lógica da identidade e da diferença que escora o funcionamento da linguagem presumidamente masculina — daí o feminismo francês setentista se votar a Foucault, Derrida, Freud e Lacan, dentre outros. De Foucault, provém a desestabilização da unidade a-histórica atribuída ao corpo; de Derrida, a noção de 'falogocentrismo' e a estratégia da desconstrução. Com a psicanálise, a relação é conflituosa: se, por um lado, celebra tanto a premissa do inconsciente como instância a minar a coerência do sujeito da filosofia quanto a interpelação da linguagem na constituição do sujeito sexuado, por outro denuncia o que julgava serem as pilastras patriarcalistas que aparentemente firmariam seu arsenal teórico — nesta empreitada, a produção derrideana é amplamente empregada.

O logocentrismo se sustenta na lógica da identidade, da substancialização dos elementos e da polarização binária da diferença, tal como se observa nos dipolos corpo/mente, bom/mal, céu/inferno, natureza/cultura e, no interior do patriarcado, homem/mulher — o que acaba decretando valor e criando uma relação hierárquica entre seus termos. Não há um sem o outro, e nessa relação, um submete o outro; a existência de um elemento depende do outro à medida que é subordinado pelo primeiro. Segundo Grosz (1989), o termo 'desconstrução' contempla o procedimento que visa interrogar o logocentrismo latente em obras literárias, a se estender às de Freud e Lacan; assim como preceitua táticas que objetivam escancarar seus pontos de vulnerabilidade e não identidade.

Indo mais longe, Derrida cunha o neologismo 'falogocentrismo', junção de logocentrismo com o artigo 'falo', que a psicanálise tomaria como o operador central da sexualidade — como se trata de um elemento teórico que foi em larga medida encarado pelo feminismo como propriedade masculina, conceder-lhe primazia só reforçaria a desvantagem que o sexo da mulher promoveria a ela, homologando os ditames patriarcais. Grosz (1989, p. 29) sublinha que desconstrução é associada em Derrida a diversos nomes, como *différance*, 'suplemento' e 'Mulher', designações que se ligariam tanto à falta e ao desmedido, quanto ao arroubo que estorvaria o sujeito enquanto senhor do seu discurso: "Mulher representa uma resistência, um lócus de excesso dentro de textos logocêntricos/falocêntricos, funcionando como um ponto no qual o texto se volta contra si próprio" (GROSZ, 1989, p. 33), problematizando a diferença e as identidades sexuais tais como coordenadas em uma estruturação binária de roupagem patriarcalista. Assimilar a noção de *différance* também enceta um reposicionamento estratégico do feminismo francês — não é a igualdade frente os homens que ele espreita, nem uma possível definição do que seria a mulher; pelo contrário, o que se pretende é frustrar todo afã identitarista, ao mesmo tempo em que se defende o caráter ontológico da diferença sexual. Este é a conduta de Irigaray.

Luce Irigaray (1930-) é filósofa, linguista e psicanalista. Em seu trabalho, vale-se dos pré-socráticos aos pós-estruturalistas, enquanto perpetua um vínculo ambivalente com Freud e Lacan — não à toa, é adjetivada como "a filha desobediente da psicanálise" (GEERTS, 2010/11, p. 1).

Em 24 de março de 1965, ela participa ativamente, ao lado de Jean Oury e Jean-Paul Valabrega, do debate fechado intitulado "A propósito da comunicação de Serge Leclaire de 1965: Sobre o nome próprio", incluído no *Seminário XII* de Lacan — que, por sinal, ao lado de Leclaire, também fez parte da discussão que girava em torno do estatuto do nome, do nome de família, das suas relações com o imaginário, o simbólico e o corpo. Irigaray também integra o *Seminário XIV* — na lição de 1 de fevereiro de 1966, agora junto de Lucien Mélèze e Jenny Aubry, em interlocução com Jakobson e Lacan. Trata-se ali da diferença entre sujeito do enunciado, sujeito da enunciação e *shifter*. Contudo, esta conjuntura de cordialidade e colaboração entre Irigaray e o lacanismo se encerra anos depois. A publicação de seu primeiro livro, fruto de sua tese de doutorado — *Speculum: de l'autre femme*, de 1974 —, deu-lhe notoriedade nos círculos feministas, acarretou sua expulsão da *École Freudienne de Paris*, fundada por Lacan, e a impediu de dar continuidade ao ensino universitário que empreendia em Vincennes. De toda forma, seu trabalho teve o devido reconhecimento dentro e fora da França, exercendo influência declarada em teóricas de peso como Butler e Braidotti.

Na denúncia da espoliação que a mulher sofre enfatizam-se aspectos econômicos, legais, morais e, sobretudo, como o sistema patriarcal formata a linguagem — nossa ordem cultural e social se assentaria na linguagem autenticada como um domínio monopolizado pelo homem. Irigaray tem o projeto de iluminar o feminino entendido como o ponto cego do discurso filosófico e psicanalítico, sistematizado, segundo a autora, de maneira falogocêntrica.

Repete-se toda uma tradição: se ao homem se associam itens como razão, clareza e proporção, à mulher, o avesso — irreflexão, obscurantismo, desmedida, mistério. Ao homem concerne o nobre mundo das ideias e a soberania do reino discursivo, ao passo que o terreno dela é o corpo primitivo — carne — agregado à natureza. O maquinário patriarcal também se regularia a partir da polarização binária da diferença, no interior do qual o homem é identificado com o poderoso significante fálico e a mulher não é passível de representação por conta própria. Consequentemente, a mulher não seria abordada em seus próprios termos, mas sempre a partir do que o homem dita que ela deve ser, no caso, o negativo dele. Desta forma, só lhe é possível aproximar-se do *status* de sujeito ao assimilar aspectos da masculinidade, e não a partir de suas especificidades.

O projeto irigarayano de derrocada do patriarcado falogocêntrico também teria repercussão na clínica psicanalítica em termos práticos; incidiria na qualidade da escuta do analista e no manejo da transferência, tal como elabora em "The limits of transference" e "The gesture of psychoanalysis" — ambos publicados em Whitford (1991). A técnica psicanalítica poderia ser rearranjada ao ter em vista o *modus operandi* feminino.

Irigaray é ostensivamente avessa à estagnação que marcaria a psicanálise institucionalizada. Em seu entender, havia uma recusa da psicanálise em avaliar politicamente suas estruturas, o que endossaria, segundo a autora, uma cega submissão ao discurso normativo de poder, do Mestre e do Mesmo. De acordo com Gallop (1982, p. 94-5), tal circunstância descrita por Irigaray teria reflexos inclusive na prática clínica dos psicanalistas, que tenderiam a submeter seus pacientes à mesma relação de subserviência que aqueles manteriam com seus mestres de escola.

A historiadora Lisa Jardine (in BRENNAN, 1997) alega que as mulheres não tinham voz dentro das instituições psicanalíticas naquele período, que elas não participavam da transmissão da teoria: estaríamos inseridos em um lugar também hierarquicamente dominado pelos homens, o que a excomunhão de Irigaray parecia confirmar: "a mulher analista deixa o seminário do Mestre e começa a produzir um modelo teórico de um imaginário feminino alternativo" (JARDINE in BRENNAN, 1997, p. 94). Levando isso em conta, o passo dado pelo feminismo francês era político na medida em que angariava um espaço outro também no âmago da geração da teoria. O meio social e a esfera da linguagem deveriam ser revistos para recolher o corpo feminino, assim como o corpo da teoria psicanalítica deveria ser modificado ou acrescido de elementos para recebê-lo.

Dentre outros propósitos, Irigaray se empenha em denunciar o que intuía serem os suportes masculinos e opressores que sustentariam o pensamento de Freud, consequência de uma suposta incorporação acrítica da estrutura falogocêntrica. Como forma de se contrapor, Irigaray desenvolve um método amparado na reconfiguração da relação mãe-filha, na noção de *mimesis*, em inovações teóricas como a 'simbolização dos dois lábios', chegando até a propor uma latente subversão no campo da linguagem conexa à conquista do imaginário e abatimento do aparelho simbólico — simultâneos a uma escrita revolucionária. Novo panorama correlato ao funcionamento de outra lógica, e que corre em paralelo às pesquisas de Irigaray sobre a dinâmica dos fluidos e o exercício do toque.

EM COMBATE AO «UM» SEXO

Em sua crítica a Freud, Irigaray se debruça sobre os trabalhos de Melanie Klein, Ernest Jones, Helene Deutsch e Jeanne Lampl-de Groot, autores que valorizaram a fase pré-edípica, período em que o falo, segundo eles, ainda não nortearia o curso sexual. Também foi marcada por Karen Horney e o enfoque dado ao papel dos fatores socioculturais que atuam na sexualidade.

Segundo Irigaray, a concepção ocidental de diferença sexual foi formada a partir do sistema metafísico de Platão, o que acabou achatando o imaginário feminino ao reduzi-lo à equação mãe-mulher. A economia masculina prevalecente é acoplada ao *logos* filosófico, e tudo é cerceado pela 'economia do mesmo' e o 'pensamento simétrico'. Tudo passa a ser medido a partir do homem; a mulher é um não-homem. Nesse sentido, se o discurso filosófico apresenta um estilo lógico, coerente — portanto, masculino —, à mulher seriam imputados os atributos opostos, de teor negativo, como irracionalidade e insensatez. O processo de construção do homem enquanto sujeito exigiria, para Irigaray, uma interdição — para o homem ser o sujeito representado filosoficamente, deve-se impossibilitar às mulheres aceder à categoria subjetiva. A elas só seria permitido tangenciar o lugar de sujeito se 'importasse' elementos, parâmetros ou processos próprios ao masculino — então, é como se a diferença sexual não existisse. No final das contas, só haveria *um* sexo; a mulher seria a exclusão constitutiva da facção masculina. Daí a insistência de Irigaray em que o movimento feminista repise a diferença sexual, levando à proclamação de *mais de um* sexo. "Esse sexo que não é um",[1] na nossa tradução, é o título do seu trabalho que faz referência direta a tal proposta. O sexo que não é *um* é o sexo feminino — que não seria *outro*, pois, se mantivéssemos tal termo, continuaríamos referidos ao *um* masculino. O sexo feminino teria de ser considerado a partir de um registro próprio.

Freud, segundo a autora, seria herdeiro da tradição filosófica que se pauta na perspectiva masculina quando, por exemplo, afirma que, embora os corpos sejam distintos anatomicamente, tal discriminação estaria encoberta pela primazia fálica até o final do complexo de Édipo — a homogeneidade fálica ofuscaria a diferença. Além do mais, a libido é única, masculina, o que leva Irigaray a concluir que "a diferença sexual é uma derivação da problemática da mesmitude" (1985, p. 26).

Importante lembrar que tal premissa unicista é o que alicerça as caracterizações freudianas da sexualidade feminina: inveja do pênis, superego fraco, menor senso de justiça, menos interesses sociais e tímida capacidade sublimatória. É como se a mulher fosse fruto de um desenvolvimento insuficiente ou deformado quando comparada, sob os mesmos critérios e o mesmo percurso edípico, ao que se dá com o homem.

Ademais, seria pelo fato de a mulher ser encarada como ontologicamente irrepresentável na época de Freud, para Irigaray, que se passou a dizer, com Beauvoir, que *não se nasce mulher, mas torna-se uma*. Mas o que ela seria antes dessa 'conquista'? "Nada" (IRIGARAY, 1985, p. 25), só um menino insuficiente cuja libido deve ser reprimida em direção ao *tornar-se mulher*.

Até então, a menina seria um pequeno menino com certos atributos morfológicos a menos. Ela vive de maneira masculina: excita-se ativamente com o clitóris, uma 'espécie' de pênis — por sinal, o ressentimento de não o possuir nunca seria bem superado, levando-a a buscar substitutos, dependente de alguém que a aliviaria momentaneamente da dor de não ter o pênis —, e ativamente toma a mãe como

---

1. *Ce sexe qui n'en est pas un* (1977) foi o primeiro livro de Irigaray traduzido para o português, lançado em 2017. A editora responsável, Senac, intitulou-o *Esse sexo que não é só um sexo: sexualidade e status social da mulher*.

objeto de amor. Ao atrelar mulher à inveja do pênis, Freud, segundo Irigaray (1985, p. 63), não estaria pautado em uma heterogeneidade, mas sim num tipo de negatividade: não é que ela teria outro órgão ou outro sexo, mas sim um não-sexo ou não-órgão.

Na perspectiva irigarayana, Freud operaria dicotomicamente e, a partir desse pensamento simétrico, a feminilidade só poderia ser um reflexo negativamente equacionado à masculinidade. Assim, Irigaray argumenta que, para que o homem domine essa economia e o processo de especularização seja bem-sucedido, é forçosa a produção de um elemento binário negativo. Segundo a autora:

[a especularização] é uma intervenção necessária, exigida por esses efeitos de negação que resultam de/ou postas em movimento através da censura do feminino, através do qual o feminino será admitido e obrigado a assumir tais posições: ser/*tornar-se*; ter/*não ter sexo* (órgão); fálico/*não-fálico*; pênis/*clitóris* ou mesmo pênis/*vagina*; mais/*menos*; claramente representável/*continente negro*; logos/*silêncio ou tagarelice*; desejo pela mãe/*desejo de ser mãe* (IRIGARAY, 1985, p. 22; trad. nossa).

Descrever a sexualidade feminina dentro deste sistema binário — um elemento se diferencia do outro à medida que o subjuga — seria, para a feminista, uma forma de dominação, uma estratégia que visaria perpetuar o poder nas mãos dos homens e inibir eventuais ameaças, caso a mulher acessasse alguma categoria de representação a partir do que lhe é próprio.

Irigaray (1985, p. 29–30) ressalta que não há em Freud apontamentos sobre um suposto estágio da vulva, da vagina ou de um estágio uterino dentro da discussão da sexualidade feminina; ou da peculiaridade do prazer da vagina ou do toque dos seios e dos lábios, ou seja, de algo tributário da especificidade da mulher. Por que a masturbação da menina só é relativa ao clitóris (órgão que é libidinalmente equacionado ao pênis)? Freud, na leitura de Irigaray, não diz nada acerca de outros componentes do órgão genital feminino e de outras partes sensivelmente erogeneizadas, logo é como se ele descartasse certas regiões da genitália feminina que em tese teriam menor potencial erótico. Fica difícil entender por que, em Freud, a passagem do clitóris para a vagina como principal zona erógena merece tanto destaque — ao ponto de relacionar o brotar da feminilidade à preponderante erogeneização da vagina —, e Irigaray sugere que o motivo talvez seja a vagina ser uma seção do aparelho genital feminino elementar para o prazer masculino no ato sexual. Ademais, a castração, no complexo de Édipo, é a de um órgão do menino, e não uma castração 'dela', referente à perda de algo do corpo dela. Assim sendo, para Irigaray, a genitália feminina só poderia ser percebida com horror, associada à falta ou a uma falha na constituição do sexo ideal, o masculino — parte-se do pressuposto de que algo, o pênis, deveria estar lá; sua ausência, indesejada, liga-se ao corpo feminino. Na sequência, uma lacuna — a omissão do pênis e a inveja decorrente — passa a ser o representante do feminino na ordem simbólica, e não a presença de um traço correlacionado valorosamente a seu corpo sexuado.

A dicotomia ativo/masculino e passivo/feminino impressa nos escritos freudianos da diferença sexual também é contestada com vigor por Irigaray. Mais uma vez: em Freud, na fase pré-edípica, a menina seria como um menino tacanho. No estágio sádico-anal, não haveria diferenciação entre homem e mulher — só masculinidade — nem entre atividade e passividade. Seu clitóris é fálico e ativo. Ela tem de abandonar o investimento nesse órgão sexual (e seu objeto de amor inicial, a mãe) para desembocar na feminilidade normal, abalizada pela erotização da vagina. Caso contrário, seu destino será a neurose ou a masculinização. Irigaray aponta que é só nesse momento posterior que, talvez pela imposição de valores culturais, a menina tenha de abrir mão de seu caráter ativo em prol da feminilidade passiva que é esperada dela. Mas a mulher seria sempre passiva? — segue questionando a autora. Não, só em um caso ela não é: ela 'escolhe' ativamente a posição masoquista, tal como se leria em Freud. Para Irigaray (1985, p. 19–20), não há alternativa: como deve suprimir sua agressividade sob judice social, já que deve ser afetuosa e dócil, a mulher converteria sua libido em impulsos masoquistas, erotizando tal tendência destrutiva.

Neurótica masculinizada ou feminina masoquista. Irigaray conclui de seu exame que, para Freud, toda e qualquer mulher é patologizável, por ser mulher — e que patologizar a mulher seria uma forma de encaixá-la na sociedade masculina (IRIGARAY, 1985, p. 73). Nem a maternidade — que, em Freud, seria a chancela definitiva do feminino edipicamente almejado — escaparia desse raciocínio. Se a inveja do pênis tenderia a desaparecer com a maternidade, fazer-se de mãe, tomar o filho como substituto do pênis ausente não seria feminino, por ser também um recurso fálico (IRIGARAY, 1985, p. 77-8).

Afinal, a castração viabilizaria à mulher somente uma 'saída honrosa', a mascarada, recurso esse que Irigaray infere proporcionar algum prazer tipicamente feminino (IRIGARAY, 1985, p. 114). Contudo, Irigaray entende se tratar, paradoxalmente, mais uma vez, de um processo fálico e que, no seu desenrolar, conclamaria que a mulher descarte o que, de fato, lhe seria 'seu' para corresponder aos padrões masculinos que impõem como ela deve se dar a ver — a construção da máscara se edificaria a partir dos valores que os homens julgam importantes para uma mulher.

Então, seria através de repetições, reiterações de representações fálicas, inscritas no e pelo masculino, que ela entraria no universo discursivo; no caso, do Mesmo. Uma vez que, na visão de Irigaray, como a mulher não seria passível de se inscrever na linguagem por si, ela nada teria a dizer sobre a exclusividade de seu prazer e angústias. Na sequência, só restaria aos seus sintomas, hieróglifos indecifráveis, a inscrição no corpo: a mulher permaneceria ligada diretamente ao corpo — nesse caso, combinado a somatizações enigmáticas e ao teatro —, tomada como objeto camuflado no prisma do homem investigativo: mulher continente negro.

Irigaray defende que a castração feminina não poderia ser pensada a partir da mesma referência válida para o menino. Ela sugere que a castração na mulher deva ser encarada como o impedimento de representar ou simbolizar a relação inicial com a mãe (período pré-edípico). Talvez sua 'mal resolvida' castração, e a concomitante dificuldade de entrar como sujeito nos sistemas simbólicos tenha a ver com a impossibilidade de metaforizar aquele desejo original fruto da relação mãe-filha. Uma vez que Irigaray interpreta que a premissa fálica freudiana e a castração são universais, só cabe à menina se submeter às mesmas metáforas fálicas que o menino; só restaria a ela imitá-lo e fazer equivaler seu desejo pela mãe com o desejo *por* uma mulher, e não a um desejar *como* mulher. A não significação da mulher nessa relação mãe-filha promoveria a desqualificação da mãe — e de todas as mulheres, já que castradas — aos olhos da menina (IRIGARAY, 1985, p. 83-4); desencorajaria se identificar com outras mulheres, tolhendo-a 'aprender' a desejar de maneira feminina.

Em consequência, todo esse cenário social, econômico e representacional ao qual a mulher é relegada seria, necessariamente, indutor de sofrimento. A feminista sugere que muitas das moléstias da mulher são provocadas pelo fato de que, para ter inteligibilidade, ela tenha de reprimir sua feminilidade e falar a 'língua dos homens'.

Por fim, e essa nos parece ser a principal reprimenda de Irigaray a Freud, ela sustenta que os desenvolvimentos freudianos referentes à diferença sexual não deveriam ser sondados como atemporais, mas enquanto resultado do caldo histórico e cultural em que estava embebido, uma cultura "hommo-sexual" (IRIGARAY, 1985, p. 103) dirigida por uma disciplina patriarcalista de base vitoriana: "o problema é que ele [Freud] falha por não investigar os fatores históricos que regem os dados com os quais ele estava lidando" (IRIGARAY, 1985, p. 70). Para ela, Freud não teria se dado conta de que havia a tendência, em sua época, de tomar a anatomia como critério de verdade científica irrefutável e universal; ele não teria reconhecido se tratar somente de um discurso dentre outros a prevalecer em determinado tempo histórico. A autora acusa Freud de não questionar os fatores culturais que exigiriam que a mulher abafasse sua libido no seu caminho rumo ao que se tipificava como feminilidade.

Para falar da mulher, Freud teria recorrido aos elementos do homem e, ao compará-los, a mulher sempre seria depreciada. Para Irigaray, a sexualidade feminina não deveria ser circunscrita ao modelo do *um* sexo — tal cerceamento seria no fundo uma manobra histórica-discursiva; ultrajar as mulheres seria uma tática para também fazê-las se ver pejorativamente, enfraquecê-las, desestimulá-las a se reunirem — pois em conjunto, seriam mais potentes na perseguição ao poder.

Irigaray insiste numa concepção de diferença sexual que desbanque a encomia do Mesmo e a referência ao *um*, que não se guie pelo pensamento simétrico; mais a fundo, que não se curve ao sistema binário falogocêntrico que estrutura nossa sociedade patriarcal — daí a mulher assumir novas imagens e outro lugar na linguagem. Como forma de fundamentar seu programa, recorre aos estudos dos sólidos e dos fluidos.

Em "The mechanics of 'fluids'"(1985), Irigaray pondera que toda a ciência pode ser pensada a partir da categoria do *sólido*, coligada à masculinidade; e a dos *fluidos*, à feminilidade. O gozo da mulher, nas suas palavras, é líquido, indefinido e ilimitado (IRIGARAY, 1985, p. 229), inabarcável pelos parâmetros falogocêntricos. Se o sexo do homem é uno, e seu gozo concentrado no pênis, o gozo feminino explode em várias partes do corpo da mulher, espelhado de maneira multifacetada, num jogo polimórfico de reflexos, contrário à unidade de especula(riza)ção — reflexo simétrico e exato do homem, discrimina Irigaray.[2]

Propaga-se a ideia de que as mulheres não seriam bem compatíveis com os quadros simbólicos, suas leis e seus sólidos princípios — apesar do esforço em se solidificar-falicizar para corresponder ao ideal criado pelo homem —, mas sim próximas a uma agência que tenderia a perturbar tal ordem. No caso, o registro do real, na letra lacaniana, que confunde as fronteiras e irrealiza ser capturado. Ao real, Irigaray confere a virtude fluida, que se comportaria como uma aporia na formalização matemática, inclusive.

Se o masculino é organizado como campo circunscrito, a mulher não é aberta nem fechada: é indeterminada, tem uma forma nunca completa (IRIGARAY, 1985, p. 229). Não é infinita, mas também não é uma unidade; não se pode dizer que ela é isso ou aquilo, o que está muito longe de estatuir que ela é nada. Nenhum discurso daria conta da modalidade do seu desejo, nenhuma metáfora a definiria.

---

2. "*Speculum*", que compõe o título da obra *Speculum: de l'autre femme*, também é instrumento, um espelho curvado, usado pelo médico ginecologista para inspecionar a vagina. Metaforicamente, seria um recurso que permitiria à mulher se ver na sua mais íntima singularidade.

A ideação usual da diferença, binária, pressupõe dois elementos substancializados em relação hierárquica. Mas como pensar a diferença nestes termos irigarayanos se um de seus itens é indefinido (ou fluido); sem a contraposição de dois artigos 'sólidos' de valores opostos, sem o recurso topológico da especula(riza)ção e a imagem da superfície? Aqui Irigaray propõe que a diferença sexual seja tratada a partir da topologia do *cross-cap* ou da garrafa de Klein. O sexo feminino como envoltório, que não se confunde com conteúdo nem continente — lugar que não é nem a matéria nem a forma, exclusivamente; ao mesmo tempo dentro e fora. A diferença comportaria um caráter de reversibilidade, torção e *crossing-over* [*recroisement*] (IRIGARAY, 1993, p. 41).[3] O sexo feminino seria um excesso à boa forma, essa que alicerça circuitos fechados como o princípio da constância ou a repetição do estado de equilíbrio; perturbaria dicotomias opositivas e categorias metalinguísticas predeterminadas.

PLANO DE AÇÃO

Como provocar transformações sociopolíticas no cenário patriarcal? Inicialmente, Irigaray propõe que se reajuste a relação mãe-filha: a mãe transmitindo às filhas uma representação diferente do que seja uma mãe, autenticando ambos como sujeitos. Freud, na ótica de Irigaray, não enuncia que a identificação da menina com a mãe tem impacto menor que a do menino com o pai no fim do trajeto edípico. Ele dá a entender que estudar o período pré-edípico poderia ser um caminho promissor, mas obscuro, para a explicação da feminilidade (FREUD, 2010).

O dito comum de que as mulheres teriam dificuldades de se separar da mãe revelaria, para a autora, um sintoma da posição das mulheres na ordem simbólica, um entrave para a simbolização primária dessa

---

3. Neste ponto, Bruce Fink se aproxima de Irigaray: "O que nos interessa na forma lacaniana de definir a estrutura masculina e feminina? Em primeiro lugar, ela envolve uma nova topologia: ela rompe com a antiga concepção ocidental de um mundo como uma série de círculos ou esferas concêntricas, e por sua vez toma como modelo tais superfícies topológicas paradoxais como a banda de Moebius, a garrafa de Klein, e o *cross-cap*" (FINK, 1998, p. 152–3).

relação originária com a mãe — não se trata daquela ligação fusional entre mãe e filha prescrita por Chodorow, que criaria problemas para a identidade e a individuação da mulher. Segundo Irigaray, a ordem simbólica só disponibilizaria a ela o lugar de mãe: mulher = mãe — tal determinação restritiva, a concessão de um só caminho favoreceria a desvalorização da mulher. Assim como suas zonas de prazer corpóreo são múltiplas, as representações ofertadas também lhe deveriam ser. Outras representações da mulher permitiriam que novas alianças fossem estabelecidas entre elas — amorosas, inclusive. Daí a proposta metafórica de retorno ao corpo da mãe efetuada por Irigaray como modo mais profícuo de acioná-lo através da linguagem, e que beneficiaria a filha, levando-a a prestigiar seu próprio corpo.

O grande projeto de Irigaray, afirma Whitford (in BRENNAN, 1997), visa efetuar uma mudança na ordem simbólica, analisando como tal registro age e expondo seu aparente viés patriarcal. Como reverter este quadro retratado pela feminista de inexistência de representações linguísticas ou simbólicas próprias da mulher? Sua estratégia, além de lutar por direitos, questionar normas sociais e rever aspectos econômicos é atuar nos meandros da linguagem.

A existência do sujeito é concomitante à entrada no campo da linguagem. Contudo, para Irigaray, a mulher não teria sua subjetividade reconhecida nessa esfera, e a psicanálise não teria suplantado tal barreira. A tática irigarayana para corromper esta situação não é simplesmente forjar meios de incluí-la, mas alterar a própria linguagem e o seu funcionamento que, segundo a autora, avança por dualidades — como se nota nos dipolos significante e significado, sincronia e diacronia — que culminam em binários hierarquizantes. Crucial ressaltar que para Irigaray não se trata de acomodar a mulher à linguagem vigente — é a ordem simbólica, a estrutura sintática e morfológica da língua e as palavras que devem mudar.

É necessário que se examinem as operações gramaticais de cada figura de discurso — leis sintáticas, configurações imaginárias, redes metafóricas —, a engrenagem da linguagem que fortalece certas representações em detrimento de outras, que produz certos significados e atravanca outros. Novas palavras devem ser inventadas e usos inéditos devem ser concebidos para as remanescentes. Mesmo assim, esse não seria o principal motor de transformação do simbólico na proposta de Irigaray: o de maior destaque é o processo de *mimesis*.

Refere-se a reaplicar às mulheres os estereótipos femininos, de forma que ressurjam na qualidade de questão. Incitar a Verdade, "mais e mais cópia do mesmo" — assim como homem é mais ou menos a cópia da ideia de homem, como um infinito reflexo no espelho (IRIGARAY, 1985, p. 291). A imitação perene sustenta o ideal de uma suposta origem, mas algo sempre escapa e indaga justamente se há origem, ou se só há cópias sem um ponto de partida. Pretende-se estimular a repetição das visões degradantes associadas às mulheres, também chamada de processo de alimentar o essencialismo estratégico: por exemplo, se a mulher é ilógica, ela deve falar logicamente (atributo culturalmente masculino) sobre sua 'ilogicidade'. Ocorre que tais repetições nunca são bem-sucedidas, nem tudo que é dito ou performatizado a respeito da mulher é passível de ser abarcado — ela nunca é aquilo que pode ser expresso daquela maneira, ou é algo a mais. Revelar-se-ia o engodo da superintendência masculina, que determina os pretensos valores identitários empobrecedores das mulheres. "Da especularização para o espelho côncavo, no qual as imagens refletidas do sujeito, suas articulações sejam embrenhadas de transformações paródicas" (IRIGARAY, 1985, p. 144). Ou seja, a *mimesis* é a reiteração 'irônica' de um atributo negativo destinado à mulher com a intenção de revelar que ela não pode ser reduzida a ele, até que tal correlação seja descartada. Além das repetições discursivas, incita-se o ato, o que guarda muito parentesco com o ato performativo butleriano e sua concepção de paródia de gênero. Com a indução da *mimesis*, algo não é absorvido, e Irigaray (1985) situa neste ponto o gozo feminino.

Há de se quebrar o espelho fálico que induz especularizações no discurso, destruir o maquinário teórico que tem a "pretensão de produzir uma verdade e um significado que seja excessivamente unívoco" (IRIGARAY, 1985, p. 78). A ideia não é criar uma lógica feminina discursiva com fins de se opor à masculina, o que só confirmaria e daria ainda mais força ao regime falogocêntrico que opera por ordenamento binário e relações de poder. "Esta outra lógica discursiva deixaria de privilegiar o 'próprio' em benefício do 'próximo' não (re)capturado na economia espaço-temporal da tradição filosófica" (IRIGARAY, 1985, p. 153-4). Implicaria uma relação diferente com a alteridade, a verdade, o mesmo e a repetição — contra a especula(riza)ção do espelho plano, a favor do espelho côncavo, debilitando a exclusividade referencial masculina. A autora requer uma reformulação do espaço e do tempo que atinja um lugar topológico distinto e que, presumivelmente, daria espaço ao gozo da mulher. Desta vez, Irigaray menciona os lábios e toque para dar corpo às suas ideias.

Para ir contra o falogocentrismo que permearia a diferença sexual, Irigaray propõe, ironicamente ou não, a *simbolização ou a metáfora dos dois lábios*, que habilitaria a construção de um imaginário feminino, atestando a especificidade das mulheres. Este símbolo dos dois lábios não regido pela lógica fálica estática seria tributário da pluralidade sexual da mulher — dois lábios reproduzindo seu caráter de abertura e movimento, sempre se tocando, sem que haja limites preestabelecidos entre eles e, muito menos, uma relação de submissão de um pelo outro — contra a imagem monolítica e circunscrita do órgão masculino. Através desse tipo de simbolização, a mulher preconizaria sua autenticidade imaginária e a *woman-to-woman language* adviria, restituindo seu lugar no discurso e sua posição de sujeito.

Promulgar outra espécie de simbolização serve a Irigaray como estratégia política, na qual a ironia é fundamental, com fins de desaprumar o estandarte fálico do seu posto de comando e afastar o perigo sempre vivo, segundo ela, de sua equação ao pênis. Seria como adotar um essencialismo feminino — o que lhe rendeu críticas vindas de dentro do universo feminista[4] — com objetivos meramente táticos:

---

4. O intuito de inflação do imaginário feminino abriria espaço para a interpretação de que Irigaray advogava pela construção de uma identidade final da mulher. Contudo, a composição de uma formação identitária se apoiando no acúmulo de traços ou adjetivos está no coração do exercício falogocêntrico que rege o patriarcado, e é justamente tal sistema que a feminista pretende desbancar. Identidades prefixadas saqueiam a liberdade, pela exigência social de corresponder a elas. Existe toda uma tensão em meio feminista entre os defensores de um essencialismo da mulher — que em tese favoreceria a luta por direitos — e aqueles, desde Julia Kristeva, que

lábios da boca-lábios vaginais = mulher x falo-pênis = homem). Além do mais, não haveria hierarquia entre os lábios, como ativo e passivo, nem seriam orientados pelo olhar, sentido preferencial da trama fantasmática masculina, tal como Irigaray concebe, mas pelo toque.

Irigaray estima que as mulheres são detentoras de múltiplas zonas erógenas, cada uma podendo lhes proporcionar um tipo de prazer; e que, por ser exigido delas que se adequem aos ditames fálicos, tais zonas, e suas diversas possibilidades, passam a ser cerceadas — ou mesmo inexploradas. O sexo da mulher não é *um*, os dois lábios projetam o plural e a circularidade, rompendo, tal como explana Geerts (2010–11, p. 19), a lógica binária falocêntrica que divide o mundo em sujeito/objeto, ativo/passivo, tocante/tocado: no lugar de *ou* uma coisa *ou* outra, teríamos *e* — mãe *e* mulher (IRIGARAY, 1993, p. 167).

Resumindo, Irigaray refere que a topologia do gozo da mulher tem a ver com o formato dos lábios, sustenta-se em uma lógica que está além dos pares de oposição e que se desvela no tocar. Por outro lado, para ela, tentar definir a sexualidade feminina é um projeto malogrado: buscar precisões ou forjar identidades seria algo que pressupõe a ordem do ser, sistema de representação metafísico que tem como masculino, o que acaba igualando, em seus termos, outridade e mesmitude, firmando a repetição da alteridade do Mesmo nos moldes do eu, "ao que ela responde: não... ainda (em francês "*encore*"). E de fato, em um sentido, nesse sentido, nunca" (IRIGARAY, 1985, p. 232).

Por fim, no pensamento de Irigaray, a mulher engendraria uma diferença diferente. A mulher a ser o emblema da *différance* derrideana, veículo da ruptura. Mas onde? Na "escrita feminina". Se as reivindicações feministas passam necessariamente pela posse do seu corpo e pelo direito de decidir sobre ele, o "Movimento da escrita feminina" quer fundar um tipo de escrita que injete o mais visceral e próprio

---

são entusiastas de uma política avessa a construções identitárias. Pensamos que, se Irigaray credita essência ao feminino, isto se dá com fins meramente estratégicos.

da mulher, sua experiência de gozo imponderável,[5] na linguagem, e assim convulsionar a sociedade.

A escrita feminina derrocaria a ligeira identificação da mulher com o buraco do discurso, e a estratégia decidida não seria reverter o domínio masculino, movimento esse que só robusteceria o falogocentrismo, mas de praticar a diferença orientada a partir do interior de outro sistema.

Falar (como) mulher ("*parler-femme*") e escrever (como) mulher. A escrita necessariamente provoca outra economia do sentido. Alterando a forma de escrita ou o discurso lógico, aposta Irigaray, outros significados seriam conferidos às mulheres. "[...] o feminino é sempre afetado por e para o masculino. O que queremos pôr em jogo é uma sintaxe pela qual as mulheres possam se autoafetar" (IRIGARAY, 1985, p. 132). Autoafetar e tocar-se são correlatos a modos de significação em conformidade com o não fechamento feminino, que, em seus termos, presta-se a desmontar a sintaxe e a implantar uma nova gramática da cultura.

BIBLIOGRAFIA

BRENNAN, Teresa (Org.). *Para além do falo: uma crítica a Lacan do ponto de vista da mulher*. Rio de Janeiro: Record/Rosa dos tempos, 1997.

CIXOUS, Helene. (1975) "The laught of the Medusa". Em: MARKS, E.; DE COURTIVRON, I. *New french feminism*. USA: Schocken Books, 1981.

FINK, Bruce. *O sujeito lacaniano: entre a linguagem e o gozo*. Rio de Janeiro: Jorge Zahar, 1998.

FREUD, Sigmund. (1931). *Sexualidade feminina*. Trad. Paulo César de Souza. São Paulo: Companhia das letras, volume XVIII, 2010.

GALLOP, Jane. *The daughter's seduction – feminism and psychoanalysis*. Ithaca: Cornell University Press, 1982.

---

5. Irigaray comenta a representação do gozo feminino que se dá a ver na estátua de Bernini de Santa Teresa, que ilustra a capa do *Seminário XX* de Lacan: "Em Roma, tão longe, uma estátua, feita por um homem? Feita para ser olhada? Para saber do gozo de Teresa, talvez seja melhor recorrer a seus escritos. Mas como lê-la quando se é homem?" (1985, p. 91).

GEERTS, Evelin. (2010/11) "Luce Irigaray: the (un)dutiful daughter of psychoanalysis – a feminist 'moving through and beyond' the phallogocentric discourse of psychoanalysis". Disponível em: <https://bit.ly/2kpPOVM>. Acesso em 29/03/2014.

GROSZ, Elizabeth. *Sexual subversions: three french feminists.* Austrália: Allen & Unwin, 1989.

HORNEY, Karen. (1967). *Feminine Psychology.* Norton: NY & London, 1993.

IRIGARAY, Luce. (1974) *Speculum of the other woman.* Trad. Gillian C. Gill. Ithaca: Cornell University Press, 1985.

_____. (1977) *The sex which is not one.* Trad. Catherine Porter; Carolyn Burke. Ithaca: Cornell University Press, 1985.

_____. (1984) *An ethics of sexual difference.* Trad. Carolyn Burke & Gillian C. Gill. Ithaca: Cornell University Press, 1993.

LAGO, Mara Coelho de Souza. (2012) "A psicanálise nas ondas dos feminismos". Disponível em: <https://bit.ly/2O42VJ3>. Acesso em: Recuperado em 27/03/2014.

PRECIADO, Beatriz. *Manifiesto contra-sexual – prácticas subversivas de identidad sexual.* Madrid: Editorial Opera Prima, 2002.

ROTH, Michael. *Freud: conflito e cultura: ensaios sobre sua vida, obra e legado.* Rio de Janeiro: Jorge Zahar, 2000.

WHITFORD, Margaret. *The Irigaray reader.* Malden/Oxford: Blackwell Publishers Ltda, 1991.

HEDRA EDIÇÕES

1. *Iracema*, Alencar
2. *Don Juan*, Molière
3. *Contos indianos*, Mallarmé
4. *Auto da barca do Inferno*, Gil Vicente
5. *Poemas completos de Alberto Caeiro*, Pessoa
6. *Triunfos*, Petrarca
7. *A cidade e as serras*, Eça
8. *O retrato de Dorian Gray*, Wilde
9. *A história trágica do Doutor Fausto*, Marlowe
10. *Os sofrimentos do jovem Werther*, Goethe
11. *Dos novos sistemas na arte*, Maliévitch
12. *Mensagem*, Pessoa
13. *Metamorfoses*, Ovídio
14. *Micromegas e outros contos*, Voltaire
15. *O sobrinho de Rameau*, Diderot
16. *Carta sobre a tolerância*, Locke
17. *Discursos ímpios*, Sade
18. *O príncipe*, Maquiavel
19. *Dao De Jing*, Lao Zi
20. *O fim do ciúme e outros contos*, Proust
21. *Pequenos poemas em prosa*, Baudelaire
22. *Fé e saber*, Hegel
23. *Joana d'Arc*, Michelet
24. *Livro dos mandamentos: 248 preceitos positivos*, Maimônides
25. *O indivíduo, a sociedade e o Estado, e outros ensaios*, Emma Goldman
26. *Eu acuso!*, Zola | *O processo do capitão Dreyfus*, Rui Barbosa
27. *Apologia de Galileu*, Campanella
28. *Sobre verdade e mentira*, Nietzsche
29. *O princípio anarquista e outros ensaios*, Kropotkin
30. *Os sovietes traídos pelos bolcheviques*, Rocker
31. *Poemas*, Byron
32. *Sonetos*, Shakespeare
33. *A vida é sonho*, Calderón
34. *Escritos revolucionários*, Malatesta
35. *Sagas*, Strindberg
36. *O mundo ou tratado da luz*, Descartes
37. *O Ateneu*, Raul Pompeia
38. *Fábula de Polifemo e Galateia e outros poemas*, Góngora
39. *A vênus das peles*, Sacher-Masoch
40. *Escritos sobre arte*, Baudelaire
41. *Cântico dos cânticos*, [Salomão]
42. *Americanismo e fordismo*, Gramsci
43. *O princípio do Estado e outros ensaios*, Bakunin
44. *História da província Santa Cruz*, Gandavo
45. *Balada dos enforcados e outros poemas*, Villon
46. *Sátiras, fábulas, aforismos e profecias*, Da Vinci
47. *O cego e outros contos*, D.H. Lawrence
48. *Rashômon e outros contos*, Akutagawa
49. *História da anarquia (vol. 1)*, Max Nettlau
50. *Imitação de Cristo*, Tomás de Kempis
51. *O casamento do Céu e do Inferno*, Blake
52. *Cartas a favor da escravidão*, Alencar
53. *Utopia Brasil*, Darcy Ribeiro
54. *Flossie, a Vênus de quinze anos*, [Swinburne]
55. *Teleny, ou o reverso da medalha*, [Wilde et al.]
56. *A filosofia na era trágica dos gregos*, Nietzsche
57. *No coração das trevas*, Conrad
58. *Viagem sentimental*, Sterne

59. *Arcana Cœlestia* e *Apocalipsis revelata*, Swedenborg
60. *Saga dos Volsungos*, Anônimo do séc. XIII
61. *Um anarquista e outros contos*, Conrad
62. *A monadologia e outros textos*, Leibniz
63. *Cultura estética e liberdade*, Schiller
64. *A pele do lobo e outras peças*, Artur Azevedo
65. *Poesia basca: das origens à Guerra Civil*
66. *Poesia catalã: das origens à Guerra Civil*
67. *Poesia espanhola: das origens à Guerra Civil*
68. *Poesia galega: das origens à Guerra Civil*
69. *O pequeno Zacarias, chamado Cinábrio*, E.T.A. Hoffmann
70. *Tratados da terra e gente do Brasil*, Fernão Cardim
71. *Entre camponeses*, Malatesta
72. *O Rabi de Bacherach*, Heine
73. *Bom Crioulo*, Adolfo Caminha
74. *Um gato indiscreto e outros contos*, Saki
75. *Viagem em volta do meu quarto*, Xavier de Maistre
76. *Hawthorne e seus musgos*, Melville
77. *A metamorfose*, Kafka
78. *Ode ao Vento Oeste e outros poemas*, Shelley
79. *Oração aos moços*, Rui Barbosa
80. *Feitiço de amor e outros contos*, Ludwig Tieck
81. *O corno de si próprio e outros contos*, Sade
82. *Investigação sobre o entendimento humano*, Hume
83. *Sobre os sonhos e outros diálogos*, Borges | Osvaldo Ferrari
84. *Sobre a filosofia e outros diálogos*, Borges | Osvaldo Ferrari
85. *Sobre a amizade e outros diálogos*, Borges | Osvaldo Ferrari
86. *A voz dos botequins e outros poemas*, Verlaine
87. *Gente de Hemsö*, Strindberg
88. *Senhorita Júlia e outras peças*, Strindberg
89. *Correspondência*, Goethe | Schiller
90. *Índice das coisas mais notáveis*, Vieira
91. *Tratado descritivo do Brasil em 1587*, Gabriel Soares de Sousa
92. *Poemas da cabana montanhesa*, Saigyō
93. *Autobiografia de uma pulga*, [Stanislas de Rhodes]
94. *A volta do parafuso*, Henry James
95. *Ode sobre a melancolia e outros poemas*, Keats
96. *Teatro de êxtase*, Pessoa
97. *Carmilla — A vampira de Karnstein*, Sheridan Le Fanu
98. *Pensamento político de Maquiavel*, Fichte
99. *Inferno*, Strindberg
100. *Contos clássicos de vampiro*, Byron, Stoker e outros
101. *O primeiro Hamlet*, Shakespeare
102. *Noites egípcias e outros contos*, Púchkin
103. *A carteira de meu tio*, Macedo
104. *O desertor*, Silva Alvarenga
105. *Jerusalém*, Blake
106. *As bacantes*, Eurípides
107. *Emília Galotti*, Lessing
108. *Viagem aos Estados Unidos*, Tocqueville
109. *Émile e Sophie ou os solitários*, Rousseau
110. *Manifesto comunista*, Marx e Engels
111. *A fábrica de robôs*, Karel Tchápek
112. *Sobre a filosofia e seu método — Parerga e paralipomena (v. II, t. 1)*, Schopenhauer
113. *O novo Epicuro: as delícias do sexo*, Edward Sellon
114. *Revolução e liberdade: cartas de 1845 a 1875*, Bakunin
115. *Sobre a liberdade*, Mill
116. *A velha Izerguil e outros contos*, Górki
117. *Pequeno-burgueses*, Górki
118. *Primeiro livro dos Amores*, Ovídio

119. *Educação e sociologia,* Durkheim
120. *Elixir do pajé — poemas de humor, sátira e escatologia,* Bernardo Guimarães
121. *A nostálgica e outros contos,* Papadiamántis
122. *Lisístrata,* Aristófanes
123. *A cruzada das crianças/ Vidas imaginárias,* Marcel Schwob
124. *O livro de Monelle,* Marcel Schwob
125. *A última folha e outros contos,* O. Henry
126. *Romanceiro cigano,* Lorca
127. *Sobre o riso e a loucura,* [Hipócrates]
128. *Hino a Afrodite e outros poemas,* Safo de Lesbos
129. *Anarquia pela educação,* Élisée Reclus
130. *Ernestine ou o nascimento do amor,* Stendhal
131. *Odisseia,* Homero
132. *O estranho caso do Dr. Jekyll e Mr. Hyde,* Stevenson
133. *História da anarquia (vol. 2),* Max Nettlau
134. *Eu,* Augusto dos Anjos
135. *Farsa de Inês Pereira,* Gil Vicente
136. *Sobre a ética — Parerga e paralipomena (v. II, t. II),* Schopenhauer
137. *Contos de amor, de loucura e de morte,* Horacio Quiroga
138. *Memórias do subsolo,* Dostoiévski
139. *A arte da guerra,* Maquiavel
140. *O cortiço,* Aluísio Azevedo
141. *Elogio da loucura,* Erasmo de Rotterdam
142. *Oliver Twist,* Dickens
143. *O ladrão honesto e outros contos,* Dostoiévski
144. *O que eu vi, o que nós veremos,* Santos-Dumont
145. *Sobre a utilidade e a desvantagem da história para a vida,* Nietzsche
146. *Édipo Rei,* Sófocles
147. *Fedro,* Platão
148. *A conjuração de Catilina,* Salústio

«SÉRIE LARGEPOST»

1. *Dao De Jing,* Lao Zi
2. *Escritos sobre literatura,* Sigmund Freud
3. *O destino do erudito,* Fichte
4. *Diários de Adão e Eva,* Mark Twain
5. *Diário de um escritor (1873),* Dostoiévski

«SÉRIE SEXO»

1. *A vênus das peles,* Sacher-Masoch
2. *O outro lado da moeda,* Oscar Wilde
3. *Poesia Vaginal,* Glauco Mattoso
4. *Perversão: a forma erótica do ódio,* Stoller
5. *A vênus de quinze anos,* [Swinburne]
6. *Explosao: romance da etnologia,* Hubert Fichte

COLEÇÃO «QUE HORAS SÃO?»

1. *Lulismo, carisma pop e cultura anticrítica,* Tales Ab'Sáber
2. *Crédito à morte,* Anselm Jappe
3. *Universidade, cidade e cidadania,* Franklin Leopoldo e Silva

4. *O quarto poder: uma outra história*, Paulo Henrique Amorim
5. *Dilma Rousseff e o ódio político*, Tales Ab'Sáber
6. *Descobrindo o Islã no Brasil*, Karla Lima
7. *Michel Temer e o fascismo comum*, Tales Ab'Sáber
8. *Lugar de negro, lugar de branco?*, Douglas Rodrigues Barros

COLEÇÃO «ARTECRÍTICA»

1. *Dostoiévski e a dialética*, Flávio Ricardo Vassoler
2. *O renascimento do autor*, Caio Gagliardi

«NARRATIVAS DA ESCRAVIDÃO»

1. *Incidentes da vida de uma escrava*, Harriet Jacobs
2. *Nascidos na escravidão: depoimentos norte-americanos*, WPA
3. *Narrativa de William W. Brown, escravo fugitivo*, William Wells Brown

Adverte-se aos curiosos que se imprimiu este livro em nossas oficinas, em 18 de agosto de 2020, em tipologia Libertine, com diversos sofwares livres, entre eles, LuaLaTeX, git & ruby.
(v. 768932c)